U0873696

国家精品课程配套教材

国家级精品资源共享课配套教材

高等学校经济管理类主干课程教材·电子商务系列

电子商务概论

第4版

张润彤　朱晓敏——————编著

中国人民大学出版社

·北京·

前　言

技术进步与市场环境的快速变化推动了电子商务的发展，使其呈现出新趋势和新特性。我国政府通过推进数字中国建设和“互联网 +”行动计划，促进了电子商务发展和创新。电子商务交易量呈现出持续增长的态势，展现了中国经济向数字化转型的强劲动力。农业电子商务和跨境电子商务等领域已经取得了突破性进展。新零售模式的兴起，尤其是线上与线下业务的有效整合及智能物流的发展，显著提升了电子商务的运营效率和消费者体验。同时，人工智能、区块链技术、5G 以及虚拟现实技术的引入为电子商务带来了深刻变革。在电子商务领域，共享经济、O2O（线上到线下）、C2B 等新型商业模式展示了行业的创新能力和商业模式的多样性。电子商务在不断扩大交易规模和推动新业态快速发展的同时，也面临网民数量增长放缓、市场竞争加剧以及运营成本上升的挑战。面对这些挑战，电商企业（也称电子商务企业）开始探索农村市场，加大跨境电商的发展力度，寻求向国际市场拓展，努力在新市场开拓和线下资源整合方面取得突破。

本书是作者在总结相关领域多年研究成果和教学经验的基础上编撰而成的。作者作为负责人的电子商务课程曾获得“2004 年度国家精品课程”称号，并于 2013 年升级为“国家级精品资源共享课”。本书第 1 版于 2010 年 7 月出版，受到广大读者的欢迎，多次修订。

自 2018 年 10 月本书第 3 版出版以来，电子商务在理论框架、技术支撑及实际应用方面取得了显著的成果。互联网技术的飞速发展，以及物联网、云计算、大数据等信息技术的兴起与广泛应用，极大地推动了电子商务的发展，使其得以普及并呈现出新的业态和特色。本书基于电子商务的核心理念、技术基础及发展历程，从一个更全面的视角介绍电子商务的基本知识体系和主要议题。进一步地，本书融合了中国最新的政策动向，结合党的二十大精神，对电子商务的相关内容进行了更新，旨在展示行业的最新面貌和未来的发展方向。为了反映电子商务理论和实践的迅猛发展，本着实用、管用、够用的原则，结合前三版的读者反馈和教学过程中的经验，我们对《电子商务概论》第 3 版进行了全面修订，形成了第 4 版。修订内容包括以下几个方面：

第一，删掉了第 3 版中的陈旧内容，增加了新的热点内容。重点突出大数据、人工智能在电子商务领域的应用，详细介绍了电子商务相关新兴技术，如大数据、云计算、虚拟现实技术、区块链技术和新的移动支付技术等，使教材具有实用性和前沿性。

第二，更新了有关电子商务发展现状的数据及相应的结论，确保教材内容与时俱进、数字精准。

第三，精选了电子商务领域的热点案例，对最后两章进行了大幅更新，介绍了小红书、淘宝、顺丰的最新发展情况，使读者在学习电子商务理论的同时，进一步了解电子商务实践，提高了教材的趣味性和可读性。

第四，对部分章节的内容和结构进行了调整，但基本上沿用了第 3 版的整体框架。

本书不仅可以作为高等院校电子商务、计算机科学与技术、信息管理与信息系统、贸易经济等专业本科生的教材，还可以作为相关领域高级管理人才的阅读书目或培训教材。

本书第 4 版由张润彤、朱晓敏编著，张倩瑶参与了撰写。在修订过程中，我们参考了大量学者的研究成果，在此谨向相关资料的作者和提供者表示诚挚的谢意，并希望广大读者对本教材提出宝贵意见，以便不断改进。

张润彤

目 录

第 1 章

电子商务概述

| 本章要点 |

电子商务将传统的商务流程电子化、数字化，大大节省了人力、物力，降低了成本，同时突破了时间和空间的限制，使得交易活动更方便更快捷。本章首先介绍电子商务的诞生环境，进一步引出电子商务的定义与概念模型，对电子商务的内涵、功能、特点等进行重点介绍，然后阐述电子商务的运作模型与交易费用，以及电子商务系统的基本结构与组成，最后介绍电子商务系统的网络结构与业务环境。

随着世界经济一体化进程的不断加快，以及信息技术在国际贸易和商业领域的广泛应用，通过计算机技术、网络通信技术和互联网实现商务活动的国际化、信息化和无纸化，已成为各国商务发展的客观需求和一大趋势。网络通信技术和信息技术快速发展，互联网在全球迅速普及，这一切不仅使得现代商业呈现出不断增长的供货能力、不断增长的客户需求和日益激烈的全球竞争三大特征，更使得任何一个商业组织都必须改变自己的组织结构和运营方式来适应这种全球性的发展和变化。电子商务正是为了适应这种以全球为市场的变化而产生和发展起来的。电子商务带来了全新的商业机会、需求、规则和挑战，它代表未来信息产业的发展方向，已经并将继续对全球经济和社会发展产生深刻影响。

第 1 节　电子商务的诞生环境

电子商务对人类社会来说早已不再陌生，它的产生有其深刻的技术背景和商业背景，生产力发展的客观要求和 IT 技术的发展既是电子商务产生的原因，也是电子商务发展的驱动因素。下面首先介绍电子商务的发展历史，对电子商务产生的背景和过程做一个历史纵向性的简要追溯和探究，这有助于我们深刻认识和理解电子商务的定义、内涵及相关内容。

一、商务与商务活动

随着全球市场经济的不断发展，商务活动已经渗透到社会经济生活的各个领域。商务是以营利为目的的市场经济主体（如企业、政府、团体组织、个人），通过商品交换获取经济资源（包含信息、物质和服务）的各种经济行为的总称。对于这个描述要从以下三个方面来理解：（1）商务主体的多元化，即包括一切以营利为目的的市场经济主体，可以是个人、企业、政府等；（2）商务的本质是商品交换，即通过买卖的方式实现商品所有权的转移；（3）商务的对象或客体是所有的经济资源，包括有形和无形的资源。此外，要注意将商务与商业这两个概念区分开来。所谓商业，是进行商品交换的经济组织的总称，它们专门在商品生产者与消费者或使用者之间发挥促进交换的中介作用，是向生产性企业和消费者提供以商品交换为主要内容的服务的组织。商业也指以买卖方式使商品流通的经济活动。如果从上述意义理解商业，商务概念中无论是行为主体还是行为对象的外延都要比商业宽泛得多，商务泛指与一切贸易形式和贸易行为相关的事务。也就是说，商业仅仅是商务的一个方面，有其自身的活动规律。

一旦对商务有了比较清晰的认识，对于商务活动的理解也就简单了。商务活动是指商品从生产领域向消费领域转移过程中各商务实体进行的各种具体的经济活动。商务活动的内容非常丰富，包括营利性组织和个人除生产活动以外的全部对外经济活动。商务活动主要包括：（1）商业调查与市场分析；（2）供给分析与企业机会分析；（3）商务谈判与签订商务合同；（4）商品购销与合同履行；（5）企业发展战略规划实施；（6）市场开拓与市场占领；（7）企业宣传与企业公关；（8）资本管理与商务风险控制；（9）商务人员管理。

二、传统商务与现代商务

（一）传统商务及其局限性

从广义上看，传统商务在史前就已出现。当我们的祖先开始对日常生产活动进行分工时，商务活动就出现了，只不过那时更多的是通过生产和交换来换取生存所需的基本资料。每个家庭不再像以前那样既要种植谷物，又要打猎和制造工具，可以专注于某一项生产活动，然后用他们的产品去换取所需之物。例如，制造工具的家庭可以和种植谷物的家庭互换产品。在这些原始的交易中，无形的服务也开始用于交易。例如，巫医通过施巫术或求神祈福活动来换取食物和工具。后来，充当一般等价物的货币的出现使得直接的易货交易成为历史，交易活动变得更加顺畅、容易。然而，交易的基本原理并没有变化：社会的某一成员创造有价值的物品，这种物品是其他成员所需要的。到了近代，商务活动逐渐形成包含市场分析预测、原材料采购、商品生产、商品运输、仓储、广告促销、资金转账等环节在内的一整套业务流程，社会的商务经济体系日趋完善。

然而，传统商务活动始终无法改变的是在现实的市场环境中采取面对面直接交易或书面交易的物理接触方式。传统的商务活动，无论是柜台售货、开架自选还是订货会、洽谈会等，或是在保险、金融、海关、财政和税收等领域，都必须在特定的市场或者商场以及公司营业厅和政府办公大厅里以直接或间接的实物交换与物理接触来完成。

传统商务活动依靠面对面的交易以及通过书面文档记录、传递交易信息的特点使其具有极大的时空局限性。例如对于一家大型综合商场而言，传统商务人员每天需要处理大量的纸质单证票据，这不仅容易导致人工处理过程中出现数据统计错误，还是一项枯燥烦琐且耗费时间的工作。又如消费者有时为了购买一件商品，不得不跑遍各大商场，当好不容易才找到这件商品时却发现价格不但大大超出他的接受范围，而且没有任何折扣，费时费力，最终空手而归。可以说，传统商务具有交易信息处理效率低、数据记录错误率高、交易成本高昂、贸易范围小等局限，这进一步造成了商品生产周期长、库存积压严重、客户服务水平低下等一系列问题。

（二）现代商务及其特点

历史不断前行的过程中，各种事物也在朝新的方向演进。经济的快速持续发展、企业的逐步成长壮大、人们需求差异化的扩大、市场竞争的日益激烈以及各项革命性技术的出现，共同推动着传统商务步入现代商务阶段。现代商务的主要特点体现在以下几个方面。

1. 商业形式多样化

商业形式多样化是指企业为适应市场快速多变的特点，有针对性地采用多种商业经营方式。商业形式随着社会化大生产和市场的发展而不断变化，一方面，原有的形式逐步走向成熟并进一步发展；另一方面，新的形式不断涌现，并呈现出旺盛的生命力。如今的百货公司、超级市场、连锁商店、专卖店等都是商业形式多样化的体现。

2. 商事组织联合化

商事组织联合化是指企业为适应流通领域竞争和垄断加剧的新趋势，旨在增强综合竞争力以及提高规模效益所采取的对策。联合化可以最大限度地实现资源优化配置，使资金、设备、信息等经营要素发挥更大的作用。联合化的形式主要有：（1）工商一体化。企业兼顾生产、销售双重功能，实行市场调查、产品设计、生产制造、市场销售、售后服务一条龙经营。（2）跨国一体化。企业根据国际市场的需要和自身条件，把相关行业有机结合起来形成经济实体，进行生产、销售、服务和国际化经营。（3）综合商社，即以贸易为主体，集贸易、金融、综合服务功能于一体的跨国集团。

3. 销售方式多样化

销售方式多样化是指企业依据目标市场、目标顾客的要求，细分或改变传统销售模式。在日益激烈的商业竞争中，销售方式越来越繁杂多样，主要的类型有：（1）更新改造型，即在巩固原有店铺销售的基础上，改变某些经营方针、经营环境，使之适应新的市场竞争；（2）填补空缺型，即在充分掌握市场信息的基础上，填补市场空白，以灵活的销售方式来吸引顾客；（3）推陈出新型，即摒弃传统销售模式，以一种崭新的经营环境和观念吸引顾客；（4）领导潮流型，即依据商业自动化、信息化的发展特点，开发符合未来商业主流方向的销售方式。

4. 经营战略多角化

经营战略多角化是指企业在区域结构、行业结构、产品结构等方面进行全方位的规划，以实现利润最大化。许多大企业、大集团为满足风险管理的要求，不再经营单一行业、单一品种，而是进行多区域、多行业、多品种的多角化经营。

5. 经营手段现代化

经营手段现代化可以说是现代商务最显著的特点之一。科学技术的发展，特别是信息技术，比如计算机、电子订货系统、条形码等在商务领域的广泛运用，使得企业大大提高了对商业信息和数据的处理效率，加快了生产、销售的速度，降低了库存成本，提高了客户服务水平。

6. 商务从业人员知识科技化

激烈的市场竞争、多变的商业环境以及众多现代科技在商务领域的融入，要求商务从业人员必须及时更新知识。只有具备先进的现代商务理念，同时能在商务管理各领域熟练运用信息技术的人，方能紧跟时代的步伐，为企业创造可观的收益。

三、电子数据交换与互联网

电子数据交换（EDI）与互联网的出现对于电子商务的产生和发展具有非常深远的影响。

（一）EDI 的诞生

EDI 简单地说就是在企业的内部应用系统之间，通过计算机和公共信息网络，以电子化的方式传递商业文件的过程。换言之，EDI 就是供应商、零售商、制造商和客户等在各自的应用系统之间利用 EDI 技术，通过公共 EDI 网络，自动交换和处理商业单证的过程。

20 世纪 60 年代以来，以微电子、通信、计算机技术为核心的高新技术快速发展，信息技术在各个领域逐渐得到普及，这是 EDI 产生和发展的技术基础。另外，从 60 年代开始，经济全球化趋势加快，国际贸易发展迅速，产业结构逐渐调整，社会分工日益细化。由此，商业经济中开始出现两个局面：一方面是不同企业之间、不同地区及国家之间的商业往来迅速扩大和贸易量增长；另一方面是不同经济组织间相互依赖的程度增强。在商业贸易活动中，各个交易环节都伴随着大量单证和文件资料，如订单、发票、海关申报单等。日益频繁的国际贸易活动使各种纸质单证和文件数量与日俱增。美国森林与造纸协会曾做过统计，发现了用纸量超速增长的规律，即年国民生产总值每增加 10 亿美元，用纸量就会增加 8 万吨。原因是在各类商业贸易单证中有相当一部分数据是重复出现的，需要反复地录入计算机然后打印输出。商务管理实践中，人们发现至少有 75% 的商务信息被重复使用，采用传统的手工方式，不但要反复输入各种重要的数据和信息，效率低，而且会产生 10% 的错误率。因此，纸质贸易文件成了阻碍贸易发展的一个突出因素。同时，面对日趋激烈的市场竞争以及快速多变的客户需求，企业需要建立扁平化的组织结构，并与各个供应商、经销商保持密切联系，以便对客户需求做出快速响应，建立一条反应敏捷、沟通顺畅、协调合作、成本较低的面向客户的供应链。而供应链运作的效果很大程度上取决于信息能否在供应链成员之间实现快速、准确、安全的传递。传统的纸质单证的信息记录模式显然不能满足这些要求。

顺应时代需求以及信息技术的发展，EDI 技术应运而生，并显示出强大的生命力。20 世纪 60 年代末，欧洲和美国几乎同时出现了 EDI 的概念。1968 年，美国运输业的多家公司联合成立了运输数据协调委员会（TDCC），研究制定电子通信标准的可行性，它们的方案奠定了当今 EDI 的基础。经过几十年的不断发展，EDI 已成为电子商务的核心技术。

计算机在商务管理活动中得到广泛运用，EDI 的巨大作用在于，它不但能用计算机代替人工处理交易信息，大大提高数据处理的速度和准确性，更重要的是提供了一种对商业贸易数据进行电子标准化处理的方式，并能通过网络在不同节点和系统间快速、安全、高效、准确地传输数据。这对于提升现代商务活动的效率和服务水平，增强企业间协调合作，降低商业成本有显著的成效。也正是 EDI 的出现，极大地推动了革命性的商业贸易模式——电子商务的发展。

（二）互联网的问世

互联网（Internet）有时也称为环球网或因特网。它不是单个区域范围内的网络，而是将全球各种不同类型的计算机网络连接起来的一个全球性网络。互联网上有取之不尽、用之不竭的信息资源。

数据在计算机之间顺利传输的必要条件是具备良好的网络通道。在互联网出现以前，大多数实际应用中的 EDI 系统主要是凭借增值网络（value added network，VAN）来完成数据传输的。然而，基于 VAN 的 EDI 系统的建设成本非常高，一般仅限于财力雄厚的大公司使用。同时，VAN 只能实现计算机网络的下层协议以及数据传输缺乏灵活性的缺陷，也极大地限制了 EDI 的广泛运用。

互联网起源于 20 世纪 60 年代末美国国防部高级研究计划署（ARPA）建立的一个实验性网络 ARPANET，随着后来的逐步建设和 TCP/IP 协议的研发运用，以及对民用的完全开放，从 90 年代开始，以迅猛的速度席卷全球，成为一条全球性的信息高速公路。如今，从国防军事、教育科研到金融贸易，从远程教育到远程医疗，从政府办公到日常事务，都与互联网紧密相连。互联网的问世，为全世界带来了一个完全开放、覆盖范围广、接入简易、费用低廉且传输性能优异的强大网络。伴随 XML 和 Web Service 等新技术的出现，基于互联网的 EDI 系统被开发出来并显示出强大的生命力，开始广泛应用到商务活动中。因此，如果说 EDI 的出现促进了大型企业间电子商务的初步发展，那么，互联网的问世预示着电子商务活动的全面展开。

四、电子商务的产生机理

电子商务是人类社会经济发展与科学技术进步双重因素共同作用的必然结果。在此，对电子商务产生的大背景和推动力做一个简单的梳理。

（一）经济背景和经济推动力

20 世纪尤其是后 50 年，全球大部分地区的经济总体上呈现出快速发展的态势，生产力迅速提高，物质产品极大丰富，世界人民共享经济繁荣带来的成果。在这一时期，各国及地区间的贸易往来与日俱增，相互联系日益紧密，经济互补和依赖性有所增强，经济全球化的浪潮不可阻挡。在商品经济的作用下，全球资源在世界范围内进行最优配置，进一步促进了经济全球化、市场国际化、社会分工国际化及产业结构在全球范围内的调整。这一切又导致资本的大量转移和大批跨国公司的涌现，继续推动国际贸易的发展。国际贸易成为推动世界经济增长的发动机。据统计，第二次世界大战以来，国际贸易的增长率大大高于世界经济的增长率。国际贸易量的迅速增长造成传统的纸质贸易单证和文件的数量激增。同时，世界市场的激烈竞争使生产由大规模的批量生产向柔性的小批量多品种生产转变，以满足迅速变化的市场上的各种需求，组织形式则由纵向、集中式向横向、分散式、网络化发展。制造商、供货商和消费者之间，跨国公司与各分公司之间迫切要求提高商业文件或单证的传递和处理速度、空间跨度和准确度，以提高商业活动效率。传统的单证和文件采用人工处理，劳动强度大、效率低、出错率高、费用高。纸质贸易单证和文件是阻碍国际贸易发展的一个关键因素。商业贸易的无纸化和电子化成为世界经济发展的客观推动力，也是所有贸易伙伴的共同需求。

（二）技术背景和技术推动力

电子商务是随着信息技术的不断发展而产生的，其中 EDI、互联网、Web 和 Java 等对电子商务的发展有着举足轻重的作用。

自 ARPANET 诞生以来，计算机网络和互联网在 20 世纪 70 年代得到了迅速的发展，很多企业开始依靠 EDI 实现业务处理自动化。当时，企业借助文字处理技术，在内部实现单证自动化处理。EDI 在这些自动化“孤岛”之间建立连接，形成新的商务模式，即无纸贸易。无纸贸易并不是为了节约纸张，它的意义在于使信息流更畅通。EDI 以电子形式在异构系统之间进行数据交换，为商务发展提供支持。EDI 着重于合作者之间的事务处理标准化。它提供一系列标准的消息和格式（如 ANSI X1.2 和 UN/EDIFACT），企业之间用这些标准的消息和格式传送成批的请求来订购产品、接收货物、付款，这些请求都以电子化的形式进行传送。

EDI 标准缺乏灵活性和可扩展性。受限于当时的技术水平，传统 EDI 使用固定的事务集，把业务规则嵌入事务集，也就是说，把业务规则写进应用程序代码。然而，在实践中，业务规则不仅随企业不同而不同，而且会随着市场的变化而变化。固定的实现方式和经常变化的需求之间的矛盾，是传统 EDI 面临的最大障碍。此外，传统的 EDI 服务是在昂贵的增值网络上进行的，建立与维护的高成本阻碍它进入中小企业及组织机构，因此增值网络的高成本是传统 EDI 发展的又一大障碍。

到 20 世纪 80 年代初，TCP/IP 协议族在 ARPANET 上全面实现后，随之而来的是互联网的蓬勃发展，互联网的低成本破除了传统 EDI 的一大障碍。此外，面向对象的软件开发技术在 80 年代取得了长足的发展，方便了 EDI 应用系统的开发。但是，EDI 标准缺乏灵活性和可扩展性这一事实并未因此而改变。

进入 90 年代，随着 Web 的诞生，许多商家开始采用 Web 应用系统来支持电子商务活动，如网络广告、网络营销、客户关系管理等。1995 年 5 月，Java 的问世进一步推动了互联网与网络计算的发展，世界迎来了网络计算与电子商务时代。电子商务不仅包括图书和光盘的在线销售，而且包括企业内部的员工管理、跨供应链的事务处理和在线采购，还包括公共事业的在线事务处理，如保健、教育和政务。电子商务应用也推动了 Web 和 Java 等技术的进一步发展，例如，HTML 语言从 1.0 版本逐步升级到 4.01 版本，到 XML 语言的问世，直到 HTML 5 的出现；Java 平台从 1.1 升级到 1.2，再到 Java SE 5.0 以及 2014 年底发布的 Java SE 8.0；软件组件开发技术发展到分布式组件技术。

正是上述各类技术的发展为电子商务的产生奠定了坚实的技术基础，推动着电子商务的进一步发展。

经济的发展促使电子商务在技术上的实现，技术上的实现又反过来促进电子商务环境下经济的蓬勃发展。社会经济发展与科学技术进步就这样形成合力，共同孕育了电子商务这一新生事物，并推动它不断取得进步。

第 2 节　电子商务的定义与研究对象

从形式上来说，电子商务主要指利用现代计算机技术提供的信息发布、获取和处理手段在网上进行交易活动，包括通过互联网买卖产品和提供服务。广义的产品包括实体化、数字化的产品及各类服务。电子商务并不仅仅局限于在线买卖，它在从生产到消费的各个方面影响着商务活动。对于顾客而言，电子商务极大地丰富了查找和购买产品乃至服务的方式。那么，什么是电子商务呢？

一、电子商务的定义

从宏观上讲，电子商务是计算机网络的第二次革命，通过电子手段建立一个新的经济秩序，它不仅涉及电子技术和商业交易本身，而且涉及金融、税务、教育等其他层面；从微观上讲，电子商务是指各种具有商业活动能力的实体（生产企业、商贸企业、金融机构、政府机构、个人消费者等）利用网络和先进的数字化传媒技术进行的各种商业贸易活动。一个完整的商业贸易过程是复杂的，包括交易前了解商情、询价、报价、发送订单、应答订单、发送收货通知和取货凭证、支付汇兑等，还包括涉及行政过程的认证等环节。电子商务涉及资金流、物流、信息流。严格地说，只有上述所有贸易过程都实现了无纸化，即全部是非人工介入，才能称为一个完整的电子商务过程。

电子商务不仅包括企业间的商务活动，还包括企业内部的商务活动，如生产、管理、财务等，它不仅是硬件和软件的结合，而且在内部网和外部网上利用互联网技术把买家、卖家、合作伙伴与原有的系统结合起来，在网络化的基础上重塑各类业务流程，实现电子化、网络化的运营方式。从这个意义上讲，电子商务所指的商务不仅包括交易，而且涵盖贸易、经营、管理、服务和消费等各个业务领域，其主题是多元化的，功能是全方位的，涉及社会经济活动的各个层面。一般而言，电子商务包括五个方面的内容。

（1）采用多种电子方式，如互联网。

（2）实现商品交易、服务交易（其中包含人力资源、资金、信息服务等）。

（3）既包括企业间的商务活动，也包括企业内部的商务活动（生产、管理、财务等）。

（4）涵盖交易的各个环节，如询价、报价、订货、售后服务等。

（5）电子方式是形式，跨越时空、提高效率是主要目的。

综合以上分析，本书对电子商务的定义如下：电子商务是各种具有商务活动能力和需求的实体（生产企业、商贸企业、金融企业、政府机构、个人消费者等）为了突破时空限制，提高商务活动效率，降低交易成本，采用计算机网络和各种数字化传媒技术等电子方式实现商品交易和服务交易的一种贸易形式。

二、电子商务的概念模型

电子商务的概念模型是对现实世界中电子商务活动的一种抽象描述，由电子商务实体、电子市场、交易事务及物流、资金流、商流、信息流等基本要素构成（见图 1–1）。

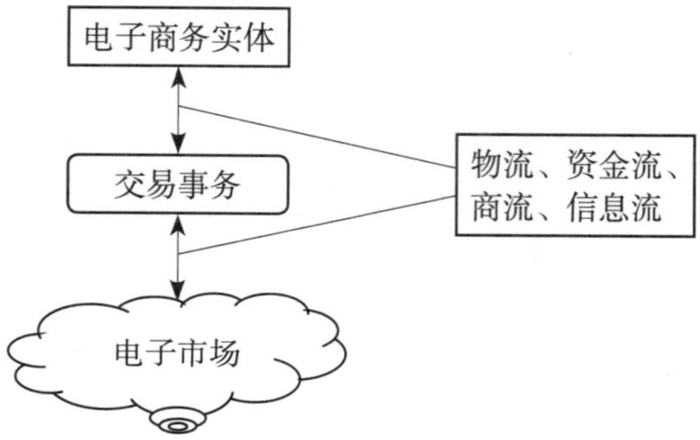

图 1–1　电子商务的概念模型

在电子商务的概念模型中，电子商务实体（EC 实体）是指能够从事电子商务活动的客观对象，可以是企业、银行、商店、政府机构、科研教育机构和个人等；电子市场是指 EC 实体从事商品和服务交易的场所，各种各样的商务活动参与者利用各种通信装置，通过网络形成一个统一的经济整体；交易事务是指 EC 实体之间所从事的具体的商务活动，例如询价、报价、转账支付、广告宣传、商品运输等。

从电子商务的概念模型不难看出，电子商务实质上是电子商务实体围绕交易事务，通过电子市场发生的经济活动关系，这些经济活动关系是通过物流、资金流、商流、信息流的有机配合来实现的。电子商务区别于传统商务的一个重要方面就是电子市场取代了传统的有形市场。每个 EC 实体面对的是一个电子市场，它必须通过电子市场来选择交易的内容和对象。因此，电子商务的概念模型可以抽象地表述为每个 EC 实体和电子市场之间的交易事务关系。

从人类早期的商品交换方式到货币的产生，商品所有权的转移都是紧随物资流动而实现的。在这个阶段，由于生产力的发展和社会分工的出现，信息流开始出现。后来随着社会分工的日益细化和商业信用的发展，专门为货币提供中介服务的第二层中介出现了。它们是一些专门的机构（如银行），有了它们，物流和资金流开始分离，产生了多种付款方式：交易前的预先付款，交易中的托收，交易后付款如分期付款、延期付款。这就意味着商品所有权的转移和物流的转换相分离，在这种情况下，信息流的作用凸显出来。这种分离带来了一定的风险，要规避这种风险就得获取尽可能多的信息，比如，商品质量、价格、支付能力、支付信誉等。每一层中介的引入在方便人们做大贸易的同时，带来了新的信用风险并完成了信用风险的转移和分担，这一点将在介绍中介机构时详细讨论。

随着电子技术和网络的发展，电子中介作为一种工具被引入生产、交换和消费中。我们知道生产工具的变化必定会改变生产方式，犹如机器的出现使手工业社会进入工业社会一样。这种生产方式的变化必将形成新的经济秩序，在这个过程中，有的行业会兴起，有的行业会没落，有的商业形式会产生，有的商业形式会消失，这就是为什么我们称电子商务是一次社会经济革命。仅从交换这个角度来看，电子工具是通过改变中介机构提供中介服务的工具而改变其工作方式的，从而使它们产生了新的业务，甚至催生了新的中介机构。这个阶段的一个重要特点就是信息流处于极为重要的地位，它在一个更高的位置对商品流通的整个过程进行控制。所以说电子商务同现代社会逐步兴起的信息经济是密不可分的。

三、电子商务的研究对象

电子商务的研究对象由商务对象、商务媒体、商务事件和物流、资金流、商流、信息流等基本要素构成。

商务对象是指从事电子商务的客观对象，包括企业、客户和政府，因此产生了企业与企业间的电子商务、企业与客户间的电子商务、企业与政府间的电子商务等模式。

商务媒体是指商务对象进行交易的场所，或者说是虚拟电子市场。一方面，虚拟电子市场与传统市场有很多共同点，如都要遵循价值规律和等价交换规律等；另一方面，虚拟电子市场又与传统市场有很大的差异，这些差异主要表现在信息技术的应用在时间、空间维度上使市场最大化，在效率上产生质的飞跃。应该认识到，信息技术的这一影响是深远的。

商务事件是指商务对象所从事的具体的商务活动，例如询价、报价、支付、运输等。电子商务既创造了很多传统商务中未能涉及的商务活动，也将部分传统商务活动推入“坟墓”。

电子商务的任何一笔交易都包含物流、资金流、商流和信息流。其中，物流主要是指商品和服务的配送与传输渠道。对于大多数商品和服务来说，物流可能仍然使用传统的营销渠道。然而对有些商品和服务来说，可以直接以网络传输的方式进行配送，如各种电子出版物、信息咨询服务、付费信息等。资金流主要是指资金的转移过程，包括付款、转账、结算、兑换等过程。商流指商品和服务的所有权的转移，它的标志性文件是提货单、房产证等法律文书。信息流既包括商品信息的提供、促销、技术支持、售后服务等内容，也包括诸如询价单、报价单、付款通知单、转账通知单等商业贸易单证，还包括交易双方的能力、信誉等。

研究电子商务，既要对上述各要素进行单独研究，也要研究它们之间的关系。

第3节　电子商务的基本内容

本节主要讨论电子商务的内涵、功能和特点。

一、电子商务的内涵

（一）电子商务是人类社会发展的要求

人类社会发展的总趋势是从技术经济的低级状态向高级状态转变。从人类技术发展的历史看，以往的各种技术把人类社会的物质文明提升到一个相当高的程度（这是以发达地区为代表而言的）。以计算机为代表的电子信息技术是对自然界信息、人类社会信息进行采集、存储、加工、处理、传输等的工具。在它的帮助下，人们可以很好地学习前人的经验、教训和智慧，大大扩充人类知识，从而走出一条内涵式、集约化的社会物质、文化发展之路。所以，当今社会技术的代表应当是电子信息技术，它是开发和利用信息资源的有效工具。

按马克思的观点，人类社会划分的标志不是看这个社会能生产什么，而是看这个社会用什么来生产。从这个角度来看，今天的社会应该称为电子信息社会或称为信息时代。在这个时代里，信息技术已经渗透到人类社会、经济的各个领域。某些发达国家的信息化程度较高，其他发达国家不断提高信息经济的比重。中国在实现工业化的同时向信息化积极迈进，力求跳跃式发展，加速实现国民经济信息化。

（二）电子商务的关键是人的知识与技能

第一，电子商务是一个社会系统，社会系统的中心必然是人。第二，电子商务系统实际上是由围绕商品交易的各方面代表和利益相关者所组成的关系网。第三，在电子商务活动中，虽然十分强调工具的作用，但起关键作用的仍然是人，必须强调人在电子商务中的决定性作用。也正因为人是电子商务的主宰者，所以有必要考察什么样的人才是合格的。很显然，电子商务是信息现代化与商务的有机结合，所以能够掌握电子商务理论与技术的人必然是掌握现代信息技术、现代商贸理论与实务的复合型人才。而一个国家或地区能否培养出大批这样的复合型人才，就成为该国或地区发展电子商务的关键。

（三）电子商务的工具是系列化、系统化、高效的电子工具

本书重点研究的电子工具，是能跟上信息时代发展步伐的系列化、系统化的电子工具。从系列化角度讲，这里强调的电子工具应该是包括商品需求咨询、商品订货、商品买卖、商品配送、货款结算、商品售后服务等，伴随商品生产、流通、分配、交换、消费甚至是再生产的全过程的电子工具，如电话、电报、计算机，以及电子数据交换、电子订货系统（electronic order system，EOS）、销售点终端（point of sale，POS）、电子货币、电子商品配送系统、管理信息系统（management information system，MIS）、决策支持系统（decision support system，DSS）、售后服务系统等。从系统化角度讲，商品的需求、生产、交换构成一个有机整体，形成一个大系统，同时，为防止市场失灵，还要将政府对商品生产、交换的调控引入该系统，能达此目的的电子工具主要有局域网（LAN）、城域

网（CAN）和广域网（WAN）。它们必然是将通信网、计算机网和信息网相结合，打造纵横相连、反应灵敏、安全可靠的电子网络，以利于大到国家间小到零售商与顾客间开展方便、可靠的电子商务活动。

（四）电子商务的对象是以商品交换为中心的各项经济事务

从社会再生产发展的环节看，在生产、流通、分配、交换、消费这个链条中，发展变化最快、最活跃的就是中间环节的流通、分配和交换。这些中间环节又可以看成是以商品交换为中心展开的，即商品的生产主要是为了交换——用商品的使用价值去换取商品的价值，围绕交换必然产生流通、分配等活动，这些活动连接着生产和消费。因此，以商品交换为中心的各种经济事务活动可以统称为商务活动。由此可见，抓好了商品的贸易，就牵住了经济的"牛鼻子"。电子商务可以大幅减少不必要的商品流动、物资流动、人员流动和货币流动，减少商品经济的盲目性，减少有限的物质资源、能源资源的消耗和浪费。

二、电子商务的功能

建立在互联网基础上的电子商务不受时间和空间的限制，可以每天 24 小时不分区域地运行，在很大程度上改变了传统商务的形式。快速、安全传输的数据信息电子流代替传统商务的纸质单证和实物流，对企业来讲，提高了工作效率，降低了成本，扩大了市场，必将产生可观的社会效益和经济效益。相对于传统商务，电子商务具有不可替代的功能及优点。

电子商务通过互联网可提供网上交易和管理的全过程服务，具有以下几种功能。

（一）广告宣传

电子商务使企业可以通过自己的 Web 服务器、主页（home page）和电子邮件（E-mail）在全球范围内做广告宣传，在互联网上宣传企业形象和发布各种商品信息。与其他各种广告形式相比，网络广告的成本最低，提供的信息量却最为丰富。

（二）咨询洽谈

电子商务使企业可借助非实时的电子邮件、新闻组（news group）和实时的讨论组来了解市场和商品信息，洽谈交易事项，如有进一步的需求，还可用网上的白板会议（whiteboard conference）、电子公告板（BBS）来交流信息。网上的咨询和洽谈能突破人们面对面洽谈的限制，提供方便的异地交流方式。

（三）网上订购

企业的网上订购系统通常在商品的介绍页面提供友好的订购提示信息和订购表格，客户填完订单后，系统确认信息。电子商务的客户订购信息采用加密的方式使客户和商家的商业信息不会泄露。

（四）网络支付

网络支付是电子商务交易过程中的重要环节，客户和商家之间可采用信用卡、电子钱包、电子支票和电子现金等多种方式进行网络支付，可节约交易费用。

（五）电子账户

客户的信用卡号或银行账号是电子账户的标志，是客户所拥有的金融资产的标识代码。客户认证、数字签名、数据加密等技术措施的应用可以保证电子账户操作的安全性。

（六）服务传递

电子商务通过服务传递系统将客户所订购的商品尽快配送到客户手中。对于有形的商品，服务传递系统可以通过网络对本地或异地的仓库或配送中心进行物流的调配，并通过物流服务部门完成商品的配送；对于无形的信息商品如软件、电子读物、信息服务等，则立即从电子仓库中将商品通过网络直接传递到用户端。

（七）意见征询

企业的电子商务系统可以采用网页的形式及时收集客户对商品和服务的反馈意见，这些反馈意见能提高企业的售后服务水平，使企业获得改进产品、发现新市场的商业机会，使企业的市场运作形成一个良性循环。

（八）交易管理

电子商务的交易管理系统可以借助网络快速、准确地收集大量的数据信息，利用计算机系统强大的处理能力，对与网上交易活动相关的人、财、物、客户及本企业内部事务等进行及时、科学、合理的协调和管理。

（九）在线服务支持

企业可以通过 E-mail、FAQ、微信、微博等提供更加完善的顾客服务，包括提供有关产品和服务的信息，在线解答顾客在产品使用中遇到的各种问题，提供与产品订购和配送有关的信息等。

三、电子商务的特点

电子商务在全球各地通过计算机网络进行并完成各种商务活动、交易活动、金融活动和相关的综合服务活动。电子商务改变了各种传统贸易活动的内容和形式。相对于传统商务和 EDI 商务，电子商务表现出以下几个突出的特点。

（一）结构性

消费者、厂商、运输方、报关员、保险公司、商检机构和银行等不同参与者通过计算机网络组成一个复杂的网络结构，它们相互作用、相互依赖、协同处理，形成一个密切联系的、连接全社会的信息处理大环境。这个环境简化了商贸业务的手续，加快了业务开展的速度，最重要的是规范了整个商贸业务的产生、发展和结算过程，从根本上保证了电子商务的正常运作。

（二）动态性

电子商务交易网络没有时间和空间的限制，是一个不断更新的系统，每时每刻都在运转。网络上的供求信息不停地更新，商品和资金不停地流动，交易双方不停地变更，商机不断地出现，竞争不断地展开。正是这种物质、资金和信息的高速流动，使得电子商务具有传统商业无法比拟的强大的生命力。

（三）社会性

电子商务的最终目标是实现商品的网上交易，这是一个相当复杂的过程，除了要应用各种相关技术和系统来保证交易过程顺利完成，还涉及许多社会问题。例如，商品和资金流转方式的变革；法律的认可和保障；政府部门的支持和统一管理；公众对网上购物的认可等。所有这些问题不是一个企业就能解决的，需要全社会的努力才能最终将电子商务潜在的优越性转变为现实的生产力。

（四）层次性

电子商务具有层次性。任何个人、企业、地区和国家都可以建立自己的电子商务系统，这些系统本身是一个独立的、完备的体系，可以提供从商品的推销、购买到支付的全过程的服务。但这样的系统又是更大范围或更高一级的电子商务系统中的一个组成部分，因此在实际应用中，常将电子商务分为一般电子商务、国内电子商务和国际电子商务等不同的级别。另外，也可以根据系统的功能和应用的难易程度对电子商务进行分级，较低级的电子商务系统只涉及基本网络、信息发布、产品展示和货款支付等，各方面的要求较低；而用于进行国际贸易的电子商务系统不仅技术要求高，而且涉及税收、合同法以及不同的银行业务等，结构也比较复杂。

第 4 节　电子商务模式的类型

电子商务参与方包括企业、个人消费者、政府和中介。中介只是为电子商务的开展提供技术、管理与服务支持，而前三者则是以另一种姿态成为参与方的。尽管有些网上拍卖形式的电子商务属于个人与个人之间的交易（consumer to consumer，CtoC，C2C），但企业是电子商务的核心参与方，电子商务模式主要从企业的角度来考察，可以从系统业务处理过程涉及的范围对电子商务模式进行分类。

一、电子商务模式的分类

从企业电子商务系统业务处理过程涉及的范围出发，电子商务可以分为企业内部、企业间（business to business, BtoB, B2B）、企业与消费者（business to consumer, BtoC, B2C）之间、企业与政府（business to government, BtoG, B2G）之间及企业与经理人（business to manager, BtoM, B2M）之间、线上到线下（online to offline, OtoO, O2O）的电子商务以及新型的 B2B2C（business to business to consumer）电子商务等多种类型。

（一）企业内部的电子商务

企业通过内部网处理商务流程，对重要系统信息和关键数据进行存取，保持部门间的联系。它的基本原理同企业间的电子商务类似，只是企业内部交换对象是确定的，对交换的安全性和可靠性的要求较低。企业内部电子商务的实现主要是指在企业内部信息化的基础上，将企业的内部交易网络化，它是企业外部电子商务的基础，相比外部电子商务更容易实现。企业内部的电子商务系统可以提高企业处理商务活动的敏捷性，使企业能对市场状况更快地做出反应，更好地为客户提供服务。

（二）企业间的电子商务

有业务联系的企业之间用电子商务将关键的商务处理过程连接起来，形成网上的虚拟企业圈。例如，企业利用计算机网络向它的供应商采购或付款等。这一类电子商务，特别是企业通过私营或增值网络采用 EDI 方式所进行的商务活动已经存在多年。这种电子商务系统具有很强的实时商务处理能力，使企业能以一种可靠、安全、简便、快捷的方式进行企业间的商务活动并达成交易。

（三）企业与消费者之间的电子商务

企业与消费者之间的电子商务是人们最熟悉的一种电子商务类型。大量的网上商店利用互联网提供的双向通信功能完成网上购物过程。这类电子商务主要借助互联网开展在线销售活动。随着互联网的发展，这种电子商务类型异军突起。例如，在互联网上出现了许多大型超级市场，所出售的产品一应俱全，从食品、饮料、电脑到汽车等，几乎包括了所有消费品。由于这种模式节约了客户时间和企业的空间，大大提高了交易效率，节约了各类不必要的开支，因而得到了人们的认同，发展迅速。

（四）企业与政府之间的电子商务

企业与政府之间的各项事务都可以涵盖在电子商务中，包括政府采购、税收、商检、管理条例发布等。一方面政府作为消费者，可以通过互联网发布自己的采购清单，公开、透明、高效地完成所需物品的采购；另一方面，政府以电子商务方式能更充分、更及时地履行对企业的宏观调控、指导规范、监督管理等职能。借助网络及其他信息技术，政府职能部门能更及时全面地获取所需信息，做出正确决策，做到快速反应，迅速将政策法规及调控信息传达给企业，起到管理与服务的作用。在电子商务中，政府还有一个重要作用，就是对电子商务的推动、管理和规范。

（五）企业与经理人之间的电子商务

B2M 相对于 B2B、B2C、C2C 电子商务而言，是一种全新的电子商务模式。这种电子商务与以上三种有着本质的不同，根本的区别在于目标客户群的性质不同，以上三种电子商务的目标客户群都是以消费者的身份出现，而 B2M 所针对的客户群是企业或者产品的销售者或者是企业中的工作者，而不是最终消费者。

企业通过网络平台发布产品或者服务信息，经理人通过网络获取该企业的产品或者服务信息，并为该企业提供产品销售或者其他服务，企业通过经理人的服务达到销售产品或者服务的目的。经理人通过为企业提供服务获取佣金。

B2M 与传统电子商务相比有了巨大的改进，除了面对的用户群体有着本质的区别，B2M 还有一个优势：电子商务的线下发展。传统电子商务的特点是，商品或者服务的买家和卖家都是网民，而 B2M 模式能将网络上的产品和服务信息传播到线下，企业发布信息，经理人获得信息，并且将产品或者服务提供给所有的买方，不论买方是在线上还是在线下。B2M 本质上是一种代理模式。

（六）线上到线下的电子商务

O2O 是将线上商务模式与线下实体经济相融合，通过互联网将线上商务模式延伸到线下实体经济，或者将线下资源推送给线上用户，使互联网成为线下交易的前台的一种电子商务模式。

目前，我国的 O2O 电子商务模式主要可以分为以下几类：团购网站模式、二维码模式、线上线下同步模式和营销推广模式。

（1）团购网站模式。团购网站模式是指消费者通过登录团购网站，获取商家的商品或服务的信息，通过网络挑选商品或服务并进行支付，在线下实体店获取商品或服务的商业模式。

（2）二维码模式。二维码模式是指消费者使用手机等移动终端扫描商家的二维码，实现在线购买或者关注线上商家的商品或服务的商业模式。

（3）线上线下同步模式。线上线下同步模式是指采用互联网电子商务模式的企业和商家通过开设实体店等形式实现线上线下同步发展的商业模式。

（4）营销推广模式。营销推广模式是指利用移动互联网对传统线下实体经济形式进行网络营销和推广，以实现线上线下互动、促进线下销售的商业模式。

此外，还出现了一些新的 O2O 商业模式：

（1）Offline to Online（线下营销到线上交易）模式。这个模式在日本、韩国早已流行，但当时智能手机还没有兴起。近几年随着智能手机和 4G 移动网络的普及，二维码扫码购物模式兴起。很多企业在线下做营销（例如 1 号店在地铁张贴带二维码电子标签的商品海报），在线上实现交易，这也是一种 O2O 模式。

（2）Offline to Online to Offline（线下营销到线上交易再到线下消费体验）模式。典型的例子是电信运营商为留住手机客户会在每个时间段进行营销，而且很多营销在线下开展，然后客户在线上完成交易，在线下消费体验。

（3）Online to Offline to Online（线上交易或营销到线下消费体验再到线上消费体验）模式。这个模式目前应用得不多。例如，用户在线上玩一款游戏，该游戏的道具包括麦当劳某款套餐，用户可以在线下的麦当劳实体店购买套餐，再回到线上游戏中使用道具。这是典型的线上线下互动模式。

（七）B2B2C 电子商务

B2B2C 电子商务是对 B2B 和 B2C 两种电子商务模式的整合。B2B2C 电子商务以 B2C 为基础，以 B2B 为重点，将两个商务流程衔接起来，从而形成一个新的电子商务模式。它是一种纯平台模式，仅提供商家展示商品和买家选择商品的平台。在 B2B2C 中，第一个 B 是指原材料供应商和产品生产商，第二个 B 是指销售商，C 是指最终用户。采用 B2B2C 模式的目的是为企业搭建一个具有支付功能的电子商务平台，让企业通过电子商务平台把产品销售出去。

B2B2C 电子商务的作用在于，一方面减轻了企业的配送负担，另一方面减轻了库存问题带来的压力，从而降低成本。

二、共享经济

值得一提的是近年来迅速发展起来的共享经济模式，“共享经济”这个术语最早由美国得克萨斯州立大学社会学教授马库斯·费尔森（Marcus Felson）和伊利诺伊大学社会学教授乔·斯佩思（Joe Spaeth）在1978年发表的论文“Community Structure and Collaborative Consumption：A Routine Activity Approach”中提出，但共享经济是近几年才开始流行的。

（一）共享经济的内涵

共享经济借助网络等第三方平台，将供给方闲置资源的使用权暂时转移，实现生产要素的社会化，通过提高存量资产的使用效率为需求方创造价值，促进社会经济的可持续发展。共享经济涉及供给方、需求方、共享经济平台等参与主体。从供给端来看，每个个体或企业都可以成为产品和服务的供给方——只要拥有闲置资源并且愿意暂时转移使用权，所以供给方外延的扩大潜力显著，其市场容量巨大，能够形成巨大的“产能供给池”。供给方的目的在于提高存量资源的利用率并获取一定的收益。“闲置资源—暂时转移使用权—获取收益”形成动态的产业闭环，具有内在张力和可持续性。从需求端来看，每个个体或企业都可以成为产品和服务的需求方，需求方不直接拥有产品和服务的所有权，通过租借等共享方式满足其对产品和服务的需求，供给方产品和服务的性价比优势给需求方带来获取同样产品和服务的相对收益，形成共享经济庞大的“服务需求池”。共享经济赋予需求方参与权、选择权和主动权，基于共享经济平台进行透明交易可以降低需求方的支出水平。从共享经济平台来看，共享经济平台结合闲置资源的位置共享，应用大数据算法等实现了供给端与需求端互助互利。平台本身没有基于产品和服务的固定成本支出，其成本来源于共享经济平台维护等相关支出，属于轻资产运营。基于交易抽成模式的共享经济平台实现了固定成本支出的降低和交易成功率的提高，提高了供给方闲置资源的利用率，满足了需求方对个性化和定制化服务的需求。

共享经济的内涵是去中介化和再中介化。去中介化是指供需双方不再依附于传统的商业组织。比如P2P借贷，资金供给者和资金需求者不再依附于银行等金融组织进行资金调配，而是资金供给者和资金需求者直接匹配。打车软件使得服务提供者与乘客可以直接匹配。不难看出共享经济是一个去中介化的过程，使得金融、出租车等行业脱媒。同样，共享经济又是一个再中介化的过程，供需双方依附于共享经济平台。比如，P2P借贷的资金供给者和资金需求者需要借助P2P网络借贷平台实现资金供需匹配，服务提供者和乘客需要借助打车软件实现供需匹配，共享经济平台成为供需双方的“新中介”。

（二）共享经济下的商业模式

共享经济下商业模式的基础是“闲置＋价值＋回报”。产品和服务供给方拥有闲置的资源或碎片化的时间，在特定时间内让渡资源使用权或提供服务，需求方不直接拥有资源的所有权，而是通过租借等共享方式使用资源。供给方为需求方创造价值，从而获得一定的金钱或精神回报。共享经济下的商业模式如图1-2所示。

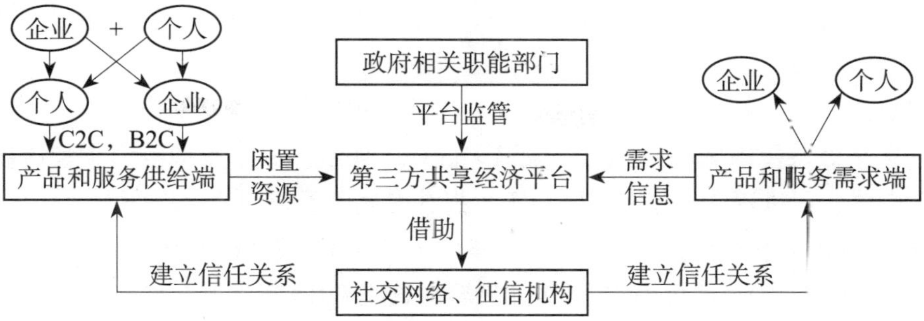

图 1–2　共享经济下的商业模式

共享经济平台通过双向补贴和体验等方式吸引供给方和需求方，共享经济平台上足够多的供给方为满足需求方的多样需求提供了选择的空间，共享经济平台上足够多的需求方为供给方提供了稳定、持续的客源。根据产品和服务供给方的差异化程度，产品总体上分为标准化产品和非标产品。标准化产品按标准化程度从高到低进行分类定价，非标产品在产品差异性基础上根据需求方的要求进行适当的调整，满足需求方对定制化服务的需求。产品和服务供给方的组织形式包括适应规模化供给的 B2C 模式，以及使产品和服务需求个性化和场景化的 C2C 模式。共享经济平台根据产品和服务需求方群体，将具有相似特征的个体或企业划分为一个子市场，并根据当地消费者的核心需求和人文特点，进行适应性功能开发和品牌定位，对需求方交易后的评价进行收集和处理。

共享经济平台不直接拥有物品所有权，这决定了共享经济平台的固定资产投入少、成本低。共享经济平台实行的是按需分配，将大量供给按照大数据算法推送给最需要这些物品的客户。共享经济平台连接供给方和需求方，由于供需双方具有延展性和叠加性，共享经济平台的潜力巨大，平台资源、平台规模等的扩大反过来增强了供需双方用户的黏性。共享经济平台注重社交网络，征信机构帮助供给方和需求方建立信任关系。政府相关职能部门加强对第三方共享经济平台的监管，如针对 P2P 网络借贷平台“跑路”现象，政府明确监管主体，对中间资金账户实行第三方托管，通过建立市场准入和退出机制、P2P 平台信息披露制度、P2P 平台再保险制度来加强对 P2P 平台的监管。

共享经济平台的盈利模式主要有三种：一是对供需双方抽成。根据供给方和需求方的平台依存度、获利大小等，分别对供给方或者需求方抽成。比如，优步（Uber）针对供给方每笔业务提成，爱彼迎（Airbnb）对需求方收取佣金。二是利用客户带来的流量和入口盈利。第三方共享经济平台掌握大量的客户资源，客户为共享经济平台带来了流量和入口。优步发布的 2022 年第三季度财报显示，第三季度，优步月活跃用户数为 1.24 亿，同比增长 14%。三是提供延伸服务盈利。基于客户资源大数据分析进行相关服务延伸，拓展服务边界。比如，优步通过乘客出行计划大数据分析与交通管理部门进行合作。

（三）共享经济的应用

共享理念体现了逐步实现共同富裕的要求，共同富裕是中国特色社会主义的本质要求，也是习近平提出的中国特色社会主义经济思想中“以人民为中心”的发展观的具体实践。共享经济作为共享发展的关键部分，近年来在中国快速发展。国家信息中心最新发布的《中国共享经济发展报告（2023）》显示，2022 年中国共享经济的市场规模达到了约 38 320 亿元，同比增长了 3.9%。共享经济目前主要应用在以下几个重要领域。

1. 共享交通

共享交通主要包括共享租车、共享驾乘、共享单车、共享停车位等类型，也是共享经济目前在全球范围内影响最广、争议最多的一个领域。共享交通致力于盘活社会上闲置的车辆资源、司机资源、停车位资源等，提升交通闲置资源的利用率。

2016 年为共享单车发展元年，大量资本涌入共享单车领域。2016 年，在网约车领域，滴滴出行夺魁，6 月 16 日获得 45 亿美元融资，这是 2016 年度共享经济交通领域金额最大的一笔融资。2021 年中国共享单车用户规模达 3 亿人，较 2020 年增加了 0.18 亿人，同比增长 6.38%。2021 年中国共享单车市场规模达 320 亿元，较 2020 年增加了 73 亿元，同比增长 29.55%。

目前的共享单车模式还处于共享经济应用的初级阶段，甚至不算严格意义上的共享经济应用。共享经济的精髓是对社会某个时间段里某种闲置资源的共享，但现有的共享单车服务不太符合这个特点。企业通过投资或融资购置大量单车让公众共享，这种服务模式和传统的酒店式服务模式没有本质差异。目前的共享单车模式不仅没有节约单车资源，甚至会引发单车资源或其他资源（如存车空间、管理人员、资金等）的浪费。可以说目前这种共享单车模式是一种广义上的共享经济应用，是共享经济的一种初级应用。

2. 共享房屋

中国电子商务研究中心认为，目前国内在线短租共享领域主要存在以下三种主要模式：（1）C2C 开放平台模式。该模式以小猪短租为代表，类似于国外的爱彼迎模式。（2）B2C 开放平台模式。房源主要由平台控制，统一装修，统一管理，房租收入由平台和房东按一定比例分成，典型代表如途家网等。（3）“产权共享 + 换住共享”的二维共享模式。该模式以“我享度假”为代表，这个模式的核心在于分权共享。

3. 共享餐饮

共享餐饮可以分为以下两种模式：（1）“私厨 + 配送”。这种模式类似于 O2O 外卖模式，目前做得比较好的有觅食、回家吃饭、丫米厨房、妈妈的味道等。（2）“家厨 + 堂食”。这种模式类似于家宴，典型代表有我有饭、隐食家等。

4. 共享物流

共享物流通过共享物流资源实现整个物流体系的资源优化配置，从而提高物流系统的效率，降低物流成本，推动物流系统变革。共享物流目前主要指全民快递服务，即利用个人空闲时间实现快递配送，也是一种新的生活体验方式。共享物流有京东众包、人人快递、饿了么、蜂鸟等，货运 O2O 有 1 号货的、云鸟配送、罗计物流等。

5. 共享金融

共享经济与互联网金融的诞生都是为了实现资源的最优配置。前者包括所有资源，而后者是为了实现资金的最优配置。它们的区别在于，共享经济中除营利性的商业之外，也有公益的成分，而互联网金融的发展必须解决商业可持续发展的问题。众筹领域的代表平台有淘宝众筹、京东众筹以及苏宁众筹；P2P 网贷领域的代表平台有拍拍贷、陆金所、微贷网等。

6. 共享充电宝

2017 年，小电科技、来电科技、Hi 电等共享充电宝相关企业相继宣布获得亿元级别的融资，行业火热的势头不亚于共享单车。据不完全统计，截至 2017 年 5 月，共享充电宝领域已有十余家创业公司入场，主要模式有：（1）移动模式下的移动共享，代表是来电科技；（2）固定场景下的移动共享，代表是街电科技；（3）固定场景下的固定共享，代表是小电科技。根据艾瑞咨询发布的《2023 年中国共享充电宝行业研究报告》，共享充电宝行业规模有望于 2028 年超过 700 亿元。

第 5 节　电子商务的运作模型与交易费用

本节首先介绍电子商务的运作模型，阐述电子商务运作中涉及的各个层面的事务及它们之间的层次关系，在此基础上探讨交易费用的含义与构成，分析电子商务运作模式对降低交易费用的作用。

一、电子商务的运作模型

从电子商务发展的趋势看，未来的电子商务应用将建立在今天的技术设施基础之上。尽管技术革新日新月异，但可以断定，目前由无数计算机、通信网络及通信软件构成的信息高速公路将是未来电子商务的基础。电子商务应用包括很多形式，既有消费者层面的应用又有企业层面的应用，还有企业内部经营管理层面的应用，如供应链管理和远程财务管理等。无论电子商务应用的形式如何，前提是下列基础架构先行实现：

（1）一般商业服务，以便顺利进行销售和购买。

（2）多媒体内容及网络出版，以便创造此类产品及其传递工具。

（3）信息高速公路（最底层的基础架构），以便提供所有电子商务依赖的“交通系统”。

电子商务的运作模型中，两个支撑起整个电子商务应用的支柱——社会规范和技术规范——同基础架构一样重要。法律法规、公共政策是保障电子商务应用顺利开展的社会规范。和传统商务活动一样，没有法律法规约束的电子商务应用是难以开展的，而针对传统贸易方式的法律法规在应用于电子商务时可能有某些方面的不适应，也就是说，电子商务环境下，立法工作要与时俱进，在保证司法工作连续性的前提下做必要的调整与修改。电子商务公共政策包括围绕电子商务的税收制度、信息传输的收费方式和价格等。公共政策一般由政府和行业组织制定并监督实施，法律法规一般由专门的立法部门负责制定并由司法部门监督。

电子邮件、多媒体及网络协议的技术标准是保证电子商务应用顺利开展的技术规范，可以设想，没有兼容一致的技术标准，通信网络将成为信息“孤岛”，电子邮件将不知从何而来、去往何处，多媒体文件将不知用何种媒体播放器打开。可喜的是，电子商务领域有很多标准正在制定或不断完善，如电子商务数据交换标准 ebXML 和电子商务安全支付协议 SET 等。总之，缺少了技术标准，网络互联互通、信息共享将无法实现，更谈不上建立更高级的电子商务应用，这与建立全球范围的信息交流平台的宗旨是相悖的。社会规范和技术规范是电子商务应用顺利开展的两条腿，缺少任何一条腿都不能顺利行走。社会规范调整了与电子商务有关的社会各方之间的责权关系，是电子商务运作的社会保障，其建立的难度甚至比技术规范还要大。

电子商务运作模型中，最底层的信息高速公路犹如传统商务活动中的公路。传统商务活动要依赖公路将货物送达各地；电子商务也要依赖各种通信网络来开展业务，将信息从一个位置传输到另一个指定的位置。信息高速公路是信息传遍全球的通道，其范围比现有交通网络更大，仅卫星通信系统就可直接覆盖全球。

有了信息高速公路只是使得通过网络传输信息成为可能，多媒体内容及网络出版将解决信息高速公路上跑什么车的问题。在信息高速公路上，载运内容的性质很重要，信息和多媒体内容的种类决定了何种载运工具最适宜。电影可以分解为视频和音频信号，电子游戏可分解为音频、视频和软件几种媒体格式，而电子图书则包含文字、图形、音频、图像、视频等多种媒体格式，它们包含的媒体格式不同，其信息组织格式也不尽相同，甚至传输通道也不同。

一般商业服务要构建贸易服务基础设施。所谓贸易服务基础设施是指为了方便交易而提供的通用服务，是所有企业、个人在参与贸易时都会用到的服务，主要包括安全认证、电子支付、商品目录、网上保险等。这些贸易服务基础设施健全与否，直接影响电子商务应用开展的可能性和便利性。安全认证不健全，直接后果就是使网上签订合同成为空话，重要信息在网上传输受到很大限制，这对电子商务的实施是致命的。网上保险是提高电子商务便利性的重要举措，没有网上保险，电子商务的运作效率会大打折扣。

应该注意的是，电子商务是各个方面的政策、科技和商业利益结合在一起的系统工程。“整合”的概念对理解电子商务十分重要，只有将相关方面整合起来，电子商务的实施才能达到其应有的效果，发挥其应有的积极作用。

二、交易费用的含义与构成

经济学家认为，交易费用正如熵，当交易费用趋于无穷大时，根本不存在人与人之间的交往，社会经济处于“鲁滨逊”时代；当交易费用下降时，社会负熵增加，经济制度不断完善，交易才有可能发生。人类社会的经济发展史可以说是交易费用不断下降的历史。尽管如此，交易费用水平在现代经济生活中仍然非常高，而且交易费用的含义与构成并没有统一的界定。本书采用张旭昆教授的观点。

广义的交易费用：一切非鲁滨逊经济中出现的费用，或者说在一切鲁滨逊经济中不存在的费用。狭义的交易费用：即市场交易费用，市场中平等法人之间完成交易所需的费用，包括寻找交易对象的费用、交易对象之间谈判的费用、交易实现的费用等。本书讨论的是狭义的交易费用。

对于市场交易两大主体——厂商和消费者而言，存在下列关系：

厂商交易费用（T）= 搜寻成本（S）+ 谈判成本（N）+ 实施成本（I）+ 其他交易费用（X）

消费者交易费用（T）= 搜寻成本（S）+ 谈判成本（N）+ 实施成本（I）

搜寻成本 $S=s(d, t, f)$

式中，d——消费者常住地与购买地之间的距离；

t——消费者购买所花时间；

f——消费者购买频率。

对于市场交易的两大主体，单位交易费用决定了交易活动的边界。单位交易费用的降低来自交易方式的创新，主要是降低厂商与消费者各自的搜寻成本，所以交易的空间扩张历史就是单位交易费用不断降低的过程。市场交易费用主要由厂商和消费者的搜寻成本决定，为降低搜寻成本，只有提高信息搜寻效益，而电子商务是降低交易费用的最有效方式。

三、电子商务运作模式降低交易费用

全国科学技术名词审定委员会将互联网解释为：全球最大的开放的由众多网络相互连接而成的计算机网络，它由美国国防部 ARPANET 网络发展而来，主要应用 TCP/IP（transmission control protocol/internet protocol）协议。互联网是一条由无数信息源组成的扩展时间、压缩空间的“信息丝绸之路”，具有低成本、高效率、交互性、永动性的特点。电子商务正是基于这条“信息丝绸之路”和现代通信技术发展起来的新的商务模式。电子商务的降低市场交易费用、提高信息聚集度的作用表现在如下几方面。

（1）电子商务运作模式有利于降低厂商和消费者的搜寻成本，即电子商务交易的单位成本小于传统交易方式。E-mail 使人们只要拥有接入互联网的计算机就能几乎免费向全球传播信息；网络电话只要支付市话费和网络管理费就可以拨打国际长途；网络传真正处于免费或象征性收费阶段；通过万维网（world wide web，WWW）、超文本及文字、图像、声音等多媒体形式，企业可以以较低的成本进行广告宣传，消费者可方便地搜寻、浏览信息。

在网络上，消费者只需轻点鼠标就可以挑选不同质量、不同价格、不同品种、不同式样的商品。无论从厂商角度还是从消费者角度来讲，搜寻成本大大降低，从而交易成本也大大降低。

（2）电子商务运作模式有利于降低厂商与消费者的谈判成本和实施成本。厂商谈判成本受空间成本影响。互联网、FTP（文件传输协议）、E-mail 等大大降低了空间成本。实施成本受库存成本影响，传统商务交易因供需无法同时发生产生了库存成本，从而提高了实施成本。在电子商务运作模式下，互联网突破了空间的制约，以极快的速度实现了电子式的商品交易，在消费者需要的时刻把需要的商品送到需要的地点，完全可能实现“零库存”。厂商可以无店面、无货架、无库存，直接按照消费者需求实施无库存生产，从而节约库存成本，减少闲置与浪费。

（3）电子商务运作模式有利于提高信息聚集度，降低交易成本。电子商务活动中不仅货币与货物分离，信息流与物流也分离，消费者面对大量的厂商和大量的产品信息。消费者可以通过比较分析各种技术参数与价格参数，降低因信息不对称而产生厂商隐瞒信息的“柠檬”市场的可能性，厂商向消费者提供完全信息（perfect information），消费者向厂商提供信息反馈。

第 6 节　电子商务系统的基本结构与组成

随着电子商务运作模式的建立和完善，传统商务运作逐步向电子商务运作转化，新型电子商务系统得以建立。从广义上讲，电子商务系统是商务活动各参与方和支持企业商务活动的电子技术手段的集合。狭义上讲，电子商务系统是企业、消费者、银行（金融机构）、政府等在互联网和其他网络的基础上，以实现企业电子商务活动为目标，满足企业生产和管理的需要，支持企业对外开展业务协作，全面提高企业信息化水平，为企业提供商业智能的计算机网络系统。

本节从电子商务系统角色的角度阐述电子商务系统的基本结构，并在此基础上分析企业电子商务系统的组成，同时对电子商务基础平台、电子商务服务平台及其应用进行较为详细的分析和阐述。

一、电子商务系统的基本结构

电子商务系统是一个由许多角色构成的大系统。电子商务条件下的各方是通过网络进行信息沟通和业务合作的，因此电子商务系统需要传统商务活动中没有参与或者参与程度不深的一些机构，如用于网上身份验证的认证中心、完成商品配送的物流中心和提供电子商务相关服务的电子商务服务商等参与。即使是传统商务中的角色，如完成网络支付的银行等，在电子商务系统中其功能和定位也发生了巨大的变化。电子商务系统的基本结构如图 1–3 所示。

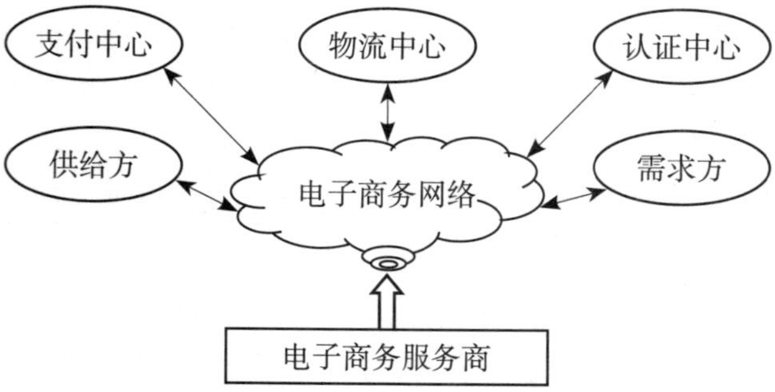

图 1–3　电子商务系统的基本结构

电子商务系统中的主要角色包括需求方、供给方、支付中心、认证中心、物流中心和电子商务服务商等。其中，需求方可以是企业，也可以是个人，只要通过电子商务系统采购商品或服务，就是电子商务系统中的需求方；供给方与需求方类似，可以是企业也可以是个人，只要通过电子商务系统提供商品或服务，就是电子商务系统中的供给方；支付中心的功能是为电子商务系统中的需求方和供给方等提供资金结算和支付服务，一般由网络银行来承担；认证中心是一些不直接从电子商务交易中获利的第三方机构，负责发放和管理用来证明参与方身份的数字证书，使各参与方均能相互确认身份；物流中心接受供给方的送货要求，负责及时将实物商品送达需求方指定的地点，并跟踪商品的流向；电子商务服务商提供网络接入服务、信息服务以及应用服务。所有参与方围绕电子商务网络开展业务，共同实现电子商务系统的功能。

二、企业电子商务系统的组成

企业电子商务系统是建立在外部电子商务环境之中的，受到社会环境的影响，同时与外部电子商务设施相关联。其中，与企业电子商务系统有密切关系的是电子化银行和认证机构。企业电子商务系统的最底层是基于企业内部网的企业内部信息系统，如电子数据处理（EDP）、管理信息系统（MIS）、决策支持系统（DSS）和商务智能（BI）等。在此基础上是电子商务基础平台，电子商务基础平台提供系统管理、安全管理、负荷均衡、网站管理、连接 / 传输管理、事务管理和数据管理等功能。企业内部信息系统与电子商务基础平台之间设置了内部安全保障环境，以实现内部信息系统与外部网络之间的隔离。

在电子商务基础平台之上是电子商务服务平台。电子商务服务平台提供各种服务，为企业商务活动提供直接支持。位于企业电子商务系统上层的是电子商务应用系统和电子商务应用表达平台，它们是电子商务系统的具体应用和表现形式。当然，外部安全保障环境也是必要的。

三、电子商务基础平台

电子商务基础平台为企业的电子商务应用提供运行环境和管理工具，是保证电子商务系统具有高扩展性、集中控制性、高可靠性的基础。电子商务基础平台的目标是提高系统的整体性能，这是与电子商务服务平台的根本差异。

一般来说，为了使企业的商务活动在互联网上能够 7 × 24 小时持续不断地进行，系统必须是强大和可靠的。为了保证系统的可维护性，要求对系统进行集中控制，实现对系统在线运行状态的监控，并根据用户访问压力动态调整系统资源（硬件设备、软件配置）。此外，为了保证能够动态扩展系统，要求基础平台能够与不同接口互联。电子商务基础平台一般包括以下组成部分。

（一）负荷均衡

负荷均衡（load balancing）使电子商务系统服务器的处理能力和它承受的压力保持均衡。负荷均衡使电子商务系统中硬件的性能得到有效的保障，避免特定的设备或系统软件由于压力过大而出现崩溃和拒绝提供服务的现象。这在一定程度上能够提高系统的可靠性。

（二）连接 / 传输管理

连接 / 传输管理（connectivity/communication management）的主要作用是满足系统可扩充性的需要，实现电子商务系统和其他系统之间的互联，以及各应用之间的互操作。

（三）事务管理

由于电子商务系统所支持的商务活动涉及大量的联机事务处理（online transaction process，OLTP）和联机分析处理（online analysis process，OLAP），因此要求系统具备优越的事务处理性能。事务管理（transaction management）的作用包括两方面：一是保证分布式环境下事务处理的完整性、一致性和原子性；二是缩短系统的响应时间，保证交易过程的实时性。

（四）网站管理

网站是电子商务系统的客户服务接口，用以表达系统商务逻辑的处理结果，所以，在电子商务系统中，网站具有重要的地位。网站管理（portal management）的基本作用是为站点维护、管理和性能分析提供技术支持手段，主要提供系统状态监控、系统性能调整、用户访问授权等功能。通过网站管理功能，企业可以记录客户的访问数据，了解客户的需求。分析这些数据能够使企业了解客户的潜在需求。

（五）数据管理

数据管理为电子商务企业对相关数据的存储、加工、备份和表达（presentation）提供支持，同时为应用程序提供应用开发接口。通常，该部分利用支持 Web 的数据库管理系统来实现。与传统的数据库管理系统（DBMS）相比，该部分与 Web 的接口方式更加丰富，例如支持应用编程接口（application programming interface，API）、开放式数据库连接（open database connectivity，ODBC）等，而且对多媒体数据的支持能力更强。除利用 DBMS 实现数据管理，目前还有一种做法是将 Web 和 DBMS 更紧密地结合起来构造所谓的 WebDB。

（六）安全管理

安全管理的基本功能是为电子商务系统提供安全可靠的运行环境，防止或者降低系统被攻击的可能，提高系统抵御非法入侵或攻击的能力，保障联机交易的安全。

（七）系统管理

系统管理的目的是保证电子商务系统高效、可靠地运行。网络在多变的环境中运行，系统本身经常要随用户的增减或设备的维修而调整配置，当出现相关变化时，必须具有足够的手段应对，使电子商务系统更高效地工作。另外，当电子商务系统出现故障时，要及时报告和处理。

四、电子商务服务平台及其应用

电子商务服务平台的基本作用是为电子商务系统提供公共服务，为企业的商务活动提供支持，提高系统的服务功能，简化应用软件开发。电子商务服务平台通过集成一些成熟的软件产品，向企业提供公共的商务服务，例如，客户关系管理、企业供应链管理以及涉及交易的支付与认证等。电子商务服务平台的基本组成通常包括以下六个部分。

（一）支付网关接口

支付网关接口（payment gateway interface）是电子商务系统和银行之间的接口，负责通过互联网和外部网在客户与银行之间进行交互，完成与商品交换相关的电子支付。

（二）认证中心接口

要保证在线交易的真实性（即确保交易是在真实的买方和卖方之间进行的）和不可抵赖性，就必须有特定的中介机构确认和担保交易双方的身份。所谓的认证中心就是执行该职能的商务中介。认证中心一般可以发放标识交易参与方身份的电子证书，并负责对交易过程中买卖双方身份的审核验证，对交易的真实性进行担保。

（三）客户关系管理

任何从事现代商务活动的企业都需要深刻了解客户及其需求，并能够主动地通过互联网发现潜在的客户群，客户关系管理（customer relationship management，CRM）正是为满足这类需要而产生的。

（四）内容管理

企业商务活动一般需要大量的信息资源作支持，伴随企业商务活动的发展，如产品越来越多、服务的内容和深度逐步扩大，信息量的增长很快。同时，电子商务系统中的很多信息是在 Web 上的超文本文件。在这种背景下，专门的内容管理（content management）软件及相关的标准就在电子商务系统中应运而生。

（五）搜索引擎

搜索引擎（search engine）是一项既传统又在不断发展的技术，向用户提供对电子商务系统中的数据进行快速、综合检索的功能。

（六）商务智能工具

数据仓库等技术已经被广泛地引入电子商务系统中，力图在全部数字化的信息资源中，通过数据发掘（data mining）和整理，对企业运作的全过程进行自动分析，给出商务建议，从而使电子商务系统具有“智能”(intelligence)。

在电子商务服务平台之上是电子商务应用系统。电子商务应用系统是电子商务系统的核心，为企业电子商务活动提供具体的支持。前面所阐述的各个部分为电子商务应用系统提供不同的环境和技术支持。电子商务应用系统一般是在 Web 服务器上，由开发人员根据企业特定的背景和需要来建立，可以实现企业需要的各种功能。电子商务应用系统的个性化特点较为明显，不同企业的电子商务应用系统可能有较大差异。

整个企业电子商务系统的顶层是电子商务应用表达平台，它面向电子商务系统的最终用户。电子商务应用表达平台有两个基本功能：第一是作为与用户的接口，接受用户的各种请求，并传递给应用系统；第二是将应用系统的处理结果以不同的形式进行表达，并提供给发出请求的用户信息终端。目前，大多数表达平台是以 Web 服务器为核心的。电子商务应用表达平台支持的信息终端一般包括个人电脑、无线移动通信设备（如手机）、个人数字助理和掌上电脑、其他信息终端（如信息家电）等。

对于企业电子商务系统而言，良好的安全保障环境是必不可少的。企业电子商务系统至少包含两层安全保障环境，即内部安全保障环境和外部安全保障环境。安全保障环境不仅仅是技术或产品，它实际上是保障企业商务活动安全的一整套方案，简单地讲，它包括安全策略、安全体系、安全措施等内容。安全策略是企业保障其电子商务系统安全的指导原则的集合，定义了从哪些方面提高系统的安全性能（一般来讲，包括避免非法入侵、减少安全隐患、控制存取内容、访问授权、受攻击后的响应等），并定义了系统所需要的软件和技术设备的选用及评判标准、系统需要的技术规范等。安全体系由保证系统安全所需要的技术和设备构成，一般包括网络的物理安全、访问安全、系统安全、用户安全、信息安全和管理安全等。安全措施则是在安全策略及安全体系下所采取的具体手段。

第 7 节　电子商务系统的网络结构与业务环境

电子商务系统产生和发展的时间并不是很长，所以对这一系统的体系结构、基本功能、应用环境等方面存在不同的看法，例如，某些文献将电子商务系统称为网络商务系统或网络商务处理系统，也有人将其称为电子商务应用系统，有人甚至将其作为网站建设的一部分。本书将帮助企业完成电子商务活动的信息系统（包括门户站点、与电子商务相关的企业内部系统等）统称为电子商务系统。需要指出的是，电子商务系统与其他信息系统有较大的区别，其组成部分也各有特点。

一、电子商务系统的网络结构

在网络结构上，电子商务系统由三部分构成，即企业内部网（intranet）、企业外部网（extranet）和互联网（internet），上述三个部分构成以企业分布式计算为核心的信息系统的集合体（见图 1–4）。

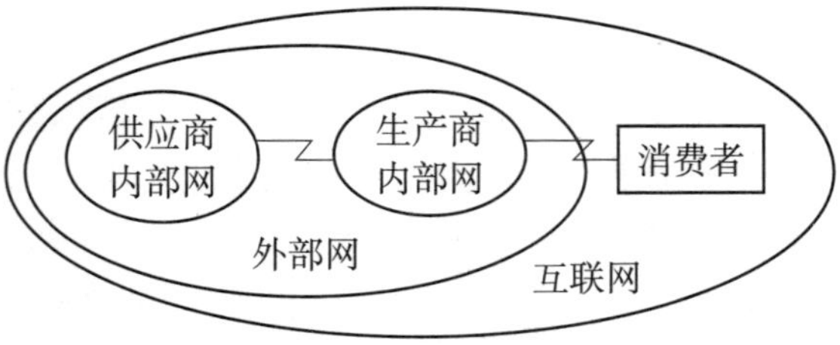

图 1–4　电子商务系统的构成

企业内部网是利用互联网技术（TCP/IP 协议及其他标准）构造的面向企业内部的专用计算机网络系统。企业内部信息系统与企业内部生产和管理相关，具有管理和处理企业生产过程信息及提供生产和管理决策依据等功能。企业内部网的主要目的在于实现企业内部生产管理的电子化，它面对的是企业内部的用户，一般采用相应的措施（如防火墙等）与外部网进行隔离，以保障信息和系统本身的安全。

企业内部网的服务器、终端等设施设备之间多采用交换机相互连接，而企业内部网与企业外部网（甚至是互联网）之间多采用路由器进行连接。

企业外部网与企业内部网相对应，它实际上已经脱离了纯网络的概念，更侧重企业电子商务的外部环境以及企业与合作伙伴或外协单位之间的信息交换关系。

电子商务系统以企业内部网为基础，实现企业内部工作流的电子化。企业建立内部信息系统后，需要进一步完善外部网，将企业内部网与企业外部网连接，完成企业与企业之间的信息数据交换（包括 EDI），然后通过互联网向消费者提供联机（online）的服务。

这种技术体系可以解决电子商务成功的关键问题，即利用企业内部网解决企业内部信息资源利用问题；利用企业外部网解决企业和外部协作伙伴间的合作问题，使企业获得更快的反应和更高的效率；利用互联网开展交易活动，实现电子商务。

二、电子商务系统的运行环境

对于企业而言，电子商务活动的开展必然需要特定的电子商务系统给予支持。电子商务应用系统能满足企业电子商务活动的基本要求，因此，企业电子商务系统的核心是电子商务应用系统。电子商务系统发挥其职能的基础是各种服务平台，这些平台共同构成电子商务系统的运行环境，是企业电子商务系统的基础。电子商务系统的运行环境如图 1-5 所示。

<table>
<tr><td rowspan="8">电子商务
系统</td><td>电子商务
应用环境</td><td colspan="20">电子商务应用
企业宣传、网络银行、网络购物、虚拟电子市场、拍卖</td></tr>
<tr><td></td><td colspan="20">电子商务服务平台</td></tr>
<tr><td>电子商务
服务环境</td><td colspan="4">安全
防火墙</td><td colspan="4">支付
SET/SSL 等</td><td colspan="4">认证
CA 等</td><td colspan="4">目录服务
LDAP 等</td><td colspan="4">负荷均衡</td></tr>
<tr><td></td><td colspan="20">电子商务应用开发支持平台</td></tr>
<tr><td>软件及
开发环境</td><td colspan="5">操作系统
Windows，
UNIX 等</td><td colspan="5">网络通信协议
TCP/IP，
HTTP 等</td><td colspan="5">开发语言
Java，
C++ 等</td><td colspan="5">对象组件
JavaBeans，
EJB 等</td></tr>
<tr><td>硬件环境</td><td colspan="20">计算机硬件（主机、外围设备和网络接口设备等）</td></tr>
<tr><td>网络环境</td><td colspan="20">网络基础设施（电信网络、无线网络、有线电视网）</td></tr>
<tr><td>社会环境</td><td colspan="20">社会环境
法律、税收、市场监管、隐私、国家政策及专门人才等</td></tr>
</table>

图 1-5　电子商务系统的运行环境

（一）社会环境

电子商务系统与其他系统一样需要特定的社会环境。电子商务系统赖以生存的社会环境涉及法律、税收、市场监管、隐私、国家政策及专门人才等。电子商务对法律、国家政策等有较大的依赖性。

（二）网络环境

电子商务系统需要强大的网络基础设施，网络环境是电子商务系统的底层基础。一般而言，电子商务的开展可以利用电信网络，同时可以利用无线网络和原有的行业性数据通信网络，例如，有线电视网等。考虑到电子商务活动的广泛社会性，电子商务系统大都建在公共数据通信网络基础之上。

（三）硬件环境

电子商务系统的硬件环境主要由计算机主机、外围设备和网络接口设备等构成，这是电子商务系统的物理运行平台。

（四）软件及开发环境

一般来看，这部分包括操作系统（如 Windows，UNIX 等）、网络通信协议（如 TCP/IP，HTTP，WAP 等）、开发语言等。这一环境为电子商务系统的开发、维护提供支持。没有软件及开发环境，电子商务应用系统就无法建立，电子商务系统就无法运作。

（五）电子商务服务环境

电子商务服务环境为特定商务应用软件（如网络零售业、制造业应用软件）的正常运行提供保证，为电子商务系统的公共功能提供软件平台支持和技术标准。特别要强调的是，电子商务运作仅有网络设施、硬件设施、应用软件是远远不够的，高科技的设施设备不可能自动在经济社会活动中发挥作用。只有建立良好的电子商务服务环境，这些技术和设施设备才能发挥应有的功能，为社会带来高效率与效益。

（六）电子商务应用环境

电子商务应用是企业利用电子手段开展商务活动的核心，也是电子商务系统的核心组成部分，是通过应用程序实现的。企业商务服务的业务逻辑规划得是否合理，直接影响电子商务服务功能。电子商务应用环境是商务活动的参与各方看得见、摸得着的部分，要既能准确、完整地实现商务活动的功能，又具有良好的人性化界面，便于操作使用。

三、电子商务系统的支撑环境

电子商务系统的支撑环境主要是指为保证电子商务活动的开展而必须建立的一系列环境，是电子商务系统的组成部分。电子商务系统的支撑环境主要包括电子商务的支付环境、电子商务的物流环境和电子商务的信用环境。支撑环境完善与否直接关系到电子商务开展的可能性，这一点从我国物流制约电子商务发展的现状中就可以看出来。

（一）电子商务的支付环境

电子支付是电子商务活动的关键环节和重要组成部分，是电子商务能够顺利发展的基本条件。没有良好的网络支付环境，客户只能采用线上订货、线下结算付款的方式，实现较低层次的电子商务应用。这使得电子商务高效率、低成本的优越性难以发挥，电子商务的应用与发展受到严重的阻碍。

网上金融服务是电子商务的重要一环，随着电子商务的普及和发展，网上金融服务的内容发生了很大的变化。网上金融服务包括网络银行、家庭银行、企业银行、个人理财、网上证券交易、网上保险、网上纳税等业务，所有这些网上金融服务都是通过电子支付的手段来实现的。所以，从广义上讲，电子支付就是资金或与资金有关的信息通过网络进行交换的行为，在一般电子商务中表现为消费者、企业、中介机构和银行等通过互联网所进行的资金流转，主要通过信用卡、电子支票、数字现金、智能卡等方式来实现。由于电子支付是在开放的互联网上实现的，双方当事人并不见面，信息可能会受到黑客的攻击和破坏，而信息泄露直接威胁交易各方的切身利益，所以身份认证和信息安全是电子支付要考虑的重要问题。关于电子支付的详细内容，本书后文将进一步讨论。

（二）电子商务的物流环境

物流是指物品从供应者向需求者的物理移动。近年来伴随电子商务的飞速发展，物流问题十分突出。物流成为有形商品网上交易活动能否顺利进行的一个关键因素。没有一个高效、合理、畅通的物流体系，电子商务的优势就难以得到有效的发挥，电子商务也就难以较好地发展。与电子商务有关的物流问题，本书后文将进一步讨论。

（三）电子商务的信用环境

电子商务活动是通过计算机网络开展的，交易各方互不见面，不签书面合同，不签字盖章，不用纸质票据，取而代之的是网上沟通、电子合同、数字签名和网络支付。与传统商务活动相比，电子商务对商业信用的要求更加迫切。在商业信用体系尚不完善的情况下，交易一方对另一方能否按照约定履行交易更没有把握，这必然极大地影响、限制电子商务的应用与推广。因此，电子商务信用体系的建立对电子商务至关重要。

电子商务信用体系的建立是一项综合性的任务，不能仅仅依靠某一方面的努力。这个过程中有意识问题，也有技术问题和法律问题，电子商务系统中的各个角色更需要时间来适应。首先，国家对社会各方要大力引导，创建一个具有良好信用意识的社会环境。其次，建立和完善电子商务认证中心。再次，制定相关法律和制度，以营造良好的信用氛围。最后，建立社会信用评价制度和体系，为电子商务交易提供资讯服务。将社会信用评价制度和体系应用到社会生活的各方面，促进企业和个人努力提高信用，自觉避免有损信用的事件发生。

□思考题

1. 简述电子商务的诞生环境。
2. 简述电子商务的内涵与功能。
3. 从电子商务的概念模型出发，阐述电子商务与传统商务的异同。
4. 谈谈现代电子商务对人们日常生活的影响。
5. 简述电子商务的研究对象。
6. 简述共享经济的内涵和共享经济下的商业模式。
7. 简述电子商务的运作模型。
8. 简述电子商务系统的基本结构。
9. 列举你身边常见的 B2B、B2C、O2O 等的实例。
10. 电子商务系统的支撑环境包括哪些内容？

第 2 章

电子商务带来的变革及其发展趋势

| 本章要点 |

网络技术的迅猛发展、信息的处理和传递突破了时空与地域的限制，以此为基础发展起来的电子商务成为一股不可抗拒的世界性潮流。本章介绍世界各地电子商务的发展现状，以及它对思维方式、人类活动的变革，同时讨论电子商务的优势及其在企业中的作用，力图对电子商务发展面临的深层次问题进行归纳，最后总结电子商务的发展趋势。

电子商务是目前世界上发展最快的行业之一，也是人类社会运转的重要支撑体系之一。这个体系究竟如何影响整个社会，又如何受到社会现阶段不同事物的影响，电子商务未来会影响哪些领域，这些都是值得我们思考和研究的问题。

第 1 节　世界各地电子商务的发展现状

现代电子商务概念从提出到被全世界接受的时间并不算太长，但一些欧美国家和日本等已经完成了电子商务在 IT 企业、服务行业、大型跨国公司中的应用，电子商务正在向中小企业、传统产业快速蔓延。亚太地区的电子商务虽然起步较晚，但发展迅速。中国自 20 世纪 90 年代初引入电子商务概念以来，在技术推动、企业应用、经济拉动与政府扶持等多方面因素的作用下，取得了长足进步。

一、北美地区

美国是最早开展电子商务的国家，电子商务的应用领域和规模都远远领先其他国家，这主要得益于信息高速公路的建设。同时，美国政府又适时地采取了一系列措施以推动电子商务更深入、更广泛、更有效地发展，使得美国电子商务成为其他国家开展电子商务的样板。美国电商销售年总收入从 2017 年的 4 588 亿美元增长到 2022 年的 9 861 亿美元。根据 Statista 的数据分析，美国的电子商务用户数量在不断增长。2021 年，美国电子商务用户数量达到 2.63 亿，预计到 2025 年将增加到 2.91 亿。在这些用户中，年龄在 25 ～ 34 岁之间的消费者是消费的主力军，占电子商务用户总数的 20.2%。美国网购用户的比例显著增长，从 2017 年的 66% 上升至 2022 年的近 80%，电子商务在美国持续呈现出强劲的增长态势。

加拿大电信网络化的发展也很快，其信息高速公路建设规模并不亚于美国。加拿大的计算机普及率相当高，这是该国开展电子商务的良好外部条件。加拿大政府非常重视电子商务的推广和应用，几年前就成立了电子商务委员会，该委员会是负责电子商务试点、法律框架筹备等事务的协调机构。加拿大还利用北美自由贸易区与美国在电子商务实施过程中进行广泛合作，获益匪浅。加拿大电商市场展现出强劲的增长势头，2021 年，加拿大的电商总销售额达到了 441.2 亿美元，全球排名第九。预计到 2025 年市场规模将达到 220 亿美元，其中以 B2C 模式为主。消费者主要为年轻人及城市中高收入群体，这些人对购物体验、品牌和服务等方面的要求非常高。加拿大电商市场的竞争相当激烈。本土巨头 Shopify，凭借其一站式电商解决方案，在行业内处于领先地位，不仅在加拿大本土市场表现出色，也在海外市场取得了良好的成绩。与此同时，国际大企业如亚马逊（Amazon）、eBay 和阿里巴巴也高度重视加拿大市场，加剧了市场竞争。除此之外，沃尔玛（Walmart）和洛布劳（Loblaw）也在加拿大积极扩展其电商业务，形成了一个多元化竞争的市场环境。

二、欧洲地区

在过去几年中，欧洲面临高通胀率和地缘政治不稳定等挑战，这些因素对消费者的购买力和全球供应链产生了显著影响。尽管如此，欧洲的电子商务市场依然保持增长。2022 年，欧洲 B2C 电子商务的营业额达到了 8 990 亿欧元，增长率为 6%。预计到 2030 年，电子商务将占据欧洲整体零售市场的 30%。

欧洲的电子商务市场在不同地区展现出了不同的活跃度和成熟度，整体而言呈现出稳健的增长态势。西欧在电子商务方面表现尤为突出，占据了 67% 的营业额和 5.2% 的电子商务 GDP（E-GDP），显示出其市场的发展成熟度和领导地位。北欧则以 97% 的高互联网普及率和 3.3% 的 E-GDP 脱颖而出，表明该区域电子商务活跃且成熟，特别是在推动可持续发展和环境保护方面，为绿色企业创造了众多机会。

尽管东欧在电子商务营业额中仅占 2% 的比重，但其数字经济的快速增长和 88% 的互联网用户比例表明该地区拥有巨大的电子商务发展潜力。此外，南欧和中欧分别以 16% 和 8% 的营业额占比及相对较高的 E-GDP（分别为 3.9% 和 2.9%）展现了这两个地区在电子商务方面的活跃度和影响力。

跨境电子商务在欧洲迅速增长，引起了各国政府和企业的广泛关注。以匈牙利为例，该国的电商市场正经历来自邻近国家如斯洛伐克、捷克、波兰和罗马尼亚的电子商务公司的激烈竞争。这些跨境电商企业提供了与匈牙利本土网店相似的配送和支付选择，从而拓宽了消费者的选购范围。为了促进匈牙利电商的跨境发展，谷歌、DHL 和万事达卡（Mastercard）等大型企业联合创建了匈牙利数字零售联盟（Hungarian Digital Retail Alliance）。

欧盟的新税收政策也对跨境电商产生了显著影响。自 2021 年 7 月 1 日起，向欧盟消费者的跨境销售增值税按目的地国家的税率征收。这一政策增加了企业的运营和合规成本，同时，也为更多跨境企业进入当地市场创造了条件，进而能提供更高水平的服务。

三、亚太地区

到 2022 年 6 月 30 日，全球互联网用户数已经达到 53.86 亿，全球互联网行业渗透率为 66%。亚洲的电子商务销售额位居全球首位，其区域内的互联网用户数占全球总数的 54.16%。

在 2022 年的全球电子商务市场中，亚太地区处于核心地位，其中半数以上的领先经济体来自亚洲。在全球电商销售额排名中，中国、日本、韩国、印度和印度尼西亚分别位列第一、三、六、七和九。

近年来，东南亚的电子商务市场呈现快速增长态势。在 2023 年全球电商增长最快的 10 个国家中，东南亚地区有四个国家上榜，显示了该区域在电商领域的强劲发展势头。这四个国家的具体排名为：菲律宾位居第二，马来西亚紧随其后位列第三，印度尼西亚第七，而越南第八。这一态势反映了东南亚电商市场的巨大潜力和增长动力。

亚洲地区新兴的电子商务市场主要集中在日本、新加坡、韩国、中国等国家。这些国家的电信网络比较发达，互联网技术发展迅速，电脑普及率及个人收入均较高，政府对电子商务大力支持。这些有利因素使得亚洲各国的企业对电子商务新兴市场的前景持乐观态度，这将大大改变亚洲企业的经营方式及企业与消费者之间的互动方式，创造全新的行销模式。但是，由于亚洲各国在科技水平、经济条件、人口结构等方面的差异，开展电子商务的进程也不尽相同。下面对比较有代表性的日本和韩国的电子商务发展状况进行介绍。

（一）日本

日本作为世界经济大国，对互联网的开发利用也处于比较领先的地位。过去，日本的计算机化主要用于优化生产过程以及提高公司工作效率。然而，现在的结构已经不适应经济的发展，泡沫经济破灭后日本的国际竞争力大大削弱。由于这些原因，日本迫切需要改变现在的局面。作为这种结构性改变的工具之一，电子商务被日本政府和私人机构推到了显要位置。在这种环境下，根据企业界的要求，日本政府积极同私人机构合作，在商务活动中实施电子商务促进计划。

日本的电子商务促进计划采用了以下规则：第一，知识产权由发起计划的政府和公司共享；第二，对参与公司的选择是一个开放的过程，一些外国公司已经参与进来；第三，零售商通过提供系统服务来支持这个计划；第四，每一个计划有两年的时间框架。通过采用以上规则，电子商务促进计划取得了很好的效果。

2001 年 5 月，日本与美国发表联合声明，对关税、税收、隐私权、身份确认等问题提出了一些看法。这个声明基本是美国电子商务框架的翻版，强调了两国在电子商务方面磋商与合作的重要性。这个声明给我们一个信息：两个经济大国意欲通过在世界经济领域的地位与影响携手制定电子商务全球框架，以保持和加强两国在世界经济中的领先地位。根据日本富士经济研究所发布的报告，2022 年日本的 B2C 电商市场规模扩大了大约 5.1%，总额达到约 6 665 亿元人民币。据 Global Data 预测，日本电商总额到 2026 年将达到约 27.4 万亿日元（2 378 亿美元）。日本未来电商市场潜力十足。

（二）韩国

韩国目前是世界第七大电子商务和零售市场，在亚太地区，它的市场规模排名第三，位列中国和日本之后。但鲜为人知的是，韩国拥有世界上最快的上网速度，早在 2011 年末，韩国无线宽带的普及率就已达到 100%，2015 年在全球网络连接效果最好、速度最快的国家和地区排名中，韩国荣登榜首。韩国的一项调查显示，韩国的 5G 网络速度远远超过其他国家主要城市。韩国电信运营商协会（KTOA）发布的《海外移动通信服务质量调查》显示，美国、英国、阿联酋、德国、日本、荷兰和加拿大这七个国家的八个主要城市的 5G 平均下载速度为 217.36Mbps，而韩国三大移动通信公司记录的 5G 平均下载速度为 896.10Mbps，是这些城市平均下载速度的四倍之多。

韩国政府意识到现有的规章制度阻碍了韩国向数字化经济转型，因而努力完善法规和制度，以促进电子商务的发展。

韩国在电子商务方面的立法比较健全，形成了较为完善的电子商务法律体系。

1999 年颁布《电子商务框架条例》，旨在通过澄清法律上的利害关系，保证电子交易的安全与可靠以促进韩国的经济发展，并建立方便电子交易的框架。

1999 年制定《电子签名法》，2001 年予以修订，该法令旨在通过制定电子签名的基本规则来促进信息社会的发展和提高人们生活的便利性，确保电子信息安全可靠、使用更加便利。

2002 年制定《电子商务用户保护法》，目标是通过保证电子贸易和直销方式的货物贸易、服务贸易的公平性来保护用户权利，提高市场可靠性，发展经济。

2003 年公布《电子商务用户保护指南》，通过制定相关法律法规，保护用户的基本权益，并促使交易双方自觉自愿地遵守相关法律法规。

2004 年制定《电子化学习产业促进法》，旨在通过促进电子化学习来提高人民的生活质量，发展国家经济。

韩国的电商市场规模持续扩大。韩国电子商务协会的数据显示，2019 年，韩国电子商务市场的规模已经达到 1 166 亿美元，比 2018 年增长了 11.4%。到 2021 年，电子商务市场规模上升至 1 600 亿美元，年增长率为 21%。根据 Global Data 的预测，到 2025 年，韩国电子商务市场的年收入预计将达到 2 422 亿美元，届时将成为全球第四大电商市场。

四、中国电子商务的发展现状

1998 年，时任国家主席江泽民在亚太经合组织第六次领导人非正式会议上，就电子商务问题的发言表明了中国政府发展电子商务的态度："电子商务代表着未来贸易方式的发展方向，其应用推广将给各成员带来更多的贸易机会""在发展电子商务方面，我们不仅要重视私营以及工商企业的推动作用，同时也应加强政府部门对发展电子商务的宏观规划和指导，并为电子商务的发展提供良好的法律法规环境"。总体来说，中国电子商务市场发展经历了从工具（点）、渠道（线）到基础设施（面）这三个不断扩展和深化的发展过程，并在今天达到了经济体阶段。回首中国电子商务市场的发展，最初C2C几乎是电商的代名词；2011年，垂直类B2C发展至鼎盛时期，凡客、麦包包、好乐买等在各自领域大放异彩；到2012年，各大电商加速平台化发展，垂直类B2C逐步被开放平台取代，电子商务市场集中度日益提高；之后，大宗商品及行业B2B电子商务交易平台的发展重点在于融合电子商务与现货市场、线上线下交易。这些平台致力于将更多的产业链上下游企业纳入其中，整合线下的物流和仓储资源，并结合供应链提供融资服务，以实现物流、资金流、商流和信息流的全面整合。同时，跨境电子商务的焦点从跨境零售转向跨境B2B模式。从发展过程来看，目前中国电子商务的发展主要有以下几个特点。

（一）电子商务形势喜人

电子商务概念首次引入中国是在1993年，中国政府敏锐地意识到电子商务对经济增长的巨大推动作用，于1996年2月成立中国国际电子商务中心。1997年，国务院电子信息系统推广办公室联合8个部委建立了中国电子数据交换技术委员会，电子商务开始在中国启动。这些机构推动了中国电子商务的发展。

从行业应用看，制造业、零售业、证券公司、金融结算机构、民航订票中心、旅游业、信用卡发放等领域均已成功引入电子商务，并进行了大量可靠的交易，这些构成了电子商务发展的基础，同时也为电子商务的进一步发展积累了丰富的经验。

2022年中国电子商务市场交易规模达到41.3万亿元，同比增长16.5%。其中，网络零售交易规模达到13.8万亿元，同比增长18.9%；网络服务交易规模达到27.5万亿元，同比增长15.1%。中国电子商务进入繁荣阶段。

（二）网络和网民的规模增长速度非常迅猛

中国通信网已经形成"五网格局"，包括电话网、数据网、移动网、图像网和多媒体网。一切形式的信息载体（声、像、图、文）都可以用多媒体网支持。在沿海和东南部地区，已经架构了"八纵八横"干线光缆。在西北和西南部地区，大量使用通信卫星和地面接收站。由于这些地区地理环境特殊，人口密度较低，通信流量较小，铺设光缆成本高，采用卫星通信较适合。中国经过半个世纪的建设，初步建成了地下（光缆）、地面（基站）、空中（卫星）构成的天地一体化的、有线和无线融合的通信网。这个覆盖全国的骨干通信网既支持政务、军事通信，也支持商务及社会各界通信。

基于通信网，中国互联网的发展十分迅速。中国互联网络信息中心（CNNIC）发布的第53次《中国互联网络发展状况统计报告》显示，截至2023年12月，中国网民数量已达到10.92亿人，比2022年12月增加了2 480万人，互联网普及率为77.5%。在移动网络方面，截至2023年12月，中国共有1 162万个移动电话基站。

（三）电子商务正在从大城市、沿海城市向三四线城市及农村延伸

电子商务呈现出由沿海地区向内陆地区逐渐渗透，由一二线城市向三四线城市及农村渗透的趋势。我国中小城市辐射区域广，人口总量大，电子商务发展潜力大，电子商务增速普遍较高，个别地区电商交易额增速超过 200%。国内主要网络零售平台的数据显示，三四线城市的销售增速超过一二线城市，而且国内网络零售增速排名前 10 的城市均为三四线城市。未来随着居民收入水平和消费能力的进一步提升，中小城市电子商务将迎来更大的发展。全国网购增长速度排名前 25 的县中有 19 个在中西部，随着物流体系的不断完善，这些县未来增长空间很大。此外，农村电子商务正成为发展的蓝海，也成为拉动农村消费、引导农业生产、保障和促进农民增收的有效手段。

（四）国家高度重视发展电子商务

2015 年以来，我国相继出台了一系列政策文件鼓励电子商务发展，包括《国务院关于大力发展电子商务加快培育经济新动力的意见》（国发〔2015〕24 号）、《国务院关于积极推进“互联网 +”行动的指导意见》（国发〔2015〕40 号）、《国务院办公厅关于促进跨境电子商务健康快速发展的指导意见》（国办发〔2015〕46 号）、《关于推进线上线下互动加快商贸流通创新发展转型升级的意见》（国办发〔2015〕72 号）、《国务院办公厅关于加强互联网领域侵权假冒行为治理的意见》（国办发〔2015〕77 号）、《国务院办公厅关于促进农村电子商务加快发展的指导意见》（国办发〔2015〕78 号）、《国务院办公厅关于深入实施“互联网 + 流通”行动计划的意见》（国办发〔2016〕24 号）、《关于开展 2020 年电子商务进农村综合示范工作的通知》（财办建〔2020〕48 号）、《“十四五”电子商务发展规划》（商电发〔2021〕191 号）等。政策的效果明显，有力推动了行业的发展。

（五）中国的跨境电子商务

跨境电子商务是指不同国家或地区的交易双方，通过互联网以邮件或者快递等形式通关，是一种数额小、次数多、速度快的新的国际贸易模式。

随着经济的全球化，各国跨境电商日渐风靡。跨境网购消费总额前三名分别是美国、英国和德国。主要跨境电商企业已经开始了国际化进程，如美国的 eBay、美国的亚马逊、中国的阿里巴巴、日本的乐酷天等在本国站稳脚跟后迅速向海外扩张。

面对快速发展的国际跨境电商，我国跨境电商也迅速发展。2015 年，我国跨境电商交易规模达到 5.4 万亿元，占进出口总额的 19.5%。2016 年，我国跨境电商交易规模达到 6.7 万亿元，同比增长 24%。其中，出口跨境电商交易规模为 5.5 万亿元，进口跨境电商交易规模为 1.2 万亿元。2017 年，我国跨境电商交易规模达到 7.6 万亿元。我国跨境电商在快速发展的同时，还形成了一定的发展格局和特点。我国跨境电商贸易以出口为主，2017 年，在“一带一路”和“网上丝绸之路”的带动下，我国出口跨境电商交易规模为 6.3 万亿元，同比增长 14.5%。在区域格局方面，主要是广东、浙江、江苏等电商及外贸较发达的省份引领发展。2022 年我国跨境电商进出口额达到 2.32 万亿元，2023 年，我国跨境电商进出口额为 2.38 万亿元。

市场的快速发展受到政府的重视及支持。2013 年我国 17 家第三方支付机构获跨境电商外汇结算牌照；2014 年 2 月，海关新增了 9610 作为跨境电商的监管代码；2015 年，国家外汇管理局发布了《关于开展支付机构跨境外汇支付业务试点的通知》，在提高单笔业务限额、规范试点流程、严格风险管控等方面积极促进我国跨境电商的发展。另外，2015 年 3 月政府报告中多次强调电子商务，提出要“鼓励电子商务创新发展”“加快电子商务等新议题谈判”等，并尤其强调跨境电商，表示要“实施鼓励进口政策，增加国内短缺产品进口”“扩大跨境电子商务试点”。2016 年，为促进新业态成长，推动大众创业、万众创新，增加就业，支撑外贸优进优出、升级发展，国务院发布了《关于同意在天津等 12 个城市设立跨境电子商务综合试验区的批复》。2017 年，国务院关税税则委员会发布了《关于调整部分消费品进口关税的通知》，该政策代表了对跨境电商的支持和认可，对行业发展是利好，将进一步刺激海淘势头，并推动消费升级和供给侧改革。2021 年，《国务院办公厅关于加快发展外贸新业态新模式的意见》对外公布，提出要在全国适用跨境电商 B2B 直接出口、跨境电商出口海外仓监管模式，便利跨境电商进出口退换货管理，优化跨境电商零售进口商品清单，扩大跨境电商综合试验区试点范围。

当前，我国的出口平台处于从成长期到成熟期的过渡阶段。进口跨境电商方面，淘宝系平台（天猫国际和网易考拉）在 2019 年以 52.1% 的市场份额成为市场领导者。而出口跨境电商市场尚未形成稳定的发展格局，存在多种经营模式如平台型电商、独立站和第三方平台卖家，市场集中度低，正处于发展初期。在出口电商 B2B 模式中，平台型电商如阿里巴巴国际站和敦煌网占据领先地位，为企业和境外采购商提供在线交易平台。在 B2C 模式下，既有亚马逊和速卖通等大型平台，也有依托线下实体、电商平台和独立站的卖家。

第 2 节　电子商务对思维方式的变革

回顾历史，每次新技术的出现与应用总会带来一系列变革。互联网的出现与迅速发展、电子商务的逐渐成熟也不例外，它们不仅改变了人们记录和传播信息以及交易的方式，对人们的思维方式也产生了根本性的影响。

一、新思维方式的产生

随着社会由低级向高级发展，人类的思维方式也由低级向高级发展。在这个过程中，技术进步创造出新的思维方式，新的思维方式又反过来影响人类社会的发展，形成一个良性循环。

从信息处理技术的发展历程来看，其间经历了语言的产生、文字的出现、印刷术的发明、广播电视的应用和网络技术的应用这五次飞跃，每一次飞跃都促进了人类文明的发展与进步，也大大地促进了人类思维方式的变革——从简单型思维发展到智慧型思维。

与以往的变革相比，现代信息技术的特别之处在于它突破了时空的限制。从前的观念和思维方式总是有一定的限制，或局限于地域，或局限于时代。而信息时代的思维方式与信息技术密切相关：数字化革命改变了人们记录和传播信息的方式。通过网络，我们不仅可以共享全球知识库，而且可以交换知识。网络可以将每一种技术迅速传遍世界，人们的思维方式也得以重建。

二、电子商务下思维方式的特点

信息化社会的结构是网络状的，网络具有整体性、综合性、开放性、动态性、非线性和互补性的特征，这些特征决定了电子商务下的思维方式是智慧型思维。智慧型思维具有创造性和整体性两个特性。

（一）创造性

创新是知识经济中企业生存和发展的唯一方式。电子商务本身就是前所未有的开创性事业，更需要创造性思维。电子商务中的创造性思维方式是开放的、动态的。互联网给了人们一个极大的想象和创新空间，也给了人们一个相当复杂的操作环境。创新思维和意识改变了企业的传统观念，通过经营活动，企业获得社会的认可，在商业竞争中生存下来，并且具有绝对的竞争优势，其无形资产不断增加。这是知识创新的典型范例，也是知识经济的产物。

创造性思维要求企业在多样化和快节奏的电子商务交易活动中求变、求新，敢于面对风险（承受风险）。广阔的视野、活跃的思维是创造性思维的基础，与众不同是创造性思维的典型特点。一个电子商务战略方案的推出、一个网站的建设、一件产品的设计，都必须具有自己的特色以及竞争力。先进的技术、崭新的生产模式、独特的表现方式和开拓精神是知识经济的真谛所在。

（二）整体性

由于网络和电子商务打破了时空限制，整个世界变得异常复杂，又由于市场一体化的出现，我们的思维方式必须具有整体性，以全局的眼光去看待各种复杂的问题。由于我们的思维建立在网络思维的基础上，而网络思维是非线性的、多维互补的，非线性的变化可能导致我们接触到意想不到的现实和从事意想不到的活动，所以我们的思维也必须是动态的、非线性的，而且必须是整体的、全局的，否则，就难以适应网络的发展，不符合电子商务的发展趋势。这要求我们以整体的思维方式去适应：思考环状因果的互动关系（而不是线性的因果关系）；思考一连串的变化过程（而不是片段的、一幕一幕的个别事件）。

总而言之，电子商务下的思维方式具有创造性和整体性，我们只有在充分了解这些特性后，在制定互联网战略时才能考虑得更为全面。

三、电子商务下商家和消费者思维方式的变革

信息化是电子商务的基础，电子商务是信息技术的商业应用。电子商务对人类的思维方式——既包括商家和消费者的思维方式，也包括不直接参与电子交易的第三方的思维方式——产生了影响。

（一）时空观念发生变化，出现新的“电子时空观”

在传统的时空观念中，时间的先后和空间的远近都会造成很大的影响。在电子商务时代，无论是商家还是消费者，都必须对传统的空间和时间概念进行修正。

从空间概念上看，电子商务所构成的新的空间是依靠互联网形成的，没有地理上的

界限，是一个虚拟的空间，这个空间内的主体主要通过互联网进行联系。

从时间概念上看，电子商务没有时间上的间断，网络商店每天 24 小时开业，原来的上下班、节假日的概念不复存在，销售人员不可能仍然执行传统的 8 小时工作制，而要为了满足顾客的要求，灵活地安排自己的工作时间。

很显然，电子商务通过虚拟手段打破传统市场的时间和空间界限。电子商务下的市场是一个虚拟市场，不需要修建商场，没有店面租金，也没有商品库存，经营规模不受限制，而且便于与顾客联系。在这个过程中，除商品本身是实体以外，一切涉及商品交易的内容，包括合同、资金和运输单证等，都以虚拟方式出现。这种交易方式既降低了成本，提高了交易效率，也提高了竞争的激烈程度。展现在人们面前的是全球性的、全方位的竞争。

（二）对资本的认识发生变化，低成本扩张成为可能

电子商务的大规模推广应用使得人们对资本和利润关系的认识发生了变化，使低成本扩张成为可能。低成本扩张在传统工业中常常被认为是一件非常困难的事。按照传统工业经济的盈利规则，从起点到目的地，绕的弯子越大，获得的利益就越被社会认可；绕的弯子越小，获得的利益就越不被社会认可。

网络技术的发展和电子商务活动的开展，从根本上说，就是通过缩短中间路径来缩短生产和消费之间的时间路径、空间路径和人际路径。网络使企业需要的信息瞬间跨越千山万水，使被资本拉开距离的生产者和消费者重新紧密地联系起来。资本使生产和消费分离，而网络使生产和消费融合。

利润作为社会财富，它的分布从来都是从属于社会生产力的。在没有资本投入的情况下，利润属于拥有信息的人。以网络为代表的信息生产力对于利润创造的作用在于，它为从根本上克服生产的盲目性提供了技术上的可能，提高了人类实现目标的成功率。信息社会的利润不仅依靠资本，而且依靠信息，信息的快速传递将带来巨大的利润。

经营成功的网站不胜枚举，这是知识经济的重要体现。互联网产业的发展告诉我们，在网上开展商务活动，观念和思维方式的改变比资本的投入更为重要。

（三）转变传统的营销观念，实现企业的快速发展

对于从事电子商务的经营者来说，必须改变传统的营销观念。经营者必须明确：21 世纪最大的市场必定是电子商务市场，21 世纪最大的客户群必定是网民。那么，未来的网络营销观念是什么？未来的网络营销观念主要具有以下三个特点：

（1）速度。在网上从事营销活动，一切依赖于电子信息的交流，一切都是电子数据的自动处理，瞬间就可以完成商品的下单、付款、交货等过程。这种过程讲究的是一个“快”字，主要表现在产品更新换代的速度、网站内容更新的速度、信息查询的速度上。

（2）信用。信用是交易的基础，这一点在网络营销中表现得更为突出。电子商务是无纸贸易，没有物理媒介来保证交易的安全性，只能依赖于密码、认证和其他保密措施。这样，信用好就成为决定企业存亡的重要因素。只有信用好的企业才能提高客户和访问者的忠诚度。

（3）服务。在电子商务中，电子邮件的应用较为广泛，它为网络管理者与访问者的沟通创造了极为有利的条件。它有助于企业快捷、准确、及时地了解客户的意见并迅速做出决策。及时回复客户的电子邮件，满足客户的合理要求，提供优质的售后服务，努力改善与客户的关系，是每个电子商务企业必须考虑的问题。

（四）开创全新的商业逻辑

任何一个行业都存在特有的商业逻辑，在传统市场，这些商业逻辑被视为整个行业的发展轨迹。电子时代来临后，原有的商业逻辑被打破。例如，创造商业奇迹的打劫模式，淘汰落后思维的颠覆模式，以及促进行业发展的收购模式，这些模式在传统市场中是无法实现的。可以说伊藤洋华堂的退场正是因为它未能放弃原有的商业逻辑，未能及时开创先进的互联网商业思维。在实体市场中，大型企业的客户被电商夺去，发展受到一定的阻碍，最后只得离开市场。

电商的商业逻辑非常明显：单店模式增加，电子金融流通加大，行业边缘模糊，市场跨界竞争。生产者清楚这些商业逻辑，才有可能在电商市场中占据一席之地。

第 3 节　电子商务对人类活动的变革和影响

电子商务本身具有的开放性、全球性、地域性、低成本和高效率等特征，决定了其必将给人类活动带来巨大的变革，它不仅改变了企业的生产、经营、管理，而且给传统的贸易方式带来巨大的冲击。在给人类活动带来变革的同时，电子商务对人们工作和生活方式也产生了极大的影响。

一、电子商务对市场结构的影响

（一）电子商务降低了进入市场的门槛

电子商务的形成提高了市场的开放性，降低了进入市场的门槛。知识的投入显得越来越重要，知识可以帮助中小企业直接进入国际市场，谋求发展壮大。借助互联网，一些小企业无需庞大的商业体系，无需高昂的广告费用，无需众多的销售人员，就可以进入全球市场参与竞争，接触这个市场中的广大客户。企业只要花很小的成本便可建立基于互联网的全球贸易网。依靠高科技力量，以高科技人才为主体的公司走向成功的例子数不胜数，例如国内的联想、北大方正、清华同方等，国外的 IBM、戴尔等。

（二）电子商务对市场运作的影响

电子商务对市场运作的影响往往体现在工业经济向信息经济转变的过程中。在这个过程中，电子商务作为信息技术与传统经济的桥梁，对市场运作空间和市场运作模式产生巨大的影响。

1. 对市场运作空间的影响

工业经济的市场运作空间是以某一个国家或经济区域为主体的，而信息经济则是以信息技术的广泛应用为前提的。传统的市场观念认为市场是二维的，企业的市场营销活动受地理环境和交通工具的限制。互联网的出现带给人们的是一个没有地理约束和空间限制的三维市场，企业可以突破原有商品销售范围、消费者群体、地理位置和交通条件的限制。

2. 对市场运作模式的影响

工业经济的市场运作模式有许多中间环节，商品的生产、流通是一个漫长的过程，而且有很多中间环节。信息经济的市场模式取消了工业经济的市场模式的中间环节，从间接的中间渠道销售到直接的网络销售，从实体办公室到虚拟办公室，从纸币到电子货币，从依靠硬件到依赖知识，从普通服务到网络增值服务，市场运作模式变得更加直接。

电子商务大大拓展了市场运作空间，改变了传统的市场运作模式。从电子商务的交易方式可以看出，电子商务缩短了生产者与消费者之间的距离，生产者可以跳过传统的经销商与消费者直接联系，消费者的需求直接转换为企业的生产指令。电子商务加强了生产者与消费者的联系，并且由于减少了中间环节而大幅降低了生产者的经营管理成本。这种市场运作空间与模式的转变是工业经济向信息经济转变过程中的一种变革。

二、电子商务对营销战略的创新

电子商务建立起企业的网络和信息优势，而营销创新的主要任务就是把这种优势转化为商业竞争优势和利润。电子商务对营销战略的创新主要表现在以下几个方面。

（一）营销观念创新

传统的营销观念认为消费者的购买行为是被动的，而互联网的出现将企业和消费者连接起来。网络营销的最大特征是消费者成为购物的主导者，购物主动权掌握在消费者的手中，它将传统的销售商向消费者推销的方法转变为消费者主导的个人营销，消费者可以通过交互媒介来查询有关商品或服务的信息，变被动为主动。

互联网的发展使消费者对商品或服务的选择余地越来越大，他们期望生产厂家能根据自己的需要进行专门设计。作为商家，必须转变传统的市场营销观念，广泛深入地收集有关消费者的更多、更全面的信息，在制定市场营销策略的过程中把这些多样化的需求考虑进去，并通过生产经营活动满足这些多样化的需求。

（二）营销策略创新

在传统的营销理论中，由于技术手段和物质基础的限制，产品、价格、宣传销售的渠道以及企业促销策略等成为企业经营、市场分析和营销策略的关键内容。美国密歇根州立大学的学者麦卡锡将这些内容归纳为市场营销策略中的 4P 组合，即产品（product）、价格（price）、渠道（place）和促销（promotion）。而在网络经济时代，这种营销策略必须进行创新。首先，在互联网构成的电子时空中，空间概念和时间概念发生了很大的变化；其次，宣传和销售渠道统一到互联网上；最后，产品的价格将随成本的降低而有所下降。同时，在电子商务环境下，一些新问题被纳入营销策略需要考虑的范畴。例如，如何建设电子商务网站和电子商务系统以方便消费者表达购买欲望和需求；如何使消费者能够方便地购买商品以及享受送货和售后服务；如何满足消费者的需求；如何使生产者和消费者方便、快捷和友好地沟通等。总之，网络信息环境和电子商务彻底改变了传统市场营销策略的基础，极大地拓展了原有的市场和营销理念。

（三）交易方式创新

电子商务是以网络为架构，市场为基础，交易双方为主体，银行支付和结算为手段，产品数据库为依托，为企业与消费者、企业与企业之间进行交易提供的一种全新的商业模式。随着电子商务的发展，企业与消费者之间直接交易的比例将大幅上升，交易过程中中间商的作用将明显减弱。与此相反，银行的作用将不断增强，企业将网上销售的结算与银行转账系统联网，使消费者能够轻松地在网上购物，并通过与银行相连的电子钱包、电子支票或电子货币来支付款项。这种企业与消费者之间的电子商务交易方式的优越性是显而易见的。企业与企业之间也可以在网上使用电子方式签订合同，其法律效力已被《中华人民共和国合同法》所承认，企业与企业间的电子商务交易规模将进一步扩大。

与传统的商业促销活动相比，电子商务降低了营销费用，提高了作业效率，简化了烦琐的程序，改进了企业的业务流程，并且可以使企业接触并锁定更大的消费者群体。

（四）品牌培育方式创新

在电子商务条件下，企业品牌演变成以域名形式出现的网络品牌。网络品牌的作用是直接指引消费者进入企业的网站，是吸引消费者注意的重要工具。互联网上的商务信息是海量的，无论是商家选择贸易伙伴还是消费者选择满意的商品，很大程度上是依靠网络品牌来进行的。不能引起大众注意、无法取得消费者好感的品牌只能被淹没在茫茫"网海"中。因此，着力塑造有影响力的网络品牌意义重大。

一方面，企业可在知名网站上刊登广告，利用电子邮件和网络论坛发布企业的各种信息，以增加企业网站的访问量；另一方面，企业应积极主动地与各类相关网站，如企业的供应商、销售商，甚至竞争者的网站连接，以便扩大影响，强化宣传效果。还可以利用各种传统媒体，如电视、广播、报纸、杂志及邮件进行广告宣传，唤起大众对网络品牌的注意。同时，还必须注意企业名称、产品品牌与网络品牌的一致性，尽量选择相同的英文或汉语拼音名称，这样才能达到事半功倍的效果。

（五）消费者需求分析创新

企业可以利用内部网资源和其他系统资源开发全新的消费者需求分析软件，这种软件应用的关键在于被分析的数据要真实反映消费者的意向，有广泛的代表性。消费者需求分析的数据来源包括四个。

（1）网络广告。利用现代信息技术可以记录访问广告的消费者的 IP 地址。通过对一定时期内来访消费者的 IP 地址进行统计分析，可以得出某个国家或地区的消费者对某个广告的访问次数等数据，进而研究不同国家或地区消费者的不同消费倾向，以指导企业制定营销策略。

（2）网上售后服务。通过消费者对产品支持信息的访问改进企业售后服务。

（3）产品销售系统。可以从企业销售数据库中提取产品的销售区域、销售数量、销售时间和同一消费者的购买次数等数据，为营销分析提供依据。

（4）网上问卷调查。通过问卷调查获得相关数据，对有关产品的多项内容进行细致的分析。

通过对以上四种来源的数据进行统计和综合分析，企业能找出某个现有产品或新产品的潜在市场和潜在消费者，以便采取积极的、有针对性的措施。

（六）售后服务创新

良好的售后服务是企业成功的关键。实施电子商务后，企业应充分利用现代信息技术和网络环境，开展售后服务创新，为消费者提供更满意的售后服务，以期留住消费者，同时以良好的服务和信誉吸引更多新的消费者。售后服务创新包括三个方面，即在企业网站上制作产品支持信息页面以方便消费者，吸引回头客，节约企业营销人员的差旅费用；利用电子邮件接收消费者报修信息，达到省时、省力、方便、快捷的目的；开设电子论坛，了解消费者的反馈意见，以便及时掌握消费者需求以及市场动态，为企业改进和开发产品提供参考，并利用网络反馈的消费需求信息使面向消费者的活动更趋个性化。

（七）产品防伪系统创新

伴随着互联网的发展和普及，基于信息技术开发企业产品防伪系统已成为可能。互联网企业的产品防伪系统由三部分组成。

（1）产品防伪号生成子系统。由特殊算法产生足够长的数字防伪号，因为号码随机产生，所以不会重复，没有规则，不可破解。

（2）防伪标签印刷子系统。把通过加密转换后的防伪号一对一地印刷到标签上，给防伪号加特殊保护膜，产品出厂时，把标签分别贴到内外包装上。

（3）客户查询子系统。无论是批发商还是最终消费者，在买到产品后，即可通过互联网或电话查询防伪号的真假，输入的防伪号如果在企业相关数据库中存在，则产品为真，如果不存在，则为假。

三、电子商务对人们工作和生活方式的影响

电子商务的不断发展给人们的工作、生活带来了直接和间接的影响，主要包括以下几个方面。

（一）信息传播方式

互联网是一个具有交流特性的网络，不仅可以作为个人传递信息的工具，也是企业间传递信息的媒介。与传统的信息传播方式相比，网络信息的传播有着无可比拟的特点。首先，通过网络传播信息成本低；其次，网络信息受众面广；最后，网上查找信息方便。所以，无论对信息传播者还是信息受众而言，通过网络传播信息都是最佳选择。这也是电子商务受欢迎的原因之一。

（二）生活方式

由于互联网的流行和电子商务的兴起，人们的生活方式发生了变化。例如，以前总要花费大量的时间去商场或者百货商店购物，现在待在家里，轻松地点击鼠标，就可以通过网络购买物品。实质上，互联网催生了一个范围广阔、没有国界的虚拟社会，不同年龄的人都可以在网上找到适合自己活动的领域，发表自己的意见，购物、看电影、玩游戏、阅读等。互联网在人们的生活里占据着越来越重要的位置。

（三）工作方式

电子商务可以保证及时沟通和处理大部分业务，因此无论在什么地方、什么时间都

可以办公。对于执行独立任务的管理人员来说，可以在家中处理事务，而不必花更多时间在路上或进行面对面的交流。

（四）消费方式

网上购物的最大特征是消费者的主导性，购物主动权掌握在消费者手中，同时消费者还能以一种轻松自由的自助服务方式来完成交易。消费者再也不用将时间花在选择商场、排队等待上面，在家里就可以利用电子商务系统完成整个购物过程。在线购物、电子支付、送货上门等给消费者带来了极大的便利。

（五）教育方式

随着互联网应用的拓展，开设网络大学进行远程教育为国内外众多大学所采用。大学以计算机通信技术和网络技术为依托，采用远程实时、多点、双向交互式的多媒体现代化教学手段，实时传送声音、图像、电子课件和教师板书，使身处异地的师生能像现场教学一样进行双向视听问答，这是一种跨越时间和空间的教育方式。

第 4 节　电子商务的优势及其在企业中的作用

电子商务具有对市场变化反应迅速、成本低、高效等传统商务方式所无可比拟的优势，它加速了企业内部和外部的信息交流，突破了时空界限，大幅提高了企业的管理水平和运作效率，降低了运营成本，提高了企业的市场竞争力和影响力，为消费者提供了更多、更灵活的选择。同时，电子商务在企业的管理和变革中也发挥着重要的作用。

一、电子商务的优势

（一）电子商务的交易优势

1. 交易虚拟化

交易双方从磋商、签订合同到支付等，无须当面进行，均可通过互联网完成，整个交易完全虚拟化。对卖方来说，可以向网络管理机构申请域名，建立网站，制作自己的主页，提供产品信息。而虚拟现实、网上聊天、电子邮件等技术的发展使买方能够根据自己的需求选择广告，并将信息反馈给卖方。交易双方签订电子合同，完成交易并进行电子支付，整个交易都在网络这个虚拟环境中进行。电子商务的发展打破了传统企业间明确的组织界限，催生了虚拟企业，形成了动态联盟。

2. 交易成本低

电子商务使得买卖双方的交易成本大幅降低。实际的距离越远，网络上进行信息传递的成本相对于信件、电话、传真而言就越低。此外，减少重复的数据录入也降低了信息成本。买卖双方通过网络进行电子商务活动，无需中介参与，减少了交易环节。卖方可通过互联网进行产品介绍、宣传，减少了在传统方式下做广告、发放印刷品的费用。电子商务实行无纸贸易，可减少 90% 的文件处理费用。互联网使买卖双方实现即时沟通，使无库存生产和无库存销售成为可能。企业利用内部网可实现无纸办公，从而提高内部信息传递的效率，节约时间并降低管理成本。企业通过互联网把总部、代理商以及分布在其他国家的子公司、分公司联系在一起，及时对各地市场情况做出反应，即时生产，即时销售，采用高效快捷的配送公司提供交货服务，从而降低产品成本。传统的贸易平台是实体店铺，电子商务的贸易平台则是网吧或办公室，这大大降低了店面的租金支出。

3. 交易效率高

互联网将贸易中的商业文件标准化，因而使商业文件能在世界各地瞬间完成传递与计算机处理，使原料采购、产品生产与销售、银行汇兑、保险、货物运输等过程无需过多人员干预而在最短的时间内完成。传统贸易方式中，用信件、电话和传真传递信息必须有人的参与，且每个环节都要花费一定的时间。有时人员合作和工作时间的问题会造成时间延误，失去最佳商机。电子商务克服了传统贸易方式费用高、易出错、处理速度慢等缺点，极大地缩短了交易时间，大大提高了交易效率。

4. 交易透明化

买卖双方从交易的洽谈、签约到货款的支付都在网络上进行。通畅、快捷的信息传递可以保证各种信息之间互相核对，防止伪造信息的传播。例如，在典型的许可证系统中，由于加强了对发证单位和验证单位的通信、核对，假的许可证就不易漏网。海关的电子数据交换有助于杜绝边境的假出口、兜圈子、骗退税等情况的发生。

（二）电子商务的集成协调优势

1. 集成性

电子商务是一种新兴事物，用到了大量的新技术，但并不是说新技术的出现就必然导致老设备的淘汰。万维网的真实商业价值在于协调新老技术，使用户能更加有效地利用已有的资源和技术，完成他们的任务。电子商务的集成性在于事务处理的整体性和统一性，它能规范事务处理的工作流程，将人工操作和电子信息处理集成为一个不可分割的整体。这样不仅能提高人力和物力的利用率，也可以提高系统运行的严密性。

2. 协调性

商务活动是一个协调过程，它需要在雇员和客户、生产方、供货方以及商务伙伴间进行协调。为提高效率，许多组织都提供了交互式的协议，电子商务活动可以在这些协议的基础上进行。传统的电子商务解决方案能加强公司内部的互动，电子邮件就是其中的一种。电子商务使企业之间的沟通与联系更加便捷，信息更加公开透明，极大地降低了交易成本。在传统的商务运作中，较高的通信成本、购销成本、协作成本增加了企业的负担，成为阻碍企业间协作的主要因素。在这种情况下，企业倾向于采用纵向一体化战略扩大其规模，以此来替代横向协作，从而降低交易成本。电子商务的发展使企业可以与主要供应商之间建立长期的合作伙伴关系，并将原材料采购与产品的生产过程有机地结合起来，形成一体化的信息传递和信息处理流程。电子商务还使得贸易双方之间的交流更为便捷，大大降低了双方的沟通成本，简化了业务流程，节约了大量的时间。除此之外，通过电子商务，供应链伙伴（供应商、制造商、分销商等）之间更加紧密地联系在一起，使以往商品生产与消费之间、供给与需求之间的“时滞”变为“实时”，大大提高了销售预测与库存管理水平，降低了整个供应链的库存成本，并节约了仓储、保管、行政等多方面的开支。

（三）电子商务的资源配置优势

由于一个行业的所有企业不可能同时发展电子商务，所以，那些率先发展电子商务的企业会有价格上的优势、产量上的优势、规模上的优势、市场占有率上的优势和规则制定上的优势，而那些后来发展电子商务或不发展电子商务的企业的成本则有可能高于行业平均水平。这样，社会的资金、人力和物力等资源会通过市场机制从成本高的企业向成本低的企业流动，从利用率低的企业向利用率高的企业流动，从亏损的企业向盈利的企业流动，从而使资源得到更合理的配置。

（四）电子商务的技术创新优势

电子商务促使中小企业更新生产技术，提高市场应变能力。互联网的飞速发展加快了产品的研发，在企业技术创新和产品升级方面，电子商务发挥了一定的作用。因为电子商务使新技术、新创意在网上迅速传播，为企业开发新产品提供准确、及时的信息，所以开发者可以利用网络快速调研，了解顾客最新的需求。在产品开发过程中，用户信息反馈工具使决策者能够获得高价值的商业情报，辨别隐含的商业关系并把握未来的趋势，从而做出更有创造性、更具战略性的决策。开发者利用网络迅速得到市场反馈，以便随时对产品进行改进，使产品最大限度地满足市场需求。

（五）电子商务的团队合作优势

电子商务可以促使企业打破部门之间的界限，把相关人员组织起来，按照市场机制去开展跨职能的工作，从而减少企业的管理层次和管理人员的数量。电子商务将那种容易导致官僚主义、低效率、结构僵化、沟通壁垒的单一中心决策组织转变为分散的多中心决策组织，因为决策的分散化能够增强员工的参与感和责任感，提高决策的科学性和可操作性，改变下级服从上级、上级行政干预下级的专制型企业管理模式。在管理思想上，强调高效、敏捷；在管理体制上，注重各环节的协调、配合和并行工作；在组织功能上，强调企业领导者的协调、服务和创新，着力培养企业员工的团队精神，增强企业的凝聚力；在管理任务方面，强调以客户的需求为中心。

二、电子商务在企业管理中的作用

企业是经济领域中最小也是最重要的组织。电子商务对经济活动的影响最终反映在企业的经营管理上。

（一）电子商务改变了企业的竞争方式

与传统的商业结构相比，现代信息技术使企业的竞争方式发生了变化。信息技术与管理相结合的本质是实现高效率、自动化的流程管理，以信息流动代替物质和能量的流动。总体来说，电子商务对企业的竞争方式的改变主要体现在以下几个方面。

（1）电子商务改变了企业之间的合同形式，准确、及时的信息交流增加了企业合同的稳定性，强化了企业之间的合同管理。

（2）电子商务给消费者提供了更多的消费机会，并给了企业更多的开拓市场的机会，还提供了更加有效的信息交流场所，使企业具有把握市场和消费者需求的能力。

（3）电子商务提高了企业开发新产品和提供新型服务的能力，使企业决策者能及时了解消费者的爱好、需求和购物习惯，增强了企业开发新产品的能力，并缩短了企业开发新产品的周期。

（4）电子商务扩大了企业的竞争领域，使竞争从常规的广告、促销、产品设计与包装等方面扩大到无形的虚拟市场。

（5）电子商务消除了企业竞争的无形壁垒，主要表现在降低了中小企业和新创企业进入市场的初始成本。

（二）电子商务改变了企业的竞争基础

电子商务作为信息产业的一个模块，使企业的竞争基础也发生了改变。

这种改变首先体现在信息化的程度上。电子商务是以信息化为基础的，企业信息化的程度越高，竞争力越强。美国硅谷的高科技企业在这一点上表现得尤为突出，高技术含量、高技术人才、信息的高速处理与创新使它们的竞争力大大增强。对信息的处理、接纳能力的高低是未来企业竞争力大小的一种体现。电子商务降低了企业的生产、交易成本，使得产品的价格竞争异常激烈。原材料采购费用的减少、中间渠道的缩短、广告促销费用的减少、管理成本的降低，都使企业的成本大幅降低。

由于网上客户的挑选余地较大，企业之间开始了新的价格战。网上交易除去服务，价格是最重要的一环。例如，如果亚马逊的图书价格较高，访问者有可能在阅读完亚马逊书店精彩的书评后一走了之，去价格更低的竞争对手那里购买图书。

电子商务的开展突破了时空限制，所以，企业得随时做好准备，为客户提供服务。企业有可能在凌晨3点接到客户的订单，所以，每星期7天、每天24小时的客户服务是企业竞争力的另一种体现。

电子商务也使企业规模发生了变化。只有2个人管理的在线书店与传统的200人管理的书店没有太大区别，而且，2个人管理的在线书店还可能给客户提供更多的图书信息（因为有在线数据库可供查询）。只要服务好、价格合适，没有哪位客户会在意公司的规模大小。

（三）电子商务改变了企业的竞争形象

电子商务为企业提供了一个全面展示自己产品和服务的虚拟空间，制作精良的网络广告有利于提高企业的知名度和商业信誉，达到提升企业形象的目的。网络调查表明，能够提供品种齐全的产品、灵活的折扣、可靠的性能、友好的用户访问界面、完善的技术支持是网络公司取得竞争优势的奥秘。

美国的社会学家在研究大众传媒时发现如下现象：即使在很偏僻的地方，观众依然喜欢观看美国职业篮球联赛（NBA）中乔丹参加的比赛，而不去看本地球员的篮球比赛。处于金字塔顶端的少数明星吸引了大部分的观众资源，人们称这种现象为“胜者通吃”。电子商务打破了时空的壁垒，使消费者很容易接近名牌、名店，使企业在采购其需要的原材料和零部件时有更多的选择余地。因此，很可能出现上述“胜者通吃”的现象，即少数名牌厂商拥有大部分的顾客资源。在电子商务时代，一个企业如果不改进自己的形象，没有自己的特色和绝活儿，将很难生存与发展。

三、电子商务在企业内部结构变革与行业结构变革中的作用

（一）网状管理模式的产生和优势

以互联网为基础的电子商务给传统的企业组织形式带来很大的冲击。它打破了传统职能部门依赖分工与协作完成工作的做法，形成了并行工程的思想。在电子商务的架构里，除了市场部和销售部可以与客户打交道，企业其他职能部门也能通过电子商务网络与客户频繁接触，从而改变过去间接接触的状况。原有的工作单元间的界限被打破，重新组合成一个直接为客户服务的工作组。这个工作组直接与市场接轨，以市场的最终效果衡量自己的生产流程的组织状况，以市场的最终效果衡量各组织单元之间协作的好坏。企业的业务单元不再是封闭的金字塔式结构，而是一种新型的相互沟通、相互学习的网状结构，这种结构打破了原来的业务单元之间的壁垒，业务单元之间可以广泛进行信息交流、共享信息资源、减少内部摩擦、提高工作效率。

（二）企业分权转换的优势

电子商务模式下企业结构变革的另一个特点是由集权制向分权制转换。电子商务的推行，使企业由过去高度集中的决策组织转变为分散的多中心决策组织。企业的决策由跨部门、跨职能的多功能组织单元来制定。这种多功能组织单元共同参与、共担责任，由共同利益驱动的决策过程使员工的参与感和决策能力大大提高，充分发挥了员工的主观能动性，提高了整个企业的决策能力。

此外，在电子商务模式下，企业的经营活动打破了时间和空间的限制，出现了一种新型企业——虚拟企业。这种虚拟企业打破了企业之间、产业之间、地域之间的界限，把现有的资源组合成一种超越时空、可利用电子手段传输信息的经营实体。虚拟企业的管理由原来的相互控制转向相互支持，由监视转向激励，由命令转向指导。

（三）电子商务对行业结构的改变

电子商务的发展不仅影响了企业的内部结构，也影响了外部行业结构，主要表现在以电子商务为主的新行业的产生，例如，网络交易中心、电子商场、电子商务咨询服务公司、电子商务应用软件开发公司等。这些行业成为 21 世纪的热门行业，这些公司的人员构成表现出几个特点：年轻化、高素质、跨学科、跨文化，他们大都是工商管理、金融财经、信息管理、计算机专业的综合型人才，所以，这些公司的发展速度非常快。另外，电子商务系统的创立，使得大规模的跨组织、跨地区的商业活动成为可能。一些著名的零售企业纷纷扩大营业范围和规模，组织跨地区、跨国界的商业活动，以降低成本和抢占市场份额。一些大型连锁商店如西尔斯、麦当劳、沃尔玛等在网络上创立了自己的虚拟连锁商店，改变传统的商业结构和布局，以适应新的管理模式。

第 5 节　制约电子商务发展的瓶颈

电子商务尽管已经取得很大的成绩，但还存在一系列瓶颈，这些瓶颈阻碍和限制了电子商务的飞速发展。

一、技术问题

（一）安全问题

阻碍电子商务广泛应用的首要的也是最大的问题就是安全问题。从整体上看，电子商务的安全问题包括计算机网络安全和商务交易安全两部分。

计算机网络安全是指利用网络管理控制和技术措施，保证在一个网络环境里，信息数据的机密性、完整性及可使用性受到保护。对网络安全技术的研究始于20世纪70年代中后期，由于出现了较严重的计算机犯罪和其他安全问题，少数国家开始研究并采取措施。网络安全技术远远落后于网络应用技术的发展水平。

商务交易安全包括商品品质安全、交易各方身份可信、物流安全、支付安全。电子商务需要考虑更多的安全性问题，包括数据的保密性、完整性和不可否认性。互联网的诞生并不是出于商业目的，而是为了能方便地共享计算机资源。互联网的协议及源代码的开放与共享对电子商务活动造成了潜在的危害。

（二）支付问题

电子支付是电子商务的重要环节，是完成交易的关键所在。近年来虽然许多商业银行纷纷推出了网上银行来实现电子支付，但这种支付手段还比较落后，且跨行支付还存在一定的障碍，致使消费者在电子支付时面临许多问题。虽然近年来手机支付方式逐渐兴起，但还存在许多问题需要解决。

支付方式的不统一极大地影响了电子商务的交易效率，这与银行本身信息化程度不高有很大关系，相关法规的不完善和安全性较低也是制约网络支付的关键因素。

（三）大数据问题

在大数据时代，电子商务迎来重大的机遇，创造了巨大的价值，与此同时，也有许多问题需要解决，包括在庞大的数据中收集真实有效的信息，对数据进行加工和分析，以及对数据断层的处理。

虽然大数据带来了不可多得的便利，但是大数据环境复杂多变，给电商企业收集有效信息带来一定的困难。浩瀚的数据信息中肯定会有虚假信息的存在，这样企业所收集信息的真实性就会受到影响。电商企业在收集数据信息时，获取可靠的有效信息是不可忽略的问题，电商企业一旦在数据分析中出现差错，就会使信息的利用价值减弱。

电商企业面对海量的数据信息，需要花很长时间进行研究，有时候在对数据进行分析时，可能已经错过了良好的销售机会。所以说单纯地拥有庞大的数据是不够的，对庞大的数据进行分析和挖掘是电商企业提高竞争力的主要手段。从电商企业的角度来看，目前我国开放的、公共的社会网络环境还不成熟，并且缺乏可靠的、权威的第三方数据统计机构，导致电商企业很难获取数据。电商企业只有全面利用相关的社交网站，以合作或者购买的方式获取更多的数据。

电商企业还面临数据断层的问题，即收集了庞大的数据但是不知道要做什么。这是目前最严重的问题。从电商企业的角度来看，如果只关注网站前端的点击量，而忽视后端的商业数据，会导致商业数据与行为数据不能形成良好的对接，电商企业就无法对网站用户群的行为特征进行良好的统计，也就无法进一步扩大用户规模。

二、法律制度与标准问题

（一）法律制度问题

随着互联网的普及，通过互联网盗取软件变得较为容易，只要找到提供这些非法产品的公司网址，用很少甚至不用花任何费用就可以获得非法软件，这给软件业带来沉重的打击。软件、音乐、电影等知识产权纠纷将日益增加。我国电子商务领域的突出问题是网络诚信问题。

信息工业的发展史告诉我们，相关的法律制度的制定远远滞后于信息工业的发展。互联网发展了这么多年，电子商务也开展了二十几年时间，可世界各国至今都没有制定有关互联网的完整的法律。所以，目前一个迫切需要解决的问题是制定相关的电子商务法律，以解决电子商务中发生的各种纠纷，防止诈骗等案件的发生。另外，还要制定相关的电子支付制度、电子商务规范，以规范贸易的顺利进行，同时也要制定有关进出口关税的法律制度。

（二）隐私权的保护问题

对于消费者而言，网上交易给个人资料带来的潜在威胁是阻碍消费者上网购物的一个重要因素。其中，最主要的是经营者不合理地收集消费者个人资料。这主要是指经营者收集多于实际所需的资料或者将收集的资料用于消费者未曾预料的用途。在现实世界中，没有一个商店会要求欲进店的消费者提供个人信息，但几乎所有的网上经营者都要求消费者登记个人资料，包括姓名、性别、电话、住址等，有些还要求提供身份证号码、收入状况。

此外，现代科技的发展使消费者受到的侵害不仅限于其在网站上登记的个人资料。人们在网上的各种活动都在不知不觉之中被服务器记录并存储下来，通过对消费者访问网站、查看产品广告、购买产品等行为的追踪，结合网站注册信息，商家就可以得到消费者的健康状况、休闲嗜好、政治倾向、宗教信仰等资料，可以有的放矢地抢夺并挖掘客户。

隐私权的保护是各国都必须面对的问题。在这方面，美国政府倾向于以从业者自律的方式解决，较少有专门立法。而欧洲更重视通过立法来保护个人资料的安全。2002 年，欧洲议会和理事会通过了《关于电子通信领域个人数据处理和隐私保护的指令》，用以取代 1997 年颁布的《电信部门个人数据处理和隐私保护指令》。2015 年 12 月 15 日，欧盟委员会通过了《一般数据保护条例》(General Data Protection Regulation，GDPR)，以欧盟法规的形式确定了对个人数据的保护原则和监管方式。2021 年 6 月，我国通过了《中华人民共和国数据安全法》，对数据安全与发展、数据安全制度、数据安全保护义务、政务数据安全与开放和法律责任等问题做出了规定。

（三）标准问题

标准化在电子商务发展过程中起着关键作用。20 世纪 60 年代，随着欧美大公司之间专用 EDI 系统的出现，按照各行业内部的 EDI 应用需要而制定的行业标准相继诞生，这促进了早期电子商务的发展。例如，美国运输数据协调委员会（TDCC）推出了运输业通用电子报文格式标准。1989 年，UN/EDIFACT 标准的诞生进一步确立了 EDI 技术在简化国际贸易过程中所扮演的重要角色，在全球掀起了无纸贸易的浪潮。1998 年诞生的可扩展标记语言（XML）为 EDI 提供了基于互联网的解决方案，它将商业规则从商业信息中分离出来，保留商业信息原有的结构和内容在各应用系统间的存储和处理。XML 为各企业制定信息交换规则提供便利的同时，也带来了企业间不同交换规则相互转换的麻烦。有关公司、行业协会和国际标准化组织相继推出了各自的基于 XML 的电子商务标准框架。其中比较典型的标准规范有 OBI、IOTP、BizTalk、RosettaNet、cXML、xCBL 等。这些新兴的事实标准向传统标准发起了有力挑战。协调、交流和合作成为促进全球电子商务标准发展的必然要求。

三、企业信息化程度偏低

电子商务所要求的是相对均衡的运行环境，并不是一两家企业信息化水平提高了就可以实现电子商务。电子商务要求企业通过电子商务应用技术来整合前后台业务，统筹内外部资源，管理从顾客、分销商、合作伙伴、核心企业到供应商的所有环节并使其增值，实现供应链联盟业务协同、信息共享、管理集中，达到协同和多赢的商业目标，全面提升企业的核心竞争力与服务对象的满意度。如果企业信息化水平达不到所需的标准，就会出现一方有需求而另一方无法响应的局面。虽然集合式电子平台可以为信息化水平较低的企业提供可供交易的界面，但无法提供有效的后台支持，更多的只是流于形式，无法实现真正的电子商务。中国多数企业的信息化水平显然还达不到世界标准，这成为制约中国电子商务发展的主要因素。

四、物流对电子商务发展的制约

物流管理是保证企业生产经营持续进行的必要条件。首先，企业的生产经营活动表现为物质资料的流入、转化、流出的过程，一旦某一环节不能及时获取所需物资，企业正常的经营活动秩序将被打乱。其次，物流管理决定着企业的销售情况与市场份额，企业能以何种价格提供多少产品，决定了企业满足消费者需求的能力，这一能力正是决定企业销售量和市场占有率的关键。在电子商务交易中，对内部的物流管理分配有较高的要求，对外部的协同配合有更高的要求，只有这样才能实现整体价值链的优化。

电子商务的物流配送很关键的一点就是交易流程的时效性，它要求物流公司能够建立全方位、多层次的物流配送体系，以完成整个交易环节中的配送流程。由于缺乏专业的管理及运作经验，中国物流市场一直没有形成闭环式的网络链条，邮政在某个层面上充当着这个角色，但是远远不能满足电子商务的配送需求。此外，小型配送公司的实力弱，运作不规范，多是各自为政，又受到区域极大的限制，很难满足全部服务请求。可见国内的物流状况与电子商务交易的配送需求之间还有很大的差距。

五、人才短缺的制约

高级管理信息人才的短缺制约着电子商务的发展，电子商务要求管理信息人员运用现代管理思想把信息技术与企业的营运组织有机地整合起来，并对电子商务的支持系统进行协调，其中包含 ERP（企业资源计划）、SCM（供应链管理）、CRM、EAP（企业应用门户）等若干子系统，对企业价值链进行全面优化，从而提高企业的总体管理水平、营运效益和服务质量。电子商务涉及企业采购、生产、营销、服务各个流程，加大这方面的人才培养成为发展电子商务的先决条件。有关调查显示，80% 的企业急需引进高级管理信息人才，以促进企业进行电子商务规划、管理与建设。只有真正解决了人才短缺的问题，电子商务才可能实现与传统产业的融合与升级。

六、诚信问题

（一）社会信任度低

长期的重商主义导致传统社会中诚信道德的缺失。现实社会中，假冒伪劣产品、虚假广告、合同履约率低等问题经常见诸报端。而电子商务作为不见面的交易模式，难以得到部分消费者的认同。“无商不奸”的观念在人们的思想中根深蒂固，企业与企业、企业与消费者之间建立信任并不容易，这些都在阻碍电子商务的发展。

（二）社会信用体制尚未完全建立

我国信用系统建设相对滞后，尚未建立起健全的诚信管理系统，缺乏有效的失信、违规监督惩罚机制，市场化运作模式虽初见端倪，但是存在不规范的现象，未形成有效的管理机制，行业自律尚未形成。而电子商务交易的信用评级完全属于行业和个人行为，未得到政府的支持和认可，所以评级中介机构、评级依据都没有得到法律的认同，评级也就没有法律效力。同时，我国电子商务信用信息存在分割问题，这主要是由两方面的原因引起的：一方面，我国以前的信用体系是行业性的，银行、税务、法律、保险等部门都有各自的信息库，这些信息库没有联网，因而无法实现信息共享；另一方面，在电子商务中，即使各行各业的信息库进行联网，也往往由于行业间的一些商业信用信息互相保密，造成交易双方无法获得所需的信息。因此，信用系统建设的缺失严重影响着电子商务的发展。

第 6 节　电子商务的发展趋势

电子商务在我国的发展历程不过 20 多年，然而时至今日，它已渗入社会的方方面面，成为人们生活的一部分。近年来，云计算、大数据、物联网等一系列新技术与应用的出现，进一步驱动了电子商务的模式创新，为电子商务注入新的活力。本节对未来电子商务发展的总体走向进行初步的探讨，以期为业界和学界提供一些参考。

随着社会信息化的发展，电子商务呈现出更多的特色。在信息技术的帮助下，企业可以调整自己的业务流程，改造成以客户为中心的模式。这类电子商务不再是局部的、前端的信息化，而是对企业内部所有业务的完全整合，同时，还可能是对整个产业链中合作伙伴关系的整合，以便最终为用户提供完全整合的服务。在这个阶段，虽然商务的基本法则没有改变，但借助电子商务，传统业务的完成速度和运营质量能提高几个甚至几十个数量级，进一步降低成本，更快地捕捉市场需求，并建立起长期、可持续盈利的商务模式。

一、电子商务发展的总体走向

（一）电子商务应用规模化

越来越多的传统企业发展电子商务，电子商务应用的规模越来越大。B2C 应用的趋势是大而全的超级卖场；C2C 应用的趋势是建立基于买卖的超级社区。

（二）电子商务应用专业化

由于专业化网站的不可替代性以及较稳定的网民基础，个性显著的专业化网站将大量增加；面向电子商务应用的专业化服务平台日益受到个人和企业的关注；电子商务服务业的迅速发展将催生新行当——电子商务应用服务商，第三方电子商务应用服务商将为中小企业发展电子商务提供更大的便利，中小企业只要专注于做好自己的产品和服务即可。

（三）电子商务应用智能化

智能化技术在电子商务应用中的运用将成为发展趋势。智能化电子商务的出现成为中国电子商务的最新亮点，特别是智能型电子商务应用平台以“交易门户网站＋智能导购机器人”的产品孵化模式，颠覆了传统的电子商务理念和运作模式，以智能导购机器人的主动运作模式代替人工不可为的工作方式。

（四）电子商务应用客户化

以客户为中心提供个性化的产品、服务成为电子商务的发展趋势之一。提供个性化的产品、服务是电子商务应用的最高境界。有人认为客户化 C2B 模式将成为电子商务产业升级的未来。客户化 C2B 模式以消费者为导向，把消费者融入产品研发、产品创新的过程中，定制生产个性化产品，满足不同消费者的不同需求，同时，通过网络销售的商品让生产厂家的利润提高，价格战减少，中间渠道消失。

（五）电子商务应用生态化

经过十多年的发展，中国电子商务服务产业初步形成了近乎全过程和多层次的商业生态环境。电子商务平台内部、平台与用户之间以及用户群体内部出现了大规模的协作，同时，用户的自我服务体系逐步走向产业化。

（六）电子商务应用社交化

微博和微信已经不仅仅是社交媒体，它们与电子商务结合，出现微博钱包和微信支付，基于朋友圈的微商也受到人们的广泛关注。微博和微信等社交媒体已经成为电子商务应用的重要工具，出现了专门的工作岗位。

（七）电子商务应用本地化

本地化电子商务按照字面意思理解就是地方性的电子商务，如地方论坛、地方性门户网站等。本地电子商务通常采用 O2O 模式，O2O 模式是未来电子商务的发展模式之一。本地电子商务很有发展潜力，主要是因为这种电子商务模式瞬间拉近了消费者与商家的距离，使得线上虚拟经济和线下实体经济很好地融合，这个市场无疑是巨大的，具有广阔的发展空间。

（八）电子商务应用移动化

近年来，移动设备及移动互联网的发展和普及速度非常快，随之而来的是全新的用户习惯和消费模式。电子商务优化平台 Mobify 的首席执行官伊戈尔·法莱斯基（Igor Faletski）列举了电子商务能够崛起的五个原因：（1）平板电脑使用者成为电商消费的主力军；（2）消费者在使用移动设备时有更强的购买欲望；（3）移动设备上广告点击率比 PC 端要高；（4）夜间移动购物带来了商机；（5）移动互联网拥有巨大的潜力。美国 KPCB 风投公司合伙人约翰·杜尔（John Doerr）第一次提出了“SoLoMo”这一概念，他把最热的三个关键词整合在一起：social（社交）、local（本地化）和 mobile（移动）。SoLoMo 被一致认为是互联网的发展趋势。

（九）电子商务应用普及化

电子商务应用已全面覆盖经济的各个方面，未来将会越来越普及化和常态化。电子商务正在成为我国经济增长的新动力。

二、大数据时代电子商务的发展

21 世纪以来，信息技术快速发展，电子商务成为新型商业活动，电子商务的发展推动了我国信息技术的发展。以淘宝为例，它拥有广大的消费群体，同时能够获得庞大的数据，包括消费者的浏览记录、购买记录等。企业可以利用数据分析技术对数据进行整合，挖掘有效的信息，为企业决策提供有效的支持。大数据已经成为企业未来发展最重要的资源，为企业的发展提供有效的竞争力。海量的数据对企业来说具有重要的商业价值，给电子商务带来了重大的发展机遇。

（一）创新商业模式，进行精准的商品推送

电子商务的发展会产生海量数据，这些数据会对消费者行为产生一定的影响。这些数据能够反映消费者选择商品时的判断，通过数据可以了解消费者的消费心理。人们普遍存在从众心理，对于销量高的商品会产生购买倾向，对于销量低的商品会产生怀疑。大数据的发展使电商企业能够抓住机遇，通过对大量的消费数据进行分析，根据消费者个人的需求进行精准的广告推送。大数据的出现为电商企业的发展提供了充分的条件，电商企业利用自身的交易平台，对消费者的点击、浏览等数据进行有效的记录，形成一个消费者的个人信息数据库，这样就可以向消费者推荐他想要购买的并且适合的产品。电商企业如果想要获得更多的信息和更多的顾客，还可以与第三方交易平台进行合作，了解消费者的爱好、需求等，通过其他渠道和终端进行信息推送。大数据时代，电子商务企业的商业销售模式有所增加，这有助于商家获取相应的经济收益，对企业的发展有

积极的作用。

（二）促进市场营销活动的开展

大数据时代，电商企业通过对数据的分析可以有目的地进行商品的推广和销售，这节约了电商企业的成本，并且有利于电商企业提升竞争力。营销模式的转变能够给电商企业带来更大的发展空间，同时使其实现利润最大化。

（三）有助于电商企业利用大数据挖掘潜在价值

过去，数据一旦用完就会被删除，但是在大数据时代，数据是企业的重要资源，对数据进行采集分析会给企业带来新的价值。在大数据时代，数据具有潜在的价值，电商企业只要把握好数据的价值，抓住机遇，就能够创造新的盈利模式，找到新的收益增长点。

（四）推动差异化竞争

随着信息技术的发展，企业之间的竞争越来越激烈，我国的电子商务发展面临成本上升和同质化两大问题的困扰。大数据时代的到来给电商企业的发展及其竞争力的提高提供了出路。就像阿里巴巴一样，通过对旗下各业务平台的数据整合，可以形成无法比拟的数据处理能力，推动开展差异化竞争。

大数据之所以得到广泛推广是因为它的价值。大数据给电商企业提供了准确的海量数据，为企业的发展提供了便利。大数据在电子商务中的应用，助力电商企业快速抓住发展机会。在大数据环境下，创新的营销模式促进了企业的发展。

（五）优化供应链管理

大数据分析能够准确预测市场需求和消费趋势。通过分析历史销售数据、季节性变化、市场动态等信息，企业能更好地预测未来的产品需求，从而有效规划生产和库存，减少库存积压和缺货情况。此外，利用大数据工具，企业可以实现更精细化的库存管理。通过实时监控库存水平、销售趋势和供需变化，企业可以优化库存量，减少资金占用，同时保证产品供应的及时性和有效性。大数据技术也可以提高供应链的透明度。通过集成和分析来自供应商、物流、销售等多个环节的数据，企业能够全面了解供应链的运作状态，及时发现并解决潜在的问题。在物流优化方面，大数据可以帮助企业优化配送路线和运输方式。通过分析交通模式、配送时间、运输成本等数据，电商企业可以选择最高效和成本效益最佳的物流方案。大数据分析还能帮助企业识别和降低供应链风险。通过监控市场动态、供应商表现、政策变化等因素，企业可以及时调整策略，应对潜在的供应链中断和其他风险。在供应链的末端，大数据可以用来提升客户服务质量。分析客户反馈和服务数据可以帮助企业提高响应速度，优化退货和换货流程，从而提高客户满意度。

□思考题

1. 简述电子商务对思维方式的变革。
2. 电子商务对市场结构有哪些影响？试述国内外电子商务的发展现状。
3. 电子商务对营销战略的创新体现在哪几个方面？
4. 简述电子商务对人们工作和生活方式的影响。

5. 简述电子商务的优势。
6. 制约电子商务发展的瓶颈有哪些?
7. 简述电子商务在企业内部结构变革与行业结构变革中的作用。
8. 列举和描述若干你所期待的移动电子商务未来应用的商业领域。
9. 大数据时代，电子商务如何进一步发展?

第 3 章

计算机网络、通信及相关技术

| 本章要点 |

电子商务的发展需要计算机网络、通信及相关技术的支持，因此开展电子商务，就需要对支持电子商务的计算机网络、通信技术等有所了解和掌握。本章介绍互联网的概念及基本应用、电子商务网站建设、各类与电子商务相关的通信技术等知识。主要内容包括互联网技术与计算机网络技术、电子商务网站建设相关技术、移动通信技术与移动电子商务相关技术、电子商务物流信息技术和其他新兴技术。

电子商务是基于计算机网络与通信等电子技术而产生与发展起来的。计算机网络就是用通信线路连接起来的计算机的集合，它的基本功能是交换信息、共享网络资源。计算机网络与通信技术的发展大大促进了电子商务的兴起，是电子商务茁壮成长的基石。

第 1 节　互联网技术与计算机网络技术

随着互联网的发展，电子商务逐渐走进人们的日常生活，可以认为互联网技术是电子商务赖以生存和发展的基础之一。此外，内部网和外部网等计算机网络技术提供与互联网类似的服务，但是它们与互联网又有很大的区别，最大的区别是作用的范围不同：互联网面对的是所有的使用者；外部网仅限于某些固定的组织或个人，并通过技术手段建立固定的、加密的数据通道。内部网是一种有效的内部商务工具，通过防火墙，公司将自己的内部网与互联网隔离，内部网可以自动处理业务及工作流，增加对重要系统信息和关键数据的存取。本节首先介绍互联网的概念以及互联网的网络结构、地址结构及地址，然后介绍协议层次模型，最后介绍高层协议。

一、互联网的概念

国际计算机互联网，又叫国际计算机信息资源网，是位于世界各地并且彼此相互通信的一个大型计算机网络。组成互联网的计算机网络包括小规模的局域网（LAN）、城市规模的区域网（MAN），以及大规模的广域网（WAN）。这些网络通过普通电话线、高速率专用线路、卫星、微波和光缆把不同国家的大学、公司、科研部门，以及军事和政府组织连接起来。互联网采用的协议是 TCP/IP。

互联网能将不同的网络互联起来，构成一个统一的整体，所以较准确的解释是：互联网是网络的网络，它将各种网络连在一起，而不论网络规模的大小、主机数量的多少、地理位置的异同。所谓把网络互联起来，也就是把网络的资源组合起来，这是互联网的优势及其迅速发展的原因。

互联网也是一个面向公众的社会性组织，世界各地的人们可以通过互联网进行信息交流和资源共享。

二、互联网的网络结构、地址结构及地址

（一）互联网的网络结构

互联网具有分级的网络结构，一般可分为三层，最下面一层为校园网和企业网，中间层是地区网，最上面一层是全国骨干网。

（二）互联网的地址结构

互联网采用唯一通用的地址格式，为每个网站和几乎每台主机都分配了一个地址，这使我们实实在在地感到它是一个整体。互联网中的地址类型有 IP 地址和域名地址两种。

（三）IP 地址

IP 地址是一个 32 位的二进制数，通常分为 4 个字节，每个字节转成十进制，字节之间用“.”分隔，例如，59.54.5.113。InterNIC（国际互联网络信息中心）统一负责全球互联网 IP 地址的规划、管理。通常，每个国家成立一个组织，统一向国际组织申请 IP 地址，然后再分配给国内用户。网络的规模有较大差别，有的主机多，有的主机少，因此根据网络规模的大小将 IP 地址分为 A、B、C 三大类，除了上述三大类 IP 地址，还有 D、E 两类特殊的 IP 地址。

A 类地址：主要用于世界上少数具有大量主机的网络，其数量有限，故只有很少的国家和网络才可获得此类地址。

B 类地址：用于适量的、规模适中的网络，随着互联网的迅速发展，已很难分配到此类地址。

C 类地址：主要用于小规模的、主机数量相对较少的网络，每个网络最多不超过 256 台主机。

D 类地址：特殊的 IP 地址，用于与网络上多台主机同时进行通信。

E 类地址：特殊的 IP 地址，暂保留，以备将来使用。

此前的互联网是在 IPv4 协议的基础上运行的。它定义的有限地址空间将被耗尽，而地址空间的不足必将妨碍互联网的进一步发展。为了扩大地址空间，制定国际互联网协议的组织互联网工程任务组（Internet Engineering Tast Force，IETF）拟通过采用 128 位地址长度的 IPv6 协议重新定义地址空间。在 IPv6 的设计过程中，除一劳永逸地解决了地址短缺的问题以外，还考虑了在 IPv4 中未妥善解决的其他问题。

IPv6 也叫作 IPng（IP 新一代）。IPv6 的地址格式与 IPv4 不同。一个 IPv6 的 IP 地址由 8 个地址节组成，每节包含 16 个地址位，以 4 个 16 进制数书写，节与节之间用冒号分隔。128 位的地址空间是 IPv6 最大的特点。IPv6 是 IP 协议的新版本，它巨大的地址容量能够满足互联网飞速发展的需要，被认为是建设移动信息社会的重要基石，它集移动性、安全性和服务质量保证于一体，是建设未来互联网的最佳方案。

（四）域名地址

由于 IP 地址是数字型的，难以记忆，也难以理解，因此，互联网采用另一套字符型的地址方案，即域名地址。它以包含一定意思的字符串来标识主机地址，IP 与域名地址相对应，而且保持全网统一。一台主机的 IP 地址是唯一的，即只能有一个 IP 地址，但它的域名可以有多个。

域名系统（domain name system，DNS）是一个分层的名字管理查询系统，可以将域名转换成为网络可以识别的 IP 地址，方便用户访问互联网。其通用的格式如下：一级域名往往采用表示主机所属的国家、地区或网络性质的代码，如中国（cn）、英国（uk）、俄罗斯（ru）、商业组织（com）等。二、三级是子域，四级是主机。在中国，常见的一级域名为 cn，二级域名有 edu、net、ac、org、gov、com、mil 等。各省则采用其拼音缩写，如 bj 代表北京，sh 代表上海。

由于互联网主要是在美国发展壮大的，所以美国的主机的第一级域名一般直接说明其主机性质，而不是国家代码。如果用户看到某主机的一级域名为 com、edu、gov 等，一般可以判断这台主机位于美国。其他国家的一级域名一般是其国家代码。

三、协议层次模型

为了规划和分析的方便，许多计算机网络采用一个层次结构来设计它的各种功能，就像楼房那样一层一层地建起来，每一层有每一层的任务。上下层间的关系是：上层发出要求，下层提供相应的服务，类似于公司中经理与秘书的关系。那么一个计算机网络分多少个层次好呢？ 20 世纪 70 年代网络发展初期，各大公司有各自的分法，但网络是要求互相交互的，必须有一个交互双方公认的层次模型，故 20 世纪 80 年代，网络分层逐渐统一为 ISO 的 OSI/BRM 模型和 TCP/IP 系统分层模型。

（一）OSI/BRM

国际标准化组织的开放系统互联 / 基本参考模型（Open Systems Interconnection/Basic Reference Model，OSI/BRM）为一个七层模型。最高层为应用层，接着是表示层、会话层、运输层、网络层、数据链路层和物理层（见图 3-1）。应用层是由在 OSI 环境中协同工作的应用实体组成的，下面六层和 OSI 所用的物理媒体逐层地向应用层提供各应用实体间协同工作所需的各种服务。这里的应用实体可以理解为某个应用进程，如发送 E-mail 的进程。同样，在其他各个层次均有相应的实体。上下层间的关系（例如运输层和网络层间的关系）可用服务和接口来描述。服务（service）表示下层应向上层提供的服务，接口（interface）告诉上层实体如何使用下层提供的服务。二者均不规定层次内部是如何工作的。在不同的主机（如主机 A 和主机 B）间通信时，对等层次（如 A 的运输层和 B 的运输层）间的关系用协议（protocol）来规定。对等层协议只处理相关层次的事，与其他层次无关，只要求相关层次能向其上层提供规定好的服务以及向其下层调用规定的服务。

应用层
表示层
会话层
运输层
网络层
数据链路层
物理层

图 3–1　开放系统互联 / 基本参考模型

（二）TCP/IP 系统分层模型

TCP/IP 系统由四个层次组成：应用层、运输层、网际层和网络接口层。这四个层次是基于相应的物理媒体工作的。在应用层，用户可调用各种应用程序去访问 TCP/IP 系统所提供的各种服务。在运输层，根据应用要求为 A、B 双方应用实体提供端到端的连接，并保证可靠、无差错。在网际层，接受运输层的要求用发送（或接收）数据报的形式去具体处理 A、B 双方的通信。网络接口层负责接收 IP 数据报并通过网络发送，或者在网络上接收物理帧，抽出 IP 数据报，交给 IP 层。

TCP/IP 系统没有具体规定网络接口层使用何种协议，可以选用 LAN（局域网），也可选用 X.25 等协议。网际层采用以 IP 为中心的一组协议，而运输层则采用 TCP 和 UDP 协议。

四、高层协议

（一）TCP 和 UDP

传输控制协议（transmission control protocol，TCP）和用户数据报协议（user datagram protocol，UDP）是 TCP/IP 系统运输层中的两个主要协议。

TCP 提供可靠的、全双工的、面向连接的字节流服务，允许从在 A 上运行的一个应用进程 a 中把一个字节流发送到在 B 上运行的应用进程 b 中去。字节流（byte stream）指数据是按一个字节、一个字节传输的，不一定是按一个完整数据报传输的。这里，可靠是指 TCP 协议采用确认（acknowledgement，ACK）等措施来保证从 A 发一个数据流到

B 不会发生数据丢失和重复；全双工是指 A、B 双方可同时进行 AB 和 BA 的双向传输；面向连接是指在传输字节流以前，A、B 双方已经建好了连接。

UDP 则提供不保证可靠的、无连接的数据报传输服务，它直接使用 IP 在 A 和 B 间传输报文，但不能确保所传报文一定可靠地传给对方。

（二）HTTP

HTTP 是超文本传输协议的缩写，它是负责传输和显示 Web 页面的互联网协议。最早的 HTTP 协议是 1991 年开发的，一开始较为简单，后来不断完善。HTTP 运行在 TCP/IP 系统的应用层。和其他互联网协议一样，HTTP 采用客户机 / 服务器模式，即用户（客户机）的 Web 浏览器打开一个 HTTP 会话，并向远程服务器发出 Web 页面请求，作为回答，服务器产生一个 HTTP 应答信息，并把它送回到客户机（请求者）的 Web 浏览器。应答包括客户机 / 服务器上显示过的页面。如果客户机确定收到的信息是正确的，就断开 TCP/IP 连接，HTTP 会话就结束了。

HTTP 0.9 和 1.0 使用非持续连接，限制每次连接只处理一个请求。HTTP 1.1 使用持续连接，不必为每个 Web 对象创建一个新的连接，一个连接可以传输多个对象。例如，一个包含三种图像的 Web 页面如果使用 HTTP 0.9 或 1.0，需要向四个独立的服务器发送请求信息，分别检索三个图像以及带有这些图像的页面，而如果使用 HTTP 1.0，仅需要向一个独立的服务器发送请求，在一个连接中传输，但每个单独的网页文件的请求和应答仍然需要使用各自的连接。

第 2 节　电子商务网站建设相关技术

一、开发语言

（一）ASP

ASP 是微软所开发的一种后台脚本语言，它的语法和 Visual BASIC 类似，可以像 SSI（Server Side Include）那样把后台脚本代码内嵌到 HTML 页面中。虽然 ASP 简单易用，但是它自身存在许多缺陷，首先是安全性问题。在微软的 .NET 战略中新推出的 ASP.NET 借鉴了 Java 技术的优点，使用 C Sharp（C#）语言作为 ASP.NET 的推荐语言，克服了以前 ASP 的安全性差等缺点。但是，ASP/ASP.NET 仍有一定的局限性，因为从某种角度来说，它们只能在微软的 Windows NT/2000/XP + IIS 的服务器平台上良好运行（虽然像 ChilliSoft 这样的开发商提供了在 UNIX/Linux 上运行 ASP 的解决方案，但是目前 ASP 在 UNIX/Linux 上的应用可以说几乎为零）。平台的局限性和 ASP 自身的安全性限制了 ASP 的广泛应用。

（二）PHP

PHP 是一种 HTML 内嵌式的语言（就像上面讲的 ASP 那样），其独特的语法混合了 C 语言、Java、Perl 以及 PHP 自创的语法。PHP 可以比 CGI 或者 Perl 更快速地运行动态网页。

PHP 的源代码完全公开，新的函数库的加入以及不停地更新，使得 PHP 无论在 UNIX 还是在 Win32 的平台上都有更多新的功能。PHP 提供丰富的函数，使其在程序设计方面有着更好的资源。PHP 的最新版本为 7.2.6，它可以在 Windows 以及 UNIX/Linux 等几乎所有的平台上良好运行。PHP7 使用新版的 ZendEngine 引擎，具有许多新的特性：性能提升至 5.6 版本的两倍；全面支持 64 位；会将以前的一些致命错误改成抛出异常；等等。

PHP 的最大优点是平台无关性。它的缺点是，如果不使用 ODBC，而用其自带的数据库函数（这样效率要比使用 ODBC 高）来连接数据库，由于使用不同的数据库，PHP 的函数名不能统一，会使程序的移植变得麻烦。不过，作为目前应用最为广泛的一种后台语言，PHP 的优点还是非常明显的。

（三）ASP.NET

ASP.NET 是 Microsoft.NET 的一部分，作为一种战略产品，它不仅是 Active Server Page（ASP）的下一个版本，还提供了一个统一的 Web 开发模型，其中包括开发人员生成企业级 Web 应用程序所需的各种服务。ASP.NET 的语法在很大程度上与 ASP 兼容，同时它还提供了一种新的编程模型和结构，可生成伸缩性和稳定性更好的应用程序，并提供更好的安全保护。ASP.NET 是一个已编译的、基于 .NET 环境的、可以用任何与 .NET 兼容的语言（包括 Visual Basic.NET、C# 和 JScript.NET）创作的应用程序。另外，任何 ASP.NET 应用程序都可以使用整个 .NET Framework。开发人员可以方便地利用这些技术的优点。ASP.NET 可以无缝地与 WYSIWYG HTML 编辑器和其他编程工具（包括 Microsoft Visual Studio.NET）一起工作。这不仅使得 Web 开发更加方便，而且能利用这些工具的所有优点，包括开发人员可以用来将服务器控件拖放到 Web 页的 GUI 和完全集成的调试支持。ASP.NET 具有这样一些特征：易于写出结构清晰的代码，代码易于重用和共享，可用编译类语言编写等，目的是让程序员更容易开发出 Web 应用，满足计算向 Web 转移的需要。

（四）JSP

JSP 和 Servlet 有比较密切的关系，因为它们都是 SUN（太阳微系统）公司的 J2EE（Java 2 platform enterprise edition）应用体系中的一部分。

Servlet 的形式和 CGI 差不多，它们的 HTML 代码和后台程序是分开的。它们的启动原理也差不多，都是服务器接到客户端的请求后进行应答。不同的是，CGI 对每个客户请求都打开一个进程（process），而 Servlet 却在响应第一个请求的时候被载入，一旦 Servlet 被载入，便处于已执行状态。对于以后其他用户的请求，它并不打开进程，而是打开一个线程（thread），将结果发送给客户。线程与线程之间可以通过生成自己的父线程（parent thread）实现资源共享，这样就减轻了服务器的负担，所以 Servlet 可以用来提供大规模的应用服务。

虽然在形式上 JSP 与 ASP 或 PHP 看上去很相似——都可以内嵌在 HTML 代码中，但是，它的执行方式与 ASP 或 PHP 完全不同。JSP 在执行的时候，JSP 文件被 JSP 解释器（JSP parser）转换成 Servlet 代码，然后 Servlet 代码被 Java 编译器编译成 .class 字节文件，这样就由生成的 Servlet 来对客户端做出应答。所以，JSP 可以看作 Servlet 的脚本语言（script language）版。

由于 JSP 和 Servlet 都是基于 Java 语言开发的，所以它们具有 Java 语言的最大优点——平台无关性，也就是所谓的“一次编写，随处运行”（write once，run anywhere，WORA）。除了这个优点，JSP 和 Servlet 的效率以及安全性也是相当惊人的。因此，JSP 和 Servlet 虽然在国内应用得并不广泛，但有着广阔的前景。

（五）CGI

公共网关接口（common gateway interface，CGI）是最早用来建立动态网站的后台技术。这种技术可以使用各种语言来编写后台程序，例如 C、C++、Java、Pascal 等，目前在 CGI 中使用最为广泛的是 Perl 语言。所以，狭义的 CGI 程序一般是指 Perl 程序，CGI 程序的后缀通常是 .pl 或者 .cgi。

CGI 程序在运行的时候，首先是客户向服务器上的 CGI 程序发送一个请求，服务器接到客户的请求后，就会打开一个新的进程来执行 CGI 程序并处理客户的请求。CGI 程序最后将执行的结果（HTML 页面代码）传给客户。

由于 CGI 程序每响应一个客户就会打开一个新的进程，所以，当有多个客户同时提出请求的时候，服务器就会打开多个进程，这样就加重了服务器的负担，使服务器的效率越来越低。这也是最近几年随着各种新的后台技术的诞生，CGI 的应用越来越少的原因。

如今主流的 Web 服务器软件主要由 IIS 或 Apache 组成。IIS 支持 ASP 且只能运行在 Windows 平台上，Apache 支持 PHP、CGI、JSP 且可运行在多个平台上，虽然 Apache 是世界上使用量较大的 Web 服务器平台，但是众所周知，Windows 以易用而出名，因此占据了较大的服务器市场。

二、服务器类型

服务器类型一般包括两种：独立服务器和虚拟服务器。所谓独立服务器，即自己购置并维护网站服务器电脑，自己申请 DDN 专线，自己购买并设置配套软件。所谓虚拟服务器（虚拟主机），是将一个大型的网络服务器的存储空间分割成若干小的份额，然后出租。对于网站的访问者，独立服务器与虚拟服务器是没有区别的。由于成本及费用可以分摊，虚拟服务器的价格低廉。

对于一般企业，要特别注意选择虚拟服务器提供商，否则，有可能出现服务器运行不稳定、宽带资源匮乏（访问速度慢且不稳定）、服务器功能不完善（不能解析电子邮箱等）的情况，进而陷入进退两难的境地。如果企业没有能力自己选择虚拟服务器提供商，可以委托信誉可靠的中小型网络服务公司。因这些公司自己没有服务器且熟悉行情，所以一般可以帮客户做出客观的判断和选择。

三、操作系统平台

网站服务器的平台目前主要有两种类型：一种是 Windows 类，包括 Windows NT、

Windows 2000、Windows XP、Vista、Windows 7、Windows 8 和 Windows 10，它们的关系是后者为前者的升级版本；另一种是 UNIX 类，包括 UNIX、Linux、BSD、Solaris 等，它们相互之间的兼容性较好，无明显隶属或沿袭关系。

Windows 类平台是我们最熟悉的操作系统，目前在国内的微机操作系统中几乎处于垄断地位，在国内网站服务器市场上也占有绝对的份额。Windows 操作系统的最大优点是容易学习、易于操作。一个对计算机完全不懂的人可以在很短的时间内学会一般的操作。微软为了扩大 Windows 系统的市场份额，还推出了一些可视化编程工具，包括网站服务器后台程序开发工具。这种开发工具的好处是，即使是一个不会编程的开发人员，按照这些可视化开发工具的提示，也可以开发出一个颇为完整美观的后台程序。这也是 Windows 操作系统能够在国内服务器市场上占有绝大多数份额，以及拥有庞大的开发人员队伍的原因。

UNIX 类平台最初是由贝尔实验室于 1969 年开发出来、用于大中型计算机、支持多用户和多任务的平台。经过几十年的发展，现在的 UNIX 类平台已经衍生出 UNIX、Linux、BSD、Solaris 等平台，这些平台之间并没有明显的优势（较差的已经被淘汰）。但与 Windows 操作系统相比，UNIX 类平台具有稳定、安全、对硬件资源消耗较少的优点。因此美国的研究所、院校以及商业机构，服务器（包括互联网服务器）平台绝大多数使用 UNIX 系列产品。

另外也可采用自由软件来建设网站。如 Linux 操作系统是被中国原国家信息产业部列为重点发展的，取代 Windows 操作系统的一个项目；Apache 是 IT 行业公认的最好的网络服务器软件；MySQL 数据库软件的性能并不亚于微软的大型数据库软件 SQL Servers。如果企业在虚拟主机时代的平台是 UNIX，则从虚拟主机到独立服务器可以实现软件的低成本转移。如果原来采用的是 Windows 系统，现在要转移到 UNIX，则转移成本非常高，甚至可能要重新开发全套网站。

四、数据库

当企业的产品数量较多或需要组织、管理、汇总、查询的数据较多时，就需要得到数据库的支持。目前使用较多的数据库大致分为三种类型：平面数据库、小型数据库和大中型数据库。

平面数据库其实不能称为数据库，只是一个文本文件而已，之所以将其作为数据库的一种类型，是因为文本文件是一个数据库的零成本的替代品。平面数据库的缺点是稳定性、可靠性差，当数据超过 100 条时，检索和排序的速度就会很慢，如果有两人同时对其进行写操作，平面数据库会立刻崩溃。

小型数据库一般指微软的 FoxPro 和 Access。FoxPro 由早期的单机版数据库 dBase 演变而来，Access 数据库也是微软开发的单机版数据库。这两个产品对大数据量、多用户、多线程（即同时执行几项数据查询、检索或读 / 写任务）的支持都不尽如人意，稳定性、可靠性都较差。

真正的多用户、多线程的大中型数据库有 SQL Servers、MySQL、Oracle、Sybase、

DB2 等。这些数据库有一个共同的特点，就是都支持结构化查询语言（SQL）。其中值得一提的是，MySQL 是一个自由软件，并且是一个完全网络化的软件，可以应用于任何一个 UNIX 平台，而且由于符合国际 POSIX 自由软件规范，吸引了世界上众多的软件开发人员对其进行开发和排错，因此 MySQL 的性能、效率、安全性和稳定性并不亚于任何一种收费产品。

第 3 节　移动通信技术

我国的移动通信产业起步较晚，面对全球信息建设高速发展的趋势，通过一系列的战略决策和选择，我国的移动通信产业紧跟时代步伐，发展突飞猛进，而且在第四代通信标准制定、网络运营等方面走在了国际前列。从最初的中国电信，到中国联通、中国移动、中国网通、中国铁通相继成立，到 2008 年后进行产业重组，中国网通并入中国联通，中国铁通并入中国移动，联通 CDMA 被中国电信收购，新的三足鼎立的垄断市场结构形成，我国的移动通信产业保持了快速健康的发展势头。我国人口规模居全球前列，世界各国的移动通信运营商和制造商都希望在我国巨大的市场中占有一定的份额。

移动互联网的快速发展离不开全面的技术支撑，全球越来越多的运营商正在试验和部署 5G 网络。随着 5G 与行业融合越来越深，移动终端的类型日渐丰富，无人机、AR/VR 眼镜、机器人等新型移动终端呈现出巨大的发展潜力。在线学习、远程会议、网络购物、视频直播等多种新业态、新模式的移动应用竞相发展。移动互联网革命持续改变世界各地的互联网使用行为，社交媒体成为最受欢迎的互联网应用。当前，全世界共有 47.6 亿社交媒体用户，接近全球总人口的 60%。海外短视频消费市场迅速崛起，海外巨头纷纷加速布局短视频赛道。

一、第一代、第二代移动通信技术

第一代移动通信系统是在 20 世纪 80 年代出现的，采用模拟技术和频分多址技术，可以用双工模式为人们提供语音服务。后来蜂窝无线电话技术得到发展，形成了区域性的移动通信系统。这种通信系统不能实现自动漫游，除此之外，它还有很多不足之处，如容量比较小，保密性不强，通话质量不高，业务量小。因此，第一代移动通信系统逐步退出通信市场。

20 世纪 90 年代初，第二代数字移动通信技术（2G）开始投入商用。我国应用的蜂窝系统包括欧洲的 GSM 系统和北美的窄带 CDMA 系统都属于第二代移动通信系统。GSM Phase 2+ 是欧洲电信标准化协会于 1996 年提出的，提出第二代移动通信系统是为了改进第一代通信系统的业务并提升其性能。第二代移动通信系统采用全速率、完全兼容的增强型语音编解码技术，提高了通话的语音质量。与此同时，第二代移动通信系统引入了智能天线技术、双频段技术等，大大增加了系统的容量。与第一代模拟蜂窝移动通信相比，第二代移动通信系统的技术保密性较强，标准化程度较高，能够为客户提供更多的服务。尽管第二代通信技术不断发展和完善，但是用户和网络的规模也在不断扩大，可以使用的频率资源不断减少，用户对语音质量的要求越来越高。除此之外，过低的数据通信速度无法真正满足移动互联网业务的要求。

二、第三代移动通信技术

2009 年 1 月 7 日，中国工业和信息化部向中国移动、中国电信和中国联通发放了三张第三代移动通信（3G）牌照，此举标志着我国正式进入 3G 时代。第三代移动通信技术又叫码分多址移动通信技术，与模拟移动通信和 GSM 数字移动通信技术相比，第三代移动通信技术有了更多的突破。第三代移动通信系统是一种能够处理数据业务的移动通信系统，这种系统应用了软件无线电、语音压缩高质量编码、智能天线等先进技术，可传输比第二代移动通信更高码率的信息。3G 网络为企业开展各种互联网业务提供了便捷的网络资源，与此同时，运营商之间的竞争也越来越激烈。很多企业大幅下调手机上网费，这大幅增加了我国移动用户的数量。

2000 年 5 月，国际电信联盟确定 WCDMA、CDMA 2000 与 TD-SCDMA 作为第三代移动通信的三大主流无线接口标准，但是这三个接口标准之间存在相互兼容的问题，导致其不能满足用户的通信需求。WCDMA 即 Wideband CDMA，中文称为“宽带分码多重存取”。它可以支持从 384Kbps 到 2Mbps 不等的数据传输速率；CDMA 2000 是第三代移动通信系统 IMT-2000 的一种模式，由美国高通公司提出，摩托罗拉和韩国三星都有所参与，韩国现在成为该标准的主导者；TD-SCDMA 的中文称为“时分同步码分多址接入”，是中国第一个拥有完全自主知识产权的无线通信技术标准。TD-SCDMA 是目前世界领先的无线通信技术，在相同的发射功率下，TD-SCDMA 的覆盖范围是 GSM 的 16 倍，其每线成本仅为 GSM 或 CDMA 的 1/3 ～ 1/2。TD-SCDMA 已经正式成为全球 3G 标准之一。

语音数据和中低速数据是第三代通信系统的主要业务，智能信号处理技术是第三代通信系统的基本特征。第三代移动通信技术的基本特点有很多，它可以提供高速数据、慢速图像与电视图像等各种宽带信息业务。它可以让用户在全球范围内漫游，能达到 144Kbps 的全覆盖性和全移动性，能够为用户提供速率高达 2Mbps 的各种多媒体服务。与此同时，第三代通信系统能够适应多种用户环境，不管是室内环境还是卫星环境，都具有很强的保密性。安装第三代通信系统的手机结构简单、价格优惠、方便用户携带。但是，随着多媒体业务和无线宽带技术的发展，第三代通信系统在频谱方面的利用水平不高，存在严重浪费频谱资源的现象。我们都知道，频谱资源是有限的，3G 采用的码分多址技术不能有效地缓解日益增长的用户需求和有限的频谱资源供给之间的矛盾。再加上 3G 支持的速率不高，间接地阻碍了移动通信技术的发展。

三、第四代移动通信技术

3G 开启了互联网与通信时代，但是网络速度相对较慢，而第四代移动通信技术（4G）则实现了通信和互联网的融合，真正的移动互联网时代到来了。2013 年 12 月 4 日，工业和信息化部正式向三大运营商发布 4G 牌照，中国移动、中国电信和中国联通均获得 TD-LTE 牌照，我国电信产业正式进入 4G 时代。

4G 又称为 IMT-Advanced 技术，它融合了现有 3G 增强型技术，集 3G 网络技术和无线 LAN 系统于一体。作为第四代移动通信技术，4G 具有上网速度快、延迟时间短、流量价格低等特点。

2012 年 1 月 18 日，国际电信联盟在 2012 年无线电通信全会全体会议上，正式审议通过将 LTE-Advanced 和 WirelessMAN-Advanced（802.16m）技术规范确立为 IMT-Advanced（俗称“4G”）国际标准，中国主导制定的 TD-LTE-Advanced 和 FDD-LTE-Advanced 并列成为 4G 国际标准。TD-LTE 被正式确定为 4G 国际标准，这标志着中国在移动通信标准制定领域再次走在世界前列，为 TD-LTE 产业的后续发展及国际化提供了重要基础。到 2016 年，全球 4G 网络发展迅猛，韩国和日本的 4G 覆盖率遥遥领先，分别达到 95.7% 和 92%，我国以 73.8% 排第 19 位。

4G 的网络结构分为物理网络层、中间环境层以及应用网络层。其中，物理网络层主要承担的是接入和路由选择两项功能，中间环境层则包含 QoS 映射、地址变换以及完全性管理三个方面的功能。4G 的网络结构之间的接口都是开放的，便于提供新的应用和服务，从而为通信网络提供无缝、高速率的无线服务，并且可以在不同的频带中使用。

4G 的两大核心技术为 OFDM 技术与 MIMO 技术，这两大核心技术将在后文详细介绍。

四、第五代移动通信技术

第五代移动电话行动通信标准，也称第五代移动通信技术，英语缩写为 5G。它是 4G 的延伸，正在研究中，网速可达 5 ～ 6M/S。

诺基亚与加拿大运营商 Bell Canada 合作，完成加拿大首次 5G 网络技术的测试。测试中使用了 73GHz 范围内的频谱，数据传输速率为加拿大现有 4G 网络的 6 倍。

物联网尤其是互联网汽车等产业的快速发展，对网络速度有着更高的要求，这无疑成为推动 5G 网络发展的重要因素。因此无论是加拿大还是全球各地，均在大力推进 5G 网络，以迎接下一波科技浪潮。

2023 年中国 5G 发展大会在上海开幕，会上，相关人士介绍，中国已建立了全球规模最大且技术领先的 5G 网络，目前正处于 5G 大规模应用的关键时期。中国电信副总经理栾晓维表示，中国电信的 5G 项目已超过 2 万个，涵盖 100 多个场景。2023 年，新增项目数量较上年大幅增加。例如，中国电信与宝武集团合作的 5G-Advance 智慧钢铁项目，实现了 5G 和 OT 网络的深度融合，推动了宝钢国产 PLC 的柔性化改造。中国移动累计签约了 3 万个 5G 商用案例，在多个行业实现了规模复制。包括国内前十大集装箱港口全部实现 5G 业务应用，超过 4 000 个 5G 智慧工厂项目，以及与 19 家“A+”钢铁企业的 16 项合作，还有 540 个智慧矿山拓展项目。中国联通建立了超过 2.4 万个 5G 应用商业化项目，其中 1.2 万个在工业领域，包括 3 500 个智慧工厂。2023 年，中国联通新成立了 5G 轻量化（RedCap）产业联盟，与施耐德、中船、展锐、鼎桥等 100 多家企业合作，致力于推动 5G 轻量化产业链的成熟和规模应用。中华人民共和国国务院新闻办公室 2024 年 4 月 18 日举行新闻发布会，介绍 2024 年一季度工业和信息化发展情况，提到我国累计建成 5G 基站 364.7 万个，5G 用户普及率突破 60%。

第 4 节　移动电子商务相关技术

一、蓝牙技术

蓝牙技术是一种支持设备短距离（一般 10 米内）通信的无线电技术。利用蓝牙技术能在多个设备之间进行无线信息交换。该技术既能简化移动通信终端设备之间的通信，也能简化设备与互联网之间的通信，使数据传输更加快速高效，从而为无线通信拓宽道路。蓝牙技术最初的目标是取代掌上电脑、移动电话等各种数字设备上的有线电缆连接。蓝牙技术产品与互联网之间的通信，使得家庭和办公室的设备不需要电缆也能够实现互通互联，大大提高了办公和通信效率。蓝牙技术的特点可归纳为以下几点。

1. 全球范围适用

蓝牙技术在 2.4GHz 的 ISM 频段工作，而全球大多数国家或地区 ISM 频段的范围是 2.4 ～ 2.483 5GHz。

2. 可建立临时对等连接

主设备是主动发起连接请求的蓝牙设备，几个蓝牙设备连接成一个皮网时，其中只有一个主设备，其余的均为从设备。

3. 抗干扰能力强

蓝牙技术采用跳频方式来扩展频谱，以避免来自设备的干扰。

4. 安全性

蓝牙技术提供认证和加密功能，以保证安全性。

5. 语音数据同时传输

蓝牙技术采用电路交换和分组交换技术，支持异步数据信道、三路语音信道以及异步数据与同步语音同时传输的信道。

6. 近距离通信

蓝牙技术的通信距离为 10 米，可根据需要扩展至 100 米，以满足不同设备的需要。

7. 功耗低，体积小

蓝牙设备在通信连接状态下有四种工作模式：激活模式、呼吸模式、保持模式、休眠模式。激活模式是正常的工作状态，另外三种模式是为了节能而开发的低功耗模式。另外，蓝牙设备体积小，方便携带。

8. 开放的接口标准

蓝牙技术联盟（SIG）为了推广蓝牙技术的使用，将蓝牙技术标准全部公开。全世界范围内的任何单位和个人都可以进行蓝牙产品的开发，只要最终通过 SIG 的蓝牙产品兼容性测试，就可以将产品推向市场。

9. 成本低

随着市场需求的扩大，各供应商纷纷推出自己的蓝牙芯片和模块。蓝牙产品的价格不断下降，蓝牙设备日益普及。

移动通信以及便携式数据传输工具的迅速发展带动了蓝牙技术的飞速发展。人们对数据信息的需求日益增加。蓝牙技术为适应现代发展的需要将计算机和通信技术密切结合起来，从而使人们能更加快捷地进行数据传输。通过加强技术研究，蓝牙技术会有更大的发展空间。

二、无线局域网

随着信息技术的飞速发展，人们对网络通信的要求不断提高，希望不论在何时、何地与何人都能够进行包括数据、语音、图像等内容的通信，并希望实现主机在网络中漫游。无线局域网（WLAN）是发展移动计算机网络的关键技术之一，为移动计算机网络提供必要的物理接口。无线局域网广义上是指以无线电波、激光、红外线等来代替有线局域网中的部分或全部传输介质，将计算机设备互联起来，构成可以相互通信和实现资源共享的网络体系。WLAN 由网络接口控制器单元、扩频解扩及调制解调和微波收发信机单元组成。WLAN 摆脱了电缆的限制，适用于室内空间比较大的建筑物（如图书馆）或者不允许穿墙打洞进行布线的场所（如租赁的办公室或古代建筑物等）。

为了推动 WLAN 的实用化，以电气和电子工程师协会（IEEE）为代表的多个研究机构针对不同的应用场合，制定了一系列 WLAN 协议标准。Wi-Fi 是 WLAN 网络中使用的一个主流技术标准，是无线保真（wireless fidelity）的英文简称，又称 802.11X 标准，是 IEEE 定义的一个无线网络通信的工业标准，主要有 802.11a、802.11b、802.11g、802.11n 等。802.11ax 可以看成是 802.11ac 的加强版。得益于更佳的天线配置与其他技术方面的改善，802.11ax 标准的覆盖率会优于 802.11ac。除此之外，802.11ax 还有一个极为重要的革新——引入了 OFDMA（orthogonal frequency division multiple access），即正交频分多址，它能把一个信号通道分成数十甚至数百个更小的正交子信道，然后将这些子信道紧密叠加在一起，再分配给不同的用户，这样相同时间内传输数据的效率就大幅提高了。

三、OFDM 与 MIMO 技术

（一）OFDM 技术

OFDM（orthogonal frequency division multiplexing，正交频分复用）技术是一种特殊

的频分复用技术。比如低速率的电报业务，就是在一个宽带信道中使用不同载波频率并行传输。但是，为了在接收端能够较容易地分离这些信号，传统多载波系统中各载波频率要分隔得足够远，同时要采用保护频带，这就导致频谱利用率很低。此外，因为各载波都需要自己的模拟前端，所以传统多载波传输方式的复杂程度很高。

OFDM 把信道分成许多正交子信道，频谱相互重叠，这样减少了子信道间的干扰，提高了频谱利用率。同时，在每个子信道上，信号带宽小于信道带宽，虽然整个信道是非平坦的，具有频率选择性，但每个子信道是平坦的，这大大减少了符号间的干扰。此外，通过在 OFDM 中添加循环前缀可增强其抗多径衰落的能力。OFDM 把整个信道分成相互正交的子信道，因此其抗窄带干扰的能力很强。

OFDM 技术能够对抗频率选择性衰落或窄带干扰，以及信号波形间的干扰，适用于多径环境和衰落信道中的高速数据传输，其信道利用率很高，这一点在频谱资源有限的无线环境中尤为重要。

（二）MIMO 技术

MIMO（multi-input multi-output，多输入多输出）技术是一种用来描述多天线无线通信系统的抽象数学模型，能利用发射端的多个天线独立发送信号，同时在接收端用多个天线接收并恢复原信息。它通过多天线来抑制信道衰落，在发送端和接收端使用多天线同时发送和接收信号，若各发送、接收天线之间的信道冲击响应独立的话，就构成了多个并行的空间信道。MIMO 技术能够在不增加带宽的情况下成倍地提高通信系统的容量，是无线通信领域的重大突破。MIMO 技术除了可以扩大系统容量，还可以提高信道的可靠性，降低误码率。MIMO 技术包括空分复用、空间分集、波束成型、预编码四个领域。这些相关技术并不相互排斥，而是可以配合应用，如一个 MIMO 系统可以包含空分复用和分集的技术。LTE 综合使用空分复用技术和空时编码技术，使得 MIMO 技术能够在不同的使用场景中产生良好的效果。

MIMO 技术已经成为无线通信领域的关键技术之一。在无线宽带移动通信系统方面，3GPP 已经在标准中加入了 MIMO 技术相关内容。MIMO 技术是无线通信领域重大的技术突破，MIMO 技术与 OFDM 技术的结合、MIMO 技术与新的自适应技术的结合、MIMO 关键技术之间的结合和切换等都成为研究的热点。

（三）MIMO-OFDM 技术

MIMO 技术和 OFDM 技术在各自的应用领域有各自的优点。MIMO 系统可以抗多径衰落，但对于频率选择性衰落，MIMO 技术无能为力，现在一般采用均衡技术来解决 MIMO 系统中的频率选择性衰落问题。而 OFDM 技术被认为是下一代移动通信的核心技术。4G 需要高频谱利用率的技术，但 OFDM 技术提高频谱利用率的能力有限，如果结合 MIMO 技术，则可以在不增加系统带宽的情况下提高频谱利用率。MIMO-OFDM 技术既可以提供更高的数据传输速率，又可以通过分集达到很高的可靠性，如果把合适的数字信号处理技术应用到 MIMO-OFDM 系统中，能提高系统的稳定性。此外，OFDM 技术由于误码率低和加入时间保护间隔而具有很强的抗多径干扰能力。多径时延小于保护间隔可以使系统不受码间干扰的影响，这样就可以使单频网络使用宽带 OFDM 系统依靠 MIMO 技术消除阴影效应。MIMO-OFDM 技术通过在 OFDM 传输系统中采用阵列天线实现空间分集，提高了信号质量，是OFDM和MIMO结合产生的一种新技术。它利用了时间、频率和空间三种分集技术，使无线系统对噪声、干扰、多径的容限大大增加。例如，Wi-Max移动通信系统就采用了OFDM与MIMO相结合的技术。

四、智能手机操作系统

（一）Android系统

Android（安卓手机操作系统）系统是一个基于Linux（一种开源的操作系统）的开放移动操作系统，由谷歌和开放手机联盟开发，主要用于触屏移动设备如智能手机和平板电脑，是目前世界上用户最多的手机操作系统。常见的小米、联想、华为等品牌的手机采用的都是Android系统。

Android系统是一个开放的手机系统，国内的手机厂商可以充分了解并灵活更改Android操作系统，删掉一些多余的或不符合中国用户操作习惯的功能，添加为国内用户量身定制的功能，使手机运行更加流畅。

另外，从软件开发者的角度看，Android系统允许任何人为安卓手机开发软件，这使得Android系统的软件数量远超其他操作系统。这个特点使得Android系统几乎无所不能，用户能想到的功能都可以找到相应的软件来实现。同时，由于Android系统是开放和自由的，用户可以从各种应用商店下载软件并安装，这在很大程度上提高了手机的易用性。

（二）iOS系统

iOS（苹果手机操作系统）系统是苹果手机上运行的操作系统，它与Android系统不太一样。苹果并没有将它授权给其他的手机生产商，只有苹果手机才能运行并使用iOS系统。换句话讲，使用iOS系统的唯一途径就是购买一部苹果手机。

封闭不开放是iOS系统的鲜明特点。通过对iOS系统的牢牢掌控，苹果成功实现了其品牌战略，保证每一部苹果手机都要运行苹果指定的软件。同时，苹果还建立了一整套审查和奖励系统，每一款iOS系统上运行的软件都必须接受苹果的测试和管理，并与苹果分享收益。苹果对iOS系统的应用控制严格，这是iOS系统乃至苹果手机长久以来具有的巨大优势。

但是，由于iOS系统的封闭性，用户在使用过程中会遇到很多不便。例如，苹果手机的软件只能从苹果的网站下载安装；苹果手机里的资料在连接电脑之后只有通过特定的软件才能读取；苹果手机的界面和主题不易自由更换。可以说，种种不便都是苹果对操作系统的过度控制造成的。用户很难按照自己的操作习惯和喜好对手机操作系统进行优化或改造，这也是制约苹果手机发展的重要因素。

另外，在取得市场绝对霸主地位的同时，Android系统和iOS系统无论在功能还是界面设计上却在逐渐趋同。从iOS 7开始，专业人士就在谈论苹果正走向安卓化。例如，iOS 7的上拉菜单和快捷方式；iOS 8的延时拍摄、第三方输入法系统权限的开放；iOS 9的多任务后台界面、画中画、分屏模式；iOS 9.3的屏幕色温调节等。由于系统本身存在较大差异，开源与不开源成为两大系统最大的不同。

（三）定制操作系统和独立操作系统

由于“墙”的存在，国内手机操作系统的市场竞争形成了完全不同的态势。一大批厂商开发了自家基于安卓的操作系统。较为主流的有 MIUI、Flyme、EUI 等定制操作系统，后来出现了 360 OS、氢 OS、Smartisan OS 等新的定制系统。这些定制操作系统虽然算不上真正的操作系统，但是呈现出“占山为王”的态势。MIUI、Flyme 等定制系统通过云服务和功能的丰富与完善，利用手机的高黏性圈得一大批用户。360 OS 则利用“安全”的由头，在市场中产生了一定的影响力。氢 OS 和 Smartisan OS 则凭借其在设计方面的独到之处获得了一定的认可。

除了定制操作系统，国内还有部分独立研发的操作系统。国内的 YunOS 因为魅族、朵唯等手机厂商的采用，成为市场中的一匹黑马。市场研究机构赛诺 2015 年底公布的数据显示，YunOS 在国内的市场份额已经增至 7.10%，成为国内第三大操作系统。YunOS 在市场中取得一定成绩在很大程度上是因为采用了兼容安卓应用的方式，不必自建应用生态圈，与安卓的操作逻辑几乎无异。

（四）Windows Phone 操作系统

Windows Phone 操作系统（微软手机操作系统）是一个比较优秀的操作系统，它在某些程度上融合了 iOS 系统和 Android 系统的特点。例如，这个操作系统和 iOS 系统一样，严格控制软件的来源，用户只能通过微软网站下载安装；同时，在早期只要是愿意付费合作的厂商，微软都允许它们使用该系统。但是，试图整合 iOS 系统和 Android 系统优点的 Windows Phone 非但没有迎来成功，反而举步维艰。从前称霸全球的诺基亚因为执意采用 Windows Phone 操作系统而不是 Android，最后退出了手机市场。

这个系统的失败是有原因的。它严格控制软件的来源，这种方式虽然曾经给苹果手机带来巨大的成功和丰厚的收益，但无法简单复制。Windows Phone 操作系统出现的时候，苹果的 iOS 系统已经根深蒂固，其地位难以撼动。很多公司在为 iOS 系统开发软件的过程中已经获利，这个时候很难让它们另起炉灶与一个新系统从头开始合作。有影响力的软件公司大多不愿放弃之前的 iOS 系统和 Android 平台，不愿将开发重点转移到这个新系统。在这个关键时刻，微软又没能提供足够的奖励来吸引开发者，从而陷入恶性循环：用户拒绝这个系统是因为可用的软件少，软件少是由于为这个系统开发软件的公司少，软件开发公司少则是因为用户少，软件公司无利可图。此外，微软在早期虽然允许其他厂商使用自己的操作系统，但要收取一定的费用，新系统的推广因而缺乏足够的动力。

曾经在市场中被誉为“三足鼎立”之一的 Windows Phone 操作系统，如今在全球的市场份额暴跌。有业内人士认为，微软在手机操作系统的市场中大势已去。

第 5 节　电子商务物流信息技术

信息技术的产生和发展及其在商务活动中的应用促成了电子商务这一新的商业交易

模式的诞生和演进。物流的发展始终离不开两个重要因素，一个是基础设施，另一个是基于各种信息技术而搭建的物流信息系统。在现代电子商务物流中，一旦离开了计算机、网络通信、数据库等的强有力支撑，商务活动和物流活动将丧失活力。历史和现状让人们清醒地认识到信息技术对于电子商务物流的重要作用。本节将介绍一些重要的电子商务物流信息技术。

一、条码技术

条码技术是在计算机的应用实践中产生和发展起来的一种自动识别技术，是为实现对信息的自动扫描而设计的采集数据的有效手段。条码技术的应用解决了商品流通中商品数据录入和数据采集的“瓶颈”问题，为物流管理提供了有力的技术支持。它的出现为商品提供了一套完整可靠的代码标识体系，为产、供、销等生产及贸易环节提供了通用的“语言”，为商业数据的自动采集和电子数据交换奠定了基础。

（一）条码的概念

条码（bar code）是由一系列按特定规则排列的条、空及对应字符组成的，用以表示一定信息的符号代码。为了便于人们识别条码所代表的含义，通常在条码下部印有数字、字母或专用符号。条码所包含的信息有对象物的生产国、制造厂商、产地、名称、特性、价格、数量、生产日期等。只要借助光电扫描阅读设备，即可迅速将条码所反映的信息准确无误地输入计算机，并由计算机进行存储、分类排序、统计、打印或显示出来。因此，条码是快速、准确、及时地进行信息流和物流控制的现代化手段。

（二）条码的分类

条码的分类方法有多种。根据条和空的排列方式不同，条码可分为一维条码和二维条码。根据应用领域不同，条码又可分为商品条码和物流条码等。常见的码制有国际通用商品条码（EAN 条码）、通用产品条码（UPC 条码）、标准 39 码（Code 39）、库得巴条码（Codabar 码）、交叉 25 码（ITF 25 码）和二维码等，其中，国际通用商品条码和通用产品条码是商品流通领域用于商品标识的两种主要条码形式。

（三）三维条码

三维条码（3D barcode）是一种新兴的条码技术，与传统的二维条码技术相比，三维条码具有更大的信息容量、相同的识别便利性和较好的安全性。这种条码结合条空宽度变化、条空颜色变化和纵向排列来表示信息，能在有限的几何空间内表示更多的信息。目前，三维条码在电子商务中还没有得到普遍应用。随着社会的发展，三维条码在电子商务物流中会得到更广泛的应用。

（四）物流条码

为了提高整个物流系统的经济效益，人们在通用商品条码的基础上研发了物流条码。物流条码就是在供应链中用以标识物流环节中具体实物的一种特殊代码，也由一组黑白相间的条组成，提供在整个供应链过程中包装、运输、仓储、分拣、配送、消费等环节的数据。物流条码的使用使得信息的传递更加方便、快捷、准确，大大提高了物流系统运作的效率。

物流条码与通用商品条码相比，主要有以下几个方面的不同。

1. 采用码制不同

通用商品条码采用的是 EAN 或者 UPC 条码，条码的长度固定，信息容量小。而物流条码主要采用 UCC 或 EAN-128 条码，条码的长度可变，信息容量大，且条码精度要求低，易于制作，便于推广。

2. 应用领域不同

通用商品条码用于零售业。在商品零售领域，商品条码印刷在单个商品上，可以实现商品的自动识别、自动寻址、自动结账，使零售业管理高度自动化和信息化。物流条码则用于物流现代化管理，贯穿于整个物流过程之中。产品从工厂生产出来，要经过包装、仓储、装卸、运输、分拣、配送等环节，才能达到零售商店。物流条码用于众多的环节，可以实现对物品的跟踪和数据的共享。

3. 标识目标不同

通用商品条码是最终消费单元的唯一标识，常常是单个商品的条码。消费单元是指通过零售渠道直接销售给最终用户的商品包装单元。物流条码则是货运单元的唯一标识。货运单元是由若干消费单元组成的稳定的、标准的产品集合，是收发货、运输、装卸、仓储等物流操作所必需的一种商品包装单元，一般是多个商品的集合，也可以是多种商品的集合，便于实现物流现代化管理。

4. 标准维护不同

通用商品条码已经实现了国际化和标准化，不需要经常增减更新，标准维护的要求比较低。物流条码则是可变性条码，贸易伙伴会根据贸易的具体需要而增减信息，随着国际贸易的发展，物流条码的内容需要不断补充完善。因此，对物流条码的标准维护应该重视。

二、RFID 技术

(一) RFID 技术概述

在目前自动识别领域的应用技术中，使用最广泛的是光学技术和无线电技术。条形码属于光学技术的范畴，而无线电技术在自动识别领域中更具体的技术名称为无线射频识别（radio frequency identification，RFID）。RFID 技术是 20 世纪 90 年代开始兴起的一种利用射频通信实现的非接触式自动识别技术，与其他自动识别系统一样，无线射频识别系统也是由信息载体和信息获取装置组成的。起初，RFID 技术是直接借用雷达技术的理念建立起来的，1948 年，哈里·斯托克曼（Harry Stockman）发表的《利用反射功率的通信》最终奠定了 RFID 的理论基础，成为 RFID 理论领域的不朽之作。标签、阅读器、数据交换与管理系统构成一个典型的 RFID 系统。RFID 技术的基本原理是通过特殊射频信号的发射与接收以及相应的数据处理来自动识别目的物，RFID 原理如图 3–2 所示。

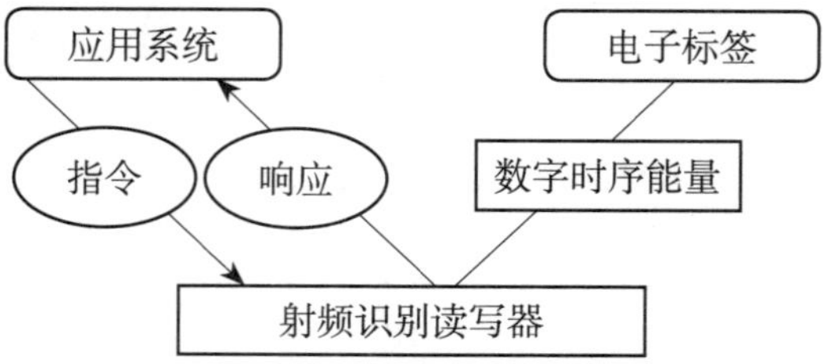

图 3-2　RFID 原理示意图

20 世纪 50 年代是 RFID 技术的实践探索阶段，该阶段主要是在实验室进行研究。60 年代，RFID 技术的理论得到发展，有了一些简单的应用尝试。70 年代，RFID 技术迎来首个发展黄金期，各种技术测试不断进行，并研发出相关产品。80 年代，RFID 技术相对成熟，其产品进入商业化阶段。90 年代，RFID 技术的发展瓶颈——标准化问题逐渐被提上日程。21 世纪初，RFID 技术标准已经初步形成，有源电子标签、无缘电子标签以及半无缘电子标签均得到发展。电子标签的成本不断降低，应用规模和行业不断扩大。近年来，物联网概念开始落地生根，这是继计算机、互联网和移动通信之后的又一次信息产业革命。而 RFID 旧技术在物联网的契机点上展现出新的技术价值，未来 RFID 技术将在物联网领域占据举足轻重的地位。

（二）RFID 技术的特点和应用

RFID 技术与条码技术不同，RFID 技术存储的信息量大而且可以修改，能读能写，数据加密，可识别高速运动的物体，并能区分出每一个具体商品。此外，它还具有防水、防磁、防高温，使用寿命长，读取距离远等优点。而条码存储的信息量小，只能近距离操作以识别商品类别。与现有的条码相比，RFID 技术对商品的登记是自动完成的，这大大降低了人工成本。但需要指出的是，RFID 技术与条码技术之间是互补关系而不是替代关系。二者各具特点，各有所长，对于不同的商品和不同的场合，它们各有优势。

RFID 技术在商业和物流领域具有广泛的用途。中国从 20 世纪 90 年代中期开始使用 RFID 技术。当时的铁道部建立了一个全国性车辆调度系统，通过使用 RFID 技术记录火车车厢编号，完成了系统抄车号的工作，解决了手工统计和火车调度速度慢的问题，实现了统计的实时化和自动化。我国第二代居民身份证也采用了 RFID 技术。北京市则在交通一卡通中采用了 RFID 芯片。

三、GIS 技术

（一）GIS 的概念

地理信息系统（geographical information system，GIS）以地理空间数据为基础，采用地理模型分析方法，适时地提供多种空间的、动态的地理信息，是一种为地理研究和地理决策服务的计算机技术系统。通俗地讲，GIS 是全球或部分区域的资源、环境在计算机中的缩影。严格地讲，GIS 是在计算机软硬件系统的支持下，对现实世界（资源与环境）中的各类空间数据及描述这些空间数据特性的属性进行采集、存储、管理、运算、分析、显示的技术系统。

（二）GIS 技术在物流中的应用

当与互联网及无线通信系统相连时，GIS 将在电子商务物流的应用中发挥巨大的作用。借助 GIS 的位置信息技术，企业能够进一步提高实现电子商务的能力。针对业务在地理信息方面的需求，以业务数据图形化管理和业务机构、业务对象图形化编辑为核心，从客户、产品、业务结构三个管理层面实现对业务的全面图形化管理。通过客户邮编和详细地址字符串，自动确定客户的地理位置（经纬度）以及客户所在的区站、分站和投递段。通过基于 GIS 的查询，实现对投递路线的合理编辑（如创建、删除或修改）和客户投递排序。

把 GIS 技术融入电子商务的物流配送过程中，可以更好地安排物流配送中货物的运输、仓储、装卸、投递等各个环节，并对其中涉及的问题（如运输路线的选择、仓库位置的选择、仓库容量的设置、装卸策略的制定、运输车辆的调度和投递路线的选择等）进行有效的管理和分析，这样才符合现代电子商务物流的要求，有助于物流配送活动有效地利用现有资源，降低消耗，提高效率。实际上，随着电子商务、物流和 GIS 技术的发展，GIS 技术将成为物流管理中不可缺少的组成部分。

四、GPS 技术

（一）GPS 的概念

全球定位系统（global position system，GPS）是一个利用若干导航定位卫星实现卫星导航功能，综合传统天文导航定位和地面无线电导航定位的优点（相当于一个设置在太空中的无线电导航台），可在任何时间、任何地点为用户确定其所在的地理经纬度和海拔高度的综合系统。

GPS 具有绝对定位和相对定位两种定位方式。绝对定位是在协议地球坐标系中，直接确定观测站相对于坐标系原点（地球质心）的绝对坐标的一种定位方式。利用 GPS 进行绝对定位的基本原理是，以 GPS 卫星和用户接收机天线之间的距离为基础，根据已知的卫星瞬时坐标来确定用户接收机天线所对应的点位，即观测站的位置。相对定位是在两个或若干观测站设置 GPS 接收机，同步跟踪观测相同的 GPS 卫星，测定它们之间的相对位置。相对定位是实现高精度定位的基本方法，可以有效地减少误差，广泛用于高精度大地控制网、精密工程测量等领域。

（二）GPS 技术在物流中的应用

GPS 技术在物流中的应用体现在对车辆行驶状态的管理和对货物的查询上。用户只需在每辆长途货车上安装 GPS 接收设备，便可实现实时跟踪、管理记录的功能。运输公司可以通过 GPS 调度中心或互联网了解车辆的工作状态，比如，查看车辆是否按预定路线接送货物、中间有无停车、在哪里停车、停了多少次等。同时，货物的委托方可以通过上网查询及时了解货物的运输情况。GPS 的防暴反劫功能可为货主、运输公司提供更多的安全保障，尤其是对贵重物品和特殊物品的运输而言。

GPS 技术在运输行业中的应用日趋完善，这将大大提高货物运输工作的效率，节约管理费用，保障货物及司机的安全。运输公司通过互联网实现对车辆的动态监控式管理和货物的及时合理配载，减少资源浪费，减少费用开销。同时，将有关车辆的信息开放给客户后，既方便了客户的使用，又减少了不必要的环节，提高了运输公司的可信度，拓展了公司业务面，提高了公司的经济效益与社会效益。

相关数据被上传到调度中心，按相应的格式进行处理后得到精确的位置、时间、速度、运行方向等信息，这样就可以在互联网上实时查看货物信息，掌握货物在途中的状态及运输时间，提前安排货物的接收、停放及销售等环节，从而提高工作效率。

全球通车载电话可以在GSM网络覆盖范围内自由通信，方便调度中心及货主实时查询车辆的位置及货物信息。当物流车辆出现被非法侵入或被非法拆除电源等异常情况时，车载终端的报警装置通过控制电路自动将此信息发送到调度中心，直接显示在电子地图上，产生声光提示报警，这有助于及时制止一些不法行为。调度中心在了解车辆目前的运行状况和所处的地理位置后，对车辆实施远程调度。调度中心可以对车辆的运行设定边界、速度等限制，当车辆超过此限制值时，车载设备将自动向调度中心报警。货主可拨打车载电话，查询车辆位置、行驶方向和速度等实况；或通过互联网，经物流中心授权，实时了解货物状况、运输路线及到达目的地的时间。

第6节　其他新兴技术

一、云计算

（一）云计算的概念

云计算（cloud computing）有广义云计算和狭义云计算之分。广义云计算是指服务的交付和使用模式，这种服务可以是与软件、互联网相关的，也可以是其他任意的服务，这就意味着计算能力可作为一种商品通过互联网进行流通。狭义云计算是指信息技术基础设施的交付和使用模式，指通过网络以按需、易扩展的方式获得所需的资源（硬件、平台、软件、数据）。广义云计算和狭义云计算的概念明确指出，云计算是一种让用户能够方便获取的、资源共享的、随机应变的、可实时访问的网络模式。进一步说，通过把计算部署在大量的分布式计算机上，用户能够将资源切换到需要的应用上，根据需求访问计算机和存储系统。

（二）云计算的特点

云计算的特点如下。

1. 快速部署资源或获得服务

提供资源的网络称为“云”。专业网络公司搭建计算机存储、运算中心，用户通过一根网线借助浏览器就可以很方便地访问，把“云”作为资料存储以及应用服务的中心。

2. 按需扩展和使用

“云”中的资源在使用者看来是可以无限扩展的，并且可以随时获取、按需使用、随时扩展，就像用水不需要家家建立水厂，用电不需要家家装备发电机，可以直接从水厂、供电公司购买一样。

3. 按使用量付费

在云计算模式中，用户按需获取资源，按使用量付费。

4. 通过互联网提供

云计算将互联网看作一个大的资源池，基本功能（可视、可输入、发声、网络接入）可从终端设备（如个人计算机、手机、电视机等）获取，其余功能可以直接从互联网上获取。如同有线电视中的点播和回看系统，用户只要配备电视机和机顶盒就可收看想看的电视节目。

（三）云计算在电子商务中的应用模式

云计算电子商务应用模式是云计算与经济、商务、管理等应用领域交叉和碰撞而形成的企业的组织形式、盈利方式、市场营销、知识管理等发生重大变革的电子商务活动的新模式；是各种具有商务活动能力和需求的实体为了突破时空限制，利用云计算在商务领域的应用特点，有效地利用资源，降低成本，从而提高企业的核心竞争力，最终完成商品和服务交易的贸易形式。

1. 在线办公

通过云计算平台为中小企业提供在线办公的功能。作为客户端，企业不需要进行任何开发，只是使用供应商的服务器并支付使用费，不需要为拥有软件（如 Office Live、Windows Live 综合办公软件等）支付费用。云计算平台还可以实现中小企业不同部门之间的协同工作。

2. 在线开发

通过云计算平台为中小型软件开发企业提供正版软件的租用服务。通过云计算平台按需获取租用服务，可以大大节省中小企业的投资，而不用考虑软件的版本更新等问题。

3. 管理服务

利用云计算平台为中小企业提供 ERP、CRM 等软件服务，方便企业随时随地在有网络的情况下对企业资源、客户关系等进行管理。企业通过账户的形式在线租用软件，既可以节约购置相应软件的高额成本，又能提高企业的灵活性。

4. 基础设施租用

通过云计算平台为中小企业提供基础设施租用服务。云计算平台将计算机资源（如存储、处理能力等）打包成类似于公共设施的可计量的服务，向租户收取费用。

5. 在线交易

通过云计算平台为中小企业提供在线交易服务，包括 B2B、B2C 交易，以保证在线交易的安全性和可靠性，如阿里巴巴的淘宝网。

6. 信用评价

通过云计算平台对中小企业的电子交易进行评价，并规范中小企业的信用管理。

二、物联网

（一）物联网的概念

物联网（internet of things）的定义很简单：把所有物品通过射频识别等信息传感设备

与互联网连接起来，实现智能化识别和管理。国际电信联盟2005年的一份报告曾描绘了物联网时代的图景：当司机出现操作失误时，汽车会自动报警；公文包会提醒主人忘带了什么东西；衣服会“告诉”洗衣机对水温的要求；等等。

物联网把新一代IT技术充分运用到各行各业之中，具体地说，就是把感应器嵌入电网、铁路、桥梁、隧道、公路、建筑、供水系统、大坝、油气管道等各种对象中，然后将物联网与现有的互联网整合起来，实现人类社会与物理系统的整合。在这个整合的网络当中，存在能力超级强大的中心计算机群，它能够对整合网络中的人员、机器、设备和基础设施进行实时的管理和控制。在此基础上，人类可以以更加精细和动态的方式管理生产和生活，达到“智慧”状态，提高资源利用率和生产力水平，改善人与自然的关系。

毫无疑问，如果物联网时代来临，人们的日常生活将发生翻天覆地的变化。然而，抛开隐私权和辐射问题不谈，单给所有物品都植入识别芯片这一点现在看来还不太现实。人类正在走向物联网时代，这个过程可能需要很长时间。

（二）物联网的原理

物联网是在互联网的基础上，利用RFID、无线数据通信等技术构造的一个覆盖世界上万事万物的网络。在这个网络中，物品（商品）能够彼此进行“交流”，而无需人的干预。其实质是利用RFID技术，通过互联网实现物品（商品）的自动识别和信息的互联与共享。

RFID技术正是能够让物品“开口说话”的一种技术。在物联网的构想中，RFID标签中存储着规范且具有互用性的信息，通过无线数据通信网络把它们自动采集到中央信息系统中，实现对物品（商品）的识别，进而通过开放性的计算机网络实现信息交换和共享，实施对物品（商品）的“透明”管理。

物联网概念的问世打破了之前的传统思维。过去的思路一直是将物理基础设施和IT基础设施分开：一方面是机场、公路、建筑物；另一方面是数据中心、个人电脑、宽带等。而在物联网时代，钢筋混凝土、电缆将与芯片、宽带整合为统一的基础设施，在此意义上，基础设施更像是一块新的地球工地，世界就在它上面运转，其中包括经济管理、生产运行、社会管理乃至个人生活。

（三）物联网的发展前景

从2009年美国、欧盟、中国等纷纷提出物联网发展政策到如今，物联网经历了高速发展的阶段。传统企业和IT巨头纷纷布局物联网，物联网在制造业、零售业、服务业、公共事业等多个领域加速渗透，处于大规模爆发式增长的前夜。2015年全球物联网市场规模达到624亿美元，同比增长29%。根据恒州诚思发布的物联网市场分析报告，2022年，全球物联网市场规模约2 329亿美元，预计未来将保持平稳增长的态势。整体而言，物联网代表着全球信息产业的第三次重大浪潮。目前，全球范围内的物联网核心技术正持续进步，其标准体系正在加速形成，而相关的产业体系正处于构建和优化阶段。

我国对物联网的重视程度远超其他国家。尽管物联网的发展和普及受到很多限制，但我国物联网产业的发展还是相当迅速的。我国物联网连接数全球占比高达30%，2019年我国的物联网连接数达36.3亿。根据2021年9月世界物联网大会上的数据，2020年末，我国物联网的数量已经达到 45.3 亿个，预计 2025 年将超过 80 亿个。作为通信行业中的新兴领域，物联网在万物相连的大背景下，其市场规模将进一步扩大。伴随行业标准的日益成熟、技术的不断革新以及国家政策的支持，中国的物联网产业预期将保持强劲的增长势头，从而为经济的持续稳定增长注入新的活力。随着移动互联网向更广泛的万物互联领域扩展，中国有望在此浪潮中创造出超越传统互联网的更大市场空间和产业机遇。

三、虚拟现实技术

（一）虚拟现实技术的概念

虚拟现实（virtual reality，VR）是计算机与用户之间的一种更为理想化的人机界面形式。简单地讲，虚拟现实技术就是借助计算机技术及硬件设备，创造一种人们可以通过视、听、触、嗅等手段来感受的虚拟幻境，故虚拟现实技术又称为幻境或灵境技术。

虚拟现实技术具有超越现实的虚拟性。它是伴随多媒体技术发展起来的计算机新技术，利用三维图形生成技术、多传感交互技术以及高分辨率显示技术，生成逼真的三维虚拟环境，用户需要使用特殊的交互设备才能进入虚拟环境中。虚拟现实是一种崭新的综合性信息技术，融合了数字图像处理、计算机图形学、多媒体技术、传感器技术等多个信息技术分支，大大推动了计算机技术的发展。它的一个主要功能是生成虚拟的图形，故又称为图形工作站，目前在此领域应用较广泛的是惠普、戴尔、联想、XASUN 等厂商生产的工作站。图像显示设备是用于产生立体视觉效果的关键外设，目前常见的设备包括光阀眼镜、三维投影仪和头盔显示器等。其他外设主要用于实现与虚拟现实的交互功能，包括数据手套、三维鼠标、运动跟踪器、力反馈装置、语言识别和合成系统等。

"虚拟"和"现实"两个词具有相互矛盾的含义，把这两个词放在一起似乎没有意义，但是科学技术的发展赋予了它新的含义。虚拟现实的概念没有明确的定义，按最早提出虚拟现实概念的拉尼尔（Lanier）的说法，虚拟现实又称假想现实，意味着"用电子计算机合成的人工世界"。由此可以清楚地看到，这个领域与计算机密切相关，信息科学是生成虚拟现实的基本前提。

（二）虚拟现实技术的主要特征

1. 多感知性

多感知（multi-sensory）是指虚拟现实技术除了一般计算技术所具有的视觉感知，还有听觉感知、力觉感知、触觉感知、运动感知，甚至包括味觉感知、嗅觉感知等。理想的虚拟现实技术应该具有人的一切感知功能。由于相关技术特别是传感技术的限制，目前虚拟现实技术的感知功能仅限于视觉、听觉、力觉、触觉、运动几种。

2. 沉浸感

沉浸感（immersion）又称临场感或存在感，指用户感到的作为主角在虚拟环境中的真实程度。虚拟现实通过计算机生成一个非常逼真的足以"迷惑"人类视觉的虚拟世界。理想的虚拟环境使用户难辨真假，全身心地投入计算机创建的三维虚拟环境中，这种感觉如此真实，以至于人们全方位地沉浸在这个虚拟的世界中，这就是虚拟现实的首要功能——沉浸感。

3. 交互性

交互性（interactivity）指用户对虚拟环境中物体的可操作程度和从环境中得到反馈的自然程度（包括实时性）。虚拟环境与CAD（计算机辅助诊断）系统所产生的模型是不一样的，它不是一个静态的世界，而是一个开放的环境，可以对使用者的输入（包括手势、语言命令等）做出响应。例如，用户可以用手直接抓取模拟环境中虚拟的物体，这时手有握住东西的感觉，并可以感觉到物体的重量，视野中被抓的物体能立刻随着手的移动而移动。虚拟环境可以通过控制与监视装置影响使用者或被使用者影响，这就是虚拟现实的交互性。

4. 构想性

构想性（imagination）又称自主性，强调虚拟现实技术具有广阔的可想象空间，可拓展人类的认知范围，不仅可再现真实存在的环境，而且可以随意构想不存在的甚至不可能发生的环境。一般来说，一个完整的虚拟现实系统由虚拟环境，以高性能计算机为核心的虚拟环境处理器，以头盔显示器为核心的视觉系统，以语音识别、声音合成和声音定位为核心的听觉系统，以方位跟踪器、数据手套和数据衣为主体的身体方位姿态跟踪设备，以及味觉、嗅觉、触觉与力觉反馈系统等功能单元构成。

（三）虚拟现实技术中的关键技术

1. 动态环境建模技术

虚拟环境的建立是虚拟现实技术的核心内容。动态环境建模技术的目的是获取实际环境的三维数据，并根据应用的需要，利用获取的三维数据建立相应的虚拟环境模型。三维数据的获取可采用CAD技术，更多的环境则需要采用非接触式的视觉建模技术，这两种技术的有机结合可以有效提高数据获取的效率。

2. 实时三维图形生成技术

三维图形的生成技术较为成熟，关键是如何实现“实时”生成。为了达到实时的目的，至少要保证图形的刷新率不低于15帧/秒，最好是高于30帧/秒。在不降低图形的质量和复杂度的前提下，如何提高刷新率是该技术的研究内容。同时，计算机图形技术、仿真技术的提高对其发展都会产生重要影响。

3. 立体显示和传感器技术

虚拟现实依赖于立体显示和传感器技术的发展。现有的虚拟现实设备还不能满足系统的需要，例如，头盔式三维立体显示器存在过重、分辨率低、跟踪精度低、视野不够广等问题；数据手套和数据衣等有延迟时间长、分辨率低、使用不方便等缺点；虚拟现实设备的跟踪精度和跟踪范围有待提高。因此有必要开发新的三维显示技术。而各种传感器是实现有效视、听、动等高级人机交互的关键。

4. 应用系统开发工具

虚拟现实应用的关键是寻找合适的场合和对象，即如何发挥想象力和创造力。选择适当的应用对象可以大幅提高生产效率、减轻劳动强度、提高产品开发质量。为了达到这一目的，必须研究虚拟现实的开发工具，如虚拟现实系统开发平台、分布式虚拟现实技术等。

5. 各种系统集成技术

虚拟现实系统中包含大量的感知信息和模型，因此系统的集成技术起着至关重要的作用。集成技术包括信息的同步、模型的标定、数据转换、数据管理模型、模式识别与合成等技术。

（四）虚拟现实技术在电子商务中的应用

以方便快捷著称的电子商务对消费者有着巨大的吸引力。以三维虚拟空间和实时交互为特性的虚拟现实能够多方面地展现商品，消费者可以更加详细地查看商品的各种特征，看、听甚至触和嗅，这给消费者带来极大的观察空间和自由。通过虚拟现实技术，电商可以为消费者提供更多优质服务。

1. 网上购物和实物虚化

虚拟购物中心没有拥挤的人群，没有销售员，消费者可以自由地浏览，向前行走或者转头时，场景也会随之发生改变。当消费者看见一件精美的商品时，甚至可以上上下下、里里外外仔细地观摩，这就是虚拟购物。

通过三维的实时交互，商家和用户很容易在线交换电子商务所需的认证材料和订单，而免去来回传送各种交互信息的麻烦。

2. 虚物实化

网上试衣是一种虚物实化技术。顾客只要输入自己的身高、肩宽、胸围、腰围等数据，就可以找到一个身材完全和自己一样的虚拟模特在网上代替自己试穿衣服。模特的身材可以在网上修改。顾客在挑选衣服时，不仅可以让虚拟模特一件接一件地试穿，还可以让虚拟模特前、后、左、右转动身体，从多个侧面展示衣服的上身效果。

3. 创建购物虚拟场景

在建筑业中虚拟现实技术具有更为现实的意义。房屋的外观和内部装潢在设计初期就可以发布在虚拟环境中供用户挑选。在电子商务中，商家通过虚拟现实技术创建购物虚拟场景，使用户有身临其境的感觉。

四、大数据与电子商务

随着计算机技术全面融入社会生活，信息已经积累到能够引发变革的程度。世界充斥着比以往更多的信息，信息增加的速度也在加快。互联网（社交、搜索、电商）、移动互联网（微博）、物联网（传感器、智慧地球）、车联网、GPS、医学影像、安全监控、金融（银行、股市、保险）、电信（通话、短信）都在产生大量的数据。根据某机构的监测，人类产生的数据量呈指数级增长，大约每两年翻一番。大量新数据源的出现导致了非结构化、半结构化数据的爆发式增长。这些由人们创造的数据远远超越了目前人力所能处理的范畴，大数据时代随之到来。

（一）大数据的定义

大数据（big data，mega data）或称巨量数据、海量数据、大资料，指的是所涉及的数据规模大到无法通过人工，在合理时间内截取、管理、处理并整理为人类所能解读的数据集。20 世纪 90 年代，数据仓库之父比尔·恩门（Bill Inmon）就经常提及大数据。

2011 年 5 月，在以“云计算相遇大数据”为主题的 EMC WORLD 2011 会议上，EMC（易安信）公司提出了大数据的概念。2012 年，联合国发布了《大数据促发展：挑战与机遇》白皮书，此后国内外业界主要的信息技术巨头不断推出自己的大数据产品和服务。

目前，关于大数据尚未形成统一的定义，常见的定义有以下几个。

（1）麦肯锡（美国著名的咨询公司）是研究大数据的先驱。在其报告“Big Data：The Next Frontier for Innovation，Competition，and Productivity”中对大数据的定义是：大数据指的是规模大小超出常规的数据库工具获取、存储、管理和分析能力的数据集。麦肯锡同时强调，并不是一定要超过特定 TB 值的数据集才算是大数据。

（2）高德纳咨询公司对大数据的定义是，大数据是指需要新的处理模式才能具有更强的决策力、洞察发现力和流程优化能力的海量、高增长率和多样化的信息资产。

（3）全球最大的电子商务公司亚马逊的大数据科学家约翰·劳泽（John Rauser）对大数据的定义是，大数据是超过一台计算机处理能力的数据。

（二）大数据的特征

2013 年，维克托·迈尔 - 舍恩伯格 Viktor Mayer-Schnberger 在其著作 *Big Data: A Revolution That Will Transform How We Live*，*Work*，*and Think* 中提出大数据具有四个特征：巨量性（volume）、多样性（variety）、高速性（velocity）和价值化（value），认为具有这四个特征的数据即大数据。

1. 巨量性

巨量性表示大数据的体量巨大，数据量呈指数级增长。据国外媒体报道，无人驾驶汽车将配置大量传感器，每秒钟可生成 1GB 的数据，每年产生的数据量将达到约 2PB。

全世界在 2018 年创建、捕获、复制和消耗的数据总量为 33 泽字节（ZB），相当于 33 万亿 GB。预计到 2025 年将达到令人难以想象的 175 ZB。

2. 多样性

大数据的内容复杂，不仅包含传统的关系型数据，而且包含来自网页、互联网日志（包括点击流量数据）、搜索引擎、社交媒体论坛、电子邮件、文档、主动和被动系统的传感器等的原始、半结构化和非结构化数据。在大数据时代，数据格式变得越来越多样，涵盖了文本、音频、图片、视频、模拟信号等不同类型；数据来源也越来越多样，不仅来自组织内部运作的各个环节，也来自组织外部。

3. 高速性

高速性描述的是数据被创建、移动和处理的速度。数据产生和更新的频率也是衡量大数据的一个重要特征。在高速网络时代，通过基于实现软件性能优化的高速计算机处理器和服务器，创建实时数据流已成为流行趋势。在数据处理速度方面，有一个著名的“1 秒定律”，即要在秒级时间范围内给出分析结果，超出这个时间，数据就失去了价值。这说明大数据需要快速处理并返回结果。大数据就像新闻一样，只有在最短的时间内得出最新的结果，才能在竞争中获得优势，才能真正产生价值。

4. 价值化

一个大数据计划成功的关键不仅在于技术，而且在于能用技术创造出什么价值。大数据的体量不断增加，而数据价值密度的高低与数据总量的大小成反比。数据再多，如果没有使用，这些数据也是没有价值的。

（三）大数据相关技术

大数据技术通常包括感知、采集、存储、处理、分析等几个方面，涉及的技术领域包括传感器、计算网络、数据存储、集群式计算系统、云计算设施、人工智能、数据可视化。

1. 数据感知和采集

目前大数据的来源日益广泛，各类传感器、互联网、移动互联网、物联网等都是重要的大数据感知和采集来源。中国工程院李德毅院士认为大数据的主要来源有三方面：自然界的大数据、生命和生物的大数据以及社交大数据。移动互联网时代，大数据的来源主要是网络环境下的非结构化数据，这些非结构化数据往往是低价值、碎片化、强噪声、异构和冗余的。具体到某个领域，数据感知和采集的手段是不一样的。未来在数据感知和采集领域值得关注的技术包括可穿戴式应用、无人驾驶、医疗和健康监测、工业控制、智能家居、智能交通控制等。

2. 数据存储和处理

大数据的存储和处理是当前最基础和应用最为广泛的大数据技术，如比较流行的 Apache Hadoop 系列开源平台，主要包括 Hadoop Common、HDFS、MapReduce、ZooKeeper、Avro、Chukwa、HBase、Pig、Hive、Sqoop 等子项目。

（1）Hadoop Common。Hadoop Common 属于基础核心组件，原名为 Hadoop Core，0.20 版本之后改为 Common。自 0.21 版本之后，HDFS 和 MapReduce 被分离出来作为单独的子项目，其余部分构成 Hadoop Common。Common 是为 Hadoop 及其他子项目提供支持的常用工具，主要包括文件系统、RPC 和串行化库。

（2）HDFS。HDFS 是分布式文件系统，是 Hadoop 的基础核心组件，适合于在计算机集群上部署，具有成本低、可靠性高、吞吐量大的特点。

（3）MapReduce。MapReduce 提供编程模型和框架，用于大规模数据集的并行计算，它将复杂的运行于大规模集群上的并行计算过程高度地抽象为两个函数——Map 函数和 Reduce 函数，允许用户在不了解分布式系统底层细节的情况下开发并行应用程序，并将其运行于计算机集群上，完成对海量数据的处理。

（4）ZooKeeper。ZooKeeper 是 Hadoop 的管理组件，可用于分布式应用程序协调服务和管理、维护 Hadoop 集群的配置信息、命名信息等。ZooKeeper 具有分布式锁和群组管理功能。

（5）Avro。Avro 是基于二进制数据传输的高性能中间件，可将数据序列化，适用于远程或者本地的大批量数据交互。

（6）Chukwa。Chukwa 用于分布式数据收集和分析，大型分布式系统监控。它建立在 HDFS 和 MapReduce 的基础之上。

（7）HBase。HBase 是分布式的列式开源数据库，适合于非结构化大数据的存储，通常采用 HDFS 作为其底层数据存储。HBase 是 NoSQL 的代表产品，是一个 NoSQL 数据库。HBase 与传统关系数据库的一个重要区别就是，前者是基于列的存储，而后者是基于行的存储。HBase 具有良好的横向扩展能力，可以通过不断增加廉价的商用服务器来提高存储能力。

（8）Pig。Pig 是一种大数据分析工具，提供相应的分析语言和运行环境，支持并行处理，适合在数据准备阶段对大量数据进行流水式处理，并能对大规模数据集进行迭代处理。

（9）Hive。Hive 是基于 Hadoop 的数据仓库，可以将结构化的数据文件映射为一张数据表，提供强大的查询功能，可以将 SQL 语句转换为 MapReduce 任务来运行，适用于在数据呈现阶段对整理完的数据进行检索、组合和统计后的有序呈现。

（10）Sqoop。Sqoop 可实现 Hadoop 系统与传统数据库系统间的数据交换，可以在传统数据库和 HDFS 或 MapReduce 之间进行数据导入 / 导出，适合将遗留系统的关系型数据库中的数据集成到基于 Hadoop 的大数据架构下。Sqoop 和 Hive 结合，可以得到强大的可用于关系型数据库整合的数据分析工具集。

3. 数据分析

数据分析是大数据技术领域最核心、产生直接价值的技术。基于数据分析的结果，可以揭示不为人知的有价值的规律，辅助人们制定更为科学的决策。除了传统的商业智能（business intelligence，BI）技术，人工智能领域的很多技术为大数据分析提供了丰富多样的分析方法，包括数据挖掘、统计分析、自然语言处理、机器学习等。

（四）大数据在电子商务中的应用

简单来说，大数据营销就是通过数据分析来强化消费者与企业之间的关系。大数据营销与传统营销最大的区别是个性化和精准定位。

大数据在电子商务领域的应用尤为活跃。电子商务可以得到消费者的相关实时信息，如在网站内的搜索、收藏、购买行为，以及购买的商品间的关联性。这些数据可帮助企业更精准地为消费者服务。通过对全网大数据进行分析，电商能够知道消费者是谁，并按照购买力和购买意向的强弱、商品匹配精度等要素分配不同的客服资源。例如，亚马逊近几年推出了 FDFC（forward deployed fulfillment center，前沿部署履行中心）的概念，以加快订单配送的速度。亚马逊的订单履行中心分两个层级：FC 和 FDFC，其中 FC 的品种更齐全，而 FDFC 在地理位置上更靠近目标市场，但重点容纳针对目标市场的热销商品，消费者的大部分需求都可以通过 FDFC 来满足，不能满足的长尾商品则通过 FC 来满足。这样消费者急需的商品多数可以通过 FDFC 以更快捷和低成本的物流完成配送。由于热销商品是随着时间改变的，故将什么商品储存在 FDFC 中的决策是动态调整的，依据就是对消费者需求的分析和预测。

□思考题

1. 电子商务所依赖的技术有哪几大类？
2. 简述 TCP/IP 系统分层模型。
3. IPv6 协议的基本特点有哪些？
4. 简述 4G 的概念及其核心技术。
5. 智能手机操作系统有哪些？举例说明。
6. 比较条码技术与 RFID 技术各自的优缺点。

7. 简述你对云计算的理解。
8. 如何将虚拟现实技术应用于电子商务?
9. 在电子商务中应用大数据技术具有哪些优势?

第4章

金融电子化与网络支付体系

| 本章要点 |

电子商务快速渗透到经济领域，并对传统的支付系统、支付方式形成了冲击。本章首先介绍电子货币的概念与分类、主要特征及职能等；然后介绍网络支付的基本知识，同时对电子资金转账进行阐述；最后详细介绍金融电子化，包括对国际金融服务组织的说明及对中国金融电子化发展的阐述。

电子数据、计算机、通信等是电子商务活动得以实现的不可或缺的元素。仅仅是单个元素还不足以支撑电子商务活动，上述各种元素相互组合，才能最终为电子商务活动的顺利开展提供保障。在众多服务功能中，金融电子化和网络支付是非常重要的内容。

第1节　电子货币

电子货币对于电子商务的应用和发展意义重大，电子货币的产生和流通使实体货币与观念货币发生分离。真实货币演变为虚拟货币，是新技术革命和网络经济发展的必然结果，有效地解决了市场全球化的大背景下，如何降低信息成本和交易费用的问题。电子货币突破了现实世界的时空限制，信息流、资金流在网上的传输十分迅速、便捷，时空距离不再是网络世界的障碍。

一、电子货币的概念与分类

（一）电子货币的概念

经历了实物货币、金属货币、纸币等阶段，人类的货币发展到了电子货币阶段。所谓电子货币，也称数字货币，是指以电子信息网络为基础，以商用电子化装置和各类交易卡为媒介，以计算机技术和通信技术为手段，以电子数据（二进制数据）形式存储在银行的计算机系统中，并通过计算机网络系统以电子信息传输形式实现流通和支付功能的货币。电子货币是采用电子技术和通信手段的信用货币，简单地说，就是以加密数据或电子形式存在的货币。广义的电子货币可以是由某一经济组织（如商业银行等）发行的。在一定范围内，电子货币具有存款、取款、消费、支付、转账、汇兑、授信等多种功能或单一功能，它的主账户设在发行的经济组织。狭义的电子货币是指商业银行发行的，在一定范围内以电子技术、计算机技术和通信技术为手段，具有存款、取款、消费、支付、转账、汇兑等多种功能的、流动的、辅助资金结算账户，它的主账户设在发行的商业银行。

电子货币是银行业务电子化、网络化的产物，代表了现代信用货币的发展方向，体现了现代支付手段的不断进化。各国推行和研制的电子货币千差万别，但其基本形态趋于一致，使用者以一定的现金或存款从发行者处兑换并获得代表相同金额的数据，然后以可读写的电子信息方式存储起来，当使用者需要偿还债务或付款时，可以通过某些电子化媒介或方法将该电子数据直接转移给支付对象。电子货币的运作仍然以货币或纸币为基础，只是其形态和支付手段发生了变化。

（二）电子货币的分类

1. 根据被接受程度划分

根据被接受程度可将电子货币分为单一用途电子货币和多用途电子货币两种。单一用途电子货币往往由特定的发行者发行，只能用于购买一种特定的商品或服务，或仅被单一商家所接受，其典型代表就是各类电话卡。多用途电子货币的典型代表是 Mondex 智能卡，这种智能卡根据发行者与其他商家签订协议的范围的扩大而被多数商户所接受，可以购买的商品与服务也不限于一种，有时还可以储存、使用多种货币。

2. 根据信息载体划分

根据信息载体，电子货币可以分为智能卡、电子现金、电子钱包、电子支票和比特币。

智能卡于 20 世纪 70 年代中期在法国问世，是一种在内部嵌入集成电路的信用卡大小的电子卡，可分为接触式、非接触式两种，又可分为存储式、带 CPU（中央处理器）式两种。智能存储卡中有硬件的逻辑保护，以密码加密形式来保护其存储内容不被非法更改；较先进的存储卡里有读写的安全模式和算法的加密认证等。这些卡有一个共同的特性：能够存储数据，并允许一个独立的阅读设备对其进行检索。智能卡提供了一种简单的方法，可用来存储和解释私人密钥和证书，并且非常容易携带，可以配合 SET 或 SSL 使用。

电子现金是一种以数据形式流通的货币。它把现金数值转化为一系列加密序列数，通过这些序列数来表示现实中各种金额的市值，用户在开展电子现金业务的银行开设账户并存钱后，就可以在接受电子现金的商店购物。电子现金的优势在于完全摆脱了货币实物载体，使用户支付更加方便。

电子钱包是电子商务活动中常用的支付工具。用电子钱包购物通常需要在电子钱包服务系统中进行。Visa Cash 和 Mondex 是世界上两大电子钱包服务系统。

电子支票是利用数字化网络将钱款从一个账户转移到另一个账户的电子付款方式。

电子支票的概念及网络支付流程将在本章后文详细介绍。

比特币是一种新型电子货币，于2009年诞生，不受央行和任何机构控制。和法定货币相比，比特币没有一个集中的发行方，而是由网络节点的计算机生成，谁都可以参与制造比特币。比特币可以全世界流通，可以在任意一台接入互联网的电脑上买卖。不管身处何方，任何人都可以挖掘、购买、出售或收取比特币，并且在交易过程中外人无法辨认用户的身份。比特币由计算机生成的一串串复杂代码组成。新比特币通过预设的程序制造，随着比特币总量的增加，新币制造的速度减慢。根据Finbold于2022年1月1日发布的报告，全球加密货币的种类数量在2021年显著增长。报告指出，2021年1月1日，全球加密货币种类为8 153种，而到了2021年12月31日，这一数字增至16 223。2021年，加密行业共推出了8 070种新Token，平均每天有大约21种新的加密货币进入市场。另一项数据显示，2021年1—10月，加密市场共增加了约5 000种新的加密货币。而在11月和12月的两个月内，市场上又新增了3 000多种加密货币。2022年比特币暴跌，而2023年比特币基本完成了对上年下跌的修复，币价涨至4.2万美元以上，全年涨幅高达158.06%，且全年上涨趋势非常明显。

3. 根据媒介划分

电子货币根据媒介可以划分为不以计算机为媒介的电子货币和以计算机为媒介的电子货币。

不以计算机为媒介的电子货币以储值卡（stored-value card）为代表。其基本模式是发行人发行存储一定价值的储值卡，消费者购买储值卡用于为所购买的商品或服务付款，出售商品或提供服务的人再从发行人处赎回货币价值。卡片储值的电子货币有单一发行人发行的电子货币和多个发行人发行的电子货币。前者如1995年英国Mondex模式的货币，后者如维萨集团推出的曾在1996年奥运会中使用过的Visa Cash。

美国联邦储备委员会将储值卡进一步划分为线下储值卡（offline stored-value card）和线上储值卡（online stored-value card）两种。线下储值卡即交易时不用进行授权和验证的储值卡，持卡人可以像使用现金一样用储值卡来购物，交易信息通常在交易后的一段时间内发送给金融机构（一般是发卡人）。根据是否通过设置中央资料存储设备来追踪持卡人持有的储值卡的金额，线下储值卡又分为线下不可记录储值卡（offline unaccountable stored-value card）和线下可记录储值卡（offline accountable stored-value card）。线下不可记录储值卡的交易情况记录、保存在储值卡上，没有中央资料存储设备记录交易情况，如一般的电话卡、乘车卡等。线下可记录储值卡由发行人设置的中央资料存储设备记录交易情况，储值卡一般显示交易信息和余额。

利用线上储值卡进行交易涉及线上的授权和验证。客户的资金记录在发行人的中央资料存储设备中，而不是记录在储值卡中，交易时，信息从销售终端传到持有客户资金的金融机构，通知金融机构交易的金额和客户储值卡的余额，金融机构进行验证，达成交易。美联储对这种储值卡做出了严格的要求，即必须遵守相关条例的规定。

以计算机为媒介的电子交易是将货币价值存储在计算机中，通过计算机网络进行电子交易，买卖双方即使距离很远也可以进行交易。基本模式是买卖双方通过互联网进行网上交易，双方就主要条款达成一致后，买方通过网络通知其银行向卖方付款，银行在得到买方指令并加以确认之后，向卖方付款。这种电子货币主要有 DigiCash 和 CyberCash 两种。

二、电子货币的主要特征

电子货币是在传统货币基础上发展起来的，与传统货币在本质、职能及作用等方面存在许多共同之处。如电子货币与传统货币的本质都是固定充当一般等价物的特殊商品，这种特殊商品体现了一定的社会生产关系；二者同时具有价值尺度、流通手段、支付手段、贮藏手段和世界货币五种职能；它们都能反映商品价值，对商品交换都有媒介作用，对商品流通都有调节作用。

电子货币与传统货币产生的背景不同，如社会背景、经济条件和科技水平等。电子货币是用电子脉冲代替纸张来传输和显示资金的，通过微机进行处理和存储，没有传统货币的大小和重量。传统货币是国家发行并强制流通的，而电子货币是由银行发行的，其使用只能宣传引导，不能强迫命令，并且在使用中要借助法定货币反映商品的价值，结清商品生产者之间的债权和债务关系。电子货币对社会的影响范围更广、程度更深。

电子货币在转账领域内流通，自始至终都离不开银行，从而避免了资金在银行体外循环，这样可以筹集信贷资金，支持商品生产和流通。电子货币通过电子脉冲传输结算资金，流通速度远远快于传统货币，这样可以加快资金周转，提高资金使用效益，促进商品经济发展。电子货币通过微机转账系统处理各项业务，无须动用纸币，这样可以减少印刷开支，节约流通费用，节约社会劳动，增加营业收入，促进经济全面发展。电子货币凭银行卡使用，不仅简单方便，而且安全可靠，不受银行营业时间的限制，这样可以为客户提供更多的金融服务，从而促进商品交易的实现。

电子货币的主要特征表现在以下五个方面：通用性、安全性、可控性、依附性和起点高。通用性是指电子货币在使用和结算中的便捷性，电子货币的使用和结算不受金额、对象、区域的限制，且使用极为简便。安全性是指电子货币在流通过程中对风险的排斥性。可控性是指通过必要的管理手段，将电子货币的流向和流量控制在一定的范围内，从而保证电子货币正常流通。依附性是指电子货币依附于科技进步和经济发展。起点高是指发行电子货币的经济基础高、科技水平高以及理论起点高。

三、电子货币的职能

（1）从本质上讲，电子货币仍是商品交换的一般等价物，是真实货币的代表，它以一种全新的形式行使了货币的各项职能。

（2）从价值尺度看，电子货币以一定的货币单位及其倍数通过电子脉冲显示商品的价格及总额。同时，这种职能也扩展到非商品价值领域，一笔商品价款、一项债权 / 债务、一笔货款结存等资料，均可简明无误地通过电脑等显示出来。

（3）从流通手段看，通过电子货币的使用以及电脑网络上货币信息的传输，实现商品和货币的流通，为持卡人在特约商号购物提供服务。货币信息的不断传输及相关转账划拨活动，体现了电子货币的流通职能。电子货币系统作为中介，还可以促使现金与非现金存款的相互转化：提取现金，使存款向现金转化；存入现金，使现金向存款转化。电子货币更多地吸纳了流通中的现金，从而加大了非现金流通的比重。

（4）从支付手段看，电子货币不仅能以电子信号形式将客户存款记录在银行系统中，而且可按照客户指令在不同账户间实现转账划拨，这种利用电子脉冲信号完成的转账结算方便快捷，安全可靠。当存款不足时，客户可凭卡获得一定额度的善意透支，实际上是获得了一笔消费贷款，这体现出电子货币的支付职能。另外，非商品性支付更是电子货币的优势所在。由于电子货币是信息存储、处理、传输、显示的有效工具，电子货币持有人可以通过电脑查询账户或其他金融信息，以便及时做出理财安排。

（5）从贮藏手段看，电子货币的贮藏和积累不仅表现在电子货币持有人账户的保证金、备用金上，也反映在各种结算收款上，当客户的电子货币账户同普通存款（主要是活期存款）能够实现自动转账时，这种贮藏手段的应用范围将扩大。

（6）从世界货币职能看，具有外汇支付功能的电子货币，尤其是联网的电子货币可以便捷地通过汇率换算模式在计算机上实现不同货币之间的兑换，进行跨国收付和结算，正所谓“一币在手，走遍全球”。

四、电子商务与电子货币

20 世纪 70 年代以来，银行卡逐渐取代支票和现金，成为占主导地位的支付工具，在这一转换过程中，支付过程中的现金流动转变成票据流动。伴随着计算机网络技术的不断进步，银行已经能够利用计算机系统将上述现金流动、票据流动进一步转变成计算机中的数据流动。资金在银行计算机网络系统中以人类肉眼看不见的方式进行转账和划拨，银行卡支付是银行业推出的一种现代化支付方式。这种以电子数据形式存储在计算机中并能通过计算机网络使用的资金越来越广泛地应用于电子商务中。

在电子商务中，银行是连接生产企业、商业企业和消费者的纽带，起着至关重要的作用，银行能否实现电子支付成为电子商务成败的关键。以一个简单的网上交易流程为例，首先买方向卖方发出购物请求；卖方将买方的支付指令通过支付网关发送给卖方的收单行；收单行通过银行卡网络从发卡行获得授权许可，并将授权信息通过支付网关发送给卖方；卖方取得授权后，向买方发出购物完成信息。如果支付获取与支付授权不能同时完成，卖方还要通过支付网关向收单行发送支付获取请求，把该笔交易的资金由买方转到卖方的账户中。银行与银行之间通过支付系统完成最后的银行间结算。从上述交易流程中不难发现，网上交易可以分为交易环节和支付结算环节两大部分，其中支付结算环节是由包括支付网关、收单行和发卡行在内的金融专业网络完成的。因此，离开了银行，便无法完成网上交易，也就谈不上开展真正的电子商务。

电子货币通常在专用网络上传输，通过 POS 和自动取款机（ATM）机进行处理。近年来，随着互联网的发展，网上金融服务在世界范围内开展。网上金融服务可满足人们的各种需要，包括网上消费、网上银行、个人理财、网上投资交易、网上炒股等。这些金融服务的特点是通过电子货币进行及时的电子支付与结算。互联网上的电子货币系统包括信用卡系统、电子支票系统和数字现金系统等。

2014 年，中国人民银行成立了专门的团队，开始对数字货币的发行框架、关键技术、发行流通环境及相关国际经验等问题进行专项研究。2019 年底，数字人民币相继在深圳、苏州、雄安新区、成都等地启动试点测试。在 2022 年 1 月 4 日，数字人民币（试点版）App 上架各大应用商店。同年 1 月，腾讯宣布微信正式支持数字人民币支付功能。到了 1 月 7 日，已有包括京东、美团、饿了么、天猫超市、滴滴出行在内的 49 家平台加入了数字人民币系统。此外，2022 年 8 月 23 日，数字人民币（试点版）App 更新了“随用随充”功能，这是一项允许银行卡账户资金与数字人民币钱包之间自动转账的新功能。如今，微信平台上支持数字人民币支付的商户数量已达数百万个，这些商户涵盖了包括旅游景点、博物馆、各地区生活缴费服务、T3 出行、哈啰单车、顺丰速运、南方电网等。服务范围广泛，包括日常生活服务、公共事业缴费、餐饮娱乐以及交通出行等多个重要领域。

第 2 节　网络支付

按照电子商务的实体属性分类是当前电子商务模式的一大主流分类方法。按照这种分类法，网络支付可以分为 B2C 型网络支付和 B2B 型网络支付。本节将对典型的 B2C 型网络支付方式（如电子现金、银行卡等）与典型的 B2B 型网络支付方式（如电子支票等）进行介绍，最后概述当前非常受重视的移动支付。

一、网络支付的概念及其重要性

（一）网络支付的概念

网络支付，也称网上支付，英文为 net payment 或 internet payment，是指在金融电子化网络中，将货币以电子数据形式存储在计算机系统中，并通过网络系统以安全的电子信息传输形式实现货币支付或资金流转。

这里有必要提到电子支付的概念，并要注意网络支付与电子支付的关系。电子支付（electronic payment）通常指通过电子信息化的手段实现交易中的价值与使用价值的交换过程，即完成支付结算的过程。远程通信、数据库等电子技术和计算机信息技术在金融业的应用使得诸如信用卡专线支付等方式早在 20 世纪 70 年代就开始了，因此电子支付方式的出现要早于互联网。随着 20 世纪 90 年代全球范围内互联网的普及和应用，电子商务的深入发展标志着信息网络经济时代的到来，人们逐渐意识到互联网应用于电子支付所带来的巨大便捷性和低成本。于是，电子支付开始连上四通八达的互联网，网络支付方式应运而生。因此，网络支付是在电子支付的基础上发展起来的，是电子支付的最新发展阶段，或者说网络支付是基于互联网并适合电子商务发展的新型电子支付方式，所以许多学者干脆称网络支付为 internet payment。网络支付是基于互联网的电子商务的核心支撑流程。网络支付比目前人们普遍使用的 POS 支付结算等基于专线网络的电子支付方式更先进、更快速便捷、更符合技术与经济发展的需求和方向，是 21 世纪支撑电子商务发展的主要支付手段。

（二）网络支付的重要性

电子商务是以互联网为平台，通过商业信息、业务流程、物流系统和支付结算体系的整合而形成的新的商业运作模式，是商情沟通、资金支付和商品配送三个环节的有机统一。其中，安全高效的网络支付能够打破传统的资金流交换模式，使货币从有形流通变为无形信用信息在网上的流通，对保证电子商务目的的最终实现起着不可忽视的作用。

1. 电子商务中信息的高速运行要求支付方式快速便捷

电子商务信息化使商务交易的整个过程速度加快，传统的支付方式由于票据传递迟缓和手工处理落后，交易双方的资金周转速度慢，形成大量的在途资金，银行间很难做到当天结算。而采用网络支付，利用电子支付系统可以全面实现无纸化交易，原有纸质文件的邮寄变为通过互联网进行传递，加速了资金周转，缩短了付款时间。

2. 电子商务的经济性要求实现支付环节低成本运营

电子商务借助网络改变了信息流的传播方式，商流、资金流和物流也随之发生变化，形成了新的商务流通模式，其优势之一在于减少了流通环节，降低了各环节的成本。网络支付的成本较传统支付方式更低。美国权威统计资料表明，网络支付的处理成本每笔不超过 13 美分，而传统支付方式的处理成本则高达 108 美分，差距非常大。

3. 电子商务的个性化需要更人性化的服务

传统银行结算渠道单一、手段落后，客户对银行的依赖性较大，难以满足电子商务发展的要求。网络支付可以以客户为中心，提供超越时空的“AAA”式、全功能、个性化的服务。依靠网络的集成性，银行可以迅速获得和分析来自不同渠道的客户信息，形成集成的客户信息系统，发现和预测客户需求，及时通过新技术设计满足客户需求的新产品。经营手段和经营方向的变革使网络支付客户能够获得更大的选择权，享有更人性化的服务。

4. 电子商务的开放性要求支付方式更便捷

电子商务是在开放的网络环境中生成的，具有全球性的特点。传统支付手段面对电子商务的跨国业务时，往往手续复杂、时间滞后。而网络支付采用信用卡、电子现金、电子钱包、电子支票和数字货币等电子支付工具，以金融电子化网络为基础，以商用电子化装置和各类交易卡为媒介，以电子技术和通信技术为手段，以电子数据形式存储在银行的计算机系统中，并通过互联网的信息传输实现电子货币流通、金融活动全面自由和金融市场全球开放，适应电子商务活动无国界的货币传输、支付和结算要求。

（三）网络支付的安全因素

在用户使用层面，电子商务网络支付的安全因素主要包括三个方面。

1. 信息的保密性

网络支付能够保证信息不会泄露给非授权的主体，只有授权用户才能访问系统中的信息，限制其他人对计算机信息的访问。保密性（confidentiality）包括网络传输和信息存储等方面，保证支付信息与支付系统不被非授权者获取或利用。

2. 数据的完整性

网络支付能够保证支付信息真实、准确，保证数据具有一致性，防止信息被非法修改，数据的完整性（integrity）包括数据完整和系统完整等方面。

3. 身份的可识别性

网络支付能够鉴别通信主体身份的真实性，保证交易双方的身份可以识别和确认，未授权的用户不能进行交易，并且不会拒绝合法主体对系统资源的正当使用。从支付安全的发展现状来看，由技术系统导致的风险较少，更多的问题主要集中在相对缺乏技术保障的用户端层面。如被钓鱼网站欺骗，被木马程序窃取密码，被虚假银行网站套取用户信息等，它们破坏了信息的保密性、数据的完整性和身份的可识别性（validation），从而产生相应的安全问题。

二、电子现金网络支付

（一）电子现金概述

电子现金（E-cash）也称数字现金，是一种以数据形式流通的货币，是通过网络进行支付时使用的现金。它把现金数值转换成一系列加密序列数，通过这些序列数来表示各种面值的货币。要使用电子现金进行网上购物，消费者只要先在开展电子现金业务的银行开设账户并存入一定金额的资金，就可以在接受电子现金的商家购物了。用户可以开通网上银行，使用一个口令和个人识别码（PIN）来证明自己的身份，然后直接在自己的账户中下载电子现金进行购物和支付。

（二）电子现金的优点

电子现金是纸币现金的电子化，具有很多优点，正在成为电子商务网络支付的重要工具，特别适合个体、小额网络支付的电子商务活动。电子现金具备如下优点。

1. 成本低

只需在买方、卖方、银行安装电子现金软件，利用现有的技术设施、互联网等就可完成电子现金的存取、转账，电子现金尤其适合小额交易。

2. 方便有效

无论是对消费者还是对商家，电子现金都比传统的现金、支票、信用卡更为有效、方便，最终能降低消费者的购物费用。

3. 人人可用

无论是企业还是消费者，都可使用电子现金来进行结算。

4. 匿名性

与流通货币一样，电子现金也具有匿名性。买卖双方在使用电子现金时能避免暴露自己的身份。匿名性可防止销售者收集有关个人或组织的消费习惯信息。

5. 无需特殊认证

与使用信用卡必须进行特殊认证不同，使用电子现金不需要进行特殊认证，电子现金可用于各种类型的交易。

6. 交易成本与交易距离无关

传统贸易所跨越的距离和其成本成正比，距离越远，交易成本就越高。而电子现金的交易成本与距离无关。

（三）电子现金网络支付的问题

1. 要求较高

电子现金对于硬件和软件的技术要求都较高，需要一个大型的数据库存储用户完成的交易和 E-cash 序列号以防止重复交易。

2. 易丢失

如果买方的硬盘出现故障且未做备份，电子现金就会和普通钞票一样丢失，无法恢复。

3. 兑换问题

电子现金仍以传统的货币体系为基础，如美国银行只能以美元的形式发行电子现金，中国银行则发行以人民币为基础的电子现金，因此从事跨国贸易就必须使用特殊的兑换软件。

4. 安全问题

安全问题主要体现在以下几个方面：（1）电子支付数据的保密性是否可靠：如果“黑客”得到交易双方的敏感个人信息，会导致一系列安全问题。（2）电子支付数据（有效性、完整性等）是否合理：交易数据是否会被篡改。（3）电子支付过程中，交易双方的身份是否真实：是否有人假冒商家或者消费者参与交易。

5. 税收和洗钱的问题

电子现金可以用于跨行和跨国交易，因此电子现金支付系统存在税收和洗钱的问题。因为电子现金在流通过程中不会留下任何线索，所以一旦被盗取或者非法利用，税务部门就很难跟踪追查，这就给了不法分子以逃税的机会。

（四）电子现金网络支付流程

应用电子现金进行网络支付需要在客户端安装专门的电子现金应用软件，在商家服务端安装电子现金服务器软件，在电子现金发行银行运行对应的电子现金管理软件等。为保证电子现金的安全性以及可兑换性，发行银行还应该向第三方认证中心申请数字证书以证实自己的身份并借此获取公开密钥（公钥）/ 私人密钥（私钥），把公开密钥公开，利用私人密钥对电子现金进行签名。

电子现金网络支付流程如图 4-1 所示，涉及三个主体，即商家、客户与发行银行；涉及四个安全协议过程，即初始化协议、提款协议、支付协议以及存款协议。

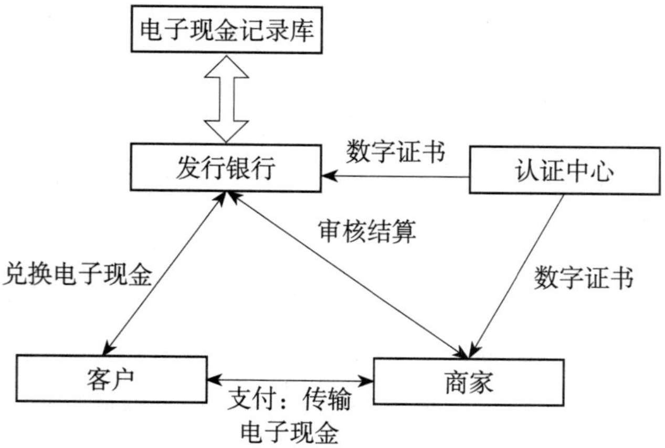

图 4-1　电子现金网络支付流程

（1）准备工作。电子现金使用客户、电子现金接收商家与电子现金发行银行分别安装电子现金应用软件，为确保交易与支付安全，商家与发行银行向认证中心申请数字证书。客户在线认证发行银行的真实身份后，在电子现金发行银行开设电子现金账号，存入一定量的资金，利用客户端与银行端的电子现金应用软件，遵照严格的步骤兑换一定数量的数字现金。客户使用客户端电子现金应用软件在线接收从发行银行兑换来的电子现金，并存在客户机硬盘（或电子钱包、IC 卡）上，以备随时使用。接收电子现金的商家与发行银行间应在电子现金的使用、审核、兑换等方面有协议与授权关系，商家可在发行银行开设接收与兑换电子现金的账号，也可另有收单银行。

（2）客户验证网上商家的真实身份（安全交易需要）并确认其能接收本方电子现金，然后即可开始在网上挑选欲购买的商家产品，生成订单，并选择己方持有的电子现金予以支付。

（3）客户借助互联网平台将订单与电子现金一并发给网上商家（可利用商家的公开密钥对电子现金进行加密传输，商家接收后利用私人密钥解开）。对客户来说，到这一步支付就算完成得差不多了，并不需要银行的中转（支付协议）。

（4）商家收到电子现金后，可以到发行银行随时或批量兑换电子现金，即把接收到的电子现金发给电子现金发行银行，与发行银行协商进行相关的电子现金审核与结算，电子现金发行银行认证后把等额资金打到商家在开户行的账户（存款协议）上。

（5）商家确认客户电子现金的真实性与有效性之后，或兑换到货款之后，确认客户的订单与支付并发货。

三、银行卡网络支付

（一）银行卡的概念

银行卡（bank card）是由银行发行、供客户办理存取款业务的新型服务工具的总称。因为各种银行卡都是由塑料制成的，用于存取款或转账支付，所以银行卡又称为“塑料货币”。20 世纪 70 年代以来，由于科学技术的飞速发展，特别是计算机的应用，银行卡的使用范围不断扩大，不仅减少了现金和支票的流通，而且使银行业务由于突破时间和空间的限制而发生了根本性变化。银行卡的大小一般为 85.60 mm × 53.98 mm，但是也有比普通卡小得多的迷你卡和形状不规则的异形卡。

（二）银行卡的种类

1. 信用卡

信用卡是银行等金融机构发给持卡人为其提供借款权的一种银行信用凭证。

2. 借记卡

借记卡又称为记账卡，与信用卡的最大区别是，持卡人必须在发卡行本人的账户上留有足够的余额，一般不允许透支。

3. 现金卡

现金卡属于支付卡的一种，可用于付款转账，并可以在银行的分支机构或设有 ATM

的地方随时提取现金。

4. 支票卡

支票卡又称支票保证卡，是凭信用卡签发支票来付款的信用卡。

5. 电子钱包

电子钱包是顾客在电子商务购物活动中常用的一种支付工具。电子钱包有两个含义：一是纯粹的软件，主要用于网上消费、账户管理，这类软件通常与银行账户或银行卡账户连接在一起；二是小额支付的智能储存卡，预先在卡中存入一定的资金，交易时直接从账户中扣除交易金额。

（三）银行卡网络支付系统的工作流程

世界上许多软件供应商和商业银行都在积极地研究和开发安全、便捷的银行卡网络支付系统，到目前为止，已经出现了无安全措施的银行卡网络支付、通过第三方代理的银行卡网络支付、基于 SSL 协议的银行卡网络支付和基于 SET 协议的银行卡网络支付几种方式。基于 SSL 协议的银行卡网络支付方式使用方便，成本低，安全性高，技术成熟。中国几大商业银行的银行卡网络支付系统大多采用这一模式，如中国工商银行的牡丹灵通卡、中国建设银行的龙卡、招商银行的一卡通等。绝大多数网上商家均支持基于 SSL 协议的银行卡网络支付方式。而基于 SET 协议的银行卡网络支付虽然目前成本较高，但它体现了未来网络支付的发展方向，受到越来越多的重视。

下面简单介绍无安全措施的银行卡网络支付和通过第三方代理的银行卡网络支付两种方式。SSL 协议和 SET 协议及基于这两种协议的网络支付方式的原理与特点将在后文详细介绍。

1. 无安全措施的银行卡网络支付

无安全措施的银行卡网络支付流程如图 4–2 所示。在这种支付方式中，由于不对银行卡的信息做任何加密处理，因此对于消费者来说，其银行卡信息得不到安全保证，对于商家来说，消费者的身份得不到验证，因而此种支付方式现已很少使用。

图 4–2　无安全措施的银行卡网络支付流程

2. 通过第三方代理的银行卡网络支付

通过第三方代理的银行卡网络支付流程如图 4–3 所示。在这种支付方式中，买方在第三方代理处开设账号，第三方代理持有买方的银行卡号和账号；买方用账号向卖方在线订货，并将账号发送给卖方；卖方将买方账号提供给第三方代理，第三方代理验证账号信息，将验证信息返回给卖方；卖方确定接受订货；第三方代理将买方应支付的款项转拨到第三方代理所在账户，并临时保管；第三方代理通知卖方货款收到，卖方发货，买方检验物品后付款给卖方；第三方代理将银行卡信息发送给银行，利用银行的自动清算服务，将款项打到商家在银行的账号上。

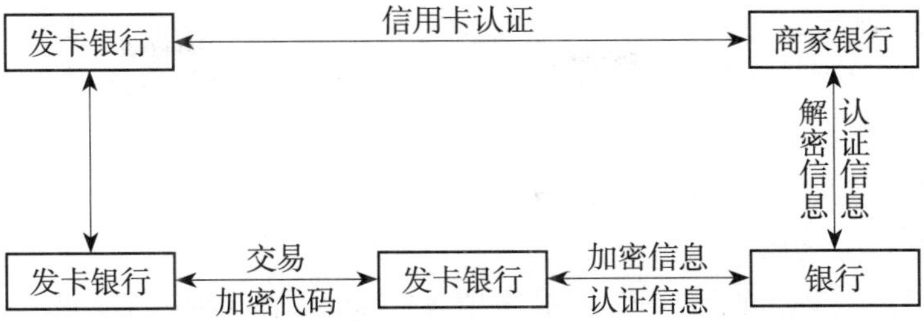

图 4-3　通过第三方代理的银行卡网络支付流程

这种支付方式的特点是：用户账号的开设不通过互联网；银行卡信息不在开放的互联网上传输，使用 E-mail 来确认用户的身份以防止造假；商家自由度大，无风险；支付都是通过第三方代理完成的。

（四）银行卡网络支付过程

现以招商银行一卡通为例，介绍使用银行卡进行网络支付的过程。

1. 开通网络支付功能

只要用户办理了招商银行的一卡通借记卡，就可以登录招商银行网站（www.cmbchina.com.），点击网站上的“个人银行”，输入一卡通卡号等信息进入招商银行网络银行的个人银行系统，然后直接在网上开通该卡的网络支付功能。亦可携带本人身份证和一卡通前往招商银行营业厅申请开通网络支付功能。开通网络支付功能时，需要设置网络支付的密码。

2. 存入资金

由于一卡通是普通借记卡，不能透支，因此在成功开通网络支付功能后，需要存入资金，用于购买商品。

3. 选购商品

用户可以在任何支持招商银行网络支付服务的网上商店选购商品和服务，选购完商品和服务并确认后，选择银行卡支付，并选择支付卡银行为招商银行，随即将进入招商银行网络支付页面，看到需要支付的订单。

4. 进行网络支付

在支付页面上，输入一卡通卡号和设置的网络支付密码，确定后，客户端程序将显示操作结果，提示支付是否成功。

四、电子支票网络支付

在电子商务中，大额的 B2B 网上交易对电子支票这种新颖的支付模式产生了需求，从而推动了电子支票的发展。当然，对于普通消费者的日常网络支付需求而言，电子支票也相当方便实用。

（一）电子支票的概念

电子支票以纸质支票为模型，其中包含与纸质支票完全相同的支付信息，如收款方账户信息、付款方账户信息、金额和日期等。将这些信息电子化，根据支付指令将资金从一个账户转移到另一个账户，即可实现银行客户间的资金结算。电子支票的运作流程和由第三方提供安全性支持的银行卡支付方式十分相似，银行卡支付方式要求消费者拥有银行卡，而电子支票只要求消费者拥有支票账户。电子支票保持了传统支票的风格，便于使用和推广，降低了支票的处理成本，提高了传输速度，同时减少了在途资金，提高了银行客户的资金利用率。

电子支票支付遵循金融服务技术联盟（Financial Services Technology Consortium，FSTC）提交的银行支付网络（BIP）标准（草案）。国际上常用的电子支票系统有NetCheque、NetBill、E-Check 等。

（二）电子支票网络支付流程

电子支票网络支付流程中涉及四个实体，即消费者、商家、银行以及验证中心。使用电子支票进行网络支付前，要求消费者在提供电子支票服务的银行注册，开具电子支票，电子支票应有银行的数字签名。电子支票网络支付的流程如图 4–4 所示。

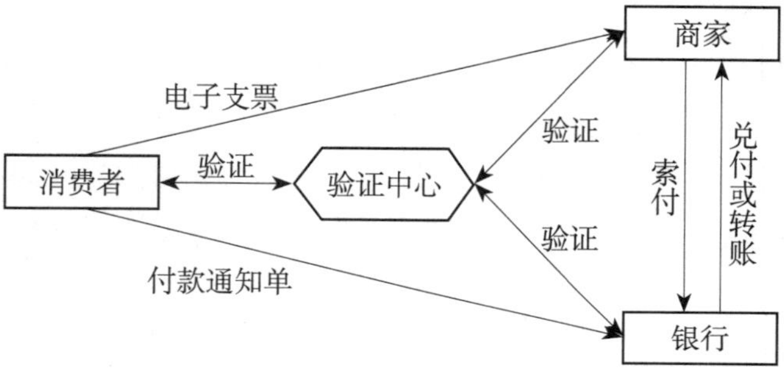

图 4–4　电子支票网络支付流程图

（1）消费者与商家达成购销协议并选择电子支票网络支付方式。

（2）消费者通过网络向商家发送电子支票，同时向银行发送付款通知单。

（3）商家通过验证中心对消费者提供的电子支票进行验证，验证无误后将电子支票发送给银行索付。

（4）银行在商家索付时，通过验证中心对消费者提供的电子支票进行验证，验证无误后即向商家兑付或转账，不同银行之间的支票清算由金融网络完成，整个交易处理过程在数秒内即可完成。

（三）电子支票网络支付的安全性

电子支票网络支付的安全性涉及如下要求。

（1）电子支票的认证。电子支票是客户用其私钥签署的一个文件。接收者（商家或商家的开户行）使用支付者的公钥来解密客户的签名，这样可以让接收者相信发送者的确签署过这一支票。

（2）公钥的发送与私钥的存储。发送者及其开户行必须向接收者提供自己的公钥，提供方法是将他们的 X.509 证书附在电子支票上。为了防止欺诈，可向客户提供一张智能卡，以实现对私钥的安全存储。

（3）银行本票。银行本票由银行按如下方式发行：发行银行首先生成支票，用其私钥进行数字签字，并将证书附在支票上。接收银行使用发行银行的公钥来解密数字签名。

五、移动电子支付

（一）移动电子支付的概念

互联网、无线网络、移动通信技术的完美结合推动了移动电子商务与移动电子支付（简称移动支付）的发展。移动电子支付（mobile electronic payment，MEP）是指利用手机、掌上电脑、笔记本电脑等移动通信终端和设备，借助移动电话网络，通过手机短信、交互式语音问答、WAP（无线应用协议）等多种方法所进行的缴费、购物和银行转账等商业交易和服务活动。

（二）移动电子支付的优势

现代社会崇尚效率优先、速度至上，移动支付的过程简单、操作便捷，方便消费者，引领着商业领域的深层次变革。与传统支付手段相比，移动支付操作简单，只要会发短信就可操作；快速便捷，只需用短信把数据传输给发卡银行，很快就能得到处理结果。有了移动支付，用户再也不用满大街去找 ATM 机了，通过键盘即可轻松完成一笔交易。凭借银行卡和手机用户识别卡的技术关联，用户还可以用无线或有线 POS 机打印消费单据，支付、结余情况一目了然。

移动电子支付是移动电子商务发展的一个趋势。作为一种崭新的支付方式，移动电子支付具有如下特点：（1）支付灵活便捷。用户只需开通移动支付功能，便可足不出户完成整个支付与结算过程。（2）交易时间成本低，可以减少往来银行的交通时间和支付处理时间。（3）利于调整价值链，优化产业资源布局。移动支付不仅可以为移动运营商带来增值收益，也可以为金融系统带来中间业务收入。

（三）移动电子支付的类型

移动电子支付主要分为近场支付和远程支付两种。所谓近场支付，就是以手机刷卡的方式坐车、买东西等，很便利。近场支付的主要方式有扫码支付、声波支付和近场通信支付等。远程支付是指通过发送支付指令（如网银、电话银行、手机支付等）或借助支付工具（如通过邮寄、汇款）进行的支付，如掌中付推出的掌中电商、掌中充值、掌中视频等属于远程支付。

按照金额大小，移动支付可以分为微支付和宏支付两大类。在西方国家，微支付的交易额一般小于 10 美元，主要用于游戏、图片、铃声、视频等内容的下载，而宏支付是指交易金额较大的支付行为，两者之间最大的区别在于对安全要求的级别不同。对于宏支付来说，使用金融机构参与的安全交易机制是非常必要的；而对于微支付来说，使用移动网络本身的用户识别（SIM）卡鉴别机制就可以了。

按照支付时间的先后，移动支付可分为预付费（存储卡）、后付费（信用卡）和交易当时支付（借记卡）。

（四）移动电子支付的新技术

1. 二维码支付

二维码支付因其便捷性、场景化等特点，成为移动支付时代最主要的结算方式。当前，二维码支付的主要使用主体是第三方支付企业，如支付宝、微信支付、易宝支付等。二维码支付已经经过了补贴推广的阶段，逐步成为互联网电子商务的标配和基础设施。

二维码支付也存在一定的局限性，一般智能手机都能实现二维码的生成和扫描，但是，二维码支付各经营主体各自为政，用户需要下载安装相应的App，这给用户带来不便。

二维码支付在第三方支付领域非常成熟，但银行等传统金融机构的二维码支付业务尚处于初级阶段，这些金融机构正在加速布局和追赶。2016年9月22日，中国建设银行推出“龙支付”品牌，加快开发二维码支付等产品。7月15日，中国工商银行推出二维码支付产品，成为首家采用二维码支付的商业银行。2017年12月25日，中国人民银行正式发布《条码支付业务规范（试行）》，标志着正式推出二维码支付业务。

2. NFC

近场通信（near field communication，NFC）是一种短距离的高频无线通信技术，允许电子设备之间进行非接触式、点对点的数据传输。已经采用的移动支付渠道有运营商计费，如短信支付等；App支付，如各大银行的网银App支付；刷卡支付，如POS机和无线POS机支付等。NFC技术的应用将使这一系列操作更加便捷。配备有NFC的移动设备可以在手机钱包中存储会员信息、优惠信息、交易信息等相关内容，实现非接触式移动支付。

NFC的局限性是需要手机具有NFC功能。可以说整合手机软件和硬件是手机技术的一场革命。不过，2015年之后，各大手机厂商推出的智能手机基本上都将NFC作为标配，但用户更新手机需要一个过程。此外还存在NFC成本高、手机厂商与线下实体门店的关联较弱、推广有难度等问题。

在中国境内支付市场上，三星、苹果已经先于中国手机制造厂商推出Samsung Pay、Apple Pay。2016年9月初，国产手机厂商华为、小米分别推出Huawei Pay和Mi Pay。值得注意的是，国产手机厂商的NFC工具在支持绑定银行卡的同时，还开发了公交卡等本土化的提升用户黏性的功能。此外，在注重金融生态的今天，手机厂商绑定支付业务成为其拓展业务布局的重要一环。2016年9月27日，小米发布新旗舰5S手机，配备全功能NFC。

3. 生物识别支付

具有广泛实践意义的生物识别技术主要包括：人脸识别（刷脸支付）、指纹识别和虹膜识别，除此之外，还有笔迹识别、掌纹识别等。当前人们对支付速度和支付安全性提出了更高的要求，而生物识别支付具有两大优势：一是效率更高，支付过程能够实现以“秒”计算；二是安全性更高，每个人的虹膜、脸型、指纹等都是独一无二的，能够极大地提高支付的安全性。当然，生物识别支付也有局限性：与NFC近场支付相似，生物识别支付需要手机等支付工具具备指纹扫描、虹膜识别、摄像等功能。手机厂商一直在积极拓展指纹识别功能。

生物识别技术的主要参与者仍为第三方支付企业，2015年支付宝、京东钱包、微信支付等先后推出指纹识别功能。2016年9月19日，蚂蚁金服宣布收购总部位于美国堪萨斯市的生物识别技术创业公司EyeVerify。EyeVerify开发的眼纹（EyePrint ID™）识别技术在全球拥有专利，收购完成后，支付宝将实现支付技术的重大创新。

4. 光子支付

光子支付通过手机闪光灯照射 POS 机上安装的光子感应器进行交易信息的传输、识别和验证。这种支付方式不需要网络和其他设备，因此安全性比较高。但是光子支付对硬件的要求比较高，需要手机具备闪光灯功能，并且需要收款方配备相应的光子感应器。目前这项技术在个别城市试点运行。2015 年 1 月，平安银行首先推出了光子支付技术。2016 年 5 月，美国支付公司 OmbyPay 推出了光子支付，除了能完成支付，还能提供商品交易数据。整体来看，光子支付的市场普及率较低。

5. 声波支付

声波支付是指通过手机等移动设备发出类似"咻咻咻"的声波进行交易指令传输的支付方式。它的局限性是：需要收款方配备声波接收器，市场上的声波接收器的收音效果参差不齐，因此，声波支付在我国的普及率较低。2016 年 8 月，在香港试行的蚂蚁金服旗下的"未来商店"，将声波支付和人脸识别等新型支付方式运用到现实中。

（五）我国移动电子支付技术存在的问题与发展趋势

下面讨论我国移动电子支付技术存在的问题与发展趋势。

（1）支付技术创新极大依赖"黑科技"的普及程度。由于"黑科技"具有前沿性、独特性等特征，当前支付技术创新，如光子支付、声波支付等面临市场普及率低、推广难度大等问题。可以说，一定程度上，支付技术创新依赖于手机等的技术进步与普及，尤其在移动支付时代，支付的场景化趋势愈加明显，手机技术的普及和推广与支付技术呈现出"同频共振"效应。

（2）支付技术创新需要摆脱对硬件的依赖。当前五大支付技术中，光子支付和声波支付虽然在安全性上更有优势，但对硬件的依赖程度较高，因此推广难度较大，这也注定了它们只能在一些特定场景使用，并且很难实现大规模推广与普及。因此，逐渐摆脱对硬件的依赖是支付技术创新值得长期探索的难题。美国维萨公司作为第 31 届里约奥运会的唯一官方指定银行，推出了移动 NFC 支付戒指，支付戒指内置金雅拓安全芯片和嵌入式天线。它用 Token 记录银行卡的机密信息，采用 Gemalto 芯片，内置 NFC，可执行非接触式付款，并且不使用电池，无须充电，游泳运动员从泳池中起身就能直接去购物。

（3）能否推广到有深度的、广泛的支付场景中，是支付技术创新成败的关键。无论是线上还是线下，由于支付过程的重度场景化特性，支付技术创新只有推广应用到丰富的终端设备和应用场景之中才能体现其价值。在很大程度上，相较于技术研发，新技术开发之后的推广与接入是难点所在。

（4）生物识别等依赖技术的独特识别方式逐渐取代传统密码支付方式，并成为必然趋势。支付环节对安全性的要求严苛，因此支付技术追求的是支付交易的独一无二性，而传统的密码支付会逐渐退出市场。未来，支付技术的终极状态是交易数据绝对安全和交易时间短到可忽略不计，即安全与效率的绝对完善。

第3节 第三方支付

一、第三方支付简介

（一）第三方支付的定义

第三方支付是一种全新的支付模式，介于客户和商家之间的第三方支付平台独立于金融机构、客户、商家，主要通过计算机技术、网络通信技术，面向电子商务的商家提供电子商务基础支撑和应用支撑服务。其目的在于，一方面约束买卖双方的交易行为，对买卖双方的信用提供担保，从而降低网上交易的不确定性，提高网上交易成交的可能性，确保交易中资金流和物流的双向流动；另一方面为商家开展B2B、B2C交易提供技术支持和其他增值服务，但一般不直接从事具体的电子商务交易活动。这些第三方支付平台包括银行、政府、PayPal、维萨、优步、苹果、谷歌等。

（二）第三方支付平台的特点

第三方支付平台在与各家银行密切合作的前提下，为客户和商家提供整合型网上支付服务。第三方支付平台有如下特点。

（1）简便性。第三方支付平台与银行之间设置了接口，企业通过第三方支付平台进行支付，可以避免与银行以及多方机构进行协商，支付过程较为简便。

（2）成本低。客户通过第三方支付平台进行支付不但避免了与多家银行进行协商，节约了协商成本，而且第三方支付平台的收费较低，有些甚至是免费的，这样可以帮助客户降低运营成本，帮助银行节约网关开发费用。

（3）安全性。第三方支付平台有一定的技术支持，并且资金可以在第三方支付平台的账户上保留3～7天，为发现交易是否正常提供了时间上的保证。

（4）多功能性。第三方支付平台为商家提供更多的增值服务，帮助商家网站实现实时交易查询和交易系统分析，提供方便及时的退款和支付服务，起到仲裁作用，可以维护客户和商家的利益。

（5）通用性。第三方支付服务平台有助于打破银行卡壁垒。提供在线支付的银行各自为政，这些自成体系的银行纷纷与网站联合推出在线支付业务，客观上造成消费者要完成网络购物，手里必须持有几十张卡，同时商家网站也必须装有各个银行的认证软件，这样就会制约网上支付业务的发展，而第三方支付可以很好地解决这个问题。只要商家和消费者在第三方支付平台上都有账户，就可以进行跨行支付。

（三）我国第三方支付的发展

网络支付如今俨然已经成为消费者进行网上交易活动的首选支付方式。随着人工智能的普及，第三方支付也进入了新的发展阶段。

第三方支付充当商家和客户间支付处理和结算的中间人，其盈利方式主要是根据交易量向客户收取一定比例的服务费。这种业务通常分为三大类：网络支付、预付卡的发行与接受以及银行卡收单业务。网络支付部分涵盖了多种形式，包括互联网支付、固定电话支付、移动支付和数字电视支付等。

为了响应国家号召，各省市积极推动第三方支付的发展，发布了一系列政策推动第三方支付产业的发展，如《省人民政府关于印发湖北省金融业发展“十四五”规划的通知》《河北省人民政府办公厅关于加快发展外贸新业态新模式的实施意见》等。中国的电子商务发展迅猛。在这个过程中，电子支付的总额也预计将迅速上升。银行间接口尚未完全普及，导致在线商家面临着为用户提供跨银行卡支付服务的挑战。由于这些商家往往没有足够的资源与所有银行进行谈判，大多数第三方支付公司因此找到了生存和发展的机会。目前，通过第三方支付平台进行的交易量正在急剧增加。

随着相关场景和技术的日益成熟，公众对第三方支付的接受度也在不断提高。特别是在 2020 年，第三方支付行业经历了交易规模的爆发式增长。2021 年，中国第三方支付业务的交易量达到 10 283.22 亿笔，比 2020 年增加 2 010.25 亿笔，同比增长 24.30%。到了 2022 年，第三方支付业务的交易量达到 10 241.81 亿笔，虽然同比略有下降，减少了 0.40%，但仍显示出行业的强劲发展态势。中国第三方移动支付交易规模主要由 C 端用户的支付交易构成，这一市场已逐渐形成垄断格局。在 2022 年第 4 季度，中国的移动支付业务面临较大的下行压力。在此期间，银行移动支付业务占据了主导地位，交易规模达到了 121.36 万亿元，但环比下降了 2.98%。《中国第三方支付移动支付市场季度监测报告 2022 年第 4 季度》数据表明，第三方移动支付作为中国移动支付业务的重要补充，在 2022 年第 4 季度的市场交易规模为 76.47 万亿元，环比略有下降，下降了 0.29%。总的来说，现阶段我国第三方支付业务的发展具有以下特点。

（1）政策支持，行业发展迅速。我国政府积极出台政策，支持第三方支付行业的发展。这些政策旨在促进电子商务的普及，加强支付安全，鼓励创新和竞争。随着政策环境的优化和市场需求的增长，第三方支付行业迎来了快速发展期。根据华经产业研究院发布的《2023 年中国第三方支付研究报告》，中国第三方支付业务交易规模从 2016 年的 99.27 万亿元增长至 2022 年的 337.87 万亿元，6 年复合年均增长率为 22.6%。据预测未来中国第三方交易规模将保持增长态势，预计到 2028 年将达到 644 万亿元。近年来对支付的监管趋于严格，对支付企业的审查及处罚力度加强，支付牌照数量自 2016 年起逐年降低。2011—2015 年间共发放 271 张牌照，截至 2023 年 5 月已注销（包括不予续展）80 张。

（2）市场集中度较高，盈利主要依靠手续费收入和沉淀资金的利息。从第三方支付市场的份额看，少数几个行业龙头，如支付宝、财付通占有大部分的市场份额，同时第三方支付市场还存在进一步集中化的趋势。依托于第三方支付的企业（包括支付宝、快钱、财付通及 PayPal 等）正在快速成长。

（3）移动支付交易规模暴增，移动互联网支付占比快速提升。转账、还款等个人应用成为主要的交易来源。从支付技术看，近年来，远程移动互联网支付在整体移动支付中的占比快速提升。据中国互联网络信息中心统计，2022 年我国网络支付用户规模占网民整体数量的比重稳定在 85% 以上。不过同样受居民消费负增长的影响，据移动支付网统计，2022 年我国第三方支付交易规模 338 万亿元，同比负增长 4.9%。由于移动支付是一个更加开放的市场，市场渗透率低，目前还没有出现垄断者和成熟的商业应用模式。此外，移动支付本身可能有许多创新模式，比如基于微信平台的移动支付、二维码支付等，可以创造更多的应用场景。可以预见，移动支付将成为未来第三方支付创新和爆发式增长的重要领域，是第三方支付的蓝海，可能颠覆传统支付模式而成为主导模式。

（4）支付服务不断深入，与金融的深度合作成为新的业务增长点。随着信息技术的进步，第三方支付不仅是一个网络购物支付工具，而且成为一种重要的金融服务创新模式。第三方支付的范围不断扩大，开始与基金、证券、保险等传统金融企业合作，业务逐步扩展到基金支付服务、供应链金融服务、资产管理服务、外汇结算服务等领域。基于个人的购买记录及信用评价等，第三方支付企业获取更多、更加完善的个人信用信息。在此基础上，第三方支付企业拓宽服务，发展小额信贷（如京东的京东白条等），为互联网信贷挖掘融资来源。互联网金融的发展为第三方支付企业带来新的发展前景。

（5）第三方在专注提升消费者服务的同时，生产服务端展现出巨大的发展潜力。在个人支付市场中，支付宝和财付通等领先支付机构与其他第二梯队机构之间已形成了显著差异，使得后者将目光转向产业端市场，以寻求新的增长点。2019年以来，随着行业监管的加强和对无证机构的清理，第三方支付行业的整体规范性得到了提升。多年的行业发展使得费率和业务模式日趋成熟和统一，因此产品能力不再是支付机构主要的竞争力所在。服务于生产制造领域的潜力巨大，专注于垂直细分市场，围绕关键场景构建服务优势成为第三方支付机构的发展趋势。第三方支付在产业端的应用有助于实现供应链中的物流、资金流、商流、信息流的一体化。随着交易数据的累积，逐步形成了针对特定行业的大数据，这些数据可用于风险建模，实现用户、场景、风控、数据之间的相互验证。此外，基于交易数据的征信服务为供应链各交易主体提供了新的信用评估方式，有效补充了传统的信用评估方法，从而推动供应链金融和普惠金融在特定领域的发展。

二、第三方支付流程

在实现支付结算服务的整个过程中，第三方支付主要提供中介服务，实施担保资金转移安排，防范资金和货物风险，并提供方便、快捷的通道服务。

一次成功的第三方支付需要经过以下流程。

（1）客户在电子商务网站浏览商品并下单，选择通过第三方平台支付。

（2）商家接受订单，并要求第三方支付平台确认客户账户。

（3）第三方支付平台确认客户账户，同时，客户用银行卡将货款打到第三方支付平台的账户上。

（4）第三方支付平台将客户已经付款的消息通知商家，并要求商家在规定的时间内发货。

（5）商家收到已划款通知，然后按照订单发货。

（6）客户收到货物并查验后，通知第三方支付平台。

（7）第三方支付平台将其账户上的货款划到商家的银行账户上。

三、第三方支付存在的问题

第三方支付极大地方便了商家与客户之间的交易，但是第三方支付存在的各种问题也阻碍了它的发展。

（一）法律定位不明确

第三方支付平台在提供支付服务的背后，账户内聚集了大量的客户资金或者发行了大量的电子货币，从某种程度上说已经具备了银行的一些特征，甚至被当作不受管制的银行，但现在还缺乏对第三方支付平台的严格的法律定位。

（二）交易法律不完善

随着电子商务的快速发展，电子商务交易过程中存在法律不完善的问题。作为电子支付的一个重要组成部分，在利用第三方支付平台进行支付时，缺乏完善的法律对其支付过程进行规范。

（三）为金融犯罪提供了可能

客户不必向第三方支付平台透露自己的银行账户信息，只需要向一个网络账户转账即可，虽然这在一定程度上保护了客户的信息安全，但也为洗钱、套现等提供了可钻的空子。由于网络账户匿名不易追踪，因此给打击金融犯罪带来了一定的困难。

（四）造成了监管的难题

由于第三方支付平台能够从事资金吸储并形成资金沉淀，如果缺乏有效的流动性管理，可能导致资金安全风险和支付风险。此外，网上发行的电子货币违反了只有央行才能发行货币的金融法律规定，对这种电子货币的监管有待加强。

（五）资金的安全问题

除了支付宝等少数几个不直接经手和管理来往资金，而是将资金存在专用账户上的公司，其他公司大多代替行使银行职能，直接支配交易款项，这就可能出现不受有关部门监管而越权调用交易资金的风险。第三支付平台有可能将资金用于风险投资，甚至直接侵吞，这都将给客户造成巨大的损失。

（六）客户信息的安全问题

客户的支付都是在网上进行的，网络信息的传播面临安全威胁。提供服务的第三方平台也有可能泄露客户的信息，包括私人信息以及更重要的银行卡信息。

四、第三方支付平台介绍

（一）支付宝

1. 支付宝简介

支付宝由全球领先的 B2B 网站，由阿里巴巴创办的浙江支付宝网络科技有限公司开发，是国内领先的网络支付工具，是一个安全、方便、个性化的网络支付解决方案。其实质是与国内网络支付业务领先的银行深入合作，以支付宝为信用中介，在买家确认收到商品前，由支付宝替买卖双方暂时保管货款的一种增值服务方式。

支付宝交易服务于 2003 年 10 月在淘宝网推出。2004 年 12 月，浙江支付宝网络科技有限公司正式成立，支付宝率先推出了“担保交易”的模式，后来又做出“你敢用，我敢赔”的承诺，使网上支付的安全性得到最大限度的保障，因此，短短几年内就迅速成为使用极其广泛的网上安全支付工具，用户覆盖了整个 C2C、B2C 以及 B2B 领域。2023 年支付宝用户数已突破 8 亿，日交易额峰值超过 200 亿元人民币，日交易峰值达到 1 亿零 580 万笔。在消费升级潮中，80 后、90 后秉持“敢花未来钱”的理念。在 1 亿支付宝花呗用户中，80 后、90 后占了 86%，也就是每 4 个 90 后中就有 1 个使用花呗。

支付宝以其在电子商务支付领域先进的技术、风险管理与控制等能力赢得了银行等合作伙伴的认同。目前已和中国工商银行、中国农业银行、中国建设银行、招商银行、中国民生银行、上海浦东发展银行等各大商业银行以及中国邮政、维萨国际等各大机构建立了合作关系。

2. 支付宝的应用流程

应用支付宝，首先需要注册一个支付宝账户，然后用这个账户对购买的商品进行网络支付。具体的支付方式有三种：（1）余额支付，用户给支付宝账户充值，使用账户中的余额来付款，可以通过网上银行、邮政网汇 e 充值或找朋友代充；（2）银行卡支付，选择与支付宝公司合作的 12 家银行中的任意一家银行的银行卡，开通网上银行服务，即可进行支付；（3）支付宝卡通支付，不需要开通网上银行，卡通将支付宝账户与银行卡连通，直接进行网上付款。需要指出的是，不管是哪种付款方式，用户在使用支付宝进行支付时，货款首先都是付给支付宝公司，由支付宝公司作为中介对货款进行暂时保管，只有当买方最后收到商品并确认商品无误时，支付宝才将货款付给卖方。

图 4-5 简单描绘了支付宝的应用流程。

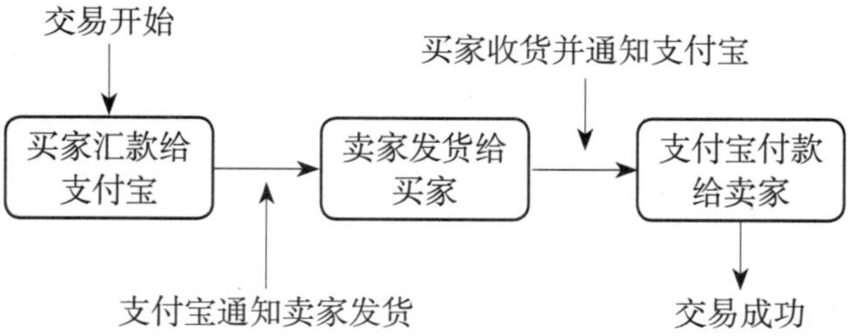

图 4-5　支付宝的应用流程

3. 支付宝的发展情况

作为目前使用量最大的第三方支付平台，支付宝是一个居于网上买方和卖方之间的公正的“中间人”，它通过冻结支付资金等手段为买卖双方的信用提供担保，化解了电子交易的信用风险，降低了网络交易的不确定性，增加了网上交易的数量并提高了交易的质量。支付宝的新型诚信担保模式对新经济模式的发展产生了深远影响。

（二）PayPal

1. PayPal 简介

PayPal 是 eBay 旗下的一家公司，致力于让个人或企业通过电子邮件安全、简单、便捷地实现在线付款和收款。PayPal 账户是 PayPal 推出的最安全的网络电子账户，使用它可有效减少网络欺诈的发生。PayPal 账户所集成的高级管理功能使用户能轻松掌控每一笔交易的详情。目前，在跨国交易中超过 90% 的卖家和超过 85% 的买家认可并使用 PayPal 电子支付业务。

2. PayPal 支付流程

付款人通过 PayPal 支付一笔资金给商家或者收款人，可以分为以下几个步骤。

（1）付款人利用电子邮件地址开设 PayPal 账户，通过验证成为其用户。用户提供信用卡或者相关银行资料，将一定金额的款项从其开户时登记的账户（例如信用卡）中转移至 PayPal 账户中。

（2）当付款人启动向第三方付款程序时，必须先进入 PayPal 账户，设定特定的汇出金额，并提供收款人的电子邮件账号。

（3）PayPal 向商家或者收款人发送电子邮件，通知其有等待领取或转账的款项。

（4）如果商家或者收款人也是 PayPal 用户，在其决定接收后，付款人所指定的款项即转移给收款人。

（5）若商家或者收款人没有 PayPal 账户，收款人需根据 PayPal 的电子邮件内容进入网页注册一个 PayPal 账户。收款人可以选择将收取的款项转换成支票寄到指定地点，转入其个人信用卡账户或者其他银行账户。

从以上步骤可以看出，如果收款人已经是 PayPal 的用户，那么该笔款项就汇入他的 PayPal 账户；若收款人没有 PayPal 账户，网站就会发出一封电子邮件，引导收款人到 PayPal 网站注册一个新的账户。所以，也有人称 PayPal 的这种销售模式是一种邮件病毒式的商业拓展方式，使得 PayPal 占有的市场份额越来越大。

3. PayPal 跨境支付

与支付宝等中国在线支付平台相比，PayPal 的跨境支付业务遍及全球 200 多个国家和地区，支持 20 多种货币付款，拥有超过 1 亿多活跃用户，能够满足目前绝大部分在线跨境交易需求，这给中国在线外贸商户带来了广阔的潜在客户资源。

PayPal 是目前接受度最高、最常用的在线跨境支付方式，约有 50% 的消费者将 PayPal 作为最常用的支付方式，而“首屈一指的安全保障体系”是这些消费者愿意使用 PayPal 的首要原因，这预示着中国在线外贸商户接受 PayPal 付款有助于它们赢得海外消费者的信赖。凭借世界领先的防欺诈技术和丰富的风险管理经验，PayPal 是全球范围内少数能够为在线买家和卖家提供全面保护的支付服务商之一。

（三）Ripple

Ripple 是一项相对成熟的区块链支付服务。它是一种基于互联网的开源支付协议，可以实现去中心化支付和清算功能。在 Ripple 系统里，所有的货币均可自由兑换，不仅包括各国的法币，而且包括虚拟货币。Ripple 系统里的货币兑换和交易效率更高、速度更快，且交易费用几乎为零，交易确认在几秒钟内完成，没有异地和跨行费用。Ripple 是一个开源的点对点网络，构建了一个完全不同的账户体系。它实质上是一个可共享的开源数据库，可以快速、低成本并安全地将资金转移到任何人或任何机构在 Ripple 系统中的账户，没有任何人或任何机构能控制 Ripple 网络。它是分布式的账簿体系，体现了区块链技术的核心思想，有广阔的发展前景。

第4节 电子资金转账

在互联网上进行电子商务活动，可以采用在线电子支付方式，如一卡通支付等；也可以采用离线传统支付方式——“网上贸易，网下结算”。传统支付方式的优点是人们比较熟悉，感觉安全；缺点是效率低下，使电子商务失去快捷的优势。因此，电子资金转账是电子商务走向成功的关键。

一、电子资金转账的概念

电子资金转账（electronic funds transfer，EFT）根据服务对象的不同与支付金额的大小，可以分为零售（retail）电子资金转账系统（又称小额电子资金转账系统）与批发（wholesale）电子资金转账系统（又称大额电子资金转账系统）。零售电子资金转账系统的服务对象主要是广大消费者个人。这些交易活动的特点是交易频繁，但交易金额较小，其法律关系主要是银行客户与银行的关系。根据小额交易活动的多样化要求及实现交易的便利程度设计多种零售电子资金转账系统，如POS、ATM、居家银行服务（home bank）及自动清算所（automatic clearing house，ACH）等。批发电子资金转账系统的法律关系除了银行客户与银行的关系，还有银行间的关系、银行与批发电子资金转账系统的关系。

票据资金转账与批发电子资金转账在支付方式上存在重要区别。票据在出票以后，一般是通过银行以外的途径传输的，票据资金转账的银行程序在收款人向银行提示票据以后开始，即票据资金转账的银行程序是由收款人发动的。由收款人发起的银行程序的资金转账称为借记转账（debit transfer）。

在批发电子资金转账中，发起支付的银行程序的是资金转账的付款人，他向银行发出支付命令，指示银行借记自己的账户并贷记资金转账的收款人的账户。付款人发起的银行程序的资金转账称为贷记转账（credit transfer）。Fed Wire、CHIPS等批发电子资金转账系统都采用贷记转账方式，但零售电子资金转账系统有的采用贷记转账方式，有的采用借记转账方式。借记转账的支付命令可以通过电子工具传递。例如，某些国家电力公司收取电费的方式是，电力公司的客户与客户的开户银行做出安排，银行收到电力公司的电子支付命令，借记客户的账户，贷记电力公司的账户。贷记转账的支付命令可以通过书面工具传递。例如，一项国际贷记转账往往是由一系列贷记转账支付命令构成的，其中有的支付命令很可能通过书面工具传递，特别是发端人向发端人银行签发的支付命令。

二、电子资金转账方式

电子现金是一种新型网上电子货币，其中多用途电子钱包是发展的重点。目前许多国家已经建立了电子货币系统，同时推广使用电子现金。目前电子现金有智能卡形式的支付卡或数字形式的现金文件，具有多用途、使用灵活、匿名性、快捷简便的特点，无须直接与银行连接便可使用。今后智能卡将代替现金成为人们的日常支付工具。电子资金转账是指通过计算机及其网络系统实现资金在两个不同账户之间的转移。银行采用计算机等技术进行电子资金转账的方式可分为如下五种，它们分别代表着电子资金转账发展的不同阶段。

（1）银行利用计算机处理银行之间的货币汇划业务，办理汇划结算。

（2）银行计算机与其他机构计算机之间资金的汇划，如代发工资等业务。

（3）利用网络终端向客户提供各项银行服务，如客户在 ATM 上进行存取款操作等。

（4）利用银行销售点终端向客户提供自动扣款服务，这是现阶段的电子资金转账方式。

（5）最新发展阶段，电子资金随时随地通过公共网络（互联网）进行直接转账结算。

三、电子资金转账系统

电子资金转账系统（electronic transfer system，ETS）是指将银行的计算机系统通过通信线路和设备与特约商户的销售点终端（POS）相连接所构成的系统。通过银行在饭店、商场等消费场所设置的 POS 机，客户可以不使用现金，直接将客户银行账户上的资金划到商家的账户上。

电子资金转账系统主要由 POS 机、终端控制器、调制解调器和电话专线及银行计算机系统四部分组成。

（1）POS 机。POS 机与易货交易平台的结算系统相连，并接收其电子资金信息。

（2）终端控制器。一方面，终端控制器接收来自 POS 机的信息，并将这些信息通过专线传输给银行计算机系统；另一方面，有选择地通过各条线路把有关信息传输给适当的 POS 机。在 ETS 系统中，采用终端控制器的目的是降低通信线路的租用费。

（3）调制解调器和电话专线。调制解调器和电话专线用以将 POS 机和银行计算机系统连接起来，实现数据的传输。

（4）银行计算机系统。银行计算机系统是 ETS 的核心，客户转账数据以及扣款卡使用的信息全部由银行计算机系统处理。

四、电子资金转账系统的发展

将类似于信用卡在 ATM 机上的使用方式用到商家的 POS 机中，就基本可以进行交易结算了。但如果操作这样简单，就忽视了商家的利益，因为商家如何将交易资金转到自己的账户上的问题还没有解决。通常的方法是商家定期凭顾客的签单与银行进行结账，这样不仅手续烦琐，而且商家感到银行积压了资金，不如直接收取顾客现金便利。因此，从公平的角度讲，在交易发生时，顾客账户上扣掉相应金额，商家账户上马上就能增加相应的金额才比较合理。基于这样的考虑就产生了电子资金转账系统，具有这样功能的 POS 系统便称为 EFT-POS 系统。EFT-POS 系统产生于 20 世纪 70 年代，但在较长时间内并没有得到普及，因为当时最为流行的是银行持卡人预支付的信用卡，持卡人购物时并不直接支付，而是之后才与银行结算。因此，在美国这样大量超前消费的国家，消费者不会喜欢这种立刻转账的 POS 系统。另外，当时银行和商家的网络和计算机系统没有现在这样普及，多数信用卡采用离线的授权方式进行交易，所以这种实时转账系统难以迅速普及。

但是这种实时转账系统的安全性较高，也适合某些国家和地区人们的消费心理和消费水平。随着银行和商家的计算机系统和社会网络系统的不断发展和完善，即使使用信用卡，银行也鼓励商家安装高级 POS 系统以进行在线实时授权，银行为信用卡持卡人垫付资金，并且很快向商家转账。这样的系统如果处理得好，将使各方受益：对银行来说，可以扩大服务网络，提高竞争力，降低作业成本并增加服务费收入；对特约商家来说，可以保证付款，降低风险，减少账务处理工作，提高资金管理效率，增加销售机会，提高自身形象；对持卡人来说，可以减少持现金购物的风险，一卡多用，安全又方便，有时还能从商家得到一定的优惠。

使用这种 EFT-POS 系统，一般从银行向特约商家的账务划转并不是逐笔实时完成的，而是要使用一定时间进行批作业处理，然后整体划转。对商家来说，当然希望当天能够划转，而好的系统可以做到这一点。

IC 卡应用于 EFT-POS 系统已经是世界的发展趋势，IC 卡必将在这样的系统中逐步取代磁卡。使用 IC 卡以后，不仅其 POS 终端成本会下降，在线授权也没有必要，可以离线处理，只要 EFT 系统有特约商家与银行之间按日进行批处理的能力即可，在批处理中确认 POS 交易，然后进行转账、结账处理。这样的系统对网络的要求降低了，投资可以减少，加上 IC 卡的信息量大大增加，提供的服务项目会更加全面。因此，应用 IC 卡的 EFT 系统的服务层次和作业方式会更加完善。

第 5 节　国际金融服务组织

一、国际金融通信服务组织 SWIFT

（一）SWIFT 简介

环球同业银行金融电讯协会（Society for Worldwide Interbank Financial Telecommunication，SWIFT）是一个国际银行同业间非营利的国际合作组织，成立于 1973 年，总部设在比利时的布鲁塞尔。SWIFT 仅是报文传送者，负责在两个金融机构之间传送报文，不持有资金，不代表客户管理账户，也不持续存储金融信息，这项工作涉及安全交换专有数据并确保其保密性和完整性。

（二）SWIFT 的特点

（1）会员制。SWIFT 要求参与者具有会员资格，SWIFT 有严格的申请审核流程，申请成为会员的用户机构需要提交一系列申请材料，并签署相应的法律文件。

（2）高度安全性。SWIFT 系统是严密专用的通信网络，而非公共网络，仅限金融业的会员使用。所有金融类电文均作全文加密，在传送过程中以乱码执行，以防电文泄密或被篡改。

（3）格式标准化。对于 SWIFT 电文，SWIFT 有统一的要求和格式，便于自动化作业。

（4）高性能。SWIFT 系统提供每天 24 小时、每周 7 天的全天候服务，并且各金融机构通过统一的专用网络窗口交互，可靠性高，传送速度快。

（5）低成本。除了加入 SWIFT 组织时需要交纳一定的会费，之后只需分摊成本费，同样多的内容，SWIFT 的费用比电传和电报要低得多。

（三）SWIFT 的系统结构

SWIFT 网络采用功能分层控制的逻辑设计。网络控制由系统控制处理机完成；系统控制处理机控制和监测片处理机；片处理机通过区域处理机发送和存储电报；区域处理机通过 SWIFT 系统连接用户终端。

（1）系统控制处理机（system control processor，SCP）。对整个 SWIFT 网络的控制集中在两个操作中心，一个在美国，一个在荷兰。网络的所有处理机都集中在这两个操作中心。SCP 负责整个 SWIFT 网络的正常运行，不断监测、控制整个网络中的各种设备、线路和用户访问情况。

（2）片处理机（slice processor，SP）。SP 负责电报的存储转发和控制电报的路由选择。运行的 SP 数量取决于报文传输量，SP 由系统控制中心控制。

（3）区域处理机（reginal processor，RP）。RP 是连接网络终端（computer-based terminal，CBT）与 SWIFT 系统的安全有效的逻辑通道。所有用户发出的电报都由 RP 对其格式、语法、地址代码等进行审核，合格后才能发给 SP。在电报即将出网进入 CBT 前，暂时存放在 RP 上，等待送达接收用户。

（4）SWIFT 访问点（SWIFT access point，SAP）和远程访问点。SAP 是连接 SWIFT 骨干网的分组交换节点机，它们把 SWIFT 系统的各种处理机（SCP、SP、RP）和遍布世界的 SWIFT 用户连接到 STN 网（SWIFT 骨干网）上。

（四）SWIFT 的安全体系

SWIFT 从三个方面进行安全控制，由此保证报文的可靠、完整和安全传输。

（1）用户身份与操作合法性验证。通过逻辑读写控制进行用户、密码验证。

（2）对传输的数据进行验证。主要是对自然突发性错误进行验后反馈校验，对蓄意篡改性错误进行宏观检查校验。

（3）数据安全性控制。进行数据加密处理，防止网络传输中的“窃听”。主要用于 SWIFT 网络中的传输过程控制，在一定条件下也用于用户与 SWIFT 网络之间的传输控制。

二、国际电子资金转账服务组织 CHIPS

（一）CHIPS 简介

20 世纪 60 年代末，随着经济的快速发展，纽约地区的资金调拨交易量迅速增加。纽约清算所于 1970 年建立纽约清算所银行同业支付系统（Clearing House Interbank

Payment System，CHIPS）。

CHIPS 主要以世界金融中心——美国纽约市为资金结算地，具体完成资金调拨即支付结算过程。现在，世界上 90% 以上的外汇交易是通过 CHIPS 完成的。可以说，CHIPS 是国际贸易资金清算的桥梁，也是美元供应者进行交易的通道。

CHIPS 的成员主要包括：（1）纽约清算所的会员银行。这类银行在纽约联邦储备银行有存款准备金，具有清算能力，并且都有系统标识码作为银行的清算账号。（2）纽约清算所的非会员银行。这类银行称为参加银行，参加银行需要得到会员银行的协助才能清算。（3）美国其他地区的银行及外国银行。这类银行主要包括：美国其他地区银行设于纽约地区的分支机构，它们具有经营外汇业务的能力；外国银行设于纽约地区的分支机构或代理行。

CHIPS 采用这种层层代理的支付清算体制，形成了庞大、复杂的国际资金调拨清算网，其交易量巨大且逐年增加。

（二）CHIPS 与 SWIFT 合作的国际电子支付运作架构

利用 CHIPS 的资金清算处理过程并不复杂，可以分为两个部分：第一部分是 CHIPS 电文的发送；第二部分是在实体银行间完成最终的资金清算。

例如，美国境外的某国银行甲（汇款银行）汇一笔款项到美国境外的某国银行乙（收款银行），则资金调拨流程如图 4-6 所示。

图 4-6　利用 CHIPS 的国际资金调拨流程

图 4-6 显示的国际资金调拨流程描述了 CHIPS 与 SWIFT 的合作，二者基于网络共同完成一项国际电子支付业务。

第 6 节　中国金融电子化的发展

世界经济的发展推动了代表先进科技的商务电子与金融电子信息化服务理念的产生。对于金融企业而言，各种全新业务模式的出现需要金融电子信息化服务提供支持；对于消费者而言，对个人理财及网上金融服务的需求在不断增加。金融电子信息化的目标是通过先进的金融电子支付服务，以完善的金融信息服务于整个社会，实现整个社会工作效率的提高、生活质量的提高和成本的降低。发展金融电子信息化主要是基于业务发展、风险控制、信息技术发展和科学管理的需要。

一、中国金融电子化发展的过程

发达国家金融业的计算机应用经过后台业务电子化、前台业务电子化、网络化及金融电子信息化创新四个阶段，金融业务已全面实现网络化和电子信息化，20 世纪 90 年代中后期进入全面创新阶段，信息技术成为决定金融业发展的重要因素。中国正处于网络化阶段。

中国的金融电子化建设始于 20 世纪 70 年代，经历几十年的发展，中国已形成一个综合性的多功能的金融电子化体系。有专家将这个过程分为四个发展阶段。第一阶段：从 20 世纪 70 年代到 80 年代，以计算机处理代替手工操作；第二阶段：从 20 世纪 80 年代到 90 年代，逐步完成金融机构的联网处理；第三阶段：从 20 世纪 90 年代初到 90 年代末，实现单个银行全国范围内的计算机互联互通、支付清算和业务管理；第四阶段：中国金融加速融入全球金融电子信息化的大潮，逐步完成业务的集中处理，利用互联网技术与环境，加快金融创新，逐步开拓网上金融服务和网上交易等新领域。

进入 21 世纪，随着电脑和手机的普及，作为互联网金融的一个分支，由金融机构推进的金融互联网业务，即传统金融业务的电子化进程获得了较快发展。同一时期，第三方支付、P2P 和众筹等新兴业态的互联网金融业务也展现了良好的发展势头。2013 年的 6 月，阿里巴巴推出余额宝业务，很快，互联网金融成为家喻户晓的概念。随后，微信的“理财通”、苏宁的“零钱宝”、平安保险的“壹钱包”等竞相推出，互联网金融的竞争越来越激烈。

互联网金融对于金融市场来说是一个新的发展领域。互联网金融模式的产生蕴藏着巨大的商机和财富，但是它的发展也使传统金融模式受到了威胁，导致世界金融格局发生变化。对于政府而言，新的金融模式的产生意味着有了新的拉动经济发展的因素。互联网金融的发展为中小企业融资问题提供了解决途径，让人们感受到了金融发展带来的好处。但互联网金融的发展并不是毫无约束的，它在发展的同时也给相关监督和管理部门提出了新的挑战。

二、互联网金融的内涵和特征

互联网金融是互联网和金融两个领域的结合，是利用新兴的互联网技术、在线支付技术和通信技术形成的新的金融模式。互联网金融拥有互联网、在线支付、搜索引擎等先进的网络信息技术的支持，能够在很大程度上解决市场信息不通畅的问题，使市场具有充分的实效性。互联网交易双方在资金安全上所要承担的风险非常低，金融产品的审阅、交易都可以利用在线支付方式在网上进行，这极大地降低了交易过程中的成本，避免了其他因素的影响。

互联网金融的特征主要表现在三个方面：第一，信息处理。社交网络的形成扩展了信息传播的途径；搜索引擎的应用对已有的信息进行筛选分类，提高了信息检索和得到结果的速度；云计算将大量的信息集合到一起，能够快速进行信息处理，形成可以以各种类型为搜索条件的搜索方式，提高了获取信息的速度，解决了信息不通畅的问题。第二，支付方式。互联网在线支付以各大银行的开户存款为基础，通过移动支付方式实现在线付款下单，真正实现了支付交易的全过程电子化。第三，资源配置。用户的资金信息可以在互联网上发布。用户能够找到合适的交易对象。交易双方可以通过互联网进行直接的沟通，实现公平合理的交易。交易过程完全透明，用户可以通过这种方式来寻求个人投资或企业融资。

三、互联网金融的影响

（一）丰富了个人的生活方式和投资渠道

互联网使人们的生活方式发生了极大的变化，这些变化首先发生在交友、购物、学习、通信等领域。随着余额宝的推出，人们的金融理财方式也发生了变化。这种理财方式使过去高门槛、较烦琐、不直观的金融理财行为变得更加生活化和简易化，提高了人们的参与热情。同时，随着支付种类的增多，人们希望拥有“一站式”的账户，这个账户既可用于消费支付，又可用于理财投资，支付宝的余额宝无疑满足了人们的这一需求。

（二）部分化解了中小企业融资难的问题

中小企业经营规模较小，对其监督有限，传统金融机构在对中小企业贷款进行审批时，信息收集的成本更高，贷款的风险也更大，导致中小企业融资难、融资贵的问题。互联网金融依靠其强大的信息处理技术，尤其是国内的几大电商巨头多年来积累了海量的客户信息，在对中小企业进行贷款时解决了企业真实信息收集的难题。由于信息准确性较高，信息收集容易，信贷公司的放贷成本有所降低，从而降低了中小企业的融资成本，拓宽了中小企业的融资渠道。

（三）对传统银行业的影响

（1）第三方支付平台的分流将直接带来商业银行支付结算、银行卡、代理业务等手续费收入的下降，而银行个人客户的业务也有可能遭受冲击，包括个人活期存款、个人定期存款等。

（2）理财平台对传统银行业的冲击主要体现在两个方面：首先，是对代理业务的冲击。基金、保险等产品通过第三方平台直销比例的上升将降低银行代销渠道的收入，导致银行代理业务手续费收入的下降。其次，是对银行存款理财的冲击。

（3）网贷平台对传统银行业的冲击较小，主要原因在于：第一，个人网贷平台与银行面对的客户完全不同，且网贷平台的平均利率高于银行经营性贷款的平均利率。第二，机构网贷平台与银行更多的是合作和互补的关系。

（4）多功能融合的互联网金融创新产品对传统银行业的冲击较大，例如，余额宝可视为高收益的活期存款，其收益略高于定期存款和银行开放式理财产品，这对银行该部分业务有较大冲击。

四、互联网金融面临的困难与挑战

金融业是信息密集型行业，高度依赖信息技术。中国金融企业通过开发和外购，拥有较完整的业务处理信息系统，但是缺乏集成，这就需要技术创新。金融电子信息化的发展主要面临以下几个问题。

（一）安全性

金融业务的安全性是金融电子信息化过程中的关键因素。

（二）法律规章制度

金融电子信息化的发展向传统的金融法律法规提出诸多挑战。传统的票据凭证通过手写签名或印章来辨别身份，但在金融电子化业务中需要利用数字签名进行身份辨别，于是电子凭证、电子印鉴、支付密码等概念应运而生。要使这些新概念和相关的业务操作能有效地运行，就需要出台相应的法律制度加以规范。

（三）社会化协调

金融电子信息化是一项复杂的社会系统工程，要求人们转变传统观念和培养电子商务人才等，要解决这些问题，需要跨部门和跨地区的社会化协调与配合。

（四）网络基础设施建设

中国互联网的国际出口带宽较窄，上网人数的迅猛增长导致网络传输信息的速度减慢。由于金融市场信息多变，尤其是债券、股票等金融产品对价格变化和时间比较敏感，较低的上网速度将影响金融信息的传播速度，从而影响金融市场的正常发展，不利于金融电子化的发展。

（五）成本高

网上交易仍受到硬件设备昂贵、电脑普及率低的困扰。

五、实施金融电子信息化的举措

中国金融业应制定金融电子信息化发展战略规划，把握市场和客户需求，通过提升电子信息化水平，完善传统营销和网络营销相结合的现代金融市场营销体系。

（1）树立以客户需求为中心的经营理念。金融业正处在一个以客户需求为导向的新时代，注意收集客户需求信息并进行充分的数据挖掘，为客户提供一体化网络金融服务，从而为不同的客户提供不同价格和不同类型的服务，构筑以银行业务为核心，辐射保险、证券、基金等金融服务领域的“金融超市”，设计出高附加值和个性化的金融产品和服务，是金融企业经营的核心。

（2）在信息技术与金融业务有效结合的基础上开展网上交易和网上服务，借助信息技术进行金融创新。信息技术与金融业务的紧密结合是未来金融电子化发展的一大趋势。中国金融业应适应这一趋势，把握先机，抢占制高点，以促进中国金融电子化的快速发展。

（3）完善网络基础设施建设。对比美国等发达国家着力建设系统化、标准化的网络系统，中国存在技术和资金等方面的制约，网络基础设施水平成为中国金融电子信息化发展的瓶颈。中国在网络建设中实际上采取了商业银行优先分散发展和中央银行滞后系统化发展的由下而上推进的模式。在金融电子信息化发展的趋势下，中国金融业应加快建设全国区域系统化和标准化的金融网络，完善电子信息系统，满足网上金融业务不断发展的需要。

（4）加快金融电子信息化系统的集成。这是指金融企业根据市场和客户的需求，把各种金融产品和服务及相关的业务操作、处理、管理、控制等环节有机结合起来，形成一个统一的有机系统，使金融企业能灵活地适应市场需求，实施企业的发展战略，形成经营管理上的优势。金融电子信息化系统集成水平的高低，直接决定了金融机构的市场竞争力和管理水平，在一定程度上决定了金融企业的发展前途。

（5）完善电子信息化金融法规体系，加快有关金融电子信息化的立法。2004 年 8 月 28 日，《中华人民共和国电子签名法》经全国人大审议通过之后，电子签名开始受到法律保护，我国之前电子商务面临的诸多问题得到了解决。2006 年 3 月 1 日，银监会颁布的两项新规，即《电子银行业务管理办法》《电子银行安全评估指引》开始施行，这是针对我国电子银行业务监管的法规，代表我国电子金融产业监管的一个新起点。但在赔偿与罚款事项上，我国电子金融业务法规未能完全与国际接轨，并缺少对个人失信行为的有效惩罚机制。为适应电子商务和金融电子化的高速发展，政府必须适时调整、补充、完善相关法律法规，防止出现法律漏洞。

（6）加快中国资本市场的国际化进程。这要求中国的金融机构在资本实力、结构体系、管理模式和信息技术等方面与国际接轨，特别是在信息系统建设上，将客户、交易、管理、风险控制集合成一个整体数据库，以应对快速变化的市场。

2014 年 3 月 5 日，时任国务院总理李克强在十二届全国人民代表大会第二次会议上做了政府工作报告，在谈及深化金融体制改革时强调，要促进互联网金融健康发展，完善金融监管协调机制。尽管只有短短的两句话，但这是互联网金融首次进入我国的政府工作报告，意味着互联网金融的发展和监管已经进入我国政府高层的视野。

在世界金融业进入电子信息时代的今天，计算机网络技术成为金融电子信息化的基本条件。金融机构网络技术系统的不完善使金融业面临巨大的风险。由于金融业日益依赖电子信息化，应当警惕金融电子信息化风险，它不仅威胁金融业的财产和资金安全，也关系一个国家的稳定。对科技含量高、数据处理复杂的中间业务等新产品的开发和推广，要多一些风险上的考虑。在面对激烈竞争的过程中，我们应该提高金融监管的有效性，防范未来的金融风险，利用中国作为发展中国家的身份，在有限的过渡期内，充分运用现代信息技术手段，建立以计算机和网络技术为基础的金融电子信息化监管系统，制定金融风险预警指标体系、外汇预警监测体系，以保证金融稳定和金融安全。

□思考题

1. 什么是电子货币？它的主要特征是什么？
2. 电子货币的职能有哪些？
3. 讨论你身边有哪些移动电子支付方式。
4. 银行卡可以分为哪几种？各自的特点是什么？
5. 讨论在电子商务时代，网络支付技术对电子商务发展的重要性。
6. 谈谈你对第三方支付平台优势的理解。
7. 谈谈未来移动电子支付可应用的商业领域。
8. 什么是互联网金融？
9. 互联网金融对传统银行有哪些影响？
10. 金融电子信息化的举措有哪些？

第 5 章

电子商务安全技术

| 本章要点 |

随着互联网的发展，电子商务已成为商务活动的新模式，越来越多的个人和企业通过互联网进行商务活动。电子商务越来越普及，其安全问题也越来越突出。如何建立一个安全、便捷的电子商务应用环境，为信息提供足够的保护，成为商家和客户十分关心的话题。本章在介绍电子商务的安全威胁和安全要求的基础上，重点介绍电子商务中所涉及的主要网络安全保障技术和支付协议，并针对电子商务安全现状给出相应的对策和建议。

金融电子化以及电子支付解决了电子商务活动中的货币支付问题。然而，在进行电子商务活动的过程中，能否防止交易双方的敏感信息被盗取？电子货币是否安全？这一系列问题常常引起人们对电子商务交易的担忧。本章将对电子商务安全这一主题进行探讨。

第 1 节　电子商务安全概述

电子商务是一个非常复杂的系统，涉及方方面面的因素：网络服务提供商、个人购买者、企业、政府部门、银行及金融机构等。拥有如此复杂关系的电子商务比传统的商业活动更需要安全保障。中国互联网络信息中心（CNNIC）在 2024 年 3 月 22 日发布了第 53 次《中国互联网络发展状况统计报告》(以下简称《报告》)。《报告》显示，截至 2023 年 12 月，我国网民规模达 10.92 亿人，较 2022 年 12 月增长 2 480 万人，互联网普及率达 77.5%。根据《报告》，中国各种互联网应用持续增长，其中多个应用类别的用户数量均实现了显著的增长。截至 2023 年 12 月，我国域名总数 3 160 万个，搜索引擎用户规模达 8.27 亿人。即时通信用户 10.60 亿人。网络视频用户规模达 10.60 亿人，短视频用户规模达 10.53 亿人，网络直播用户规模达 8.16 亿人。这些数据表明，随着互联网技术的不断发展和应用场景的多样化，中国网民对于各类网络应用的需求和使用率持续上升。由此可见，电子商务的安全性不可忽视。

一、电子商务的安全威胁

电子商务在带给用户无限商机的同时也会给用户带来风险：用户需要把主机或内部网络连接到互联网上；通过互联网传输 / 接收数据和信息；通过网络把货款划入或划出用户的银行账户。所有这些活动都会促使电子交易的各方考虑安全问题，如何保证交易的可信性、信息的安全性成为人们最为关心的问题。我们以电子商务网络系统的安全威胁为例进行说明。

（一）电子商务网络系统的安全威胁

在传统交易过程中，买卖双方是面对面的，因此很容易建立信任关系，并能够保证交易过程的安全性。但在电子商务交易过程中，人们是通过互联网来建立联系的，彼此之间可能远隔千山万水，因而建立信任关系和保障安全性相当困难。一旦遭遇黑客袭击，可能给消费者、商家和银行中的一方或多方带来损失。因此，在电子商务交易过程中，交易各方都面临着安全威胁。

1. 信息的截获和窃取

在电子商务交易过程中，交易各方彼此之间的网络通信如果不采取加密措施或者加密强度不够，攻击者可以通过网上侦听、搭线等手段截获和窃取有用信息，其中包括消费者的银行账户、密码以及企业的商业机密等。

在电子商务交易过程中，信息被窃取的事件层出不穷，很多电子商务网站都曾遇到信息窃取。2014 年 5 月，eBay 要求 1.28 亿活跃用户重置密码，因为黑客可能从 eBay 窃取了用户的密码、电话号码、地址和其他个人信息，这次事件给 eBay 造成了 1 800 万美元的损失。2023 年 1 月，区块链加密钱包 BitKeep 遭到网络攻击，黑客转移用户资金导致价值约 990 万美元的资产被非法转移。

2. 信息的篡改

电子商务交易中的任意一方或者网上攻击者为了自身的利益，在获取信息后都可能对信息进行篡改和删除，从而破坏信息的完整性。

3. 信息的假冒

在电子商务交易过程中，攻击者利用所掌握的技术和手段，在获取网络信息或商务信息以后，假冒合法用户或商家虚开网站和商店，发送虚假信息，以此欺骗消费者、商家，甚至银行。

4. 信息的抵赖

在电子商务交易过程中，交易各方都可能存在发送信息之后抵赖的情况，比如购买者提交订单后不承认，商家因卖出的商品价格变化而不承认原有的交易等。

5. 恶意攻击

攻击者通过非法手段入侵网站后，对网站中的信息进行修改、删除，掌握网上的机要信息，甚至潜入网络内部进行破坏，造成严重的后果。

（二）安全威胁存在的主要原因

由于缺乏严格的制度对硬件、软件、数据库、密码和用户权限进行科学管理，因而可能发生安全意外或给不法人员造成可乘之机。例如，某些人有机会接近重要的计算机资源并对其进行操作；密码没有定期更换或员工离职后可以继续使用原来的账户和密码进入系统；软件程序或硬件本身存在漏洞导致严重的安全问题等。电子商务网络系统安全威胁存在的主要原因包括计算机软件系统存在安全问题、安全产品使用不当以及缺少严格的网络安全管理制度等。

二、电子商务的安全要求

电子商务的所有活动都需要安全体系的有力支撑，电子商务需要安全的环境。那么，什么是安全的电子商务环境呢？安全的电子商务环境包括精心规划的管理体系、严密的技术措施、完善的法律系统。电子商务的安全不只是技术问题，还涉及复杂的管理和法律问题。本章把电子商务的安全要求划分为三个方面：电子商务交易方自身的网络安全、电子交易数据的传输安全、电子商务的支付安全。电子商务交易示意图见图 5–1。

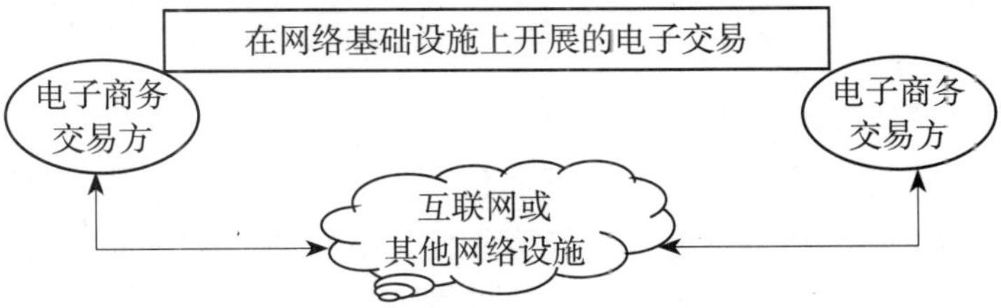

图 5–1　电子商务交易示意图

（一）电子商务交易方自身的网络安全

商业企业一旦把主机或内部网连接到互联网上，就面临很多安全威胁。由于企业内部的计算机暴露给互联网上成千上万的使用者，在保证合法用户正常使用的同时，系统可能遭到身份不明人物的攻击，例如，黑客可借助工具软件拦截或猜测合法用户的账户和密码，伪装成合法用户进入系统进行破坏，因此系统必须具备以下安全保障措施。

1. 要保证硬件资源的安全

系统应采取有效措施保证硬件资源的可用性，例如，硬盘或网络连接设施不会在遭受攻击时瘫痪，要具备防御攻击及发生灾难时迅速恢复的能力；要加强对主机的安全管理，做好安全配置，及时安装补丁程序，减少漏洞；要用各种系统漏洞检测软件定期对网络系统进行扫描分析，找出可能存在的安全隐患，并及时加以修补；从路由器到用户各级建立完善的访问控制措施，安装防火墙，加强授权管理和认证。

2. 要保护软件和数据库资源的安全

对于重要的软件和数据库，首先应备份，其次应该保证软件和数据库不被滥用和破坏，不会受到病毒的侵袭。利用 RAID 5 等数据存储技术加强数据备份和恢复功能；对敏感的设备和数据采取必要的物理或逻辑隔离措施；对在公共网络上传输的敏感信息进行高强度的数据加密；安装防病毒软件，加强内部网的整体防病毒功能。

3. 要保证内部系统的门户安全

企业必须明确规定哪些人员可以进入和使用系统以及具有何种权限，内部人员可以使用哪些互联网服务；建立详细的安全审计日志，以便检测并跟踪入侵攻击等。不仅要在管理上制定严格的规范，还要在技术手段上给予全面保障。

（二）电子交易数据的传输安全

对于参与电子商务的各方来说，每一次交易都涉及在互联网上传输数据，包括客户信息、订单信息、付款信息等，所有这些信息都涉及交易各方的机密，因而数据与信息的安全传输是电子商务交易安全的重要内容，一般包括以下几个方面。

1. 交易数据和信息的保密性

电子商务需要在网络上进行大量的数据和信息传输，在网上传输的各种敏感信息，例如客户的姓名或信用卡账号及密码，一旦被人非法截获或盗用，势必会给交易双方带来巨大的损失，因此必须采取有效的安全措施保证电子交易的数据不会被人非法获取或滥用。

2. 交易数据和信息的完整性

由于数据传输过程中信息的丢失、重复或信息传输的次序会导致交易各方所获得的信息不一致，恶意竞争者会利用篡改和冒名顶替等手段来破坏信息的完整性，因而在数据和信息到达目的地时，要有一定的技术手段来保证所得到的数据和信息与原始数据和信息是一致的。

3. 交易各方身份的可认证性

电子商务交易系统的特殊性，个人或企业实体的交易通常都是在虚拟的网络环境中进行的，所以对个人或企业实体进行身份确认成了电子商务中很重要的一环。对个人或企业实体的身份进行鉴别，为身份的真实性提供了保证，即交易双方能够在相互不见面的情况下确认对方的身份。这意味着当某人或某实体声称具有某个特定的身份时，鉴别服务将提供一种方法来验证其声明的正确性。

4. 交易本身的不可抵赖性

在传统贸易中，双方通过在交易合同、契约或贸易单据等书面文件上签名或盖章来鉴别贸易伙伴，确定合同、契约、单据的可靠性并预防抵赖行为的发生。这也就是人们常说的“白纸黑字”。在无纸化的电子商务方式下，通过签名和盖章进行鉴别是不可能的。因此，要在交易信息的传输过程中为参与交易的个人、企业或国家提供可靠的标识。不可抵赖性可通过对传输的消息进行数字签名来实现。

5. 审查能力

审查能力要求电子商务系统根据保密性和完整性的要求，利用电子商务交易系统的日志文件对数据结果进行审查和追踪。

（三）电子商务的支付安全

电子支付是电子商务中的重要环节，涉及用户与银行等金融部门之间的交互和接口，其安全性是整个电子商务安全中很重要的一个方面。

在整个电子商务交易过程中，网上金融服务是很重要的一个组成部分，随着电子商务的普及和发展，其内容也发生了很大的变化。网上金融服务包括网络银行、个人理财、网上投资交易、网上保险等。所有这些网上金融服务都是通过网络支付或电子支付来实现的。所以，从广义上说，电子支付就是资金或与资金有关的信息通过网络进行交换的行为，在普通的电子商务中表现为消费者、商家、企业、中介机构和银行等通过互联网或其他类型的网络所进行的资金流转，主要通过信用卡、电子支票、数字现金、智能卡等方式来实现。但如果电子支付是通过开放的互联网来实现的，支付信息就很容易遭到黑客的攻击和破坏，这些信息的泄露和受损直接威胁企业和用户的切身利益，所以安全性一直是电子支付要考虑的最重要的问题之一。

三、电子商务安全保障体系

电子商务安全保障需要方方面面的参与和努力。电子商务安全要从国家战略、管理、法律和技术四个方面来综合考虑。

（一）国家战略上的安全保障

国家战略是电子商务安全最重要的保证。随着近年来国内网络安全事件频繁发生，我国政府的信息安全防护意识逐渐加强，政策支持力度不断上升。近年来，我国网络安全工作取得了积极的进展。《网络安全法》《数据安全法》《个人信息保护法》《国家网络空间安全战略》《关键信息基础设施安全保护条例》等网络安全法律法规、战略规划不断出台，网络空间法治进程迈入新时代。《网络安全审查办法》《云计算服务安全评估办法》《汽车数据安全管理若干规定（试行）》等部门规章和规范性文件相继印发，国家网络安全工作的政策体系框架基本形成；322 项国家标准、12 项包含我国技术贡献和提案的国际标准的发布，网络安全国家标准体系日益完善。《中华人民共和国国民经济和社会发展第十四个五年规划和 2035 年远景目标纲要》强调了“坚定维护国家政权安全、制度安全、意识形态安全，全面加强网络安全保障体系和能力建设”，将网络安全纳入总体国家安全体系和能力建设，融于网络强国战略、数字中国、加快数字化发展的时代背景，提出了保障体系和能力建设的重点目标。从政策趋势来看，未来政府对信息安全建设的支持力度会持续提升。

（二）管理上的安全保障

首先，高层管理者要对电子商务安全给予足够的重视，促成管理人员同相关的技术人员一起制定企业内部、外部网络安全规划和标准，在规划中应该指出企业信息安全在近期和未来一段时间内要达到什么级别和标准，预备投入的资源等。

其次，在规划和标准的指导下要制定详细的安全行为规范，包括各种软硬件设备使用和维护权限的管理办法，网络系统登录和使用的安全管理办法，数据维护和备份的管理规定等。

最后，要特别注意安全条例的执行，即有了规定就一定要执行。只有在管理上制定明确的目标和标准，技术人员才能更好地提供安全方面的技术支持。

（三）法律上的安全保障

电子商务不同于传统商务，电子交易如何认证，电子欺诈如何避免和惩治不仅是技术问题，同时也是法律问题。电子商务就像在现实世界之外又建立了一个虚拟世界，在这个虚拟世界里，更需要完善的法律体系来维持秩序。目前多个国家和地区已经开始制定电子商务法律法规。

电子商务仅靠单一的技术手段是不够的，必须依靠法律手段、行政手段和技术手段的完美结合来保护参与电子商务各方的利益。这就需要在政府和政府之间、政府和企业之间、企业和企业之间、企业和消费者之间明确各自需要履行的义务和责任。

（四）技术上的安全保障

电子商务中涉及的安全技术很多，其中有一些已经获得了广泛的应用和认可。维护企业内部网安全的技术包括用户密码和权限管理技术、防火墙技术、虚拟专用网（VPN）技术、网络杀毒技术等；实现交易数据在互联网上安全传输的技术包括数据加密、数字签名、区块链技术等，其中为了识别用户在现实世界中的真实身份，还涉及认证中心。另外，为了维护电子交易中最为关键的资金流动，特别是信用卡支付的安全，还要涉及两个应用广泛的协议：SSL 协议和 SET 协议。

第 2 节　电子商务网络安全保障技术

为了维护电子商务交易方内部网络的安全，企业可以采用几种不同的技术，其中包括用来识别使用者身份和权限的账号管理技术，对付网络病毒的防病毒技术，对进出企业内部网络的信息进行控制的防火墙技术。本节将详细介绍这几种技术。

一、用户账号管理技术

在进入某个系统之前要先输入账号和密码，账号和密码都正确后才能进入并在规定的权限内使用系统。密码登录技术由于简便有效，是最直接的安全防护措施，几乎在所有的系统里都有应用，但也正是由于它的简便性，使其比较容易被人破解。例如，在输入密码的时候，别人可能正在偷看并记下你的密码；如果使用一个 4 位数字的密码，黑客通过少于 10 000 次的尝试就可以破解（当然不是用手一次一次地输入，计算机做这件事轻而易举），但如果密码过长，又难以记忆，一般建议密码的长度在 8 位左右。

为了进行有效的用户账号管理，可以采取以下措施。

（1）用户分级管理是很多操作系统都支持的用户管理方法。对不同用户组的成员授予不同的权限，制定相应的管理策略，使用户在网络和系统资源的使用上有不同的限制。

（2）单一登录密码制度保证用户在任何地方都使用同一个用户名和密码。无论是登录网络、系统、数据库，还是应用，用户都只使用一个用户名。这样一来系统就能准确地确认用户并对用户的行为加以监控，在网络系统里对用户的访问进行统一管理。

（3）采用用户身份确认方法对用户登录进行限制。检测用户唯一性的方法不仅限于用户名和密码，还可以包括用户的电话号码、用户使用的终端、用户使用的时间等。固定密码、动态密码和人体生物特征（例如指纹等）的综合使用能使系统精准地识别用户。

二、网络防病毒技术

互联网的普及让病毒有了传播渠道：企业内部网的用户常常需要在互联网上接收邮件或者下载一些程序，如果下载的邮件和程序里隐藏着病毒，一旦打开就会使网络感染病毒。由此可见在网络环境下，计算机病毒具有更大的威胁和破坏力，它破坏的往往不只是单独的计算机和系统，而是破坏整个网络，因此有效防止网络病毒的攻击对系统安全具有重要意义。

网络病毒的来源是多方面的，我们在此谈论的网络病毒并不单指互联网上的病毒，而是包括所有利用网络进行传播的病毒，因此网络病毒的来源既包括从互联网上下载的文件，也包括用户在客户机或服务器上使用的 U 盘、光盘等。

互联网传播的病毒主要隐藏在下载的软件程序和电子邮件里，如比较著名的爱虫（Fall in love）病毒，它利用电子邮件在互联网上疯狂传播，造成极大的损失。另外也有一些病毒隐藏在 Web 页面上，一般是一些恶意的 Active 或 Java 程序。例如 2017 年 5 月全面爆发的勒索蠕虫病毒（WannaCry），5 个小时内，包括英国、俄罗斯以及中国的多个高校校内网、大型企业内网和政府机构专网中招，被勒索支付高额赎金（有的需要比特币）才能解密恢复文件，这场攻击甚至造成高校教学系统瘫痪。

病毒的防治历来是系统安全要解决的一大难题，必须采取多方面的措施。网络防病毒技术包括预防病毒、检测病毒和消除病毒三种技术。具体实现方法包括对网络服务器中的文件进行频繁的扫描和监测，工作站采用防病毒芯片以及对网络目录及文件设置访问权限等。防病毒必须从网络整体上考虑，从方便管理人员的工作着手，通过网络环境管理网络上的所有机器，如利用网络唤醒功能，在夜间对全网的客户机进行扫描，检查病毒情况；利用在线报警功能，网络上任何一台机器出现故障、感染病毒，网络管理人员都能及时获知，从而让管理中心予以解决。

网络病毒在形式上越来越具有迷惑性，造成的危害日益严重，这就要求网络防病毒产品在技术上更先进，在功能上更全面，并具有较高的查杀效率。从目前病毒的演化趋势来看，网络防病毒产品的发展趋势主要体现在以下几个方面。

1. 反黑与反病毒相结合

病毒和黑客在技术和破坏手段上结合得越来越紧密，将杀毒、防毒和反黑客有机结合成为一种趋势。专家认为在网络防病毒产品中植入网络防火墙技术是完全可能的。

2. 从入口拦截病毒

网络安全的威胁多来自邮件和采用广播形式发送的信函，许多专家建议安装代理服务器过滤软件来拦截病毒。从入口处拦截病毒成为未来网络防病毒产品发展的一个重要方向。

3. 全面解决方案

未来的网络防病毒体系将会从单一设备或单一系统发展成为一个整体解决方案，并与网络安全系统有机结合在一起。这就意味着防火墙、入侵检测等安全产品要与网络防病毒产品进一步整合，提供全面的安全解决方案。

4. 客户化定制

网络防病毒产品是根据企业网络的特点专门定制的。对于用户来讲，这种定制的网络防病毒产品具有专用性和针对性，既是一种个性化的产品，又是一种服务。这种客户化定制体现了网络防病毒从传统的产品模式向现代服务模式转化。

5. 区域化到国际化

互联网和企业内部网的快速发展为网络病毒的传播提供了便利条件，也使得以往仅限于局域网传播的本地病毒迅速传播到全球网络环境中。过去常常需要经过数周甚至数月才可能在国内流行起来的国外病毒，现在只需要一两天甚至更短的时间就能传遍全国。这就促使网络防病毒产品在技术上从区域化向国际化转化。

三、防火墙技术

由于要进行电子交易，企业不得不把内部网络连接到互联网上，这意味着与网上成千上万的计算机建立了通路。为了维护企业内部网络和信息的安全，需要有一种工具和技术对传入传出的数据和服务进行严格控制，即只允许合乎规定的数据和服务在内部网和互联网之间流动，防火墙正是为了满足这一需求而设计的技术手段。

（一）防火墙的基本概念

防火墙是指由软件和硬件设备（一般是计算机或路由器等）组合而成的，处于企业内部网与外部网之间，用于加强内外之间安全防范的一个或一组系统。防火墙的实质是一组硬件和软件的组合，位于企业内部网的门户处，是数据和服务进出内部网的唯一通路。企业通过设置防火墙来对进出的内容进行检查，从而维护内部网的安全。

防火墙的设置有两条原则：一是凡是未被准许的就不准通过；二是凡是未被禁止的就可以通过。对第一条原则来说，防火墙首先封锁所有的数据和信息，对它们进行审查，符合规定的才予以放行，这种方法的安全性很高，代价是网络效率的降低及可通过数据范围的缩小，会有一些本来是安全的信息和服务被拒绝。而第二条原则的做法是先对所有内容放行，再逐项将被禁止的内容剔除，这种方法的风险较大，但灵活性得到了保证。两条防火墙设置原则各有利弊，企业需要根据自己的需求做出选择。

防火墙的主要作用一般包括以下几点：（1）通过要求输入账号和密码或识别 IP 地址等方法限制非法用户进入企业内部网；（2）通过设置过滤规则来过滤掉不符合规定的数据或限制提供 / 接受的服务类型；（3）通过访问记录对网络威胁状况进行分析。

（二）不同类型的防火墙

技术人员和专家对防火墙有不同的分类方法，在此介绍几种应用最广泛的防火墙：包过滤型防火墙、应用级网关和代理服务器。

1. 包过滤型防火墙

包过滤型防火墙中所说的包是指数据在互联网上传输的基本单位，当我们在互联网上传输数据时，数据会被分割为一个个传输单位，也就是包。在该数据包的头部，会包含其源地址、目标地址、所用的 TCP 端口等信息，该数据包在不同的路由器之间进行转发，直至到达目的地。包过滤型防火墙就被安装在这些路由器上，通过在路由器上设置过滤规则监测地址、端口等信息，符合过滤规则的予以放行，否则拒绝。几乎所有的商用路由器都提供此项功能，因而这种防火墙是最简便易行的，统计数据表明，全世界 80% 的网络防火墙属于包过滤型防火墙。包过滤型防火墙的工作原理如图 5–2 所示。

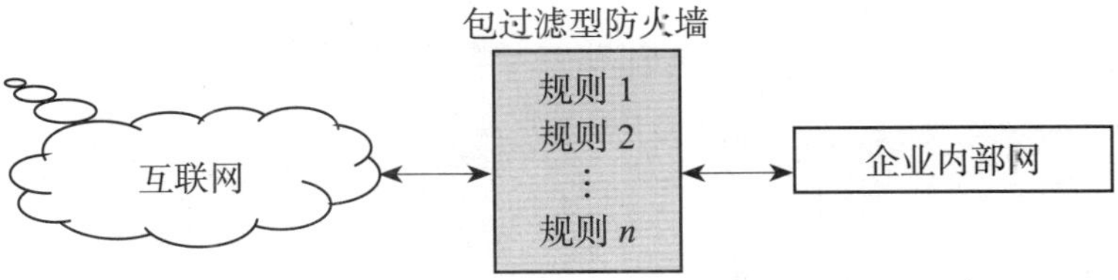

图 5–2 包过滤型防火墙的工作原理示意图

包过滤型防火墙的优点是简单易行，但是这种防火墙不能完全有效地防范非法攻击，非法入侵者比较容易蒙混过关，一旦防火墙被攻破，整个网络都会暴露在互联网上。另外，定义完备的过滤规则比较困难，即使当时定义了比较完备的规则，但互联网每天都在发生变化，需要对过滤规则进行动态的维护和更新。包过滤型防火墙还有一个主要的缺陷是不能对进出网络的信息予以记录，因而无法知道是否有人企图攻击网络。

2. 应用级网关

应用级网关与包过滤型防火墙比较类似的一点是，它们都通过设置过滤条件来限制数据和服务的进出，但应用级网关是在网络应用层上工作的，比包过滤型防火墙高了两个层次，因而可以完成更为复杂的任务，例如，可以针对不同的服务协议设置不同的过滤条件。同时，应用级网关具备登记和审核功能，可以对通过它的数据和服务进行记录，形成分析报告。

根据以上描述的包过滤型防火墙和应用级网关的功能我们可以得出结论：二者使用筛子的原理进行工作，包过滤型防火墙比较粗线条，筛孔均匀一致，但“筛过即忘”，没有记录；应用级网关则依靠更强的理解能力把筛孔做得大小不均，对不同的“过客”采用不同的标准，且“人过留名”，因而比包过滤型防火墙更安全。

应用级网关的缺陷是：由于针对不同的协议和应用要设置不同的代理软件，因而实施起来比较复杂，同时效率不如包过滤型防火墙那么高。与包过滤型防火墙不同，应用级网关通常安装在专用工作站系统而不是路由器上。

3. 代理服务器

包过滤型防火墙和应用级网关有一个共同的缺点，就是它们依靠过滤条件来判定是否允许数据和服务通过，因此满足条件的数据和服务可以直接在企业网络内外进出，这可能导致非法用户的入侵和攻击。针对这一缺点，人们开发了代理服务器技术。

代理服务器将所有跨越防火墙的网络通信链路在应用层上划分为两段，外部计算机的网络链路只能到达代理服务器，要访问内部的数据和服务只能通过代理服务器，然后把执行结果转给外部用户（对内部用户也采用类似的方法），从而起到隔离内外网络的作用。代理服务器工作过程如图 5–3 所示。另外，代理服务器会对过往的数据包进行分析、注册登记，形成报告，当发现被攻击迹象时会向网络管理员发出警报，并保留攻击痕迹。

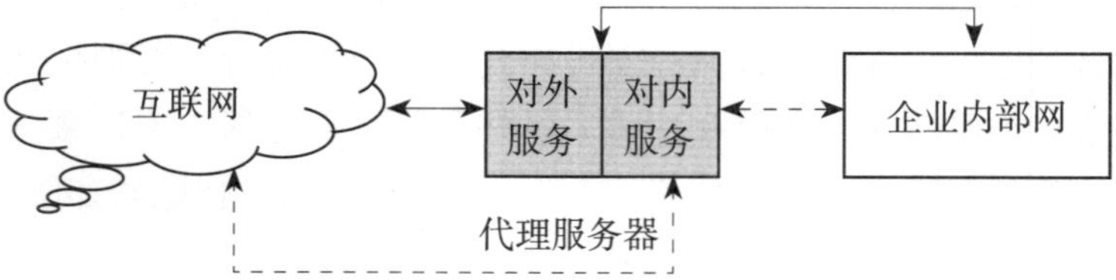

图 5–3　代理服务器工作过程示意图

图 5–3 中虚线表示外部对内部的访问和数据的获得，实线表示内部对外部的访问和数据的获得。

（三）选用和建立适合的防火墙

以上我们介绍了三种主要的防火墙，其中应用级网关和代理服务器大多基于主机，价格较高，但性能好，安装和使用比包过滤型防火墙复杂，而包过滤型防火墙具有成本低、安装和使用方便但安全性不高的特点。

目前理想的防火墙应该具有高安全性、高透明性及良好的网络性能，而这些性能本身又是相互制约、相互影响的。用户可根据实际情况选择能满足自己网络安全需求的防火墙。企业必须认识到购买和安装了防火墙并不意味着可以一劳永逸。防火墙在受到攻击后可能产生严重的问题，必须有专门的技术人员进行维护。另外，防火墙的设置需要不断更新，以适应互联网日新月异的变化。防火墙必须与企业整体安全防护措施、其他网络安全技术相结合才能更好地发挥作用。

第 3 节　电子商务数据传输安全保障技术

电子商务中大量的交易数据需要在互联网上传输，因此如何保障数据安全并防止数据被他人破坏和篡改显得尤为重要。人们采用数据加密技术来保证电子商务交易数据传输的保密性，采用数字签名和数字摘要技术保证电子商务交易数据传输的完整性。

一、数据加密的概念

一个密码系统由明文空间、密文空间、密码方案和密钥空间组成。可以通过如下几个定义来理解数据加密的概念。

加密：我们将原始未经变换的信息称为明文。为了保护明文，通过一定的方法将其变换成人们难以识别的一种编码，即密文，这个变换处理的过程称为加密。一个最简单的加密的例子是把明文中所有数字加 10。

解密：密文可以经过相应的逆变换还原成明文，这个变换处理的过程称为解密。在上面的例子中，解密即把所有数字减 10。

密钥：对信息进行加密和解密通常是在明文和密文中增加或去除一些附加信息，这些附加信息就是我们常说的密钥。密钥是由数字、字母或特殊符号组成的字符串。在上面的例子中，数字 10 即为密钥。在加密和解密过程中，控制加密变换的密钥称为加密密钥，控制解密变换的密钥称为解密密钥。加密密钥和解密密钥不一定是相同的。

加密算法：如果把加密解密的变换处理过程抽象成数学函数，这个函数便是加密算法（又称为密码方案），用来实施加密的为加密函数，反之为解密函数。在上面的例子中，加密函数可以归纳为 $J(X)=F(X)+10$，解密函数为 $F(X)=J(X)-10$，其中 $F(X)$ 为明文，$J(X)$ 为密文。

为了使密文信息更加安全可靠，应该经常变换密钥和算法，但由于算法设计起来比较困难，不可能每一次通信都采用不同的算法，因此通常的做法是使用不同的密钥。如果你认为某一密钥是不安全的，只需要改变密钥即可，例如，把上面例子中的 10 改为 15 或者 20。另外，密钥的位数决定着加密系统的安全性，密钥越长，破解密钥需要的时间就越长，因此也就越安全。

明文通过加密变换成为密文，网上交易的各方使用密文进行通信，密文通过解密还原为明文。采用这种方式，网上传输的密文即使被窃，窃取者由于没有解密手段因而无法理解其含义，这样源信息就得到了保护。而解密手段对于信息的合法接收者来说是开放的，从而使源信息得以安全传输。

二、两种不同的数据加密算法

数据加密算法有很多，根据密钥性质不同可分为对称加密体制和非对称加密体制两大类。对称加密体制又称为秘密密钥，其特点是加密密钥与解密密钥相同，对称加密体制中最有代表性的、使用最为广泛的是 1977 年由美国国家标准局颁布的 DES 算法（数据加密标准算法）。非对称加密体制又名公开密钥，加密时使用加密密钥，解密时使用解密密钥，加密密钥与解密密钥不同，这种加密体制的代表是 RSA 算法。

（一）对称加密体制或秘密密钥

对称加密方法的特点是：无论加密还是解密都使用同一个密钥，即加密密钥和解密密钥相同。对称加密体制历史悠久，战争时期的指挥官们在战场上使用过。

1. 对称加密体制的工作流程

对称加密体制采用相同的加密密钥和解密密钥，这意味着双方都可以利用该密钥进行加解密。

加密一方对要传输的明文使用密钥进行加密，然后利用互联网把密文传输给接收方，再利用一条安全的途径把密钥发送给接收方，接收方利用密钥对收到的密文进行解密，从而获得明文信息。如果你有 N 个合作者，你就需要有 N 个不同的密钥，否则会有人利用相同的密钥去破解他人的密文。对称加密体制的加密流程如图 5-4 所示。

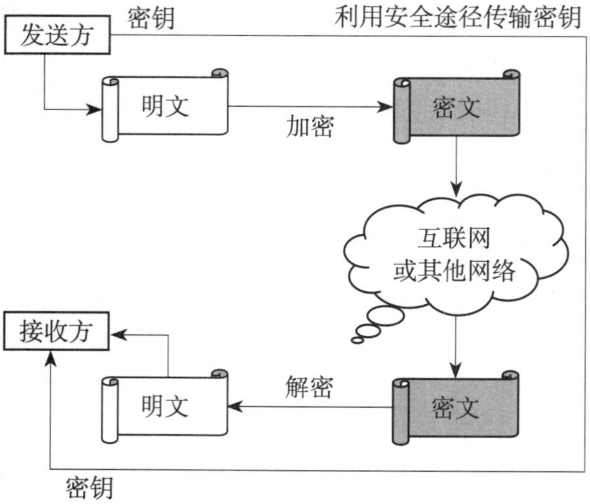

图 5-4　对称加密体制的加密流程示意图

2. 使用最广泛的对称加密算法——DES 算法

DES（data encryption standard）即数据加密标准。美国国家标准局为了在政府部门进行非机密信息处理时保证数据的安全，自 1971 年开始研究数据密码的标准化，于 1977 年 1 月 5 日正式颁布这种算法，作为政府及商业部门的非机密数据的加密标准。

DES 加密过程中的密钥是长度为 64 位的比特串，其中 56 位是密钥，8 位是奇偶校验位。56 位密钥经过置换选择、循环左移等，每次处理产生一个子密钥，共产生 16 个子密钥，组合成密钥。DES 的解密与 DES 的加密一样，只不过子密钥的顺序相反。DES 加密、解密需完成的只是简单的算术运算和比特串的异或处理，因此速度快，密钥生成容易，能以硬件或软件的方式有效地实现。

近几十年来 DES 算法得到了广泛的应用，一个非常重要的应用是银行交易。DES 主要用于加密个人身份识别号和通过 ATM 进行的记账交易。

3. 对称加密体制存在的问题

对称加密算法的优点是速度快、效率高。但我们很容易从它的工作流程中发现缺陷：首先是密钥数目问题，有 N 个交易者就需要 N 个不同的密钥，而在电子商务交易中，每个企业都可能有数目庞大的交易对象，随着时间的推移，这个数目还会不断扩大，如何保存和管理密钥将成为一大难题。其次，对称加密算法需要一条安全的途径来传送密钥，但现实的问题是如何找到一条安全的途径，无论是电话、邮递还是互联网都存在不安全因素，面对面的交换也是不现实的，因此安全传送密钥成为一个难题。另外，由于数据发送方和接收方都使用同一密钥，因此无法鉴别发送方和接收方的身份。例如 A 和 B 是一对贸易伙伴，拥有相同的密钥，他们都可以创建并加密一条信息，然后声称是对方发送的，对称加密体制无法解决这一问题。

（二）非对称加密体制或公开密钥

1976 年，美国学者迪菲（Diffie）和赫尔曼（Hellman）根据单向函数的概念提出非对称加密体制（即公开密钥），引发了密码学的一场革命。公开密钥密码体制从根本上解决了传统密钥密码体制的难题，解决了密钥分配和消息认证等问题，适用于计算机网络系统。

非对称加密体制的特点是加密密钥与解密密钥不同，但存在着对应关系，即用某个加密密钥加密的信息必须使用与其对应的解密密钥才能解开，但在计算上不能由加密密钥推出解密密钥（反之亦然）。我们把这样一对密钥称为公开密钥和私有密钥，企业需要自己保存的密钥称为私有密钥，对外公布的密钥称为公开密钥。

1. 非对称加密体制的工作流程

由于非对称加密体制下由公开密钥不能推导出私有密钥，因此企业可以把公开密钥像电话号码一样公布在网站等公共媒体上，任何生意伙伴都可以利用企业的公开密钥对信息进行加密，而企业在接到密文后就可以利用自己持有的私有密钥对其进行解密，由于企业是唯一持有私有密钥的人，其他人即使获得了加密文件也无法解开。非对称加密体制的工作流程如图 5-5 所示。

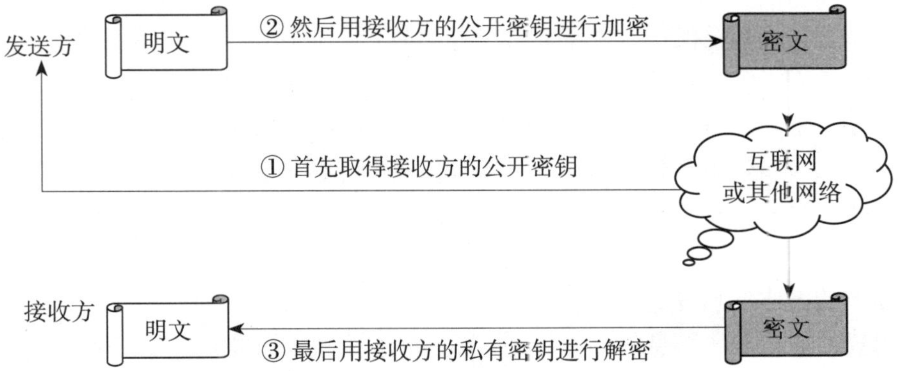

图 5-5　非对称加密体制的工作流程示意图

2. 常用的非对称加密算法

RSA 是目前使用最广泛的算法，它的安全性建立在大整数因子分解的基础之上，而大整数因子分解是数学上的著名难题，至今没有有效的解决方法，因此可以确保 RSA 算法的安全性。为了保证 RSA 使用的安全性，其密钥的位数一直在增加，目前一般认为 RSA 需要 1 024 位以上的字长才安全。

椭圆曲线密码（elliptic curve cryptography，ECC）是一种基于椭圆曲线数学的公钥密码，属于非对称密码体制，是当今密码学的研究热门领域之一。为了达到较高的安全性，RSA 需要 1 024 位字长，而 ECC 只需 160 位字长即可。ECC 具有安全性高、计算量小、处理速度快、便于实现的优点。ECC 是基于有限域上椭圆曲线的离散对数计算问题，这种计算比大整数因子分解和有限域上离散对数计算更困难。椭圆曲线资源非常丰富，在同一个有限域上有着大量不同的椭圆曲线，这保证了安全性，也为软硬件的快速实现带来了方便。

3. 非对称加密方法与对称加密方法在实际操作中相结合

非对称加密的特点是安全性高，但速度较慢，不适合对大的文件进行加密，所以在实际操作中，人们采用对称加密与非对称加密相结合的办法。具体过程是：首先用加密速度较快的对称加密方法加密明文文件，所使用的密钥为 K（既是加密密钥，又是解密密钥）；然后利用安全性较高的非对称加密方法对密钥 K 进行加密，做法是利用接收方的公开密钥对密钥 K 进行加密；接收方在收到上述两个加密的信息后利用自己的私有密钥获得发送方的私有密钥 K，再利用 K 解开密文文件，获得明文。

三、数字签名

在上一部分我们提出了对称加密体制的几个缺陷，到目前为止，已经解决了其中的两个问题：利用非对称加密体制，不再需要一个秘密渠道传递密钥，只需要把公开密钥发布出去就可以了；也不再需要保存数目庞大的密钥。但还有两个问题，就是如何辨别谁是信息的发送者以及如何保证信息的完整性，为了解决这些问题，人们研制出了数字签名技术。

（一）数字签名技术的原理

数字签名是一种确保信息安全和完整性的技术，它利用了密码学的原理。数字签名的主要目的是验证数据来源的真实性和数据在传输过程中未被篡改。

数字签名通常使用非对称加密（也称为公钥加密）。在这种加密方式中，使用一对密钥：公钥和私钥。公钥是公开的，而私钥是保密的。数字签名还涉及哈希函数，它可以将任意长度的数据转换成一个固定长度的哈希值（通常是一个字符串）。哈希函数的特点是单向且独特的：即对于任何两个不同的数据，它们的哈希值也不相同。

（二）利用数字签名发送信息的流程

利用数字签名发送信息的流程如图 5–6 所示。首先，发送方将原始数据通过哈希函数转换成哈希值。然后，发送方用自己的私钥对这个哈希值进行加密，生成数字签名。接着，发送方将原始数据和数字签名一起发送给接收方。接收方使用同样的哈希函数处理接收到的原始数据，生成一个哈希值。接收方还会用发送方的公钥对接收到的数字签名进行解密，得到另一个哈希值。如果这两个哈希值相同，就证明数据在传输过程中未被篡改，且确实是由持有私钥的发送方发送的。

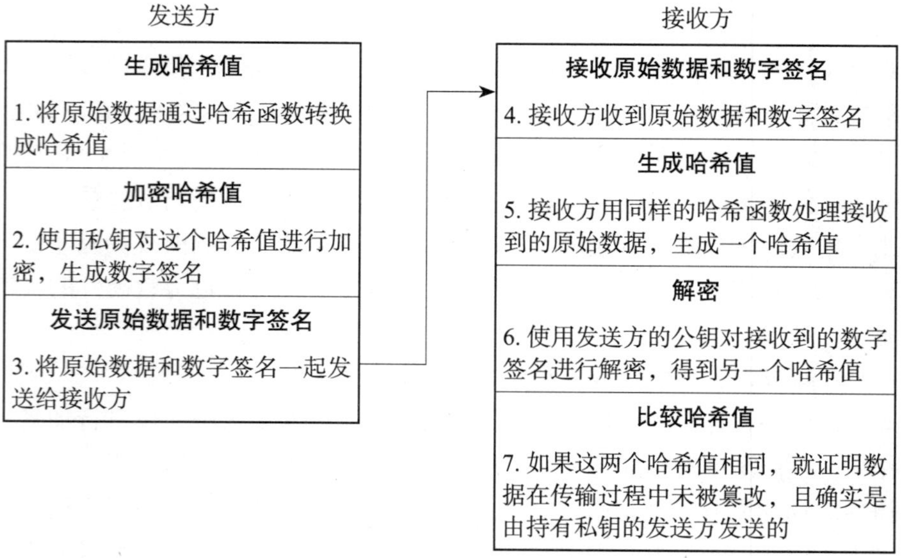

图 5–6　利用数字签名发送信息的流程示意图

从以上流程中可以看出数字签名的作用：（1）鉴别传输的信息是否被篡改，因为不同的文件产生的数字签名是不同的，所以可以通过重新计算数字签名来判断数据的完整性；（2）利用数字签名和加密技术可以识别信息发送者的身份。

四、数字摘要

电子商务中通信双方在互相传输电子合同、电子支票等信息时，不仅要对相关数据进行保密，还要知道数据在传输过程中是否被他人篡改，也就是要保证数据的真实性与完整性，其中一个有效手段就是采用数字摘要技术。

（一）数字摘要的定义与原理

数字摘要（digital digest）就是发送者根据某种数学算法计算出被传输的一个信息报文（比如电子合同或支付通知单）的摘要值，并将此摘要值与原始信息报文一起通过网络传给接收者，接收者应用此摘要值来检验信息报文在传输过程中有没有发生改变，进而判断信息报文的真实性。

这个摘要值本质上是原始信息报文通过某一加密算法产生的一个特殊的数字信息串，比较短，与原始信息报文之间有一一对应的关系。也就是说，每个信息报文按照某种加密算法都会产生一个特定的数字摘要，就像每个人都有自己独特的指纹一样，所以，数字摘要又称作“数字指纹”或“数字手印”。根据这个原理，就像人类可以通过指纹来确定某人的真实身份一样，也可以通过数字摘要来确定其代表的信息报文的真实性与完整性。

数字摘要是由 Hash（哈希）算法计算得到的，所以也称为哈希值。Hash 算法是一个单向的、不可逆的数学算法。信息报文经此算法处理后，会产生一个数字摘要，但不可能再还原成原始信息报文，从而保护了信息报文的机密性。

Hash 算法是公开的，接收者收到信息报文和数字摘要后，可以用 Hash 算法处理收到的信息报文，得到新的数字摘要。只要比较两条数字摘要是否相同，就可以确定所收到的信息报文的真实性与完整性。不同的原始信息报文将产生不同的数字摘要，原始信息报文哪怕改变一位数据，数字摘要也会产生很大变化。

（二）数字摘要示例

这里以数字摘要在网络支付业务过程中的应用为例描述其产生过程。客户甲向银行乙传输支付通知的数字摘要如图 5-7 所示。

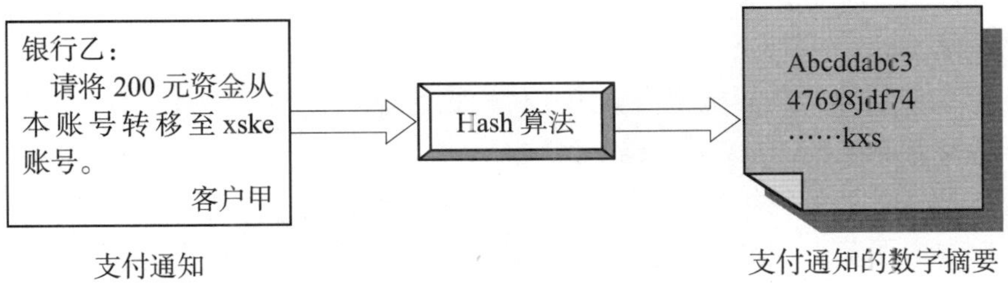

图 5-7　数字摘要示意图

由图 5–7 可以看出，只要有较好的 Hash 算法，产生数字摘要就比较容易。Hash 算法是公开的，但在精度上有区别，即产生的数字摘要的长度不同。数字摘要太短，容易重复（即两个不同的信息报文产生的数字摘要一样），失去防伪的意义；太长，则对算法要求高，产生时间长，传输时间也长，开销大。所以数字摘要的长度只要基本保证不重复就可以了，当然也不能保证一定不会重复，只要像指纹一样，重复的概率无穷小即可。

数字摘要是数字签名的一种支持技术，主要解决信息防伪的问题，通常与公开密钥加密算法一起应用，构成数字签名。

（三）数字摘要的优缺点

数字摘要可以保证信息的真实性，在一定程度上能防止信息被篡改，类似于签名的真实性检验，数字摘要是数字签名的支持技术之一。

但是数字摘要技术本身并不能保证数据的完整性，必须与其他密钥加密技术结合起来使用。Hash 算法是公开的，如果某人改变了信息报文的明文，可以很容易地同时改变由 Hash 算法生成的数字摘要。单独使用数字摘要显然无法保证数据的完整性，必须将数字摘要保护起来，使他人无法伪造。

五、区块链技术

（一）区块链技术的实质与内涵

区块链（blockchain）是一个由不同节点共同参与的分布式数据库系统，是开放式的账簿系统（ledger），它由一串利用密码学方法产生的数据块或数据包即区块（block）组成，对每个区块的数据信息自动加盖时间戳，从而计算出一个数据加密数值，即哈希值。每个区块都包括上一个区块的哈希值，从创世区块（genesis block）开始链接到当前区域，从而形成区块链。

区块链技术的实质是在信息不对称的情况下，无须互相担保信任或第三方核发信用证书，采用“基于互联网大数据的加密算法创设的节点普遍通过即为成立”的节点信任机制。任何机构和个人都可以作为节点参与创设信任机制，而且创设的区块必须在全网公示，任何节点参与人都看得见。节点越多，要求的计算力就越强，只有超过 51% 的节点都通过，才能确立一个新区块，即获得认可。同时，想要篡改或造假，也需要掌控超过 51% 的节点。理论上，当区块链的节点达到足够数量时，这种大众广泛参与的信任创设机制无需“中心”授权即可形成信任、达成合约、确立交易、共同监督。

移动互联网、大数据、云计算是区块链技术的基础设施，算法信任是关键机制，加密算法是技术基础。

（二）区块链技术对跨界电子商务的支付模式的影响

1. 提高交易真实性，确保金融系统安全

区块链技术独特的随机散列加密算法可以保证数据无法伪造和不可篡改，因此将大大提高对跨界电子商务交易真实性的识别能力。基于去中心化和去信任化特征，区块链金融系统可根据共识协议在支付前对境外交易主体的身份信息和商品信息进行核实验证，只有通过认证才能进入正式的支付环节，从而避免不法分子的虚假交易行为。同时，区块链金融系统的支付环节还包括与跨境物流和海关系统的对接，通过支付结算与实际交易的自动匹配确保跨界电子商务支付的真实性。物流配送与海关系统中任一节点不符合智能化合约的条件，都将无法完成整个支付链条，这大大减少了跨界电子商务网络化所导致的虚拟交易和金融犯罪行为。

2. 简化支付流程，降低管理运营成本

基于区块链技术在结算和支付功能中的应用，系统将根据用户的身份信息、账户信息和交易指令，智能地进行商品质量验证、售卖者信用验证等，通过验证后系统自动完成交易；商品进入物流环节后，系统自动跟踪商品并进行支付。智能化合约与编程技术帮助区块链金融系统实现智能跟踪并完成交易和支付环节，与当前第三方支付机构相比，在保证支付真实性的同时大大简化了跨界电子商务的支付流程，通过安全快捷的智能化合约完成整个交易链条，降低了管理成本。同时，支付系统由消费者、售卖者、物流运输企业和海关共同维护，实现自动化运营，这进一步降低了整个支付系统的运营成本。区块链技术不依赖第三方，通过自身分布式节点实现网络数据的存储、验证、传输等。区块链金融系统可以智能地协助相关监督管理机构进行单证、交易、资金的审核及传输，去中心化的分布式节点避免了传统支付、结算、审核、交割过程的复杂和烦琐，提高了支付效率。

3. 优化征信体系，降低信用风险

利用区块链技术进行支付流程的优化，跨界电子商务支付全过程中的信用风险将大幅降低。首先，系统可以对消费者提交的交易请求进行验证，当交易的商品和售卖者信息符合共识协议时才让交易请求通过。然后，系统自动生成支付命令并根据智能化合约达成交易，同时将商品信息、售卖者信息、交易过程与支付记录等数据记录在所属区块中。系统同步更新后，境外售卖者即可获得资金保障，然后将商品交付跨境物流，物流数据自动在区块链系统内上传和更新，海关等相关部门确认货物属实后进行登记，系统将跨境物流配送信息记录在所属区块中，提示消费者已获得商品。消费者确认收货且售卖者确认收到货款后，系统完成整个支付流程并对其加盖“时间戳”，确保整个交易和支付过程真实透明。在区块链支付模式下，集体维护数据库使境外售卖者和境内消费者无须主动建立信任关系，系统通过双方的验证后可以自发产生信用，能解决信用不足、信息不对称问题，实现安全交易。

4. 建立统一支付模式，提高系统安全性

区块链金融系统去中心化和数据库可靠的特点，可以使各区块、各节点和整个系统实现高度独立运行，最大限度避免网络攻击和安全故障的影响，实现整个支付系统的长期稳定性，而“时间戳”的不可篡改性功能和随机散列加密算法会进一步保障用户信息和资金的安全。同时，由于区块链技术本身具有高度标准化和通用化的技术范式，因此政府可鼓励和引导国内第三方支付平台应用区块链技术研发和建立新的跨界电子商务支付系统，并通过规范跨界电子商务的支付流程和支付标准，最终建立统一的国内跨界电子商务支付模式。以区块链技术为基础的统一的跨界电子商务支付模式，不仅有利于提高国内跨境支付业务与流程的规范性和专业性，扩大跨界电子商务交易的规模，也便于国家外汇管理局和海关等部门进行管理及提供服务。

但需要明确的是，区块链在工程技术层面还不够成熟，离在金融行业大规模应用还需要数年时间，目前存在一些技术瓶颈。“代码即法律”只是理想，智能化合约既不是人工智能，也不是法律合同，只是帮助双方履行约定的计算机程序而已。2016 年 6 月 17 日发生的 The Dao 事件[①]表明需要一个能对智能化合约进行事先检验的科学方法。

六、数据加密和认证技术在电子商务中的综合应用——虚拟专用网

（一）什么是虚拟专用网

在互联网上使用具有加密功能的路由器和防火墙把网络上的数据加密后再传输，我们把这一段用来传输加密数据的网络叫作虚拟专用网（virtual private net，VPN)，在防火墙间进行加密通信使公共网络私有化并形成虚拟专用网的技术称为 VPN 技术。

VPN 技术使在地理位置上分隔的企业在互联网上划出一块可以进行数据加密传输的地盘，就像建立了一个新的企业内部网，却不用付出很高的建设成本。VPN 技术保证在一个防火墙和另一个防火墙之间所有的通信都是加密的。在不同网络远程通信过程中，一方发出的信息经过加密嵌入一个网络协议软件包，通过互联网发送，接收方从网络协议软件包中提取加密的信息，经过解密得到原文。

VPN 技术的主要特点是使用安全，成本低。在互联网上使用 VPN 技术可以提高数据传输的安全性，在关键通信节点进行加密操作将减少网络通信所遭受的攻击。VPN 技术的最大吸引力在于可以大大降低私人网络的通信成本，企业不需要进行网络基础设施建设或租用专线。美国计算机领域的一份调查报告指出，如果在连接 LAN 和 WAN 的互联网中使用 VPN 技术，可以使成本降低 23% ～ 50%，对于以电话拨号方式联网存取数据的公司，采用 VPN 技术则可以使通信成本降低 50% ～ 80%。

（二）虚拟专用网的应用平台

VPN 的应用平台分为三类：纯软件平台、专用硬件平台和辅助硬件平台。VPN 设备选择的标准主要取决于应用程序的运行要求、安全组别的要求和应用性能的要求。

1. 纯软件平台

当数据连接速率很低，对性能和安全性要求不高时，可以利用一些软件公司提供的完全基于软件的 VPN 产品来实现简单的 VPN 功能。

2. 专用硬件平台

使用专用硬件平台的 VPN 设备可以满足企业和个人用户对数据安全及通信性能的要求。尤其是从通信性能的角度来看，指定的硬件平台可以完成数据加密等对 CPU 处理要求很高的功能。

3. 辅助硬件平台

这类平台介于纯软件平台和专用硬件平台之间。辅助硬件平台以现有网络设备为基础，主要由增添的能实现 VPN 功能的软件构成。

---

① 黑客利用 The Dao（区块链业界最大的众筹项目）编写的智能化合约中的重大缺陷展开网络攻击，造成 300 多万以太币资产被分离出 The Dao 资产池。

VPN 就是依靠互联网服务提供商（ISP）或其他网络服务提供商（NSP）在公用网中建立自己的虚拟连接，以实现与远程的局域网连接的目的。

（三）虚拟专用网的特点

（1）解决了企业进行远程通信必须购置专用远程访问服务器，必须使用租用线路的高成本、低扩展性的问题。

（2）将远程网络主干通信的软硬件维护的任务交给 ISP，大大减少了企业为管理网络所投入的人力和物力，降低了企业的管理成本。

（3）利用点对点隧道协议（PPP）以及第二层隧道协议（L2TP）可以实现多点建立 VPN，使得用户可以开通多个 VPN，以便同时访问互联网和企业网络。

（4）采用微软的点对点加密协议（MPPE）以及安全 IP 标准（IPSec）和密钥可以实现 VPN 的安全策略。

第 4 节　电子商务交易用户身份识别

数字签名技术力图解决电子交易中的一个难题——身份辨识问题，但如果只利用这项技术，显然不能彻底解决问题。例如，A 收到了带有 B 数字签名的文件，A 只能判断出是 B（或是拥有 B 的公开密钥和私有密钥的人）给他发出了这个文件，并且文件在传输过程中没有被篡改，但 A 无法确定 B 在真实世界中的身份、公司规模、信用状况等，也无法确定是否有人利用一对公开密钥和私有密钥在互联网上冒充 B。

一、什么是 CA 认证

在网络这个虚拟的世界里，必须有人向公开密钥的使用者证明，公布在网络上的公开密钥的真实性和合法性。CA（Certificate Authority）中心（又称证书授权中心）就是负责验证公开密钥主体的真实身份以及它与公开密钥的匹配关系的机构，在完成验证后向网络用户发放数字证书。CA 中心负责对互联网上的用户进行管理和授权，接受参与电子商务交易各方的申请，审查申请者在真实世界中的资质和身份。

CA 中心作为电子商务交易中受信任的第三方，承担公开密钥体系中公开密钥的合法性检验的责任。CA 中心向每个使用公开密钥的用户发放一个数字证书，证明证书中列出的用户合法拥有证书中列出的公开密钥。CA 中心的数字签名使得攻击者无法伪造和篡改证书。CA 中心负责生成、分配并管理所有参与网上交易的个体所需的数字证书，因此是安全电子交易的核心环节。由此可见，成立 CA 中心是开拓和规范电子商务市场必不可少的一步。

二、CA 认证的过程

利用 CA 中心和数字证书进行身份认证的过程可以简单归纳为以下几步。

（1）电子商务交易各方向 CA 中心提交自己的公开密钥和其他代表自己身份的信息。

（2）CA 中心在验证用户的有效身份后，向用户颁发一个附有自己签名的证书，该数字证书用 CA 中心的私有密钥进行加密。

（3）参与电子商务交易的各方如果从同一个 CA 中心获得了数字证书或信任为对方签发证书的 CA 中心，他们就可以通过交换数字证书来获得对方的公开密钥。

（4）如果想要验证对方的数字证书，可以利用 CA 中心的公开密钥验证其数字签名，只要能验证 CA 中心的数字签名，就能说明这张证书的确是由该 CA 中心颁发的。因而用户不需要再去验证每一个交易伙伴的密钥，只需要验证并信任为其签发数字证书的 CA 中心的公开密钥即可。

（5）如果用户的私有密钥泄露或证书的有效期已到，CA 中心就需要将该用户的数字证书作废，并向外界公布作废证书的信息。

三、数字证书的内容、管理和验证

（一）数字证书的内容

数字证书又称为数字标识，它是一份文档，记录了用户的公开密钥和其他身份信息。通俗地讲，数字证书就是个人或单位在互联网上的身份证，是人们在互联网交往中证明自己身份和识别对方身份的证明文件。数字证书一般包括下列内容：证书持有人的身份信息，包括姓名、电子邮箱、所属单位、地址、邮编等；发布证书机构的数字签名和身份信息；证书持有人的公开密钥；数字证书的有效期；证书类别；数字证书的序列号等。

最简单的证书包含一个公开密钥、公开密钥拥有者以及证书授权中心的数字签名。一般情况下，证书还包括密钥的有效时间、发证机关（CA 中心）的名称、该证书的序列号等信息，证书的格式遵循 ITUT X.509 国际标准。

不同种类的数字证书包含不同的内容，有只包含用户姓名和电子邮箱的简单证书，也有包含用户身份证号、所属单位、信用卡或资金账号的复杂证书，证书包含的内容越多，CA 中心需要验证的内容就越多，证书对于验证用户身份的作用也就越大。用户需要向 CA 中心支付费用，证书越复杂，用户要付的费用也就越高。

（二）数字证书的管理和验证

CA 管理机构包括两大部门：一个是审核授权部门（Registry Authority，RA），它负责对证书申请者进行资格审查，决定是否给该申请者发放证书，并承担因审核错误而向不满足要求的申请者发放证书所产生的一切后果。另一个是证书操作部门（Certificate Processor，CP），负责制作、发放和管理证书，并承担因操作失误所产生的一切后果，包括失密和向没有获得授权者发放证书等。

CA 体系具有一定的层次结构，它由根 CA、品牌 CA、地方 CA 以及持卡人 CA、商家 CA、支付网关 CA 等不同层次构成，上一级 CA 负责下一级 CA 数字证书的申请、签发及管理工作。通过一个完整的 CA 认证体系，企业可以有效地实现对数字证书的验证。每一份数字证书都与上一级的签名证书相关联，最终通过安全认证链追溯到一个已知的可信赖的机构。由此可以对各级数字证书的有效性进行验证。根 CA 的密钥由 CA 系统导出并生成自签名根证书，根证书的公开密钥对各方公开，它是 CA 体系中的最高层。

电子商务交易各方在交易中通过交换数字证书来验证对方的身份，如果对签发证书的 CA 中心是信任的，就认可其数字证书上提供的内容，如果对签发证书的 CA 中心不信任，那么每一个 CA 中心也有数字证书，该证书由比它规模更大、更权威、更容易获得人们认可的 CA 中心来签发，即 CA 中心是有不同层次的，你可以通过数字证书一层一层推上去，直至遇到你相信的 CA 中心为止。

CA 为电子商务服务的证书中心，是公钥基础设施（public key infrastructure，PKI）体系的核心。目前，以数字安全证书为核心的 PKI 技术日趋成熟，其应用覆盖了安全电子邮件、虚拟专用网络、Web 交互安全、电子数据交换、互联网上的信用卡交易等，涉及电子商务、电子政务、电子事务安全等诸多领域。

四、中国金融认证中心

中国金融认证中心（China Financial Certification Authority，CFCA）是由中国人民银行牵头，由中国工商银行、中国农业银行、中国银行、中国建设银行、交通银行等 14 家全国性商业银行联合共建，保证网上交易和支付安全的国家级权威金融认证机构。

作为一个权威的、可信赖的、公正的第三方认证机构，CFCA 提供的各种数字证书包括普通证书、高级证书、网点证书、VPN 证书、WAP 证书等，为网上交易提供信息安全基础，建立彼此信任的机制，保障互联网上电子交易的保密性、真实性、完整性和不可抵赖性。

在证书管理机制上，CFCA 发放的证书具有明显的特征：证书发放要经过金融机构审批，申请者必须具备合法的身份、合格的金融资信和支付能力才能获得证书，这样可以规避交易中可能发生的支付风险。在证书核心技术上，CFCA 采用国际公认的 PKI 技术，在保证核心加密模块国产化的前提下，通过国际招标建立了具有世界先进水平的 PKI 系统。在物理安全上，CFCA 启用了符合国际标准的认证大楼，机房使用双指纹多层门禁系统和 24 小时电脑录像监控系统，墙体都采用无缝钢板以达到屏蔽和防攻击、防电子泄露的目的。

为检验和保证 CFCA 的 PKI 系统及核心技术的安全可靠性，2000 年 12 月，在中国人民银行的领导下，CFCA 委托中国信息安全测评中心对其 PKI 系统进行全面的测试。中国信息安全测评中心是我国专门从事信息技术安全检测和风险评估的权威职能机构。

2005 年 4 月 1 日，《中华人民共和国电子签名法》正式生效。这不仅标志着中国电子签名领域有法可依，而且推动了数字证书的使用和普及，并促使中国各大银行统一使用 CFCA 颁发的数字证书。CFCA 自成立以来，一直致力于金融认证体系的研究和数字证书的推广发放工作，取得了巨大成就。2006 年 7 月，CFCA 证书发放数量累计突破 100 万张，并以每月近 2 万张的速度增长。到 2013 年 12 月，累计证书发放量已突破 5 000 万张，在全国被纳入“统一的金融安全认证体系”的 268 家银行中，使用 CFCA 数字证书的银行占比超过 97%。

2013 年 10 月 16 日，CFCA 在北京推出一系列基于自主可控技术的互联网金融安全解决方案。CFCA工作人员在互联网金融信息安全创新产品发布会上表示，蓝牙USBKEY、可信服务器证书和EV证书、金融支付机构联合反欺诈共享平台等三款产品将服务于互联网金融安全保护领域，这将有力地推动互联网金融健康发展。CFCA凭借雄厚的技术实力和安全可靠的运维体系，以信息安全产品自主创新为目标，以推动信息安全产品的国产化进程为己任，为保障互联网金融安全和健康快速发展提供了有力的技术支撑。

此外，CFCA还积极推动证书的跨行通用，客户只要拥有一张证书就可以登录多家银行的网银系统，而不用购买多张证书或者安装多个客户端软件，证书使用更加安全、便利。证书跨行通用突出体现了金融行业统一认证的优势，为最终实现网上跨行支付奠定了坚实的基础。

第5节　电子商务支付安全技术

在电子商务中如何保证在线支付的安全是用户、商家及金融机构最为关注的问题之一。为了解决这一问题，众多IT公司和金融机构一起开发了安全在线支付协议，目前的电子商务交易中有两个支付协议被广泛采纳和应用，一个是安全套接层（secure sockets layer，SSL）协议，另一个是安全电子交换（secure electronic transaction，SET）协议。

一、SSL协议

SSL协议是由网景（Netscape）公司设计开发的一种安全技术规范，包括在互联网上两个节点之间建立安全的TCP连接的流程及使用的技术，更通俗地说，SSL协议就是在使用浏览器访问Web服务器时，为了提高安全性而定下的一些规矩，包括在接到请求后的动作步骤，何时需要采用身份验证技术和加密技术等。SSL协议保证基于它的规范进行的数据传输是安全的。

一个比较常见的对SSL协议概念的总结是：面向任何安装了SSL协议的客户机和服务器，保证它们之间的一切事务安全，涉及所有的TCP/IP应用程序。

（一）SSL协议的工作原理

SSL协议可以在Web上两台机器间建立安全通道，其工作原理如下。

（1）利用认证技术识别各自的身份。在客户机向服务器发出要求建立连接的消息后，客户机和服务器都可用数字证书进行验证，从而识别各自的身份。

（2）利用加密技术保证通道的保密性。在相互验证身份以后，浏览器端随机产生一个密钥，并用该密钥加密要传输的数据文件，产生密文，此时采用的是对称加密方法（即用同一个密钥加密和解密数据）。然后用包含在服务器数字证书中的公开密钥对产生的密钥加密，把加密过的密钥和密文一起发送到服务器端，由于只能用对应的私有密钥来解密，因此密钥和密文可以安全地抵达Web服务器。

（3）利用数字签名技术保证信息的完整性。在相互传输的数据中加载数字签名，从而保证信息的完整性。

（二）SSL 协议的安全交易过程

为了实现支付安全，顾客、商家、银行与支付平台都必须有数字证书。遵循 SSL 协议的电子商务交易过程如下：顾客购物时先登录商家网站，通过 SSL 协议建立端对端的连接，顾客浏览商品并下单。商家将支付信息转发至第三方服务平台，经平台识别后，转发至相应顾客的开户银行，在这一过程中也是通过 SSL 协议建立端对端的连接。银行的网关在接收平台转来的顾客付款信息后，进行通信格式转换，向银行后台核心业务系统进行授权。授权成功后，银行将顾客购买金额从客户账号划入商家账号，并回答平台授权完成，平台回答商家扣款成功，商家回答顾客交易成功。

（三）SSL 协议的优点和缺点

SSL 协议的优点是：支持很多加密算法；其实现过程比较简单，独立于应用层协议；内置于大部分的浏览器和服务器中，至今还有很多网上商店通过这一协议进行交易。

SSL 协议的缺点也很明显，它只能建立两点之间的安全连接（所以顾客只能把付款信息发送给商家，再由商家转发给银行），而且只能保证连接通道是安全的，也就是说，它只保证两点之间数据传输的安全，而不能保证商家不会私自保留或盗用顾客的付款信息。这一缺陷随着网上商店数目的不断增加和信誉的良莠不齐越来越突出，因而人们开发了新的协议：SET 协议。

二、SET 协议

SET 协议是由维萨和万事达卡两大信用卡组织联合开发的电子商务安全协议，用来保证电子商务中信用卡交易的安全。由于 SET 协议得到惠普、IBM、微软等大公司的支持，在全球电子商务支付领域得到了广泛应用，成为在线交易的电子付款系统事实上的工业标准。

（一）SET 协议的主要目标

SET 协议是一个复杂的协议，涵盖了信用卡在电子商务中的所有交易流程，以及应用到的信息保密、资料完整及 CA 认证、数字签名等技术标准，详细准确地规定了交易各方之间的各种关系。它的主要目标包括三个方面。

（1）保障付款信息的安全。SET 协议首先要保障付款信息的安全传输，保证顾客的交易数据不会被截获或丢失。

（2）保障付款过程的安全。SET 协议的付款过程与 SSL 协议不同，顾客虽然把信用卡账号、密码等信息发给商家，但 SET 协议采用的特殊技术可以让商家看不到账号等顾客付款信息，从而保证付款过程的信息安全。同时，SET 协议要求参与付款的各方都要提供数字证书进行身份认证，从而保证付款过程的安全。

（3）保证付款过程遵守相同的协议和格式标准。SET 协议提供开放的标准，规定交易的技术细节，确保不同厂商开发的应用程序只要遵守它的规范就可以通用，使标准达到良好的兼容性并被广泛接受，可以运行在不同的硬件和软件平台上。

（二）基于 SET 协议的交易过程

基于 SET 协议的交易过程中要对商家、顾客、支付网关等交易各方进行身份认证，因此交易过程比较复杂，需要验证电子证书 9 次，验证数字签名 6 次，传递证书 7 次，签名 5 次，对称加密和非对称加密 4 次。通常完成一个交易过程要花 1.5 ～ 2 分钟甚至更长时间。由于各地网络设施的质量良莠不齐，有些地方可能需要耗费更长的时间。

遵循 SET 协议的电子商务交易过程如下：顾客在网上商店看中商品后与商家进行沟通，然后发出请求购买信息；商家要求顾客用电子钱包付款；电子钱包提示顾客输入口令后与商家交换信息，确认商家和顾客均合法；顾客的电子钱包形成一个包含订购信息与支付指令的报文发送给商家；商家将含有顾客支付指令的信息发送给支付网关；支付网关在确认顾客信用卡信息后，向商家发送一个与授权相对应的报文；商家向顾客的电子钱包发送一个确认信息；将款项从顾客账号划入商家账号，交易结束。

（三）SET 协议的优点和缺点

首先，SET 协议给顾客提供了更好的安全保护。SET 协议是一个针对多方的报文协议，它定义了银行、商家、持卡人之间的数据传输技术标准和操作流程，而 SSL 协议只能在两方之间建立安全连接，只能通过商家转发顾客的账户信息，因此 SET 协议可以提供比 SSL 协议更高的安全性。另外，SSL 协议是面向连接的，即只允许在建立连接的时候安全传输数据，而 SET 协议允许各方之间的报文交换不是实时的。

其次，SET 协议为商家提供了保护自己的手段。SET 协议通过使用加密技术和严格执行多方身份的验证，保证了信息的安全传输和货款的安全划拨，免除了商家的后顾之忧。

对银行和发卡机构以及各种信用卡组织来说，SET 协议可以帮助它们将业务扩展到互联网这个广阔的空间，从而使得信用卡网上支付的安全性更高，比其他支付方式具有更大的竞争力。

但 SET 协议提供这些功能的前提是在银行网络、商家服务器、顾客的电脑上安装相应的软件，这阻止了 SET 协议的广泛使用。另外，SET 协议还要求向各方发放证书，这也成为阻碍之一。所有这些使得 SET 的成本比 SSL 高得多。

综合考虑这两种协议的特点，可以把它们结合在一起使用。例如，一些商家正考虑在与银行连接时使用 SET，而与顾客连接时仍然使用 SSL。这种方案既避免了在顾客的机器上安装特殊软件，同时又利用了 SET 的很多优点。

第 6 节　电子商务安全评估与安全策略

保障电子商务的安全并不是单纯的技术问题，还涉及电子商务交易管理、法律以及技术等各个方面，需要对整个安全体系进行评估，找出问题所在并进行分析，据此制定完善且切合实际的安全策略。一方面要满足电子商务对安全性的要求，另一方面要考虑到一定的开放性，按照用户自己制定的安全标准实现安全性与开放性的平衡。只有在制定出合适的安全策略后，才能结合实际情况和需求选用相应的安全技术，即选用合适的电子商务安全解决方案。

一、电子商务安全评估

电子商务安全评估即通过对系统进行检测或扫描，发现问题并分析问题，采取相应的防护措施，从而保障系统的安全。进行漏洞检测与评估的主要目的是先于入侵者发现漏洞并及时弥补，从而提供安全防护。由于网络环境比较复杂，一般需要利用工具对网络层、操作系统层、数据库层、应用系统层等多个层面进行漏洞检测。漏洞可能是系统自身的，也可能是管理、配置上的。因为网络是动态变化的，所以漏洞检测与评估应该定期进行。

（一）电子商务安全评估的内容

电子商务安全评估的内容可以从内外两个方面进行分类。

1. 从企业内部进行评估

从技术的角度来看，应包括物理设备安全评估、数据库安全评估、操作系统安全评估（文件访问控制的漏洞、系统用户账号管理的漏洞等）、第三方应用软件安全评估、入侵风险评估、数据备份和恢复措施评估、病毒防护技术评估等。

从管理的角度来看，要对企业安全管理规定以及保障措施进行评估。

2. 从企业外部进行评估

从外部进行评估包括防火墙安全评估、加密算法和密钥安全评估、企业网站安全评估。

（二）电子商务安全评估标准

1. TCSEC——美国的《可信计算机系统评估准则》

美国于 1985 年发布了第一个计算机安全标准，即《可信计算机系统评估准则》，该准则主要涉及商用可信自动数据处理系统。准则措绘了不同安全等级的最低要求和可信措施，目的是为生产厂家提供一种安全标准，为国防部评估信息产品可信度提供一种安全量度，为产品规格中的安全要求提供基准。《可信计算机系统评估准则》的安全等级分为 A、B、C、D 四级。其中 A 为最高安全等级，D 为最低安全等级。每个安全等级包括安全策略、可计算性、可信赖性和文件编制四个方面。

2. ITSEC——欧洲的《信息技术安全评估准则》

欧洲的《信息技术安全评估准则》将安全功能和功能评估区分开来。每个产品最少给出两个基本参数，一个是安全功能，另一个是实现的准确性。功能准则的度量范围为 F1 ～ F10 共十级。其中，F6 ～ F10 添加了下述概念：F6 添加了数据和程序的完整性概念；F7 添加了系统可用性概念；F8 添加了数据通信完整性概念；F9 添加了通信机密性概念；F10 添加了网络安全概念，网络安全概念进一步包括机密性和完整性概念。

二、电子商务安全策略

制定安全策略的目的是从整体性、计划性和规范性三个方面来考虑电子商务的安全问题，保证制定的安全措施和使用的技术手段是有效的和可行的，使电子商务的交易过程可以得到全面、完善的保护。

安全策略的主要内容包括：确定所要保护的对象，要防范的对象，在什么层次上进行何种程度的保护，在安全防范上计划投入多少，选择适合的安全措施等。

（一）制定安全策略时需要考虑的问题

（1）电子商务的安全涉及的不是一台计算机或服务器，而是整个网络系统，必须结合网络系统来制定合适的安全策略。

（2）电子商务安全不能由单一的网络技术或产品来实现。如前所述，网络安全涉及的问题非常多，如防病毒、防入侵破坏、防信息盗窃、用户身份验证等，这些都不是由单一产品来完成的，也不可能由单一产品来完成，必须通过制定综合策略来实现电子商务安全。

（3）电子商务安全要求系统具有可评估性。电子商务安全策略的制定要参照一定的国际、国内标准，以便今后可以进行合理的评估。

（4）安全策略的制定要具有动态性。在电子商务交易中所面临的安全问题和威胁是不断变化的，因此安全策略必须不断进行调整以应对不断出现的新问题。

最重要的任务就是制定一个网络安全策略。一个合适的安全策略将帮助企业决定哪些东西需要保护、在保护时可以投入多少、由谁来负责执行等。

（二）安全策略的制定

制定安全策略，应从多个方面予以考虑。

1. 进行安全需求分析

进行安全需求分析时应该考虑企业的各种网络服务的安全、用户的权限和分类、安全故障处理、网络拓扑结构、管理人员的职责、入侵和攻击的检测与防御、备份和灾难恢复计划等内容。

2. 进行安全检测与评估

从安全角度看，企业接入互联网前的检测与评估是保障网络安全的重要措施。企业应从以下几个方面对网络安全进行检测与评估：（1）网络设备。重点检测与评估连接不同网段的设备和连接广域网的设备。（2）网络操作系统。网络操作系统是网络信息系统的核心，其安全性意义重大。

3. 建立安全体系结构

首先，考虑设备的安全问题。设备安全是指在物理介质层次上对存储和传输的网络信息进行保护，这是网络信息安全的基本保障。建立物理安全体系结构应从三个方面考虑：一是自然灾害、物理损坏和设备故障等；二是电磁辐射、乘虚而入、痕迹泄露等；三是操作失误（格式化硬盘、线路拆除）、意外疏漏等。

其次，考虑访问控制问题，即什么用户可以以何种权限接入系统，只有被授权的用户才能访问相应的数据。

最后，考虑数据保密和完整性问题。数据保密是指保护网络中各系统之间交换的数据，防止因数据被截获而造成泄密。数据完整性是指保证接收方收到的信息与发送方发送的信息完全一致，包括可恢复的完整性、无恢复的完整性、选择字段的完整性，目前主要通过数字签名技术来实现。

4. 制定安全管理措施

网络安全管理既要保证网络资源不被非法使用，又要保证网络管理系统本身不被未经授权的人员访问。制定合理的安全管理措施是保证网络安全的重要策略之一。

安全管理措施应包括：（1）网络设备的安全管理。主要包括网络设备的互联原则、配置更改原则等。（2）软件的安全管理。包括软件的使用原则、配置更改原则、权限设置原则等。（3）密钥的安全管理。主要包括密钥的生成、检验、分配、保存、更换、注入、销毁等。（4）管理网络的安全管理。管理网络是一个有关网络维护、运营和管理信息的综合管理系统。它集高度自动化信息的收集、传输、处理和存储于一体，主要负责性能管理、配置管理、故障管理、计费管理等。（5）安全的行政管理。重点是安全组织的设立、安全人事管理、安全责任与监督等。应该有专人负责整个网络信息系统的安全与保密工作。

5. 制订实施方案

根据以上安全措施，还要制订具体方案，包括确定实施方案的具体内容以及选择合适的安全技术。

三、电子商务安全解决方案

电子商务安全解决方案也就是按照企业安全策略制订的具体的实施方案。结合前几节的论述，可以总结出电子商务安全解决方案应包括以下几方面的内容：企业内部网络的安全解决方案，包括计算机资源和所有网络设施的安全、企业软件和数据的安全、病毒和对非法入侵的防范；交易数据传输的安全解决方案，包括保证数据的安全性和完整性、网上交易身份的可认证性；网上交易支付的安全解决方案等。

（一）电子商务安全解决方案的内容

电子商务安全解决方案的内容具体包括以下几个方面：计算机硬件资源的安全保护技术——物理资源的保护；计算机软件资源的安全保护技术——操作系统和其他应用软件的安全设置；数据保护技术和备份恢复技术——对重要数据通过权限划分、身份校验等措施保证其安全，提供软硬件资源对重要数据进行备份，发生问题后可进行恢复；网络边界的保护技术——选择合适的防火墙产品对网络边界进行保护，利用网络杀毒技术查杀来源于网上的病毒，选用合适的方式管理远程登录；选择合适的加密技术和产品对数据进行加密，对密钥进行合理的管理；选择 CA 中心为企业申请数字证书；利用 VPN 技术为企业间数据交换提供安全的通道；选用适合企业的支付协议和支付手段。

（二）基于 CA eTrust 的电子商务安全解决方案

针对电子商务流程的安全管理需要，CA 中心推出的 CA eTrust 是一个端到端的电子商务安全解决方案。下面对 CA eTrust 电子商务安全解决方案进行简单介绍。CA eTrust

解决方案可分为以下几个层次。

1. 单机安全解决方案

来自互联网的大量病毒和黑客袭击是对个人计算机系统的最大威胁。

CA 中心推出的 eTrust 单机安全解决方案包括 eTrust Content Inspection 和 eTrust Antivirus。其中，eTrust Antivirus 是集成的防病毒解决方案，可以满足用户对安全管理的要求，而针对黑客入侵设计的 eTrust Content Inspection 方案则为单机用户的系统提供基于政策的保护，对抗恶意的 Java 和 ActiveX 程式码。两者配合可为个人电脑用户提供完整的安全解决方案。

2. 系统内部网安全解决方案

在大型企业的内部网络中，复杂的异构系统环境是各种网络安全问题滋生的温床。不同设备的缺陷和系统的漏洞、非法的资源访问和恶意的内部破坏等时刻威胁着企业网络系统的安全。为保证企业的进一步发展，需要对网络信息的传输状况进行实时的监控、记录和报警，并对网络用户登录进行集中管理，同时还需严格定义资源使用权限，以防止内外部人员造成安全损失。

eTrust 提供的系统内部网安全解决方案包括：eTrust Access Control、eTrust Policy Compliance、eTrust Audit、eTrust SSO 和 eTrust PKI。eTrust Access Control 是 eTrust 系统内部网安全解决方案的组件，可通过对资源的权限设定和存取控制，集中对分散式系统的安全进行控管，并主动阻止未许可访问的发生，从而为中型和大型计算机中心提供安全防护。eTrust Policy Compliance 的预警功能可简化企业的安全管理工作，并可在寻找和报告网络、程序、记录、口令和文件系统 / 容量内部存在的安全缺陷的过程中，提供纠正及修复的办法。eTrust SSO 则可作为集中化安全策略管理的整体解决方案，帮助用户实现利用一个账号登录所有的网络授权资源。最后，eTrust Audit 和 eTrust PKI 具备收集分析企业系统安全稽核材料、了解企业安全状况及构建基于政策安全的公开基础框架等功能，帮助大型企业解决网络安全方面的问题。

3. 企业级安全解决方案

eTrust 企业级安全解决方案为企业提供了一套解决方案。首先，企业可利用 eTrust Firewall 在网络的边缘设置网络防火墙。它可为企业网络提供必要的低阶通信层次的防护，并通过集中控制进出系统的数据来保护 ISP 企业的关键资源。其次，企业借助方案中的 eTrust Intrusion Protection 组件，可对网络入侵进行监控和防护，抵御低阶通信层次的攻击，防止主机及个人电脑被入侵，侦测病毒及恶意的可执行程序代码并阻止其在网络上传播。最后，eTrust Access Control 通过对系统资源的权限进行设定与控管，实现对企业分散式系统的安全管理，保护服务器和主机不受任何攻击。借助 eTrust Admin 的账号 / 密码管理工具，使用者可以在不同系统、数据库及程序中使用同一账号。而 eTrust Encryption 则可以实现端到端的传输信息加密 / 解密。

□思考题

1. 企业在电子商务交易过程中面临哪些安全威胁？在现实生活中找一个电子商务企业，看一看它曾受到哪些安全威胁以及它是如何应对的。

2. 电子商务安全防护措施包括哪几方面的内容？为什么说只考虑技术因素是不全面的？
3. 数据加密算法一般分为哪几类？比较对称加密体制和非对称加密体制的优缺点。
4. 企业可以利用什么安全技术来验证所收到的电子信息的发出方的身份，或如何应对某方发出了信息又进行抵赖的行为？
5. 什么是区块链技术？为什么区块链技术可以保证数据的安全？
6. 防火墙的主要作用是什么？现在市场上最流行的防火墙产品有哪些？各有什么特点？
7. 什么是 CA 中心？电子商务企业为什么要申请数字证书？
8. 在电子商务支付过程中，SSL 协议和 SET 协议所起的作用是什么？二者有何区别？

第 6 章

电子商务环境下的物流与供应链管理

| 本章要点 |

在电子商务的任何一笔交易中都包含物流、资金流、商流和信息流。供应链管理是对整个供应链系统中各参与企业、部门之间的物流、信息流与资金流进行计划、协调、控制和优化的各种活动和过程。在这个过程中物流起着举足轻重的作用。本章主要介绍物流和供应链管理的基础知识，说明电子商务与物流及供应链管理的关系以及三者之间的相互影响和作用，并阐述跨境电子商务物流模式的创新与发展趋势。

计算机与通信技术的应用解决了电子商务活动中的商品信息传输与交易支付问题。接下来，电子商务活动面对的问题是如何将商品从卖家配送到买家手中，这些工作将由物流来完成。

第 1 节　物流与物流管理

一、物流概述

"物流"一词最早出现于美国。1915 年，阿奇·萧（Arch Shaw）在《市场流通中的若干问题》一书中提到了"物流"一词，并指出"物流是与创造需求不同的一个问题"。1935 年，美国销售协会阐述了实物分配（physical distribution，PD）的概念："实物分配是指销售过程中的物质资料和服务从生产场所到消费场所流动的过程中所伴随的种种经济活动。"德国人尤尼曼（Yuneman）认为"物流学是研究对系统（企业、地区、国家、国际）的物料流（material flow）及有关的信息流（information flow）进行规划与管理的科学理论"。日本学者林周二对物流的界定比较详细，他认为"物流是包含物质资产的废弃与还原，连接供给主体与需求主体，克服空间与时间距离，并创造一部分形质效果的物理性经济活动，具体包括运输、仓储、包装、装卸搬运、流通加工等活动以及有关的信息活动”。

第二次世界大战中，围绕战略物资的供应，美国军队建立了“后勤”(logistics) 理论，并将其用于战事。当时所提出的“后勤”是指将战时物资生产、采购、运输、配给等活动作为一个整体进行统一安排，以求战略物资补给的费用更低、速度更快、服务更好。后来“后勤”一词在企业中广泛应用，又出现了商业后勤、流通后勤的提法，那时的后勤包含了生产过程和流通过程中的物流，是一个范围更广的概念。

第二次世界大战以后，西方经济进入大量生产、大量销售的时期，降低流通成本的问题引人注目，实物分配（PD）的概念更为系统化。日本的物流概念是 1956 年直接从英文 physical distribution 翻译而来的。1956 年，日本派团考察美国的流通技术，引进了物流的概念。20 世纪 50 年代，PD 在日本被译为“物的流通”，日本著名学者、被称为物流之父的平原直就用“物流”这一更为简洁的表达方式代替“物的流通”，之后“物流”一词广泛使用。实际上，我国许多文献也是按 PD 的概念来阐述物流的。

近几十年来，logistics 逐渐取代 PD，成为物流科学的代名词。这是物流科学走向成熟的标志。logistics 包含生产领域的原材料采购、生产过程中的物料搬运、厂内物流、流通过程中的物流、销售物流（即 physical distribution）等，可见 logistics 的外延更广。

物流的概念包含以下要点：物流学的研究对象是贯穿生产领域和流通领域的一切物料流以及有关的信息流；研究目的是对物流进行科学规划、管理与控制；物流的作用是使物资由供给主体向需求主体转移（包含物资的废弃与还原），创造时间价值和空间价值，并且创造部分形质效果；物流活动（物流要素）包括运输、仓储、包装、装卸搬运、流通加工以及有关的信息活动等。

二、物流管理

物流管理是指在社会再生产过程中，根据物质资料实体流动的规律，应用管理学的基本原理和科学方法，对物流活动进行计划、组织、指挥、协调、控制和监督，使各项物流活动实现最佳协调与配合，以降低物流成本，提高物流效率和经济效益。物流管理的内容包括：对物流活动诸要素的管理，包括对运输、仓储、包装、装卸搬运、流通加工以及有关的信息活动等环节的管理；对物流系统诸要素的管理，即对其中人、财、物、设备、方法和信息等六大要素的管理；对物流活动中具体职能的管理，包括对物流计划、质量、技术、成本效益等职能的管理。

物流管理包括企业物流管理和社会物流管理两方面。社会物流以社会为范畴，是面向全社会的物流，也就是说，社会物流的范畴是指社会经济大领域，具有宏观性和广泛性。而企业物流是从企业角度来考察与其有关的物流活动，研究的是具体的、微观的物流活动。

（一）企业物流

企业物流包括生产物流、供应物流、销售物流、回收物流和废弃物流。生产物流一般是指原材料、燃料、外购件投入生产后，经过下料、发料，运送到各加工点和储存点，以在制品的形态从一个生产单位（仓库）流入另一个生产单位，按照规定的工艺过程进行加工、储存，借助一定的运输装置，在某个点内流转，又从该点流出，始终体现为物料实物形态的流转过程。这样就构成了企业内部物流活动的全过程。所以生产物流的边界始于原材料、外购件的投入，止于成品仓库，贯穿生产全过程。

企业物流中生产物流处于中心地位，它和生产同步进行，是企业内部所能控制的，其实现合理化的条件最成熟。而供应物流和销售物流是生产物流的外延部分（上延和下延），受企业外部环境影响较大，如政策与市场环境、仓储与运输环境和一些间接环境等。供应物流包括原材料等一切生产资料的采购、进货运输、仓储、库存管理、用料管理和供料运输。它是企业物流系统中独立性相对较强的一个子系统，并且和生产系统、搬运系统、财务系统等企业各部门以及企业外部的资源市场、运输条件等密切相关。供应物流系统的功能主要包括采购、供应、库存管理、仓库管理。销售物流是企业物流系统的最后一个环节，是企业物流与社会物流的又一个衔接点。它与企业销售系统配合，共同完成产成品的销售任务。销售物流涉及工业包装、成品储存、销售渠道、产成品的发送、信息处理等几个方面。

从生产到消费过程中产生的一些废弃物，一部分可以回收再利用，称为再生资源，由此产生了回收物流；另一部分在循环利用过程中基本或完全失去了使用价值，形成无法再利用的最终排放物，即废弃物，废弃物经过处理后返回自然界，由此产生了废弃物流。

（二）社会物流

社会物流是指超越一家一户的以整个社会为服务对象的物流。这种社会性很强的物流往往由专门的物流承担者来承担。社会物流的范畴是社会经济大领域。社会物流研究再生产过程中的物流活动，研究国民经济中的物流活动，研究如何形成服务社会、面向社会又在社会环境中运行的物流，研究社会中物流体系的结构和运行，因此具有宏观性和广泛性。

三、中国物流发展状况

近几十年来，中国物流业同国民经济其他部门一样有了较大发展，主要表现在：改革了流通管理体制和流通组织形式，逐步形成了以市场调节为主的运行机制；加大了对交通、通信等物流基础设施的投资，提高了物流技术装备水平。与物流相关的交通运输、通信、仓储、包装和配送等行业都有了较快的发展。

（一）交通、通信等物流基础设施不断发展，市场物流网络逐步扩大

改革开放以来，中国邮电通信事业以前所未有的规模和速度发展。公用通信网的通信能力和技术水平明显提高。邮电通信网已经覆盖了全国所有城镇。以现代信息技术为基础的专用物流信息网络在一些部门和地区建立。

随着中国经济体制改革的不断深化，商品流通体制发生了根本变化。目前绝大部分生产资料已通过市场解决，物资流通市场主体朝多元化方向发展。过去从事物资流通的企业摆脱了计划经济体制的束缚，大步走向市场经济，初步形成一支社会化、专业化的产业队伍，并建立了以中心城市为依托的城乡一体的流通网络。各种运输工具的数量和质量都有了很大的提高。由五种运输方式组成的综合运输体系基本形成。

（二）物流规模不断扩大，国际物流量快速增长

物流规模是从量的角度反映物流业的发展水平，主要包括物流活动中运输、仓储、包装、装卸搬运和流通加工的作业量。但中国一直没有系统的、专门的社会物流量统计。由于货物运输是物流过程中真正实现产品位移的中心环节，因此用货物输送量和输送能力来衡量物流规模是最接近实际的。2023 年，我国货物运输总量 556.8 亿吨、公路货运量 403.4 亿吨、水路货运量 93.7 亿吨、铁路货运量 50.1 亿吨，公路运输占比达 72.4%。

（三）物流质量有所提高，物流效率有待提升

受多方面因素的影响，我国的物流质量总体水平比较低。

（1）物流费用。2023 年 1—5 月，全国社会物流总收入为 5.16 万亿元，按可比价格计算，同比增长 6.9%。其中，运输环节收入 3.44 万亿元，同比增长 7.5%；保管环节收入 0.9 万亿元，同比增长 3.1%；贸易业收入 0.76 万亿元，同比增长 3.9%。1—5 月，全国社会物流总费用为 7.03 万亿元，按可比价格计算，同比增长 5.5%。其中，运输费用 4 万亿元，同比增长 7.7%；保管费用 2.24 万亿元，同比增长 2.5%；管理费用 0.79 万亿元，同比增长 3.7%。我国物流成本偏高，固然有经济发展阶段和产业结构方面的原因，但也有税费、路桥费、罚款等制度性成本过高，物流资源分散，信息化和组织化程度不高等原因。

（2）物流效率。在总体上分析计算物流效率十分困难。社会经济活动中的物流过程非常复杂，针对物流活动的不同内容和形式，必须采用不同的方法分析物流效率。这促使我们用物流相关行业的成本费用总和与 GDP 的比值来评价物流总体效率。2012 年统计数据显示，我国运输费占 GDP 的比重是发达国家水平的 1.7 倍，保管费用是发达国家的 2.2 倍，管理费用是发达国家的 6.9 倍，这说明我国物流业整体上还没有摆脱粗放发展的模式。

（四）物流管理体制改革尚需进一步深化

长期的计划经济体制使我国的物流行业发展滞后。在由计划经济向市场经济转变的过程中，由于受传统观念的影响，管理体制的改革落后于经济体制的改革。到目前为止，我国物流业仍然采用分散的或者是多元的管理方式。由于体制没有理顺，各部门之间分工又有交叉，造成了物流行业管理中的条块分割、部门分割、重复建设等问题。另外，已经形成的社会物流系统与企业物流系统由于管理的目的、手段不同，二者不能有效地结合与协调发展，也对物流合理化产生了不利影响。

（五）物流科学研究亟待加强

物流科学是融合了技术科学和经济科学的综合科学，其内容相当广泛，包括系统科学、管理科学、环境科学、流通科学、运输科学、仓储科学、营销科学、再生科学以及机械、电子等方面的专门技术。物流科学是现代大生产、大流通的必然产物。

我国对物流科学的研究只有十几年的历史，专门的研究机构不多，在理论上尚未形成适合我国实际情况的科学体系。目前，对企业物流的研究比对社会物流的研究要深入一些，对物流技术的研究水平比对物流管理的研究水平要高一些。随着人们对市场经济的认识不断提高，社会经济发展将对我国物流业提出更高的要求。这些都会对我国物流科学和理论研究的发展起到巨大的推动作用。

第 2 节　电子商务与物流

电子商务的发展对物流提出了更高的要求，在客观上促进了物流的发展。电子商务所代表的新的信息技术直接作用于物流活动，提高了物流运作的水平。另外，物流的发展为电子商务的发展创造了条件，这一点在现实的电子商务发展过程中表现得尤为突出。

一、电子商务与物流的关系

（一）物流在电子商务中的作用

1. 物流是电子商务的重要组成部分

电子商务概念最早是在美国提出的，而美国的物流管理技术自 1915 年发展至今已有 100 多年的历史，各种机械化、自动化工具及计算机和网络通信设备日臻完善。可见，美国在定义电子商务概念之初，就有强大的现代化物流作为支持，只需将电子商务与其对接即可。因此，许多美国的 IT 厂商往往把电子商务定位为“无纸贸易”，主要涉及信息流和资金流的电子化，而没有提到物流。中国作为一个发展中国家，物流业起步晚、水平低，在引进电子商务概念时，并不具备能够支持电子商务活动的现代化物流水平，所以一定要注意配备相应的支持技术——现代化的物流模式，否则电子商务活动难以推广。

中国一些专家在定义电子商务时，已经注意到将国外的定义与中国的现状相结合，扩大了美国 IT 企业定义的电子商务的范围，提出了包括物流电子化过程的电子商务定义。在这一类电子商务定义中，电子化的对象是整个交易过程，不仅包括信息流、资金流，而且包括物流；电子化的工具不仅指计算机和网络通信技术，还包括叉车、自动导向车、机械手臂等自动化工具。可见，从根本上来说，物流电子化是电子商务的组成部分，缺少了现代化的物流过程，电子商务过程是不完整的。

2. 物流是电子商务概念模型的基本要素

本书第 1 章曾对电子商务概念模型做了较系统的介绍，电子商务中的任何一笔交易都包含着几种基本的“流”，即物流、资金流、商流和信息流。在电子商务中，信息流、商流和资金流三种流的处理都可以通过计算机和网络通信设备实现。对于少数商品和服务来说，可以直接通过网络传输的方式进行配送，如各种电子出版物、信息咨询服务、有价信息软件等。而对于大多数商品和服务来说，仍要经由物理方式传输，但由于一系列机械化、自动化工具的应用，利用准确、及时的物流信息对物流过程进行监控，将使物流的速度加快、准确率提高，能有效地减少库存，缩短生产周期。因此，物流是电子商务概念模型中不可或缺的要素之一。

3. 物流是实现以顾客为中心理念的根本保证

没有物流，生产就无法进行，社会交换就不能顺畅地开展。没有良好的物流服务，“以顾客为中心”只能是一句空话。物流虽然是电子商务活动的最后一个环节，却是最重要的环节之一。

由以上的论述可见，物流是电子商务重要的组成部分。发展电子商务必须摒弃原有的重资金流、商流和信息流的电子化而忽视物流电子化的观念，大力发展现代化物流。

4. 物流对电子商务发展的促进作用

随着电子商务的不断发展，物流的重要性日益凸显。物流对电子商务可以起到如下作用：（1）提高电子商务的效率与效益；（2）协调电子商务的目标；（3）扩大电子商务的市场范围；（4）实现基于电子商务的供应链集成；（5）集成电子商务中的资金流、商流和信息流；（6）支持电子商务的快速发展；（7）促使电子商务成为 21 世纪最具竞争力的商务形式。

（二）电子商务对物流的影响

1. 电子商务改变了传统的物流观念

电子商务作为一种新兴的商务活动，为物流创造了一个虚拟的运作空间。在电子商务环境下，人们进行物流活动时，物流的各种职能及功能可以通过虚拟化的方式表现出来，在这种虚拟化的过程中，人们可以通过各种组合方式寻求物流的合理化，使商品在实际运输过程中效率最高、费用最省、距离最短、时间最少。

2. 电子商务改变了物流的运作方式

电子商务通过网络实现对物流的实时控制。在电子商务中，物流的运作以信息为中心，而传统物流的运作以商流为中心。在实际运作中，通过网上的信息传输，企业可以实现对物流的实时控制，实现物流合理化。此外，网络对物流的实时控制是基于整体物流来实现的。

3. 电子商务改变了物流企业的经营状态

电子商务改变了物流企业对物流的组织和管理，企业在组织物流的过程中，不仅要考虑本企业的物流组织和管理，还要考虑全社会的整体系统。这样，电子商务也改变了企业的竞争状态，在电商时代，要求物流企业联合起来，在竞争中形成一种协同效应，以实现物流高效化、合理化、系统化。

除此之外，电子商务也促进了物流基础设施的完善、物流技术的进步以及物流管理水平的提高。综上所述，电子商务的出现给物流企业带来了新的发展空间，使现代化物流系统具备信息化、自动化、网络化、智能化和柔性化的特点。

二、电子商务环境下现代物流的特点

电子商务时代为全球物流提供了新的发展契机，使物流具备了一系列新特点。

（一）信息化

电子商务时代，物流信息化是电子商务的必然要求。物流信息化表现为物流信息收集的代码化、物流信息处理的电子化、物流信息传输的标准化和实时化、物流信息存储的数字化以及物流信息自身的商品化等。因此，条码技术、数据库技术、电子订货系统、电子数据交换、快速反应及有效的客户反应、企业资源计划等技术与观念在我国的物流领域中将会得到普遍的应用。信息化是一切的基础，没有物流的信息化，任何先进的技术设备都不可能应用于物流领域，信息技术及计算机技术在物流领域中的应用将会彻底改变世界物流的面貌。

（二）自动化

自动化的基础是信息化，自动化的核心是机电一体化，自动化的外在表现是无人化，自动化的效果是省力化。另外，自动化还可以扩大物流作业能力、提高劳动生产率、减少物流作业的差错等。物流自动化的设施非常多，如条码 / 语音 / 射频自动识别系统、自动分拣系统、自动存取系统、自动导向车、货物自动跟踪系统等。这些设施在发达国家已普遍用于物流作业流程，而在中国由于物流业起步晚，自动化技术的全面普及还需要一定的时间。

（三）网络化

物流领域网络化的基础也是信息化，这里的网络化有两层含义：一是配送系统的计算机通信网络，包括配送中心与供应商或制造商的联系要通过计算机网络，另外，与下游顾客之间的联系也要通过计算机网络，比如配送中心向供应商发出订单这个过程，就可以使用计算机通信方式，借助增值网上的电子订货系统和电子数据交换技术来自动实现，配送中心通过计算机网络收集下游客户的订货信息的过程也可以自动完成。二是组织的网络化，即所谓的组织内部网。比如，中国台湾的电脑业在 20 世纪 90 年代创造出了“全球运筹式产销模式”，这种模式的基本特点是按照客户订单组织生产，生产采取分散形式，即将全世界的电脑资源都利用起来，采取外包的形式将一台电脑的所有零部件、元器件、芯片外包给世界各地的制造商去生产，然后通过全球的物流网络将这些零部件、元器件和芯片发往同一个配送中心进行组装，由该配送中心将组装的电脑迅速发给客户。这一过程需要有高效的物流网络提供支持，当然物流网络的基础是信息和电脑网络。

（四）智能化

智能化是物流自动化、信息化的一种高层次应用，物流作业过程中大量的运筹和决策，如库存水平的确定、运输（搬运）路径的选择、自动导向车的运行轨迹和作业控制、自动分拣机的运行、配送中心经营管理的决策支持等都需要借助大量的知识才能实现。在物流自动化进程中，物流智能化是不可回避的技术难题。好在专家系统、机器人等相关技术在国际上已经有比较成熟的研究成果。为了提高物流现代化的水平，物流的智能化成为电子商务时代物流发展的一个新趋势。

（五）柔性化

柔性化本来是为实现以顾客为中心的理念而在生产领域提出的，但要真正地根据顾客需求的变化来灵活调节生产工艺，没有配套的柔性化的物流系统是不可能实现的。20 世纪 90 年代，国际生产领域纷纷推出柔性制造系统（flexible manufacturing system，FMS）、计算机集成制造系统（computer integrated manufacturing system，CIMS）、资源制造计划、企业资源计划以及供应链管理的概念和技术，这些概念和技术的实质是将生产、流通进行集成，根据需求端的需求组织生产并安排物流活动。因此，柔性化的物流正是适应生产、流通与消费的需求而发展起来的一种新型物流模式。这就要求配送中心根据消费需求“多品种、小批量、多批次、短周期”的特点，灵活组织和实施物流作业。

另外，物流设施、商品包装的标准化，物流的社会化、共同化也都是电子商务时代物流模式的新特点。

三、电子商务中物流业的发展

在电子商务时代，企业销售范围的扩大、销售方式及最终消费者购买方式的转变，使得送货上门成为一项极为重要的业务，促进了物流业的兴起。物流业是指能完整提供物流服务，完成运输配送、仓储保管、分拣包装、流通加工等活动以获得报酬的行业，主要包括仓储企业、运输企业、装卸搬运企业、配送企业、流通加工企业等。信息化、全球化、提供增值服务和一流的服务水平，成为电子商务时代物流企业追求的目标。

（一）信息化是现代物流业的必由之路

在电子商务时代，要提供最佳的服务，物流企业必须有良好的信息处理和传输系统。美国洛杉矶西海报关公司与码头、机场、海关实现联网，当货物从世界各地起运时，客户便可以从该公司获悉货物到达的时间、到泊（岸）的准确位置，收货人与各仓储、运输公司可以做好准备，使货物在几乎不停留的情况下快速流动，直达目的地。大型配送公司往往建立了有效客户信息反馈（effective customer response，CER）和及时生产（JIT）系统。欧洲某配送公司通过远距离的数据传输，将若干客户的订单汇总起来，在配送中心使用计算机系统设计出“一笔画”式的路径以实现最优化“组配拣选单”。配货人员只需到仓库一次，即可配好订单上的全部货物。

随着全球经济的一体化，物流业正朝全球化、信息化、一体化的方向发展。商品与生产要素在全球范围内以空前的速度自由流动。电子数据交换技术与互联网的应用，使物流效率的提高更多地取决于信息管理技术，计算机的普遍应用提供了更多的需求和库存信息，提高了信息管理科学化水平，使产品流动更加容易和迅速。物流信息化包括商品代码和数据库的建立，运输网络合理化、销售网络系统化和物流中心管理电子化等。可以说，没有现代化的信息管理，就没有现代化的物流。

（二）全球化是物流企业的发展趋势

20 世纪 90 年代早期，电子商务的出现加速了全球经济的一体化，使物流企业的发展实现了多国化。全球化的物流模式使企业面临新的问题。全球化战略趋势使物流企业和生产企业更紧密地联系在一起，形成社会大分工。生产厂商集中精力制造产品、降低成本、创造价值，物流企业则花费大量的时间、精力提供物流服务。物流企业满足需求的能力逐渐提高。例如，在配送中心，进口商品的代理报关业务、暂时储存、搬运和配送，必要的流通加工，从商品进口到送到消费者手中等实现了一条龙服务。

（三）提供增值服务是物流业发展的方向

在电子商务时代，物流发展到集约化阶段，出现了一体化配送中心。一体化配送中心不仅提供仓储和运输服务，还开展配货、配送和各种高附加值的流通加工服务项目，也可按客户的需要提供其他服务。企业追求全面的、系统的综合效果。作为一个战略概念，供应链也是一种产品，而且是可增值的产品，其目的不仅是降低成本，更重要的是提供超出用户期望的增值服务，以形成和保持竞争优势。从某种意义上讲，供应链是物流系统的充分延伸，是产品与信息从原材料到最终消费者的增值服务。在经营形式上，采取合同型物流。这种一体化配送中心与公用配送中心不同，是通过签订合同，为一家或数家企业（客户）提供长期服务，而不是为所有客户服务。

（四）提供一流的服务是物流企业追求的目标

在电子商务时代，物流企业是介于供货方和购货方之间的第三方，以服务作为第一宗旨。从物流的发展现状来看，物流企业不仅要为本地区服务，还要提供长距离的服务，因为客户不但希望得到很好的服务，而且希望服务点不是一处，而是多处。因此，如何服务好便成了物流企业面临的中心课题。应该看到，配送中心离客户最近，与客户的联系最密切，商品都是通过它送到客户手中的。美、日等国物流企业成功的秘诀就在于它们都十分重视对客户服务的研究。如何满足客户的需要把货物送到客户手中，就要看配送中心的作业水平了。配送中心不仅要与生产厂家保持紧密的伙伴关系，而且要直接与客户联系，及时了解客户的需求信息，沟通厂商和客户双方，起到桥梁作用。

四、电子商务中的增值物流服务

电子商务与传统商务就实现商品销售的本质来讲并无区别，物流是实现销售过程的最终环节，但由于采用了不同的形式，一部分特殊服务变得格外重要，因此，设计电子商务的物流服务内容时应该反映这一特点。为了提升顾客的满意度，企业需要进行服务系统设计，即所谓的服务流（service flow）。服务流泛指所有服务企业对其所提供的服务活动的规划、设计与执行。此外，商业现代化中的服务流还包括企业与企业间的交流、企业与顾客间的互动以及企业与员工间的协调等。服务流具有以下几个特点：无形性（intangibility）、不可分割性（inseparability）、变动性（variability）、易逝性（perishability）。概括起来，电子商务的物流服务内容可以分为两个方面：传统物流服务和增值物流服务。传统物流服务包括运输、仓储、包装、装卸搬运、流通加工以及物流信息处理，电子商务的物流也应该具备这些功能。除了传统物流服务，电子商务还需要提供增值物流服务。电子商务中的增值物流服务包括以下几个方面。

（一）增加便利性的服务

一切能够简化手续、简化操作的服务都是增值服务。在提供电子商务的物流服务时，一条龙及门到门服务、完备的操作或作业提示、免培训、免维护、省力化设计或安装、代办业务、一张面孔接待客户、24 小时营业、自动订货、传递信息和转账、物流全过程追踪等都是对电子商务有用的增值服务。

（二）加快反应速度的服务

快速反应已经成为物流发展的动力之一。传统的观点将快速反应视作快速运输，但在需求方对速度的要求越来越高的情况下，必须采用其他办法来提高反应速度。目前加快反应速度最主要的办法也是具有重大推广价值的增值性物流服务方案，应该是优化电子商务系统的配送中心、物流中心网络，重新设计适合电子商务的流通渠道，以减少物流环节，简化物流过程，提高物流系统的反应性能。

（三）降低成本的服务

在电子商务发展的前期，物流成本会居高不下，有些企业可能会因为承受不了这种高成本而退出电子商务领域，或者是选择性地将电子商务的物流服务外包出去。因此发展电子商务，一开始就应该寻找能够降低物流成本的物流方案。企业可以考虑的方案包括：制订物流共同化计划，同时，如果具有一定的规模，比如，亚马逊这样具有一定销售量的电子商务企业，可以通过采用比较实用的、投资比较少的物流技术和设施设备，或通过推行物流管理技术，如运筹学中的管理技术、单品管理技术、条形码技术和信息技术等，来提高物流的效率和效益，降低物流成本。

（四）延伸服务

延伸服务向上可以延伸到市场调查与预测、采购及订单处理；向下可以延伸到配送、物流咨询、物流方案的选择与规划、库存控制决策建议、货款回收与结算、教育与培训、物流系统设计与规划方案的制订等。关于结算服务，物流结算不仅仅是对物流费用的结算，在从事代理配送的情况下，物流服务商还要替货主和收货人结算货款等。关于需求预测服务，物流服务商应该根据物流中心商品进货、出货信息来预测未来一段时间内的商品进出库量，进而预测市场对商品的需求，以指导订货。关于物流系统设计咨询服务，第三方物流服务商要充当电子商务经营者的物流专家，为电子商务经营者设计物流系统，替它选择和评价运输商、仓储商及其他物流服务供应商。国内有些专业物流公司正在进行这项尝试。

以上这些延伸服务最具有增值性，但也是最难提供的服务，能否提供此类增值服务成为衡量一个物流企业是否具有竞争力的标准。

第 3 节　电子商务中的物流模式

一、第三方物流

在电子商务环境下，物流一体化的方向和专业的第三方物流的发展，成为目前世界各国和大型跨国公司关注、探讨和实践的热点。

（一）物流一体化

20 世纪 80 年代，西方发达国家，如美国、法国和德国等提出了物流一体化的现代理论，用以指导其物流发展并取得了明显的效果，这些国家的生产商、供应商和销售商均获得了显著的经济效益。所谓物流一体化，就是以物流系统为核心的由生产企业经物流企业、销售企业直至消费者的供应链的整体化和系统化。它是物流业发展的高级和成熟阶段。在这一阶段，物流业高度发达，物流系统完善，物流业成为社会生产链条的领导者和协调者，能够为社会提供全方位的物流服务。

（二）第三方物流的含义

第三方物流是指由物流服务的供给方、需求方之外的第三方去完成物流服务的物流运作方式。第三方是指为物流交易双方提供部分或全部物流功能的外部服务提供者。从某种意义上可以说第三方物流是物流专业化的一种表现形式。

第三方物流随着物流业的发展而发展，是物流专业化的重要形式。物流业发展到一定阶段必然会出现第三方物流，而且第三方物流的占比与物流业的发展水平之间有着非常显著的相关关系。西方国家的物流业实证分析表明，独立的第三方物流要占社会物流的 50%，物流产业才能形成。所以，第三方物流的发展程度反映和体现了一个国家物流业发展的整体水平。

（三）第三方物流与物流一体化

物流一体化是物流产业化的发展形式，它必须以第三方物流的充分发育和完善为基础。物流一体化的实质是一个物流管理问题，即专业化物流管理人员和技术人员充分利用专业化物流设备、设施，发挥专业化物流运作的管理经验，以求取得整体最佳效果。同时，物流一体化为第三方物流的发展提供了良好的发展环境和巨大的市场需求。

发达国家在发展第三方物流、实现物流一体化方面积累了丰富的经验。德国、美国、日本等国家认为，发展第三方物流、实现物流一体化，关键是具备一支优秀的物流管理队伍，管理者必须具备丰富的经济学和物流专业知识及技能，精通物流供应链涉及的每一门学科，具有较强的整体规划水平和现代管理能力。第三方物流和物流一体化的发展为中国的国有大中型企业带来一次难得的发展机遇，即探索适合中国国情的第三方物流运作模式，降低生产成本，提高效益，增强竞争力。

（四）适合中国国情的第三方物流

第三方物流在中国兴起的主要原因有二。其一，生产经营活动社会化程度的提高。当今社会，企业的生产经营活动越来越复杂，要实现物流活动的合理化，必须建立企业间、跨行业的物流网络，将原材料供应商、生产企业、批发商、零售商等上下游相关企业的物流活动有机结合起来。第三方物流企业具备较强的物流规划设计能力，能够实现供应链运作最优化。其二，市场竞争的加剧。面对日趋激烈的竞争，企业为降低总成本将主要精力放在核心业务上，同时将运输、仓储等环节交由更专业的物流企业负责。

第三方物流是电子商务长期发展的必要条件，电子商务的发展推动了第三方物流的发展。从发展方向来看，第三方物流必须与电子商务紧密结合，发展综合物流代理业务，实现其内部资源与社会资源配置的最优化，为客户提供定制化服务，实现第三方物流形式的多样化。

二、第四方物流

（一）第四方物流的含义

第四方物流（fourth-party logistics，4PL）由安达信咨询公司（2001 年更名为埃森哲）于 1998 年提出，第四方物流是供应链的集成者、整合者和管理者。第四方物流主要通过对物流资源、物流设施和物流技术的整合和管理，提供全面的方案设计、实施办法和解决途径。埃森哲为第四方物流设计了三种工作方式：正向协作、解决方案整合和行业革新。第四方物流依靠业内优秀的第三方物流整合社会资源，为客户提供独特、广泛的供应链解决方案和物流系统咨询服务，是社会分工进一步细化的产物。

第四方物流成功的关键在于为客户提供最佳的增值服务，即迅速、高效、低成本和人性化的服务等。第四方物流提供了一个综合性供应链解决方案，以有效地满足客户多样化和复杂的需求，集中所有资源为客户完美地解决问题。第四方物流开展的主要服务有供应链再建、业务流程再造等。第四方物流可以开展多功能、多流程的供应链业务，其范围远远超出传统外包运输管理和仓储运作的物流服务。企业可以把整条供应链全权交给第四方物流运作，第四方物流可提供完整的服务。第四方物流的优点体现为迅速、高质量、低成本的运作服务。

（二）第四方物流的特点

（1）第四方物流是一种抽象的物流。第四方物流不进行具体的物流运作，只是针对物流活动，整合自身资源和社会资源进行一系列设计与规划，建立一个合理科学的物流系统，指导实践活动并对其加以监控和不断优化。

（2）第四方物流是知识密集型产业。在对物流活动进行设计和经营管理时，不仅需要掌握一定的物流专业知识，还需要掌握有关物流对象活动的专业知识。

（3）第四方物流具有全局性。在对整个物流活动进行统筹规划时，须站在比较高的战略角度协调各方资源，发挥各自的功能。

（4）第四方物流在进行交易运作管理时具有专一性，即针对项目的不同特点进行设计，使运作管理都具有专一性。

（5）第四方物流具有创新性。第四方物流通过供应链再建、业务流程再造为企业设计新的管理制度，引入新的观念，为客户提供全方位的服务。

三、电子物流

电子物流就是利用电子化的手段，尤其是利用互联网技术来完成对物流全过程的协调、控制和管理，提供从网络前端到最终客户端的所有中间过程服务，其最显著的特点是对各种软件技术与物流服务的融合应用。电子物流业务使得客户可以利用外部服务力量来实现内部经营目标，即客户能够得到量身定制的个性化服务，整个过程则由第三方电子物流服务提供商进行管理。

电子物流的功能十分强大，它能够实现系统之间、企业之间以及资金流、物流、信息流之间的无缝链接，这种链接可以为上下游企业提供一种可见性功能，帮助企业最大限度地控制和管理库存。同时，由于全面应用了客户关系管理、商业智能、计算机电话集成、地理信息系统、全球定位系统、互联网、无线互联等先进的信息技术手段，以及配送优化调度、动态监控、智能交通、仓储优化配置等物流管理技术和物流模式，电子物流提供了一套先进的、集成化的物流管理系统，为企业建立敏捷的供应链系统提供了强大的技术支持。

电子物流的主要特点是前端服务与后端服务的集成。目前许多经销商都面临着如何将前端的顾客订单管理、客户管理与后端的库存管理、仓储管理、运输管理相结合的问题。为了实现后端服务以及与其平行的服务功能，电子物流的前端服务是至关重要的。前端服务包括咨询服务（确认客户需求）、网站设计 / 管理、客户集成方案实施等。这部分服务是用户经常接触的，在此不再赘述。电子物流的后端服务包括六类主要业务：订单管理、仓储与分拨、运输与交付、退货管理、客户服务以及数据管理与分析。电子物流服务结构如图 6–1 所示。

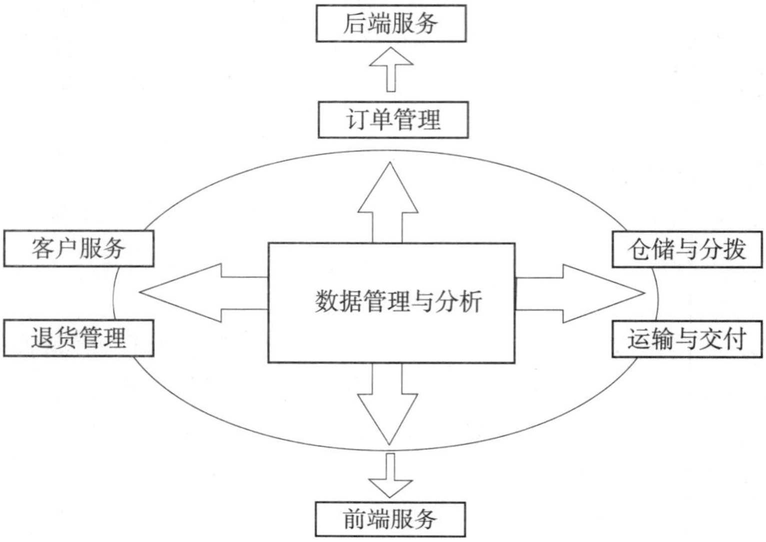

图 6–1　电子物流服务结构

顾客在网上的购买行为与传统的购买行为有所不同，因此也就决定了电子物流服务形式、手段的特殊性。新兴的电子物流服务就是由具备实力的服务商来最大限度地满足顾客需求，如实时告知顾客是否有存货、何时能够收到货物等。

传统物流服务与电子物流服务的比较如表 6–1 所示。

表 6–1　传统物流服务与电子物流服务的比较

内容	传统物流服务	电子物流服务
业务推动力	物质财富	IT 技术
服务范围	单项物流服务（运输、仓储、包装、装卸搬运、流通加工等）	综合性物流服务，同时提供更广泛的业务，如网上的前端服务等
通信手段	传真、电话	互联网、EDI 技术
仓储	集中分布	分散分布，分拨中心更靠近顾客
包装	批量包装	个别包装，小包装
运输频率	低	高
交付速度	慢	快
IT 技术应用	少	多
订单	少	多

第 4 节 供应链管理概述

无论采用何种发展模式，电子商务要求企业既要做好内部事务，只要建立良好的上下游关系。电子商务企业从一开始就应注重供应链管理，站在供应链的高度来处理相关问题。未来社会的竞争不再是企业与企业之间的竞争，而是供应链与供应链之间的竞争，这更要求电子商务企业充分重视供应链管理，把供应链管理思想贯彻到企业经营的方方面面。另外，电子商务的运作将推动供应链管理的长足发展。可见，供应链管理与电子商务紧密相关。

一、供应链及供应链管理

20 世纪 90 年代以来，供应链管理（supply chain management，SCM）成了学术界研究和企业实践的一个热门领域。进入 21 世纪，供应链管理成了企业，特别是电子商务企业参与应全球竞争的一个有效途径。作为一种新的管理模式，供应链管理从整个供应链的角度对所有节点企业的资源进行集成和协调，强调战略伙伴协同、信息资源集成、快速市场响应及为顾客创造价值等。

供应链是一种业务流程模型，是指从原材料和零部件供应商、产品的制造商、分销商和零售商到最终顾客的一个环环相扣的链条。供应链通过计划（plan）、获得（obtain）、储存（store）、分销（distribute）、服务（serve）等一系列活动在顾客与供应商之间形成一种衔接（interface），使企业更好地满足顾客的需求。

供应链管理是对整个供应链系统中各参与企业和部门之间的物流、信息流与资金流进行计划、协调、控制和优化的各种活动与过程。其目的是将顾客所需的正确的产品（right product），在正确的时间（right time），按照正确的数量（right quantity）、正确的质量（right quality）和正确的状态（right status）送到正确的地点（right place），即“6R”，并使总成本最小。其中，物流是从供应商到顾客手中的实物流动；信息流包括产品需求、订单、交货状态及库存等信息；资金流主要指资金的转移过程，包括信用条件、支付方式以及委托与所有权契约等。供应链管理从整体的视角出发，寻求建立供、产、销企业间的战略伙伴关系，最大限度地减少内耗与浪费，实现供应链整体效率的最优化。

在现代竞争环境下，供应链一体化的营销应从产品构思开始。一种全新产品的诞生往往源于顾客的建议。被称为 PC 机之父的史蒂夫 · 乔布斯（Steven Jobs）在开发产品时，曾派工程师走访了 30 所大学，并成立了一个潜在顾客团，询问大学需要什么样的机器。根据调查和咨询结果，他推出了存储量大、程序简单和兼容的分体式计算机，受到广泛欢迎。顾客的知识、经验、欲望和需求是企业重要的资源。根据顾客数据库的信息，与顾客开展头脑风暴，让顾客参与设计、评价，按顾客需求组织生产，保持库存最小化以节约成本，实现敏捷物流以赢得最佳时机，与供应商、分销商、零售商、顾客服务机构结盟等，都是营销，其核心就是让顾客满意。

供应链管理兴起的原因，主要在于企业所面临的市场及竞争环境发生的巨大变化及企业相应的战略调整要求。20 世纪 80 年代以来，市场由卖方市场转为买方市场，“皇帝女儿不愁嫁”的思想及相应的经营模式一去不复返。为适应这种转变，许多企业开始从“以产品为中心”变为“以顾客为中心”。这时企业的生产由顾客需求拉动，企业的生产方式应该是“敏捷制造”(agile manufacturing)。企业除了加强自身管理，必须将生产的概念，向前扩展至协作厂家，向后延伸至顾客或用户。近年来高新技术尤其是信息技术的飞速发展也推动了供应链管理的发展。个人计算机、互联网、企业对企业电子商务、网上购物和移动电话的出现或发展，使得国家之间、企业之间在地理和文化上的距离迅速缩小，企业之间、企业和用户之间的合作与沟通变得更加快捷。例如，美国波音 747 飞机所需要的 400 多万个零部件是由 65 个国家或地区的 1 500 个大型企业和 15 000 个中小型企业提供的。因此，基于企业市场变化和 IT 业的发展，企业进行业务流程重组（business process reengineering，BPR）就必须采用供应链管理方法，对企业原材料、零部件及最终产品的供应、储存、运输和销售系统进行总体规划、协调，加快物资流动，减少库存，快速传递信息，满足用户要求，以提高企业经济效益。电子商务的发展，对企业在现代信息技术支撑下的管理提出了新的课题，电子商务与生俱来的开放性要求企业与供应链上的其他企业建立战略合作伙伴关系，保证供应链顺利运转，为整个供应链创造效益。

随着互联网和电子商务的兴起，今天的供应链早已超出过去单纯的原材料与产品购销的单一对应关系，已发展成为一个由产品制造商、原材料供应商、商品零售商等多方构成的“供应群落”，这个供应群落基于 Web 技术开展前所未有的大规模协作。与此同时，连接买卖双方的在线行业交易市场的出现，也使传统供应链的运作模式发生了根本变化。与过去关键产品或服务需要依赖某一特定供应商的传统模式不同，借助在线市场，一家企业可以通过竞标，从数百家供应商中选择最合适的产品或服务。

二、供应链管理思想与内容

相对于传统的企业管理而言，现代供应链管理在管理思想上有着本质的不同。现代供应链管理从根本上否定了传统管理的“零和”思想，不再认为买卖双方之间是“你死我活”的关系，不再是买方极力压低价格，而卖方极力抬高价格，取而代之的是“双赢”和“多赢”的新型企业合作关系，强调基于供应链建立战略合作伙伴关系。供应链管理思想认为，企业应培养自身的核心竞争力，这是企业得以生存的基础，企业核心竞争力以外的业务建议采取外包的方式委托其他企业来完成，本企业则集中精力完成主业。

（一）供应链管理思想

1. 系统观念

不再孤立地看待各个企业及部门，而是系统地考虑所有相关主体——供应商、制造商、销售商等，并把整个供应链视作一个有机的整体。

2. 共同目标

产品与服务的最终消费者对成本、质量、服务等的要求应成为供应链中所有参与者共同的绩效目标，这样才会使利润最大化。

3. 主动积极的管理

不再把存货看作平衡供应链中供给与需求的首选方案，而是对供应链中能增加价值以及与成本有关的所有主体进行积极主动的管理。

4. 建立新型的企业与企业关系

企业选择业务伙伴，减少供应商数目，变过去企业间的敌对关系为紧密合作的战略合作伙伴关系。这种新型关系主要体现在共同解决问题与信息共享等方面。前者比如供应商和顾客参与产品设计和质量改进，后者意味着有关库存水平、长期计划、进度计划、设计调整等的关键数据在供应链中保持透明。

5. 开发核心竞争力

战略合作伙伴关系的形成不能以丧失企业核心竞争力为代价，而应借助其他企业强化企业自身的核心竞争力。

(二) 供应链管理内容

基于供应链管理思想，供应链管理主要涉及四个主要领域：供应（supply)、生产计划（schedule plan)、物流（logistics)、需求（demand)。供应链管理是以同步化、集成化生产计划为指导，以各种技术为支持，尤其以互联网 / 内部网为依托，围绕供应、生产计划、物流（主要指制造过程中的物流)、需求来实施的。供应链管理主要包括计划、合作、控制从供应商到顾客的物料（零部件和成品等）和信息。供应链管理的目标在于提高用户服务水平和降低总的交易成本，并寻求两个目标之间的平衡（这两个目标往往有冲突)。

在以上四个领域的基础上，供应链管理可细分为职能领域和辅助领域。职能领域主要包括产品工程、产品技术保证、采购、生产控制、库存控制、仓储管理、分销管理等。而辅助领域主要包括客户服务、制造、设计工程、会计核算、人力资源、市场营销等。

由此可见，供应链管理关心的并不仅仅是物料实体在供应链中的流动，除了企业内部与企业之间的运输问题和实物分销，供应链管理还包括以下主要内容：供应商和顾客合作伙伴关系管理；供应链产品需求预测和计划；供应链的设计（对全球节点企业、资源、设备等的评价、选择和定位)；企业内部与企业之间的物料供应与需求管理；基于供应链管理的产品设计与制造管理、生产集成化计划、跟踪和控制；基于供应链的用户服务和物流（运输、库存、包装等）管理；企业间资金流管理（汇率、成本等)；基于互联网 / 内部网的供应链交互信息管理等。

供应链管理注重总的物流成本（从原材料到最终产成品的费用）与顾客服务水平之间的关系，为此要把供应链各个职能部门有机地结合在一起，以最大限度地发挥供应链整体的力量，达到供应链企业群体获益的目的。

在电子商务时代，生产者与消费者的关系发生了彻底的变化，这种变化可归因于市场空间的出现。从供应链管理角度看，伴随生产资源虚拟化程度的提高和消费者拉动力的增强，为供应链上物流和信息流的流动提供动力的源泉从生产者转移到消费者。也就是说，在传统模式下，供应链管理的焦点在于如何利用生产者在生产技术和管理方法上的优势创造价值；而在电子商务时代，供应链管理的焦点在于如何保证消费者的“动力源”地位，如何通过对不确定需求的分析获取知识，如何通过保证知识在整个供应链上的共享来创造价值。

三、电子商务供应链集成的优势

基于电子商务的供应链管理是电子商务与供应链管理的有机结合，它以顾客为中心，集成整个供应链过程，充分利用外部资源，实现快速敏捷反应，大幅降低库存水平。电子商务和供应链管理集成具有以下优势。

（1）有利于建立新型顾客关系。电子商务使供应链管理者通过与企业的顾客和供应商之间构筑信息流和知识流来建立新型顾客关系，基于电子商务的供应链管理建立了供应链中企业与顾客间的联系，有利于满足顾客的各种需求，留住现有顾客。

（2）有利于保持现有业务增长。通过实施基于电子商务的供应链管理，可以实现供应链内各相关企业对产品和业务进行电子化、网络化管理。供应链中各企业通过电子商务手段实现有组织、有计划的统一管理，减少了流通环节，降低了成本，提高了效率，使供应链管理达到更高的水平。

（3）有利于开拓新的顾客和新的业务。实施基于电子商务的供应链管理，不仅可以实现企业的业务重组，提高整个供应链效率，留住现有顾客，而且由于能够提供更多的功能、业务，必然会吸引新的顾客加入供应链，同时带来新的业务。

（4）有利于分享需要的信息。基于电子商务的供应链交易涉及信息流、产品流和资金流。供应链中的企业借助电子商务手段可以在互联网上实现部分或全部供应链交易，这有利于各企业掌握整个供应链中的各种信息，及时了解顾客的需求以及供应商的供货情况。

（5）具有大规模定制能力。大规模定制要求低成本、快速、高效地提供各种定制化产品或服务。基于电子商务的供应链管理对成功实施大规模定制起着重要作用。

第5节　电子商务与供应链管理

一方面，电子商务的发展必然要求引入供应链管理思想，用供应链管理来保证电子商务的顺畅运作；另一方面，电子商务所代表的商务运作模式和新型信息技术深深地影响了供应链管理。可以说，电子商务与供应链管理是互相促进的关系。

一、电子商务对供应链管理的影响

电子商务对供应链管理的影响是深远的：它直接影响了供应链内部的成本水平，提高了供应链的柔性，在有效降低供应链上企业的库存水平的同时，提高了顾客服务水平。

（一）电子商务使供应链节点企业之间的采购费用得以降低

对一个企业来说，向它的供应商进行采购是一个复杂的多阶段过程。首先，买方企业需要把详细的计划和需求信息发送给它的供应商，以便供应商能够准确地按照买方企业的要求进行生产。如果产品样品被认可，而且供应商有能力立即生产，买方企业就会发出一个明确了具体产品数量的采购订单。然后，买方企业会接到供应商的通知，告知采购订单已经收到并确认该订单可以满足。当产品由供应商发出时，买方企业再次接到通知，同时还会收到产品的发货单。买方的财务部门核对发货单和订单后付款。如果原有的订单在某一环节出现问题，这一交易过程将更加复杂。在电子商务环境下，由于建立了信息网络和交易系统，利用数据仓库等现代信息技术，企业与其供应商之间能够快速而准确地传输和共享信息，从而可以节约在传统商务方式下传输信息所需要的大量时间和印刷、邮寄等费用，在提高信息传输和处理效率的同时，降低信息传输和处理过程中的差错率，进而有效降低节点企业之间采购 / 销售的直接成本。

（二）电子商务提高了供应链的柔性

在现代社会里，顾客需求的变化越来越快，企业为了能够在激烈的市场竞争中生存下去，必须不断调整自身的产品结构来适应新的市场需求。在传统商务环境下，由于供应企业与需求企业之间没有有效的沟通手段，一旦市场发生变化，节点企业很难迅速改变原来的生产计划，容易造成行动滞后于市场变化，进而导致企业丧失市场机会。相反，在电子商务环境下，由于使用了先进的互联网技术，一旦市场需求发生变化，企业能够通过互联网迅速了解变化情况并与其供应商联系，变更采购计划，及时调整产品结构，从而带动整个供应链中相应节点企业随之变化，提高整个供应链的柔性。

（三）电子商务降低了供应链上企业的库存水平

在供应链中实施电子商务后，企业与供应商之间以及企业与顾客之间能够快速地交换原材料信息和产品信息，从而可以降低企业的库存水平。电子商务与传统商务方式相比较，一方面，企业向供应商采购原材料时，采购批量可以相对减少，采购频率可以随生产需要相应增加或减少。当企业需要使用原材料时，可以通过电子手段快速向供应商订货，这样不仅及时补充了库存，保证了生产的连续性，而且减少了原材料的在库量，避免了在传统商务方式下所必需的大量原材料库存。另一方面，顾客或销售商利用电子手段把产品销售信息反馈给企业后，企业能够及时调整生产结构以适应市场需求的变化，从而减少产品积压的风险。

（四）电子商务提高了供应链上企业的顾客服务水平

在现代社会里，一个企业要在竞争激烈的市场中具有强大的竞争力，光靠高质量低成本的产品是不够的。在电子商务环境下，顾客反应能力变得越来越重要。顾客需求的变化已经成为左右市场方向的指南针。工业化时代是由大批量产品供应来推动的，而顾客化时代则是由大量的顾客需求所拉动的。电子商务的运用，使得供应链在获得可观经济效益的同时提高了顾客服务水平。许多公司开始使用互联网提供售后服务，在网上介绍产品，提供技术支持，查询订单处理信息等，这样不仅可以解放公司自己的售后服务人员，让他们去处理更加复杂的问题，也可提高顾客满意度。

除了上述四个方面的直接影响，电子商务还对供应链管理产生了深刻的间接影响。电子商务不仅影响了各个供应链角色，而且影响了供应链中产品的特性，对供应链上企业的威信、特定资产专用性也产生了较大的影响。

（五）电子商务的应用对各个供应链角色的影响

电子商务的应用加强了各个供应链角色的一体化倾向，特别是加强了生产商的前向一体化倾向。这是由生产商所独具的专业知识和技能决定的，这种一体化行为能够提高供应链的效率。

（六）电子商务环境对产品特性的影响

电子商务的广泛应用给最终顾客提供了大量的产品信息，使得产品的生命周期呈现缩短的趋势。其原因一是有关产品的详细信息在全球范围内的扩散，加速了产品的市场成熟过程；二是产品的市场信息和技术信息在竞争企业之间的扩散，加速了产品的技术成熟过程。

（七）电子商务信息化对供应链上企业威信的影响

供应链内部企业之间的广泛信息交流不仅完善了供应链的信息结构，也使供应链内部决策结构得以完善。实时的信息交流使得供应链内部的决策过程更透明，更有参与性，决策更趋合理，提高了企业的效率，树立了企业的威信。

（八）电子商务对企业特定资产专用性的影响

电子商务的广泛应用在加大企业对网络设备和人员技术培训等的投入的同时，将会削弱企业特定资产的专用性，以及供应链内部企业的人力资本专用性，使供应链结构和效率受到影响。

电子商务的应用对供应链有直接的影响，也有间接的影响，无论是直接影响还是间接影响，都远不止上述分析的这些内容。因此，在实际应用中必须在电子商务基础上，深入考察、认真研究面临的问题，重新定义供应链，改进供应链信息结构、组织结构和决策结构，将企业文化纳入电子商务模式，从传统的商务模式过渡到电子商务模式。

二、电子商务技术在供应链管理中的应用

（一）EDI 预测

EDI 是一种在合作伙伴企业之间交互信息的有效技术手段。它是在供应链中连接节点企业的商业应用系统的媒介。由于供应链环境中不确定的是最终消费者的需求，必须对最终消费者的需求做出有效的预测。虽然预测的方法有上百种，但通过 EDI 预测可以有效减少供应链系统的冗余性，这种冗余可能导致时间的浪费和成本的增加。利用预测信息，顾客和供货商可以一起努力缩短订单周期（循环时间）。

（二）财务技术手段

第一，电子资金转账（EFT）系统。财务电子商务广泛应用于财务机构之间，顾客可以通过汇款而不是通过支票通知系统结账。汇款通知数据包括银行账号、发票号、价格折扣和付款额，顾客的财务机构用 EFT 系统将付款确认信息发送给供货商并结账，供货商则根据付款信息更改应收账款等资料。第二，LockBox。顾客将支票或电子付款单发送到供货商的 LockBox，供货商的财务机构会处理这一付款单，将款项存入供货商的账户，同时从顾客的账户上扣除此款项。财务机构通过 EDI-LockBox 将付款单信息发送给顾客和供货商。此外还包括其他能有效地减少发票使用的技术手段。顾客可以在收到产

品或服务后自动以共同商定的单位价格向供货商付款。

（三）非技术型企业的电子商务

大企业不希望同时拥有具有相同功能的多个系统，而是希望通过电子商务实现商业交流的标准化，因而忽略了商业伙伴的电子商务能力。没有电子商务系统的小企业将采用其他方式实现电子商务功能。第一，E-mail。企业内部的 E-mail 系统通过互联网与其他企业的 E-mail 系统连接在一起，可以通过 E-mail 发送文本、图像。第二，电子会议。在世界不同地点的人可以通过互联网举行实时的电子会议，通过多用户层面（multi-user dimension，MUD）技术实现基于文本、高精度图像和声音（通过 WWW 客户服务器系统）的讨论。第三，电子市场营销（电子广告）。企业可以在网络上发布关于产品和服务的促销广告，包括高精度图像、文本、声音的超文本文件等可以在 WWW 服务器上创建并连接到互联网上。这种广告可以被世界各地的网络顾客浏览（通过客户端浏览程序软件等）。计算机软件生产商还可以把产品演示版软件放在网络上供顾客下载试用。第四，电子顾客支持系统（electronic customer support）。许多企业都把常见问题解答（FAQ）放到网络上，而当顾客要求得到更多的信息时，可以把问题或需求通过 E-mail 发给企业的顾客支持领域（customer support area）。第五，顾客网上订购。在浏览企业的广告之后，顾客可以通过网络进行订购。在 WWW 服务器上，顾客只要输入信用卡账号、名字、地址和电话号码等信息就可以实现网上购物，而订购信息将通过网络传输到供货商服务器上，确认信息将通过 E-mail 返回给顾客，货运通知或服务信息也将随后通过网络传输给顾客。

（四）共享数据库技术

如果需要快速更新某些资料，战略合作伙伴将共享部分数据库。合作伙伴可通过一定的技术手段在一定的约束条件下共享特定的数据库。如有邮购业务的企业将与其供货商共享运输计划数据库，JIT 装配制造商将与它们的主要供货商共享生产作业计划和库存资料。

三、面向电子商务的供应链管理系统

面向电子商务的供应链管理系统基于供应链管理思想和供应链管理主要原则来实现电子商务的总体目标。

（一）系统功能模块

面向电子商务的供应链管理系统主要包括以下功能模块。

（1）问题分析与处理模块。作为系统的核心部分，问题分析与处理模块首先形成一个电子商务中的决策问题，并对该问题进行分解，然后得到一系列具体任务，最后通过完成各个任务来解决这个决策问题。

（2）电子通信模块。电子通信模块用于系统内供给方与需求方进行信息交互，从而使得企业及时方便地得到客户信息，降低企业的销售成本，方便企业打入市场。

（3）电子会议模块。电子会议模块用于企业内部或企业之间在线的双向交流，并为交易双方进行网上商务谈判提供方便。

（4）信息管理模块。信息管理模块包括用户管理、系统配置管理和数据库管理等。

（5）人机交互模块。人机交互模块利用 Web 技术，提供友好易用的人机交互界面，并提供联机帮助功能。

（二）系统的实现

面向电子商务的供应链管理系统是一种网络化的管理信息系统，因此须采用 Web 技术和 COM/DCOM 标准实现跨平台异构系统之间的信息共享。面向电子商务的供应链管理系统的结构如图 6–2 所示。系统中采用组件对象模型（COM）使组件间可通过一致的程序界面进行沟通，不限制采用何种程序语言开发组件；DCOM（分布式组件对象模型）为分布在网络不同节点的 COM 构件提供了互操作的基础结构，使 COM 具有分布式、跨平台的能力。DCOM 和 Web 技术的结合解决了异构平台之间的互操作问题。

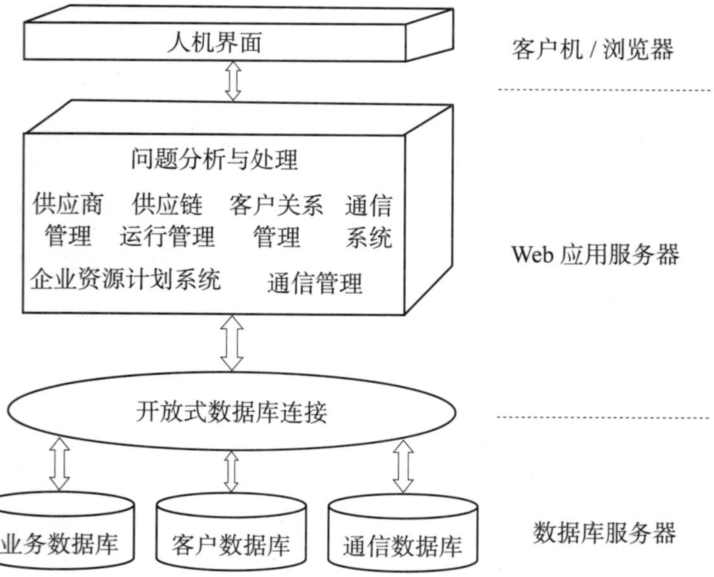

图 6–2　面向电子商务的供应链管理系统的结构

面向电子商务的供应链管理系统运行在基于 Web 服务的多层客户机 / 服务器结构的开放式互联网 / 内部网环境中。供应链上的用户可使用客户机上的浏览器，通过互联网 / 内部网访问 Web 应用服务器，供应链管理系统的核心应用主要在 Web 应用服务器上，对数据库服务器的互操作是通过开放式数据库连接来实现的，客户机 / 浏览器、Web 应用服务器、数据库服务器构成了一种开放式的三层客户机 / 服务器应用体系结构。

第 6 节　跨境电子商务与跨境物流

跨境电子商务的发展和跨境物流的发展是相辅相成的，跨境物流的发展对跨境电子商务的发展有着极大的推动作用，而跨境电子商务的快速发展为跨境物流提供了更大的发展空间和更多的发展机遇。目前，跨境物流的发展远远落后于跨境电子商务的发展，二者之间尚未实现协同发展。

一、跨境电子商务

（一）跨境电子商务的概念

跨境电子商务源于电子商务、经济全球化、国际贸易的发展和融合。在经济全球化、互联网普及、电子商务迅猛发展并得到普遍应用的背景下，国际贸易不再拘泥于传统交易模式。伴随着不同国家对不同商品的需求或供给的扩大，分属不同国家的交易双方借助互联网及其他电子商务交易平台，可以实现在线商品交易、支付结算、金融服务，以及线下跨境物流配送等，这种实现商品空间位移的电子商务应用模式即跨境电子商务。跨境电子商务具有鲜明的特点：电子商务突破了国家的界限，由同一国家内部扩散到不同国家；给传统贸易注入现代电子商务元素，由传统线下的接触、交易、支付等转向互联网线上通道；物流突破了国界，除了国内物流，还涉及国际物流和目的国物流，以及海关与商检。

（二）跨境电子商务的运营方式

跨境电子商务的运营方式如图 6–3 所示。

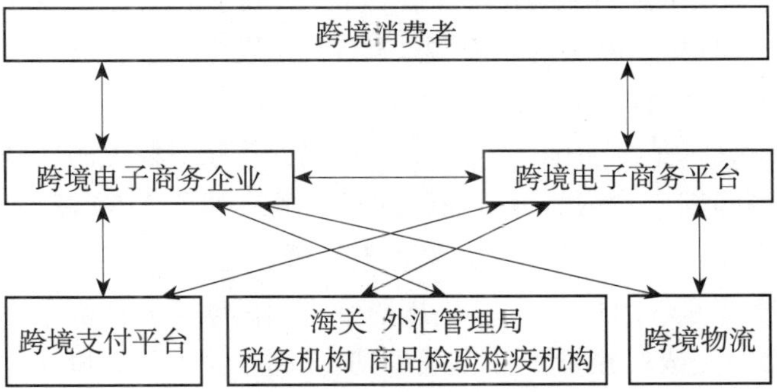

图 6–3　跨境电子商务的运营方式

根据国际贸易双向的特点，跨境电子商务分为外贸出口和外贸进口两大类。进口的跨境电子商务运营方式主要是建立开展外贸进口业务的海外网购平台。平台吸引海外卖家入驻，向本国境内销售海外大品牌或国内市场买不到的商品。外贸出口的跨境电子商务分为如下几种运营方式：（1）借助本土外贸电子商务平台。其价值链形态为：出口商品的供应商—跨境电子商务平台—境外消费者。在这种模式下，平台搭建 IT 架构，将自己打造成运营中心，聚集供应商和消费者，形成规模效应。平台负责营销推广，商品信息由供应商上传。（2）借助国外知名电子商务平台。出口企业注册成为全球著名电子商务平台的会员，直接向海外消费者推广商品。（3）寻求国外网店代购分销商品。（4）外贸企业自建跨境电子商务系统直接面向海外市场。

（三）跨境电子商务的企业类型

跨境电子商务在全球范围内持续发展，涉足跨境业务的电商企业如雨后春笋般涌现。跨境电商企业主要有以下几种类型。

（1）传统电商企业扩展到国外市场。传统电商企业在成立之初专做本国市场。为了持续增长或者顺应跨境电子商务的发展趋势，传统电商企业的经营范围由本国市场扩展到国外市场，从而发展为跨境电子商务企业。主要代表有 eBay、亚马逊等。

（2）传统企业开发跨境电子商务业务。伴随电商的兴起与发展，传统企业涉足电商业务并逐步进入跨境电子商务市场。该类企业以传统零售企业如沃尔玛、家乐福等为主。

（3）专营跨境电子商务业务的企业。该类企业为经营跨境电子商务业务而成立，是专注于跨境电子商务业务的企业。主要有阿里系的速卖通与全球购、洋码头、兰亭集势等。

（4）物流企业涉足跨境电子商务业务。一些物流企业借助自身的物流资源与优势，涉足跨境电子商务业务。主要有顺丰海淘、Cnova Brasil 等。

（四）我国跨境电子商务发展状况

日本经济产业省在 2013 年对中、美、日三国网民的跨境电子商务使用情况进行了调查，结果显示，中国的跨境电子商务使用率高达 57.3%，远超美国的 44.7% 和日本的 17.6%。这表明中国网民对通过跨境电子商务进行交易的热情极高。

2017—2020 年，中国跨境电商的市场渗透率不断提高，到 2020 年达到了 38.86%，比上年增加了 5.57 个百分点。然而，到了 2021 年，中国跨境电商的市场规模有所回落，同比下降了 2.54 个百分点。下降的部分原因是物流成本的上升和国际贸易摩擦的增加，同时平台的“封号”现象、欧盟的增值税（VAT）新规等因素也对跨境电商产生了影响。2022 年上半年，中国跨境电商市场渗透率相比 2021 年有轻微下降，但下降幅度有限。这表明尽管面临一系列挑战，中国跨境电商市场仍保持相对稳定的发展态势。

在 2019 年的高峰期，中国跨境电商的融资总额达到了 230.8 亿元，实现了 129.19% 的同比增长。到了 2021 年，虽然融资总额略有下降，但仍高达 207 亿元，并且投资事件达到了最高峰，共 77 起。到 2022 年，中国跨境电商的融资总额降至 62 亿元，同比下降 70.15%。在同一年，完成的投资事件也减少到 43 起，比上年下降了 44.16%。这些数据反映了中国跨境电商融资环境的变化，显示出市场在经历快速增长后逐渐进入稳定和调整期。

我国政府始终积极推动本国企业“走出去”，并陆续推出了一系列政策以鼓励和支持国内跨境电商企业的发展。2023 年，财政部、海关总署、税务总局联合发布了《关于跨境电子商务出口退运商品税收政策的公告》，其中包括了针对跨境电商发展的增值税、消费税和关税的免退补政策。这些政策旨在激励国内电商企业拓展国际市场，从而增加中国产品的出口量。这不仅有助于深化国内外市场的融合，为全球消费者提供更多样化的中国产品，同时也促进了国内产业的发展。

二、跨境物流

（一）跨境物流的概念

跨境物流指在两个或两个以上国家之间提供的物流服务，是物流服务发展到高级阶段的一种表现形式。由于跨境电子商务的交易各方分属不同国家，商品需要从供给方所在国家通过跨境物流方式实现空间位置转移，在需求方所在国家完成最后的物流与配送。根据商品的空间位移轨迹，跨境物流分为国内物流、国际物流、目的国物流与配送三块。与国内物流相比，跨境物流涉及输出国海关和输入国海关，需要进行清关与商检，工作内容较为复杂，很少有企业可以依靠自身能力单独办理并完成这部分业务。

（二）跨境物流企业

跨境电子商务的发展推动着跨境物流的发展，跨境物流企业包括以下几种：（1）从交通运输业、邮政业发展起来的跨境物流企业，如 UPS、FedEx 等；（2）从传统零售业发展起来的跨境物流企业，如美国的沃尔玛、法国的 Cdiscount 等；（3）大型制造企业或零售企业组建的跨境物流企业，如海尔物流、苏宁物流等；（4）电商企业自建物流体系，如京东物流、兰亭集势的兰亭智通等；（5）传统快递企业发展跨境物流业务，如顺丰、申通等；（6）新兴的跨境物流企业，如递四方、出口易等。

（三）我国跨境物流的发展现状

与国内物流相比，跨境物流具有国际性等特点，涉及的范围更大、影响更深远。跨境物流不仅与多个国家的社会经济活动紧密相连，更受多个国家多方面因素的影响。不同国家的物流硬件环境与软件环境存在差异，标准也不同，国内物流、国际物流与目的国物流在衔接上存在障碍，导致顺畅的跨境物流系统难以构建。物流环境的差异导致在跨境物流、运输与配送过程中，需要面对不同的法律、文化、习俗、观念、语言、技术、设施等，这增加了跨境物流的运作难度和系统复杂性。此外，关税、非关税壁垒、物流成本、空间距离等都直接或间接影响并制约着跨境物流。我国跨境物流还停留在传统的商品运输、配送、货代等层面，物流高端服务与增值服务缺失，无法提供物流系统集成、供应链优化解决方案、大数据物流、云计算信息平台、跨境物流金融，海外即时配送能力不足。此外，国内物流、国际物流与目的国物流在衔接、可视化、信息透明度等方面表现较差，降低了顾客对跨境物流的满意度。

三、跨境电子商务物流模式

跨境电子商务物流模式逐步朝正规化、合法化、多样化等方向发展，不再拘泥于国际邮政小包、国际快递或专人托带等模式。目前关于跨境物流的研究主要针对国际邮政小包、国际快递，还包括海外仓、国际物流专线、仓储集货等方式。跨境电子商务物流模式多而杂，除了传统的国际邮政小包与国际快递，海外仓逐渐兴起，此外，还有一些新兴的跨境电子商务物流模式。

（一）国际邮政小包

国际邮政小包指通过万国邮政体系实现商品的进出口，运用个人邮包形式进行发货。国际邮政小包在目前的跨境电子商务中使用较多，且占较大的比例。据不完全统计，我国跨境电子商务中超过 70% 的商品是通过邮政体系投递的。在国际邮政小包中，使用较多的有中国邮政、比利时邮政、俄罗斯邮政和德国邮政等。国际邮政小包具有价格低和清关方便等优点，但递送慢，丢包率较高，非挂号件无法跟踪，在商品体积、重量、形状等方面局限性较大。伴随着各国清关政策的收紧，国际邮政小包的优势受到挑战。

（二）国际快递

跨境电子商务使用较多的另一种物流模式为国际快递。商品通过国际快递公司进行物流配送，知名的国际快递公司主要有 UPS、FedEx、DHL 等。此外，我国本土快递公司也逐步涉足跨境物流业务，如顺丰、申通等。国际快递公司可以针对地域、商品种类、商品体积、商品重量等提供不同的渠道实现商品速递。国际快递具有时效性高、丢包率低等优点，但价格高，尤其在偏远地区附加费更高，且特殊商品无法速递。

（三）海外仓

海外仓又称海外仓储，指在跨境电子商务目的国预先租赁或建设仓库，通过国际物流预先把商品送达仓库，然后通过互联网销售商品，在接到顾客订单后从海外仓库进行发货与配送。近几年，诸多电商企业纷纷租赁或自建海外仓，如 eBay、亚马逊等跨境电子商务企业推出官方合作的海外仓，大龙网、FocalPrice 等投入巨资自建海外仓，顺丰与韵达等快递企业也纷纷涉足海外仓业务。海外仓是跨境电子商务与跨境物流的一大突破，能够解决国际邮政小包和国际快递的短板，如物流时效、物流成本、海关与商检、本土化、退换货等问题。但是海外仓的租赁、建设与运营需要专业的人员与资金，且在商品运输前要有准确的销售预期，否则会产生商品送达后因滞销而造成的库存积压。

（四）国际物流专线

国际物流专线是针对特定国家或地区的跨境专线递送方式，物流起点、物流终点、运输工具、运输线路、运输时间基本固定。其物流时效较国际邮政小包快，物流成本较国际快递低，且保证清关。对于固定路线的跨境电子商务而言，国际物流专线是一种较好的物流解决方案。国际物流专线具有区域局限性，这是其突出的弊端。国际物流专线主要包括航空专线、港口专线、铁路专线、大陆桥专线以及固定多式联运专线，如郑欧班列、中俄专线、渝新欧专线、中欧（武汉）班列、国际传统亚欧航线、顺丰深圳—台北全货机航线等。

（五）边境仓

边境仓指在跨境电子商务目的国的邻国边境内租赁或建设仓库，通过物流将商品预先运达仓库，通过互联网接受顾客订单后，从该仓库发货。根据所处地域的不同，边境仓可分为绝对边境仓和相对边境仓。绝对边境仓指当跨境电子商务的交易双方所在国家相邻时，将仓库设在卖方所在国家与买方所在国家相邻的城市，如我国对俄罗斯的跨境电子商务交易，在哈尔滨或中俄边境的中方城市设立仓库。相对边境仓指当跨境电子商务的交易双方不相邻时，将仓库设在买方所在国家的相邻国家的边境城市，如我国对巴西的跨境电子商务交易，在与巴西相邻的阿根廷、巴拉圭、秘鲁等国家的边境城市设立仓库。相对边境仓对买方所在国而言属于边境仓，对卖方所在国而言属于海外仓。海外仓的运营需要成本，商品存在积压风险，送达后的商品很难再退回国内，这些因素推动着边境仓的出现，如对俄罗斯跨境电子商务中，我国在哈尔滨设立了边境仓。一些国家的税收政策和政局不稳定、货币贬值、严重的通货膨胀等因素，也会刺激边境仓的出现，如巴西的税收政策十分严格，海外仓的成本很高，可以在与其接壤的国家的边境设立边境仓，利用南美自由贸易协定推动对巴西的跨境电子商务发展。

（六）保税区或自由贸易区物流

保税区或自由贸易区（以下简称“自贸区”）物流指先将商品运送到保税区或自贸区仓库，通过互联网获得顾客订单后，在保税区或自贸区仓库对商品进行分拣、打包等，集中运输并进行物流配送。这种方式具有集货物流和规模化物流的特点，有利于缩短物流时间和降低物流成本。如亚马逊以中国（上海）自由贸易试验区为入口，引入全球商品线，跨境电子商务企业可以先把商品放在自贸区，顾客下单后，将商品从自贸区发出，有效缩短配送时间。自贸区或保税区物流可以有效利用自贸区与保税区的各类政策、综合优势与优惠措施，尤其是各自贸区和保税区在物流、通关、商检、收付汇、退税方面的便利，简化跨境电子商务业务操作，促进跨境电子商务交易的发展。

（七）集货物流

集货物流指先将商品运输到本地或当地的仓储中心，达到一定数量或形成一定规模后，通过与国际物流公司合作，将商品运到境外买家手中；或者将各地发来的商品先聚集，然后批量配送；或者一些商品类似的跨境电子商务企业建立战略联盟，成立共同的跨境物流运营中心，利用规模优势或优势互补的理念，达到降低跨境物流费用的目的。如米兰网在广州与成都自建了仓储中心，先将商品在仓储中心聚集，然后通过与国际快递公司合作将商品发给国外买家。

（八）第三方物流

在我国国内电商中，自建物流已成为一种趋势。在跨境电子商务中，虽然个别跨境电商如洋码头自建物流体系，但是鉴于资金、跨境物流的复杂性和各种物流障碍，大多数跨境电商选择第三方物流模式，如与邮政、国际快递公司合作等。即便是邮政或者国际快递公司在一些国家与地区，也会选择与当地的第三方物流公司合作。在跨境物流链条中存在多个第三方物流企业通力合作的现象。包括我国在内的大批海运企业、国际货代企业拥有丰富的进出口贸易、海外运作经验和海外业务网点布局及国际化操作能力，这些都是跨境电子商务或跨境物流企业可以合作的对象。在巴西，FedEx 和 UPS 等国际快递公司的业务局限于城市，在偏远地区则要依托巴西邮政及其下属的 Sedex 公司。

（九）第四方物流

第四方物流利用整个供应链的影响力，在解决企业物流问题的基础上，整合各类社会资源，实现物流信息共享与社会物流资源充分利用。鉴于跨境电子商务与跨境物流的复杂性，涌现出一批第四方物流企业，为跨境物流注入新鲜血液。如 2015 年 1 月 26 日，兰亭集势宣布正式启动“兰亭智通”全球跨境物流开放平台，该平台可以整合全球各地物流配送服务资源，提供开放比价竞价、全球智能路径优化、多物流商协同配送、自动打单跟单、大数据智能分析等服务。

四、跨境电子商务物流模式的创新与发展趋势

（一）跨境物流与跨境电子商务协同发展

蒂姆 · 欣德尔（Tim Hindle）提出，通过技能共享、有形资源共享、战略协调、垂直整合、同供应商谈判与联合力量等方式可以实现协同。跨境物流需要通过这些方式与跨

境电子商务实现协同发展，借助跨境电子商务的发展推动自身成长，尤其是在网络技术、硬件资源、战略合作、供应链整合等方面。比如，移动技术的发展与移动网络的普及会对跨境电子商务与跨境物流产生影响，跨境物流需要迎合跨境移动电子商务的发展趋势，提供移动化物流服务。通过供应链整合，跨境物流与跨境电子商务可以在供应源头进行合作，尤其在仓储、包装、运输路线优化等方面，电子商务与物流需要通力合作，通过协同发展，在满足电子商务需求的同时，缩短物流时间、降低物流成本、减少物流货损等，进而实现跨境物流与跨境电子商务协同发展。

（二）推动跨境物流网络的协同

亨克·阿克曼斯（Henk Akkermans）提出了影响物流网络协同效应的23个因素，包括供应链管理的复杂性、全球化、企业战略、协同意愿等。伯恩哈德（Bernhard）提出，影响物流网络协同效应的因素主要有企业战略、企业流程、供应链复杂性、沟通机制、网络成员的协同愿景、新技术开发等13个因素。跨境物流的运作流程一般包括境内物流、出境清关、国际物流、目的国清关与商检、目的国物流、目的国配送等。若再细化，则包括接单、收货、仓储、分类、编码、理货、分拣、转运、包装、贴标、装卸等，还会涉及支付、报关、纳税、售后服务、退换货物流等。这一流程会涉及多个国家、多个物流企业，其复杂性远超国内物流。从影响因素来看，需要强化跨境物流网络的协同。尤其是多国间、物流节点的多企业间、跨境配合的多个物流企业间，需要具有协同意识，加强沟通，通过商品的分类、包装、运输方式、运输路线的配合等多角度、多节点推动跨境物流网络的协同。

（三）多种物流模式共用，凸显聚合效应

跨境物流包括国内物流、国际物流与目的国物流，涉及出境海关、入境海关与商检，其物流链条更长、物流时间更久、物流距离更远、物流方式更复杂。跨境电子商务面向全球市场，交易双方涉及很多国家和地区，各个国家和地区的物流水平参差不齐，加上交易商品种类众多，对物流的要求差异较大。与国内电子商务不同，跨境电子商务很难以单一物流模式实现跨境物流。伴随跨境电子商务的发展，多种物流模式共用的跨境物流解决方案的应用面更广。多种物流模式共用多采用两种或两种以上的物流模式，如国际物流专线＋海外仓，集货物流＋保税区物流，国际邮政小包＋国际快递＋国际物流专线＋海外仓等。针对不同国家和地区的不同商品，采用适合的多种物流模式能够有效凸显各种物流模式的聚合效应。

（四）物流外包模式升级

虽然个别跨境电子商务企业如洋码头，通过自建物流体系开展跨境物流，但一些国家还是要借助第三方物流开展物流与配送。鉴于跨境电子商务与跨境物流的复杂性，许多跨境电商纷纷将跨境物流业务外包，采用第三方物流模式。伴随着跨境电子商务与跨境物流的发展，这种物流外包模式逐渐升级，第四方物流逐步涌现并呈增长态势。作为整合跨境物流供应链解决方案的第四方物流模式，在跨境物流中能够整合海内外数据和基础设施平台，不再局限于优化物流运输路线、配送和库存等单个功能的改进，而是为顾客提供差异化、集约化的跨境供应链解决方案，实现物流、资金流、商流、信息流和清关与商检的整合，实现跨境物流链条的增值功能。

（五）实现物流本土化

在跨境物流中，需要进行物流本土化运作，加强与本土物流公司的合作。海外仓就是典型的跨境物流本地化运作模式。通过本土化及与本地物流企业的合作，既能够缩短目的国的物流与配送时间，降低物流成本，减少物流与配送过程中的沟通障碍等，也能够有效解决最后一公里配送的难题。如洋码头在洛杉矶和伦敦建立海外总部，着手本地化运作；顺丰物流与荷兰邮政合作推出“欧洲小包”服务；法国 Cdiscount 借助巴西本土 Cnova Brasil 完善的物流配送体系开拓巴西市场。

□思考题

1. 企业物流包括哪几部分？
2. 简述电子商务与物流的关系。
3. 简述电子商务环境下现代物流的特点。
4. 在中国发展电子商务的过程中，为什么物流问题表现得尤为突出？
5. 第三方物流在中国兴起的主要原因是什么？
6. 对比分析电子物流与传统物流之间的差异。
7. 什么是供应链管理？
8. 供应链管理思想包括哪些内容？
9. 电子商务对供应链管理有哪些影响？
10. 有哪些跨境电子商务物流模式？

第 7 章

企业电子商务的发展与管理

| 本章要点 |

随着电子商务日益发展，如何发展与管理企业电子商务成为每一个企业都要着手解决的重要问题。本章主要讨论和企业电子商务的发展与管理有关的问题，包括如何明确发展企业电子商务的目的；电子商务效益分析与评估；发展电子商务的准备；发展企业电子商务；电子商务环境下的企业网络营销及企业电子商务的管理等。

信息技术及互联网技术的不断革新与发展，给全球经济注入新的活力，带来了新的增长点。电子商务日益渗透到社会的各行各业，对变革传统的企业组织形式、管理模式、经营方式、贸易活动和营销方式以及经营理念等产生了巨大的压力。如何利用互联网发展电子商务、扩大市场影响、增加市场份额、提高盈利水平、保持竞争优势地位，使企业在新的竞争中占有一席之地，成为摆在每一个企业面前的新问题。

第 1 节　明确发展企业电子商务的目的

在着手发展电子商务之前，企业需要明确发展电子商务的目的，了解电子商务环境究竟会对企业商务过程产生哪些影响，可能使企业商务发生哪些变化，可能产生哪些新的商务形式和机会。这些是企业在进行电子商务规划和实施中首先要解决的问题。明确上述问题后，才能在一个比较可靠的基础上进行电子商务系统建设，否则，未来的系统只是一个简单地将企业当前业务转移到网络上的信息系统，不能为企业创造更大的价值。

一、电子商务对企业商务活动主要环节的影响

企业的商务活动包括五个主要环节：市场（market）、订货（order）、销售（sale）、交付（delivery）及售后服务（customer service），如图 7-1 所示。

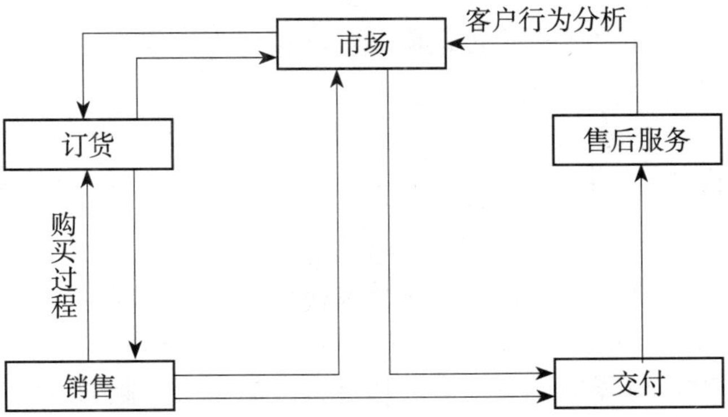

图 7-1　企业基本商务活动的五个环节

在电子商务环境中，这些环节都可能有一定的变化，各个环节需要实现的目标及包括的要点等如下。

（一）市场

（1）目标：提高客户对企业及相关产品的认知程度，使客户了解企业的服务；发现潜在商机；挖掘潜在客户，了解客户需求；培养客户忠诚度。

（2）要点：企业形象；产品竞争力；客户需求。

（3）电子商务系统和传统市场活动的目标是一致的：寻找新客户；优化产品；交叉销售产品；实现客户管理。

（4）电子商务系统应特别解决的问题：B2C（企业对客户）系统应具备保持和巩固客户关系的能力，通过新的电子化手段吸引客户。对 B2B（企业对企业）活动应采取新的手段，为企业提供新的、灵活的销售方式。

（二）订货

（1）目标：为客户提供方便的支付形式和手段。

（2）要点：客户如何收集产品信息；报价；价格协商手段；折扣；附加费用（运输费用、包装费用等）；支付。

（3）电子商务系统的订货过程与传统订货过程不完全相同，表现在：联机的采购过程；在线报价和价格计算；间接的远程协商；电子支付。

（4）应特别注意：安全的网络支付环境；保证购买行为可信、真实；在 B2C 模式中，应支持信用卡、借记卡等方式；B2B 模式应提供商务谈判的联机交互手段，支持线上交易及线下支付（交易与支付过程分离）。

（三）销售

（1）目标：帮助客户选择或找到其需要的产品。

（2）要点：产品信息描述；产品对客户的吸引力；如何发现产品；购买前的推销。

（3）电子商务系统为客户提供可组合的、灵活的购买计划；提供方便易用的产品搜索工具等。

（4）电子商务系统应特别解决的问题：客户通过网络购买产品，意味着通过电子商务系统浏览最终的购买清单（order list）。要支持这一点，应当提供足够的备选产品和搜索工具。在客户发现需要购买的产品前，应由电子商务系统分析客户的行为，以便尽快发现客户的潜在需求，主动为客户提供服务。购买行为发生后，应当记录客户的搜索过程，分析其购买行为及再次购买的可能性。

（四）交付

（1）目标：执行订货过程的结果；完成产品所有权的转移；交付过程包括产品的包装、运输和递交。

（2）要点：产品的交付过程；全程支持交付过程；交付过程可视化，这实际上是企业透明的供应链管理的一部分；用户可以对订单状态进行追踪。

（3）应特别注意：电子商务系统中交付过程应当是可定制的，包装、运输和递交过程可以预先设计，允许客户具有个性化需求。运输过程应当对客户透明，允许客户对运输过程进行动态调整，如变更交付日期、运输方式等。对B2B商务活动，交付过程应融入企业的供应链管理。对B2C商务活动，交付过程和个性化服务是相关的。电子商务系统中对交付过程的信息管理和实际的交付过程应当是一致的，亦即产品的保管、包装、运输、配送的实际执行情况应实时通过电子商务系统反馈给客户。

（五）售后服务

（1）目标：确认订单的执行情况，提供客户支持；分析商务过程，为市场活动提供依据。

（2）要点：订单完成情况的检查；产品使用情况的反馈；订货及客户历史记录；客户行为分析。

（3）电子商务系统为传统服务提供更多的支持，这些支持反映在服务方式、内容及服务速度等方面：提供在线、远程、动态的7×24小时服务；服务的及时反馈；一对一的个性化服务；自助式服务；服务过程的记录及挖掘。

（4）应特别注意：在电子商务中，服务是商务活动的起点而不是终点；对客户个性化需求的满足。

企业商务活动除以上环节，还包括企业内部的管理活动（如财务管理、人力资源管理等）和供应链管理（如运输、保管、配送等）。

二、从顾客角度看发展电子商务的目的

为了向顾客提供新的服务，越过购物过程中的某些中间环节，提高运作效率，企业必须与顾客建立直接的联系。这就需要企业设立一个网站用于销售本企业的产品，及时了解和掌握顾客购买产品后需要的各种服务。企业可以通过互联网为顾客提供以下四种形式的服务。

（1）为产品交易和网上谈判提供方便。企业的网站应当能够向顾客提供各种服务。

例如，一个销售汽车配件产品的企业应能使顾客方便地在线订购各种零部件，浏览该企业网站的顾客还可以按零件的型号、特征及制造商等情况进行查询，进行电子支付，跟踪订单的执行情况，甚至可以通过企业网站直接与物流配送部门联系，缩短送货时间。

（2）为顾客提供最方便的检索手段，促进交流。企业网站的一个最基本的功能就是能够全面、详细地介绍企业及其产品。事实上，企业可以把任何想让人们知道的东西放在网站上，如企业简介，生产设施，研究机构，产品的外观、功能及使用方法等。顾客在网上就能看到自己想要购买的产品。例如，北京汉光百货已经建成一个面向广大消费者的网络购物中心，消费者只要访问该站点，就可得到该商场在售商品的全部信息，然后通过移动端从汉光百货的几万种商品中购买想要的东西。

（3）使更多的顾客了解企业产品，为企业提供新的商机。企业网站应能提供开发全新产品和服务的机会，提供网络支持服务、网络接入服务、内容服务，以及各种各样的在线服务等。这样，企业就可以利用其网站开拓国际市场。企业在互联网上发布的信息可以给企业带来新的商机。例如，阿里巴巴服务于全球上亿个中小企业买家，其中有 100 万国内供货商、2.5 万国外供货商、1 000 万国内采购商、1 亿国外采购商。这些海外买家分布的地区不同，例如欧洲买家占比 40%，北美占 23%，中南美占 14%，中东占 5%，非洲占 3%，大洋洲占 2%。

（4）为顾客提供低成本、高价值的新服务。企业应能从其详尽的顾客资料中提取信息，为顾客提供有益的服务。顾客若对某一产品存有疑问，可通过网站向企业咨询，或从他人使用该产品的经验中受益。此外，电子交易取代了传统的营销方式，可以提供更高级别的服务。

三、从企业角度看发展电子商务的目的

一般而言，企业发展电子商务可以带来以下几个方面的好处，这些好处可视为企业发展电子商务的目的。

（1）拓展市场范围。由于网络无时间和地域的限制，企业可以通过网站进行销售活动，提供在线服务，直接与顾客（或重要的销售商、供货商）建立联系，可以面对更多的顾客，把市场延伸到世界各地，并在商业活动中省去一些不必要的中间环节。

（2）维系良好的顾客关系。企业可以通过互联网不断发布关于产品的最新信息，让顾客及时了解企业的发展情况，从而吸引更多的顾客购买。企业还可以利用互联网开展广告宣传和公关活动，保留和争取更多有价值的顾客，使更多的顾客了解企业及其产品和服务。

（3）更了解顾客。通过互联网，企业可以及时获得关于实际顾客和潜在顾客的需求偏好、需求分布等各类市场信息，借助现代信息技术处理和分析各类市场信息，挖掘新的市场机会。

（4）提高工作效率。信息服务网络的建立可以提高企业提供售后服务和配套服务的效率和能力，有助于企业加强管理，及时发现问题并进行处理，还可以提高相关部门的调度能力。它可以帮助企业提供销售和售后一条龙服务，更大范围地管理和利用销售信

息。就企业内部管理而言，可以建立虚拟企业管理环境，规范岗位责任和工作模式，建立规范和自动化的内部管理流程，完善内部管理机制。通过电子商务可以对企业原有的信息系统进行整合，促进信息共享，降低成本，缩短研发周期，提高信息处理能力和效率。

总之，应在发展电子商务以前，明确企业发展电子商务的目的，并着重分析以下内容：企业哪些商务活动会受到电子商务技术的影响；可以采取哪些新的方式开展商务活动，是否需要采用新的方式；如何缩短企业产品供应链，是否可以对企业供应链进行追踪；是否需要向顾客提供个性化服务，如需要，如何实现；拓展企业增值服务的方式和手段有哪些。只有在此基础上才能谈及其他细节问题，从企业的实际情况出发制定一个稳妥的电子商务战略。

第 2 节　电子商务效益分析与评估

企业在筹划发展电子商务时，应将这项活动看作一项重要的投资。因此，在发展电子商务之前，应进行投资前的成本效益分析。分析做得好，可以控制规模，节约费用，最大限度地产生效益；分析不彻底，可能会造成盲目投资，给企业带来不可估量的损失。

一、企业发展电子商务的成本

电子商务由于具有潜在的增长性而日益受到企业的重视。人们通常认为，电子商务能给企业带来巨大的商机，但发展电子商务的成本容易被忽视。调查显示：当企业决定投资 100 万元开发电子商务网络系统时，在未来的五年里，该企业应至少再投入 300 万元用于系统完善、维护、升级等。因此，企业可能会面临一个两难的选择：激烈的市场竞争使得企业必须不断地进行创新，积极开展电子商务，但未来难以控制的成本和难以预测的收益又常使企业裹足不前。现实中，有些信息系统在建设初期带有一定的盲目性，没有进行必要的成本效益分析，失败的例子很多。同样，企业发展电子商务并不意味着企业一定能从中获利。正确认识电子商务的成本，对于企业进行网络及其他信息技术的投资是十分必要的。一般而言，发展电子商务的成本包括内部成本和外部成本两大类。

（一）内部成本

1. 硬件成本

硬件成本包括发展电子商务所必需的计算机设备的支出。PC 机、服务器、路由器、交换机等都是企业发展电子商务必不可少的设备，而这些设备的更新换代是十分迅速的，从而使硬件的投入、更新成为经常性、长期性的支出项目。

2. 软件成本

软件成本包括系统软件部分的成本和应用系统的开发成本。在电子商务中，软件是企业成败的关键。软件的发展速度很快，生命周期较短，这使得软件的开发成本高。同时，软件的成本受到电子商务系统的结构及电子商务在企业内部应用推广的程度的影响。

3. 运行与维护费用

企业的电子商务网站建立后，需要时时更新网站上的信息，并对软硬件系统进行维护。企业的 IT 部门需要倾注大量的精力提供系统维护、信息管理等服务，以确保对业务部门的技术支持，保证网络系统的可靠性、安全性以及效益。

4. 人员成本

发展电子商务需要得到管理信息系统的员工的支持，同时也需要得到电子商务专业人员的参与和支持，这也构成了电子商务成本的一部分。同时，人员成本中还包括培训费用。培训费用主要包括由卖方提供的培训费用及公司内部提供的培训费用。大多数培训在开展电子商务之前发生，一小部分是对员工的在职培训，目的是让从事电子商务工作的员工了解新技术以及有关标准的变化和发展。

5. 风险防范成本

企业开展电子商务面临的风险很多，主要可以概括为以下两个方面：计算机病毒和网络犯罪。计算机病毒的危害从 1999 年 CIH 病毒的爆发中可见一斑。除了一些网络黑客通过制造病毒对企业网络进行有意或无意的破坏，还有一些犯罪分子通过网络窃取企业机密，以获取非法经济利益。网络犯罪涉及的金额往往较大。如果企业试图避免付出风险防范成本，可能会导致更大的损失。因此，与网络紧密关联的这些风险防范成本应视为内部成本的重要组成部分。

（二）外部成本

企业间的通信成本包括企业与业务伙伴之间进行电子商务活动需要支付的通信费、入网费和网络服务费。

由此可见，电子商务的实施是一个庞大的系统工程，它的应用推广除了需要各行各业的有效参与和配合，还需要政府部门的积极引导和大力支持。企业发展电子商务必定要付出一定的成本，但是通过基础设施建设改善大环境，可以尽量降低外部成本，为企业开展电子商务创造良好的技术和社会环境。

二、电子商务给企业带来的效益

（一）提升企业知名度

良好的形象对于一个企业的生存和发展至关重要，在传统的商务环境中，企业需要长期努力才能达到一定的知名度。而在电子商务环境下，企业可以在很短的时间内做到这一点。首先，企业通过在互联网上建立自己的网站，开辟一个可以全面展示企业的虚拟空间，及时向公众公布企业的各种经营数据、新产品信息及服务承诺，经济、快捷地建立良好的企业形象。其次，电子商务可以帮助企业及时获得来自市场和顾客的反馈信息，有利于企业对市场需求迅速做出调整和反应，更好地服务顾客，提高企业的声誉。最后，率先建立网站并能提供友好界面和优质产品与服务的企业，可以提高其竞争力。

例如，百度成立于 2000 年，它推出了独立搜索引擎，仅三年时间就超越谷歌成为中国网民首选的搜索引擎。百度已经成为中国最具价值的品牌之一。只有在信息时代才有可能在这么短的时间内取得如此令人瞩目的成绩。

（二）降低交易成本

1. 降低采购成本

原材料采购是一个程序繁杂的过程，电子商务可以帮助企业加强与主要供应商之间的协作关系，形成一体化的信息传输和信息处理系统。一些大公司通过商业增值网使用EDI建立一体化的采购系统，初步统计可以节约5%～40%的采购成本。据不完全统计，采用电子化采购手段，可降低20%左右的直接采购成本，节约30%的人员和办公费用。我们可以从下面的例子看出网上采购的巨大优越性：安徽省六安市金寨县初步实现电子商务与电子政务的有机融合。2012年，该县电子化政府采购规模首次突破2亿元，综合节支率达18.3%。

2. 降低营销成本

创建和维护企业网站需要一定的投资，但是与其他销售渠道相比，使用互联网的成本较低。国际数据公司的调查显示：利用互联网作为广告媒体进行网上促销活动，在销售额增加10倍的同时，费用只是传统广告的1/10。这主要是因为：网络的交互性使经营者更容易获取顾客信息以降低营销决策成本。在传统的销售模式中，销售商与顾客之间更多是一种单向的信息传输关系，即销售商在销售过程中竭尽全力使销售对象更多地了解自己，而它收到的顾客反馈很少，在这些信息中，能够经过加工并反馈给管理者以支持其制定决策的则更少。网络为信息沟通的多元化提供了可能，降低了营销成本，经营者可以通过论坛、投票、网上调查等方式获得有用的信息。在传统方式下，当顾客数量增多时，销售人员队伍也将扩大。但利用网络进行电子商务活动则不需要通过推销人员电话联络或登门拜访就可以增加新顾客，这是因为此时的销售职能是由网络服务器来完成的，而不是由固定在某个区域的店铺或销售人员来承担，它的范围只受服务器对询问和订货的反应能力的影响。互联网还可以使一些传统的销售机构运行得更有效率，因为有了自动订货处理能力，销售代表无须进行耗时的手工订货处理，他可以把时间花在建立和维护顾客关系上。电子目录分类表提供的数据比纸质表格多得多。利用电子商务网络进行营销可以缩短再订货周期，提高销售新产品的能力。此外，在网上提供顾客服务可以大大减少顾客拨打免费咨询电话的次数，从而节约开支和人员投入。

（三）降低管理成本

网络管理的一大特点是无纸办公。传统的办公室总是堆积着大量的文件，文具费、纸张费、印刷费是办公室的例行开支，而且办公人员要对文件进行装订、分发和必要的销毁，档案还要占用有限的办公空间，耗费了大量的人力、物力。无纸办公解决了这一难题，通过企业内部网络，上级可以向指定的或所有下级发送文件，下级可向上级传输工作报表等，一些绝密文件可以通过加密方式传输。档案管理仅需要一台带有数据库程序的服务器就可以实现，还可以利用查询系统快速调出文件。以后，办公室中纸笔只是人们做简要记录的工具，大量的文书工作将在电脑上进行，文件传输不再需要秘书跑来跑去，取而代之的是高效的数据传输。另外，由于信息的流通，会议时间可以减少，出差旅程也相对缩短，还可以节约大量的人工成本，从而降低内部管理成本。

（四）减少库存

如果产品的生产周期长，则企业需要有一定的原材料库存量来保证生产进度和按时交货，这不仅增加了运营成本，而且降低了对顾客需求做出反应的速度。然而，只强调低库存量又可能造成供货短缺。企业若想既满足顾客不断变化的需求，又降低运营成本，只有提高劳动生产率和库存周转率。电子商务可以做到这一点，甚至可以做到即时产销，从而实现“零库存”（即在与原材料供应商、中间商甚至消费者共享信息资源的条件下，将实时的市场需求信息融入生产体系，使需求量、生产量、原材料供应量协调一致，保证生产的产品无须等待就可及时到达消费终点）。

（五）降低客户服务成本

企业可以将产品介绍、技术支持、常见问题解答等信息全都放在网上，顾客有任何问题都可以先到这个页面上寻找解决方案，这样企业的顾客服务部门的工作量将大大减少，顾客服务成本也将随之下降。例如，思科（Cisco）公司的产品安装和配置是一项复杂的工作，但是通过网络服务，大约 90% 的问题能够由顾客自己解决，只剩下 10% 的问题由工程师来解决。

（六）提高经营管理效率

企业之间的网络使交易中的商业报文标准化，使信息能在世界各地瞬间完成传输，并且使原料采购、产品生产与销售、银行汇兑、保险、货物托运及申报等过程无需人员干预便可在最短的时间内完成。买卖双方从交易的洽谈、签约到货款的支付、交货等都在网上进行。通畅、快捷的信息传输可以保证各种信息之间互相核对，防止伪造信息的流通，克服了传统贸易方式费用高、易出错、处理速度慢等缺点，极大地缩短了交易时间，使整个交易快捷、方便、有效。另外，电子商务因能提供每天 24 小时不间断的服务而有利于企业扩大销售市场，提高顾客满意度。

总之，企业应在发展电子商务导致的成本和发展电子商务带来的利益之间进行平衡，做出是否发展电子商务以及怎样发展电子商务的正确决策。

第 3 节　发展电子商务的准备

明确了发展电子商务的目的并进行了效益分析与评估以后，就可以为发展电子商务做准备了。

一、分析企业业务

在开发一个电子商务系统前，必须对企业的业务范围及业务情况进行分析。只有这样，开发出的电子商务系统才具有实用性，才能达到其真正的目的。对企业业务进行分析应包括以下几点。

（1）分析企业属于哪个行业。金融企业和生产制造企业的电子商务系统的侧重点是不一样的。金融企业可能更侧重于支付系统的电子化，而生产制造企业可能更侧重于业务流程的电子化。

（2）分析电子商务能给企业带来哪些具体的好处。通过此项分析，企业可以进一步确定哪项业务最需要电子化。

（3）分析企业的运作情况如何，其市场占有率是在扩大还是在缩小，利润如何。通过此项分析，企业可以确定对电子商务的投入金额。

（4）分析企业业务未来是否要进行扩展。通过这一分析，企业可以针对电子商务系统的开发制订阶段性计划并分步骤实施。

二、制订发展电子商务的计划

企业发展电子商务需要做很多事情，包括定义顾客群，考察电子商务对业务的影响，确定电子商务的目标，进行成本效益分析，确定由谁提供和更新 Web 页的内容，确定 Web 站点需要提供哪些交互性应用，安排人员回答顾客在网上提出的问题，人员的组织，软硬件的选择，ISP 的选择，信息的收集，Web 链接的组织与维护，搜索引擎的注册，防火墙的设置，数据库的选择等。为方便顾客查找信息，可提供关键词搜索服务，对一些顾客常见的问题在网上统一解答。对其他问题提供反馈渠道，可采用聊天室、BBS 或电子邮件等形式交流。针对以上这些具体的任务，企业应根据自己的实际情况确定哪些需要纳入计划，以及每项任务的时间、人员安排，确保企业的电子商务系统建设有条不紊地进行。

三、创建企业内部网

企业内部网的创建可以从以下几个方面进行考虑。

（一）企业对内部网的需求调查

这项调查非常关键但也容易被遗漏。建设者必须清楚地知道内部网创建的目标是什么，即企业创建内部网是为了实现什么商业目标。调查内容主要有以下几方面：为什么要创建内部网；企业的目标是什么；迅速变化的经营环境带来了哪些机遇和挑战；在企业经营过程中是否需要将内部网作为新的处理工具。

（二）制订内部网的创建计划

在做了如上调查和分析之后，如果企业认为确实需要创建内部网且有足够的资金，就可以制订内部网的创建计划。内部网创建不只是一个部门的问题，而是需要全员参与、各部门配合，因此需要成立一个内部网规划小组，依照内部网的目标制订具体的实施方案。具体来说有如下几点。

1. 结构设计

结构设计主要是确定内部网的模型，以及在该模型下如何落实相关工作。按企业的规模及最终用户的计算机应用能力的不同，内部网模型可分为集中型、分散型和混合型三类。集中型把所有的工作都交给一个专门的部门管理，即所有的服务器资源都位于这个部门，其他部门基本上不参与内部网的创建工作而只作为一个简单的最终用户。如果一个企业的规模不是很大，且部门内部大多数人员对网络、计算机的使用较陌生，可以采用这种模型。分散型中所有的责任由部门自行承担，没有一个专门的部门参与内部网创建。这种模式的好处是，可以让各部门充分发挥自己的想象力，根据自己的需求来创建内部网；缺点是各部门之间的集成度比较低。如果各部门完全不相干，则可采用这一模式，但实际上应用该模式的企业很少。混合型综合了上面两种模式的做法，由一个专门的部门或小组负责监督和管理内部网的创建和实施，并且要求各部门必须负责开发内部网的某些功能，其他功能可自行发挥。这样做，一方面，可以保持内部网的完整性；另一方面，可以让部门依照自己的需求来创建内部网，规模较大、信息化程度较高的企业一般采用这种模式。

2. 信息规划

一般而言，一个企业创建内部网主要是为了信息的有效发布，因此要考虑这几个问题：哪些信息需要发布，这些待发布的信息如何组织，怎样实现信息的有效发布等。企业要围绕自己创建内部网的目标决定哪些信息需要对内部或外部授权用户（如自己的供应商、分销商等）发布。企业的信息是多种多样的，在创建内部网时，要将这些信息有机地组合起来，这需要将信息进行分类，可以根据信息的出处、存储的地方、负责该信息的部门来分类。组织好信息后，接下来要确定采用何种形式将信息有效地发布出去。

3. 教育培训

员工和企业领导对内部网各项功能熟悉与否，将直接影响内部网被接受的程度。教育培训越完善，员工对内部网的熟悉程度自然越高，内部网就越有可能成功。因此，应对各项内部网教育培训进行合理的规划，以促进内部网在企业中的推广和应用。

4. 各部门规划

各部门规划是以各部门为导向的规划。对于各部门来说，要规划自己的内部网部分，首要的当然是明确企业要实现的功能，然后从自己所需要的功能开始规划。部门规划完成之后，可以听取其他部门的建议，增加新的功能。当然，新的功能应服从企业的全局规划。

（三）内部网的建设

对企业来说，内部网建设通常外包给专业技术公司或专业技术人员，若企业本身有足够的技术实力，也可以自己去做。内部网的建设通常包括以下四方面的工作。

1. 安装服务器

需要根据内部网的要求安装各种服务器，包括 Web 服务器、FTP 服务器、电子邮件服务器、账户服务器、电子商务服务器、数据库服务器、域名服务器等。为实现信息的存储及交流，通常需要建立一个企业级数据库服务器或根据企业的规模大小再加装若干部门级数据库服务器。Web 服务器的功能之一是向企业内部提供一个 WWW 站点，借此可以完成对企业内部日常信息的访问；FTP 服务器可提供文件的上传、下载功能，为网络管理和用户提供方便；电子邮件服务器可以利用 E-mail 加强内部的信息传输；账户服务器可以实现对企业内部网络访问者的身份的认证，不同的身份对各种服务器的访问权限不同；电子商务服务器与数据库服务器通过 Web 服务器对内外部的电子商务业务进行处理；由于 IP 地址是用一串数字表示的，很难记忆，通常可以通过安装域名服务器来实现域名解析，因此需要建立域名系统等。

2. 安装浏览器

客户端主要的软件就是内部网的浏览器，主要有微软公司的 IE 等，浏览器用于实现对服务器的访问。

3. 与原有系统的集成

内部网必须充分利用企业原有的信息系统资源，如硬件、软件、数据库等，只有将内部网特有的 Web 平台建立在原有系统基础之上，才能充分发挥内部网的长处。因此，将内部网与原有系统无缝集成是内部网建设中一项很关键的任务。

4. 建立内部网的安全保护

确保内部网的安全是开展电子商务的重要环节。目前内部网中常用的安全策略主要有：（1）用户身份认证。这是一种常用的安全保护措施，系统根据用户的信息确定用户身份的真实性，从而判断是否允许用户访问网络资源。（2）访问控制。根据用户身份授予其对网络资源的不同访问权限。在设计内部网的访问控制策略时，应将访问控制扩展到网络一级，从而灵活控制哪些用户能够访问哪些网络资源。防火墙就是在内部网中常用的网络安全技术，能够防止非授权的访问，起到隔离内部网与互联网的作用。（3）数据加密。数据加密是保证网络资源安全的技术基础，是一种主动防御策略，应用在安全领域的各个方面。目前常用的加密方法有对称密钥方法和非对称密钥方法。（4）审计。审计本身并不能提高系统或网络资源的安全性，但它能够准确记录用户对系统的网络资源的访问活动，为管理员完善安全措施提供依据。

四、准备设备并打造环境

设备的准备与环境的打造主要指企业对电子商务平台的选择。良好的电子商务平台是建立一个好的电子商务系统的基础。一般来说，电子商务平台的选择包括对网络系统、硬件、操作系统、数据库及网络安全措施的选择。

（1）网络系统。应根据对网络带宽的要求、企业的投资力度选择交换机、路由器等网络设备。最好选择同一品牌的产品以便统一管理。

对于与互联网连接的部分，应分析企业内部对外部的访问情况和外部对企业电子商务网站的访问情况，选择专线接入方式或主机托管方式。常用的专线接入方式有数字数据网络（digital data network，DDN）、帧中继（frame relay，FR）、X.25 等。如果采用主机托管方式，应考虑互联网服务提供商提供的网络带宽、安全防护、机房设施（如是否有足够的后备电源及发电机等）、维护服务、价格等因素。

可以向域名管理机构或代理机构申请电子商务网站的域名。

（2）硬件。应根据外部对企业电子商务网站的访问量和投资力度选择微机服务器、小型机或集群系统。

（3）操作系统。应从性能、安全性、稳定性、易用性及系统管理员对某种操作系统的熟悉程度等方面来考虑，主要有 UNIX、Linux、Windows 2000、Windows NT 等。

（4）数据库。应从数据量、外部对企业电子商务网站的访问量、投资力度等方面来考虑。若数据量大，外部对企业电子商务网站的访问量大，且有足够的投资，可以考虑使用大型数据库，如 Oracle、Sybase、Informix、DB2。如果投资不是很多，且数据量不是很大，外部对企业电子商务网站的访问量不是很多，则可考虑使用 Microsoft SQL Server。在投资较少时，也可以考虑使用免费数据库，如 MySQL。

（5）网络安全措施。网络安全措施主要是指防黑客、防病毒方案，包括加密机制、签名机制、分布式安全管理、存取控制、防火墙、安全万维网服务器、防病毒保护等。国际上多家公司联合研究并发布了 SET 和 SSL 等协议标准，帮助企业建立一个安全的电子商务环境。

五、配置人员

传统的管理模式已经不能适应电子商务发展的需要，企业应做好向现代管理模式转变的准备。从物流、资金流、信息流集成的角度出发，建立一个反应快速、流通顺畅、灵活多变的供应链系统，只有这样才能协调企业、供应商、合作伙伴之间的关系，满足顾客的个性化需求，快速回笼资金；同时，在采购、制造、管理、销售等环节加强预算和资金控制，降低成本，从而把一定的利润空间留给顾客，给顾客提供更为便宜的产品。因此，企业要为开展电子商务配置相应的管理人员、技术人员、市场人员、服务人员。

第 4 节　发展企业电子商务

电子商务网站的主要功能就是开展电子商务活动，它的目的是把传统的商务活动搬到网络上来，同时促使企业采购、生产以及销售等一系列活动采取新的形态，给整个社会经济生活，乃至社会的其他方面带来深远的影响。因此，企业一定要做好可行性论证，为自己涉足电子商务这一领域做好充分的规划。

一、电子商务网站的主要功能

电子商务网站的功能关系到电子商务活动能否顺利开展，电子商务网站功能的设计是电子商务实施与运作的关键环节，是电子商务应用系统构建的前提。由于在网上开展的电子商务业务不尽相同，所以每个电子商务网站的具体功能并不相同。企业利用互联网的形式包括 B2B、B2C 等电子商务形式。有些企业专注于电子商务，有些企业利用电子商务作为商业运作的第二渠道。但无论哪种企业，电子商务网站的功能殊途同归，即充分利用互联网信息传播范围广、传播速度快的优势，拓展线下交易，建立网上展示、交易平台。企业电子商务网站一般具有以下功能。

（一）商品展示

这是一个基本且十分重要的功能。顾客进入企业的电子商务网站，应该像进入现实中的超市一样，能够看到琳琅满目的商品。利用网络媒体进行商品的推销，无疑使企业多了一个很有前途的营销渠道。这些商品是经过分类的，就像超市中将商品分为服装类、副食类、家电类一样。企业可以在电子商务网站上对某些商品开展广告促销活动。

（二）信息检索

电子商务网站提供信息搜索与查询功能，可以使顾客在电子商务数据库中轻松快捷地找到需要的信息，这是电子商务网站能否使顾客久留的重要因素。如果一个电子商务网站的内容非常丰富，而且企业的商品种类繁多，要想将所提供的服务和商品信息详尽地介绍给顾客，就应该使用数据库为浏览者提供准确、快捷的检索服务。这是体现网站信息组织能力和拓展信息交流的途径。

（三）商品订购

顾客想购买时，可以将商品放入购物车。顾客填完订单后，通常系统会对信息予以确认。该功能不仅依赖于技术的设计与实现，更依赖于网站主体在设计时从简化交易流程且便于顾客使用的角度去构思。顾客发现自己感兴趣的商品时，点击该商品可以看到该商品的文字、图片、视频等多种描述性信息。网站通常在商品介绍页面提供友好的订购提示信息和订购交互对话框，实现全天候交易。

（四）网上支付

网上支付是重要的环节。网上支付必须有电子金融的支持，即银行或信用卡公司及保险公司等金融机构提供网上支付服务。采用电子支付手段可省去交易中很多人员的开销。网上支付需要对信息传输安全性进行控制以防止诈骗、窃取信息等非法行为。

（五）信息管理

完整的电子商务网站还要具备信息管理功能。顾客信息管理可以反映网站主体是否以顾客为中心，能否充分利用顾客信息挖掘市场潜力，是电子商务中主要的信息管理内容。网络的连通使企业能够及时接收、处理、传递与利用相关信息，并使这些信息有序、有效地流动起来，为企业其他信息管理系统如 ERP、SCM 等提供支持。

（六）信息反馈

一个成功的网站必须是交互性的、信息互动的。企业的电子商务网站对于收集顾客的反馈信息尤为重要。企业可以利用网站收集顾客反馈的信息，据此做出决策。

（七）形象宣传

电子商务企业可凭借 Web 服务器在互联网上发布各类商品信息。企业建立自己的电子商务网站并打造企业形象，是企业利用网络媒体开展业务最基本的出发点。与以往的各类广告相比，网络广告的成本最低，而给顾客的信息却最为丰富。顾客可借助网上的检索工具迅速找到所需商品信息，而商家可利用主页和电子邮件在全球范围内做广告宣传。

二、电子商务网站的实现

在明确了企业发展电子商务的目的及为发展电子商务做了相关准备之后，企业便可着手制作网页，开发应用程序，以实现电子商务的功能。

（一）电子商务系统中应用模型的结构

从电子商务系统的功能出发，可以抽象出电子商务系统的应用模型（它是对应用功能逻辑上的一种抽象，表示各种应用之间的逻辑关系）。应用模型可以分解为三个基本层次，即应用表达（presentation）层、商务逻辑（business logic）层和数据（data）层，如图 7–2 上半部分所示。

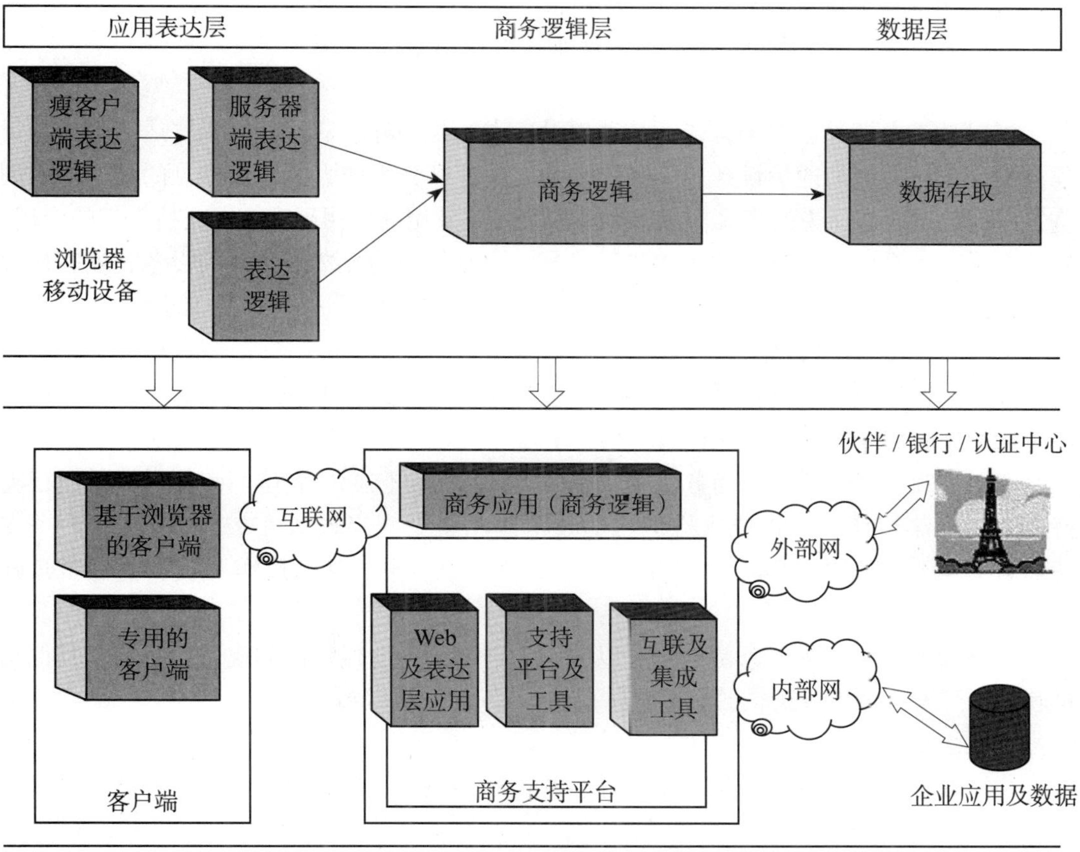

图 7–2　电子商务系统的实现过程

（1）应用表达层为最终用户提供界面，同时它也是系统接受客户请求的接口。应用表达层至少需要满足三个基本特征：支持多种标准数据格式；支持多种主流数据终端；能满足客户的个性化要求。

（2）商务逻辑层是整个商务模型的核心，描述了商务处理过程和商务规则。该层所定义的应用功能是系统开发过程中的重点。

（3）数据层为商务逻辑层提供数据支持。一般来说，这一部分为商务逻辑层中的各个应用软件提供各种后端数据，这些后端数据具有以下特点：第一，多种格式，例如，来自数据库、企业内部信息系统和企业 ERP 系统的数据，来自 EDI 系统的数据。第二，多种来源，可能来自企业内外部的合作伙伴或商务中介（如银行、认证中心等）。

在此模型中，应用表达、商务处理是低耦合的。商务逻辑层主要负责商务逻辑的处理，其处理结果交给应用表达层并提供给客户。应用表达层可以将处理的结果以 HTML 格式呈现，也可表示为满足 XML 标准供移动设备使用的格式。不管应用表达层如何处理，都不需要过多地改变商务逻辑的处理过程。此外，商务逻辑的处理及其与数据之间的耦合程度也很低，数据层集中关注商务活动中需要用到的各种不同格式的数据（可能是文本、图像、语音等，数据可能存储在数据库当中，也可能保存在文件系统中），而商务逻辑层不过多地处理数据导入（import）问题。

（二）电子商务系统的实现

电子商务系统的实现过程如图 7–2 所示。

1. 应用表达层的实现

该层最终由多种客户端构成，其硬件设备主要是各种客户端应用程序运行的终端设备，如计算机、移动通信设备等。客户端的应用程序分为两大类：最常见的是通用的浏览器，也就是通常所说的瘦客户机；也可以是一些专用的应用程序，以支持专门的应用。构造电子商务系统的客户端的关键是要确定客户端的类型并选择合适的设备，使客户端和电子商务系统的服务器之间具有良好的接口。

2. 商务逻辑层的实现

商务逻辑层是电子商务系统的核心，也是系统建立过程中的难点和重点。商务逻辑层包括商务应用（程序）和商务支持平台。

商务支持平台向上层（商务应用）提供的服务主要包括：表达、商务支持、运行支持、开发和集成服务。构成支持平台的技术产品至少应当包括：Web 服务器，商务支持软件、集成与开发工具，计算机主机，网络，其他软件（如操作系统、管理工具软件等）。

构造商务逻辑层的任务基本上可以归纳为两部分：选择合适的应用服务器及其他支持软件；开发实现商务逻辑的应用软件系统。

3. 数据层的实现

构造数据层的关键是开发电子商务系统与外部系统、内部信息资源的接口，完成系统集成。

数据层的数据源主要包括以下几部分：既有信息系统（如 ERP 系统等）的数据和企业的数据库；企业与协作伙伴（如供应商等）之间交换的数据；企业与银行之间交换的数据；企业与 CA 中心之间交换的认证数据；企业与其他商务中介交换的电子数据。

由于企业商务逻辑的处理过程是一个从市场、销售、采购到客户服务的整体，必须将商务逻辑处理过程所涉及的数据集成在一起。因此构造数据层的任务是：实现电子商务系统与企业内外部信息系统之间的网络互联，并确保安全的网络环境；实现基于应用服务器平台的商务应用系统与企业内部数据的共享。

通过以上分析，可以将电子商务系统的主要实现过程分为：技术支持平台的选择与构造，应用系统的开发，网络系统的集成，数据共享及应用的互操作，实施过程的合理组织。

三、电子商务网站的发布与维护

在完成站点设计、网页制作后，可以将个人计算机作为 Web 服务器，由工作人员进行自我测试。企业的电子商务网站在测试结果是否与设计方案吻合，对不同浏览器、不同分辨率显示器、链接、下载速度等方面进行测试并做相应的修改后，便可进入网站的发布阶段。

（一）电子商务网站的发布

将制作好的网页和应用程序通过 FTP 上传到服务器的相应目录中。FTP 是文件传输协议以及使用该协议的文件传输程序的缩写。文件传输指的是将文件从一台计算机发送到另一台计算机上，传输的文件可以包括电子报表、声音、编译后的程序以及文档。如果用户要将一个文件从自己的计算机发送到另一台计算机上，就可以使用 FTP 程序上传（upload）或放置（put）文件，或使用 FTP 下载（download）或获取（get）文件。

网页上传时可使用图形化的客户端工具进行操作，这是因为图形化工具比较直观、简单易行。Cuteftp 就是这样一种常用的 FTP 客户端工具。图 7–3 是 Cuteftp 的操作界面。

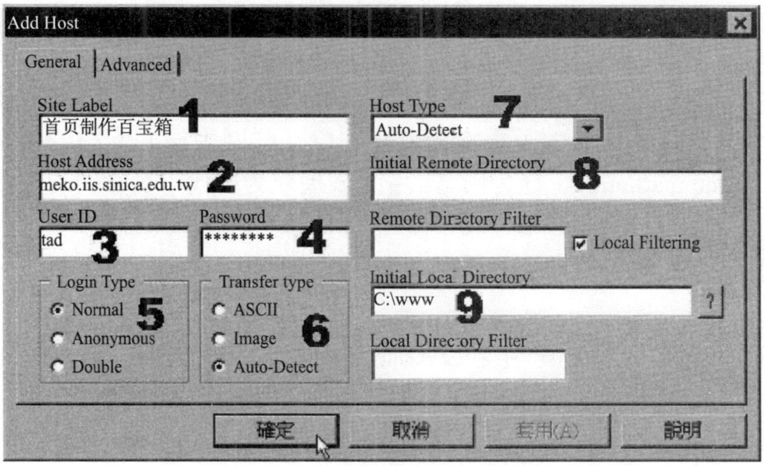

图 7–3　Cuteftp 的操作界面

图中标号 1：这一格是让你给服务器（即你要放到网页上的电脑主机）取个名字，名字可随意选择，如图 7–3 中取为“首页制作百宝箱”，下次再进入 Cuteftp 时，直接选取“首页制作百宝箱”就可以连到该网页服务器，而不再需要输入繁杂的名字。标号 2：这一格非常重要，须填上服务器所在的位置。如果你申请的是免费网址，那么该网站会告诉你要上传到哪里（也就是一连串的主机位置）；如果是租用虚拟空间，就问问公司的服务器管理员。标号 3：通常连通主机后，服务器会询问你的账号，这一格就填上你进入服务器的账号。标号 4：检查完账号后就会要求输入密码，这里的账号密码是指进入该服务器的账号密码。标号 5：设定进入服务器的方式，通常是“Normal”，也就是说，需要账号密码才进得去，如果选第二项就表示任何人都可以进去，安全性差。标号 6：设定档案上传方式，选第三项“ Auto-Detect”比较方便，它会自行检测档案类型以确定最适合的上传方式。标号 7：选“Auto-Detect”这一项即可。标号 8：设定服务器端的路径，设不设均可。如果设的话，以后再进入时，就不用切换一堆路径，而可以直达你要上传的目录。标号 9：设定自己电脑的目录，如图中设为 C：\www，只要连通服务器，便会自行切换到 C：\www 这一目录，这样可以节约时间。

（二）电子商务网站的维护

要想使电子商务正常运行，就必须对网站内容进行维护。企业应就电子商务网站的日常维护开发一个专门的系统。该系统应包括如下功能：（1）信息发布。主要是公司介绍、促销活动等信息的发布。（2）商品信息的维护。主要是对新增加的商品种类、商品价格、缺货、已不存在的商品等信息的维护。（3）客户订货信息的维护与处理。主要提供对客户订购的商品及数量、付款情况等信息的查询与处理功能。（4）客户反馈信息的处理。主要提供查看客户反馈信息并向有关主管人员转发的功能，以便及时处理客户的反馈信息。

第5节　电子商务环境下的企业网络营销

营销是企业管理中的一项重要职能，是企业对外服务的窗口。电子商务作为互联网上的商务活动，自然也离不开营销。网络信息快速传输使市场营销的效率和效能进一步提高，营销本身及其环境发生了根本的变化，以互联网为核心支撑的市场营销（cyber marketing 或 online marketing，译为网络营销）发展成为现代市场营销的主流。

一、网络营销的概念

网络营销是随着互联网的产生和发展而形成的新的营销方式。网络营销不同于传统的营销方式，它不是简单的营销网络化，而是网络与传统营销的整合。广义地说，凡是以互联网为主要手段进行的为达到一定营销目标的营销活动，都可称为网络营销（或叫网上营销），也就是说，网络营销贯穿于企业开展网上经营的整个过程，从信息发布、信息收集，到开展网上交易，网络营销一直是一项重要内容。

从营销的角度出发，可以将网络营销定义为：网络营销是企业整体营销战略的一个组成部分，是建立在互联网基础之上，借助互联网特性来实现一定营销目标的一种营销手段。据此定义，可以得到以下几点认识。

（1）网络营销不同于网上销售。这可以从两个方面来说明：1）网络营销的效果可能表现在多个方面，例如，企业品牌价值的提升，加强与客户之间的沟通，作为一种对外发布信息的工具。网络营销活动并不一定能实现网上直接销售的目的，但是有利于增加总的销售。2）网上销售的推广手段不仅仅靠网络营销，往往还要采取许多传统的方式，如传统的媒体广告、发布新闻、印发宣传册等。

（2）网络营销不仅限于网上。由于种种因素的限制，在互联网上通过一些常规的检索办法不一定能顺利找到所需信息。对于许多初级用户来说，可能根本不知道如何去查询信息。因此，一个完整的网络营销方案，除了在线上做推广，还有必要利用传统营销方法进行线下推广。这可以理解为关于网络营销本身的营销，正如关于广告的广告。

（3）网络营销不同于电子商务营销。一般而言，电子商务营销（狭义）是指以网络方式进行企业网站的推广活动。由此可见，电子商务营销的范围比网络营销的范围要小一些。电子商务营销的目的是推广与产品相关的网站名称，即力求公司的客户及潜在客户记住公司网站的域名，并将该域名与公司的产品联系起来。目前比较常见的电子商务营销方式有网络广告、搜索引擎登录以及邮件列表推广。

（4）网络营销建立在传统营销理论基础之上。由于网络营销是企业整体营销战略的一个组成部分，因此网络营销活动不可能脱离一般营销环境而独立存在，网络营销理论是传统营销理论在互联网环境中的应用和发展。有关网络营销理论与传统营销理论的比较将在后文做深入分析。

二、网络营销 4C 策略

（一）传统营销理论中的 4P 策略

一个产品由什么渠道销售、能卖多少钱等问题，通常称为营销组合（marketing mix），它包括四个项目。

（1）产品（product）。包括产品性能如何，有哪些特点，质量好不好，以及外观与包装情况，服务与保证。

（2）价格（price）。考虑企业的合理利润和顾客可以接受的价格，以及定价是否符合公司的竞争策略。

（3）渠道（place）。产品通过什么渠道进行销售，如何将产品顺利送到消费者的手中。

（4）促销（promotion）。通过广告、人员推销、网络媒体、公共报道等，将产品信息传递给消费者，并促使交易行为完成。

由于上述四个方面的英文首字母都是 P，因此通常将营销组合称为 4P 策略。需要说明的是，营销组合的应用必须根据营销目标及营销策略来决定。

网络和电子商务系统的出现彻底改变了传统市场营销理论和实务存在的基础。首先，网络环境下地域和范围的概念消失了。其次，促销和销售渠道统一放到了网上。最后，剔除商业成本后的产品价格将大幅降低。因而营销管理模式也发生了根本变化，逐步出现了与传统营销理论中的 4P 策略完全不同的 4C 策略。

（二）网络营销中的 4C 策略

（1）顾客愿望与需求（consumer's wants and needs）。网络营销要求企业不再从自身盈利的角度来进行市场细分和产品策划，而是真正做到充分了解并及时满足每个消费者的愿望与需求。企业因顾及经济性和可行性不能将市场无限制细分的问题在电子商务时代将得到比较好的解决。人们通过建立数据库和复杂的统计模型，以及开发市场分析程序，可以将每个消费者视为一个独立的个体以确定其对企业现有及潜在的价值，消费者实际的购买行为取代了其他细分标准而成为决定性因素。企业借助信息网络可以和消费者时刻保持最有效的营销沟通，做出最有效的营销努力。定制营销可以为每一个消费者提供专门服务，将成为电子商务时代市场营销的主要模式。消费者的主导作用在电子商务时代将真正得以实现。

（2）满足愿望与需求的成本（cost to satisfy wants and needs）。网络营销要求企业不再从满足自身定价目标的愿望出发，在研究消费者能够接受的价格的基础上进行定价，而是在研究消费者为满足其需求所愿付出的成本的基础上定价。传统商品的定价策略基本上是按“生产成本＋生产利润＋销售利润＋品牌系数”这一公式来确定的。在这种定价策略中，生产厂家对价格的制定起着主导作用。电子商务环境下，通过建立与市场数据库、用户数据库相关联的智能化定价系统，可以对消费者的实际购买行为进行分析，以获得有关需求及价格敏感性等信息。同时，企业利益、可替代产品、竞争对手等有助于确定最优定价的因素也可加以考虑。关于定价策略的一些设想还可以利用“虚拟销售”的调研方式进行测试以确定是否可行，更多更加弹性的、多样化的定价策略将会被采用。互联网还使在线议价、竞价成为可能。

（3）购买的方便性（convenience to buy）。由于通过网络可以与消费者直接接触，网络营销中的渠道策略可以暂时忽略，而着重考虑运用网络技术给消费者创建一个方便的网上购物场所。在传统商业或营销策略中，有明显的地域限制。企业在制定各种营销策略时，不得不考虑营销渠道和地域问题。此外，企业必须通过层层批发和储运过程来保存实物，不仅费时、费力，还不利于企业对市场和消费趋势做出快速反应，且大大提高了经营成本。电子商务时代是一个消费者至上的时代，以往企业向消费者单向的自上而下（top-down）的营销方式已行不通，取而代之的是自下而上（bottom-up）的方式，它是生产者与消费者之间联系的一座电子桥梁，使消费者有机会参与营销活动，更加方便及时地提出自己的意见，有利于企业获得良好的信誉。而商品从供应厂家运送到消费者或需求厂商处的工作则是由社会上的物流配送公司完成的。

（4）与消费者的沟通（communication with consumer）。网络营销要求企业重视与消费者的联系与沟通，改变传统的单向信息传递的沟通方式，建立互动式交流。企业营销策略中与消费者的沟通分为两部分：一是如何在网络上介绍自己的产品并营造出一个良好的购物环境；二是通过对访问站点人数的统计了解消费者的购买意向并发现产品和经营中出现的一些问题，及时改进。在电子商务环境下，企业可以利用用户数据库，通过对用户过去的购买行为的分析和对未来趋势的预测，做到用短期赔本的促销来保持长期的获利。企业促销以更易于为消费者接受的双向、互动、实时沟通的方式进行，避免强力促销活动引起消费者厌烦；同时，各种赠券、折扣券、优惠券可以通过电子邮件来递送，既降低了费用又提高了促销效果。这里需要指出的是：企业与消费者之间要沟通的不再是单一的关于产品的信息，而是一种体现了综合服务理念、更广泛意义上的产品。

三、网络营销的职能

（一）网络消费者购买行为分析

对网络消费市场进行细分，了解和分析网络消费者的类型是电子商务成功的重要因素，可以帮助企业准确地进行网站定位和确定网站经营项目，并且有针对性地设计网站页面形式和内容。随着电子商务在商业领域的逐步推广、商业网站的逐步普及，越来越多的“网络冲浪者”将成为潜在的网络消费者，因而，必须了解不同类型的“网络冲浪者”的需求特征，以便针对不同类型的“网络冲浪者”制定相应的网站设计策略和网络营销策略。

（二）网上市场调研

通过在线调查表或者电子邮件等方式可以完成网上市场调研。相对于传统市场调研，网上市场调研具有高效率、低成本的特点，因此，网上市场调研成为网络营销的主要内容之一。

（三）网络品牌

网络营销的重要任务之一就是在互联网上建立并推广企业的品牌，知名企业的原有品牌可以在网上得以延伸，一般企业则可以通过互联网快速树立品牌形象并提升企业整体形象。网络品牌建设是以企业网站建设为基础的，通过一系列的推广措施，获得顾客和公众对企业的认知和认可。从一定程度上说，网络品牌的价值甚至高于通过网络获得的直接收益。

（四）网址推广

网址推广是网络营销最基本的职能之一，几年前，人们甚至认为网络营销就是网址推广。相对于其他功能来说，网址推广显得更为迫切和重要。因为网站所有功能的发挥都要以一定的访问量为基础，所以，网址推广是网络营销的核心工作。

（五）信息发布

网站是一种信息载体，通过网站发布信息是网络营销的主要方法之一。同时，信息发布也是网络营销的基本职能，所以也可以这样理解，无论哪种网络营销方式，结果都是将一定的信息传递给目标人群，包括顾客 / 潜在顾客、媒体、合作伙伴、竞争者等。

（六）销售促进

营销的基本目的是为增加销售提供帮助，网络营销也不例外。大部分网络营销方法都与直接或间接促进销售有关，但促进销售并不限于促进线上销售，事实上，网络营销在很多情况下对于促进线下销售十分有价值。

（七）销售渠道

一个具备网上交易功能的企业网站本身就是一个网上交易场所，线上销售是企业销售渠道在网上的延伸。网上销售渠道建设并不限于网站本身，还包括建立在综合电子商务平台上的网上商店，以及与其他电子商务网站不同形式的合作等。

（八）顾客服务

互联网提供了更加方便的在线顾客服务手段，从形式最简单的 FAQ（常见问题解答）到邮件列表，以及 BBS、聊天室等各种即时信息服务平台，顾客服务质量对于网络营销的效果具有重要影响。

（九）顾客关系

良好的顾客关系是网络营销取得成功的必要条件，网站交互、顾客参与等方式在开展顾客服务的同时，还能增进顾客关系。

网络营销的职能体现了网络营销的基本思想，开展网络营销的意义就在于充分发挥各种职能，让网上经营的整体效益最大化。

四、网络营销的创新案例

近几年，在人们生活水平提升和电子商务发展的大环境下，天猫商城借助一系列节假日开启了电子商务网络营销新时代，实现了“互联网＋娱乐＋消费”的营销模式。

（一）“明星＋直播”的营销策略

2016年天猫“双十一”晚会采用了全明星阵容＋直播的模式，在打造超级会员的同时拉拢新的客户，提升了天猫平台的整体销量和关注度。晚会采用国际化阵容，充分利用了阿里巴巴集团下的各个娱乐板块。晚会还推出了阿里鱼——专门针对10万商家的IP变现平台。天猫“双十一”还推出了手机电视直播的多屏互动模式，消费者能够一边看电视一边抢红包。

（二）个性化的营销策略

2016年天猫“双十一”营销的一个亮点是个性化推荐服务的实现，通过千人千面的个性化推荐为商家提供更多的价值，提高了商家为消费者提供服务的效率。

（三）全渠道的营销发展策略

2016年天猫“双十一”侧重全渠道的营销发展策略，表现在：一方面，阿里巴巴尽力打通品牌营销的线上和线下；另一方面，阿里巴巴旗下的大型品牌商（比如绫致集团、盖普（Gap）、优衣库等）实现线上和线下商品的流通，构建会员服务体系。但是这种线上和线下结合的全渠道营销发展遇到了瓶颈，特别是对于服装销售来讲，由于缺乏线下体验式服务，消费者不愿意在天猫商城购买服饰。

（四）“新制造、新零售、新技术、新金融、新能源”的营销模式

下面以新零售、新制造和新金融为例分析这种营销模式。

1. 新零售、新制造

随着大数据的快速发展和应用，消费者对商品的种类提出更高的要求，为此，天猫电商需要依托大数据对消费者的职业、年龄、偏好、性别进行精确的区分，从而帮助全球商家进行商品营销策划。天猫“双十一”还发布了农村“双十一”当天销售排行榜，可以发现农村地区的消费水平快速提升。

2. 新金融

以往“双十一”营销会受到技术门槛的影响，即支付宝能否承受消费高峰。而在2016年，支付宝所要解决的不再是这种技术性问题，而是怎样使“网商贷”发挥重要作用。在这种情况下，由蚂蚁花呗、支付宝和余额宝组成的“大众消费金融”进一步拓展了支付、理财以及个人借贷的功能。

（五）文化融入的营销策略

在2022年，王老吉采用了以一罐对应一个姓氏和图腾的创新方式，唤起了消费者对深植于心的姓氏文化的认同感，从而提高了消费者对产品的兴趣和关注度。同时，王老吉的礼盒包装上印有“家家大吉，新春吉祥”的祝福语，这不仅与消费者春节期间寻求好运的愿望相契合，还增强了品牌的识别度和记忆度，引发了消费者的情感共鸣。

此外，王老吉还推出了“李老吉”“陈老吉”“赵老吉”等115种不同姓氏图腾的产品，并提供了更多姓氏的定制服务，以满足消费者对个性化表达的需要。这种结合文化元素

的营销策略不仅让品牌更加贴近消费者，也提高了产品的市场吸引力。

第 6 节　企业电子商务的管理

企业是电子商务最重要的基本单元，从整个社会的电子商务来看，企业的电子商务是最重要的。只有当每一个企业都发展了电子商务，整个社会的电子商务才能够实现。企业范围的电子商务平台，是跨越企业产品线、业务模块、管理层次（总部和各分支机构）、各种媒介（如专用网、互联网、电话、传真、电子邮件）的立体化的管理系统，是企业的数字神经系统。许多发达国家在发展电子商务的过程中极其重视并依赖私营企业的参与和投资。

一、创新企业管理思想方法以适应电子商务的发展

最初的电子商务是作为一项利用信息技术的技术被提出来的，随着应用和研究的深化，人们越来越认识到商务应该是核心，技术仅仅是一种手段，因此人们开始深入研究商务的适应性问题，作为商务主体的企业管理被人们提到研究的首要位置。

企业管理是一种运行模式，决定了企业最本质的东西。管理决定了企业内部门间的关系，也决定了企业与外部客户之间的关系。传统的管理包括计划、组织、领导和控制，这些因素的动态关系决定了一个企业在面对外部世界的不断变化时，如何调整自己并迅速做出回应，同时保持完整性。传统经济中适用于很多企业的严格的组织结构在信息时代并不是很成功。目前电子商务在实际运用中遇到了许多问题，大部分归结起来并不是技术上的问题，而是企业人员的执行出了问题，使得电子商务在一片叫好声中却不叫座，其中一个主要原因就是一般企业的管理与组织并不适应电子商务的要求。因此首先要解决的就是企业在管理和组织上存在的问题。

法约尔（Fayol）提出企业管理的五项职能——计划、组织、指挥、协调和控制，以法约尔为代表的传统管理思想方法是在大规模机械化生产时代产生的，也是针对工业经济标准化管理而提出的，只适用于物质生产力占主导地位的经济环境，在知识生产力逐渐取得主导地位的今天，这种管理思想方法不再适用。例如，知识信息活动已成为现代企业的最基本活动，相应地，信息沟通和知识资本营运成为企业管理的重要职能；计划职能已拓展为企业家创作设计职能；组织的再生性使传统意义上的组织职能减弱；强制性的协调演变为柔性化的协调、自我或自动化协调；指挥与控制职能发生了质变，高层管理者几乎不进行直接的指挥与控制。由此可见，企业管理思想方法的创新已被提到日程上来。

二、在电子商务中采用传统企业管理方式存在的问题

（一）电子商务与传统企业市场运作模式相适应的问题

企业是市场竞争的主体，市场是企业生存发展的基础。工业经济时代的市场模式必须有许多中间环节，企业与消费者之间有大量的批发商、零售商作为中介，这就决定了工业经济具有“迂回经济”的特点。迂回经济的各个中间环节主要依靠占用和耗费各种经济资源来维持生存。电子商务的出现从根本上减少了传统商务活动的中间环节，缩短了企业与用户之间的距离，同时也大大减少了各种经济资源的消耗，使人类进入“直接经济”时代。“直接经济”的实质就是减少中间费用、库存和流动资金，使生产“直达”消费。

传统商业活动的进行要求有大量商业中介机构，因为生产者和消费者在时间和空间上存在难以克服的障碍，商业中介是连接生产者和消费者的桥梁。电子商务的发展使产销之间的直接沟通成为可能，它在使企业与消费者之间的隔阂降到最低限度的同时，使企业的商务活动变得更加透明、高效。企业只要花极小的代价即可获取尽可能多的商务信息，企业适应市场的能力大为增强。因此，传统企业在发展电子商务时，首先要解决的就是如何建立一个新的市场运作模式。

（二）电子商务与传统企业组织结构相适应的问题

适应工业经济社会生产状况和技术基础的组织管理方式，是在传统组织理论下形成的金字塔式、自上而下控制的组织管理方式，即等级组织结构。这种组织结构有多个管理层次，并有一套复杂的操作程序来决定报告渠道、权力层次、部门特权、工作范围和操作规则等。这种组织结构的特点是强调专业分工、经济规模、顺序传递、等级森严。等级组织结构形式给工业化时代的企业带来了一定的优势：规模经济、职责清晰、秩序井然、工作效率提高、组织稳定性较好等。但是，在电子商务条件下，这种组织结构暴露出越来越多的问题：第一，由于管理层次多，必然影响信息传递的速度和效率，同时，信息传递过程中的失真会影响决策的准确性。第二，金字塔式的组织结构由于等级森严、机构臃肿，不利于创新、协调与合作，会影响员工的积极性、主动性和创造性的发挥。第三，由于管理层次复杂，业务流程分散割裂，必然导致企业的市场适应能力下降，满足消费者需求的能力低下，阻碍企业的生存与发展。

电子商务环境下高效率的信息流及合理的物流和资金流丰富了组织理论的基础，使传统企业的组织结构变革成为可能。

（三）电子商务对传统企业市场空间的影响问题

对企业来说，市场是指具有特定需求和欲望，愿意并能够通过交换来满足这种需求和欲望的全部潜在消费者，用公式表示为：市场 = 消费者 + 购买力 + 购买欲望。最大限度地找到潜在消费者，尽可能地拓展生存空间，几乎是所有企业的共同任务。在传统的商务模式下，企业多凭借人员推销、广告宣传等方式寻找目标消费者，但往往由于营销人员的数量及素质、地理条件、广告投入、政府管辖等多种因素的限制，市场边界的拓展受到很大的局限。特别是对广大的中小企业而言，要开发全国市场甚至国际市场，常常感到心有余而力不足。即使对实力雄厚的大企业来说，要扩大市场范围尤其是开发国

际市场，也由于各国的关税与非关税壁垒的存在而面临重重困难。从技术的角度来说，电子商务为企业拓宽市场边界、创造更广阔的市场空间提供了有利条件。网络用户遍及全国、遍布全球的特征客观上为企业拓展国内外市场创造了前提条件，但如何使这种可能变为现实，需要实施电子商务的现代企业不断探索。

（四）电子商务与企业管理模式相适应问题

传统的企业管理模式基本上是一种下级服从上级、上级行政干预下级的专制型模式。随着经济全球化和电子商务的不断发展，国内外市场竞争日趋激烈，消费者的需求越来越主体化、个性化和多样化，传统的企业管理模式难以适应企业生存发展的需要。过去那种建立在精细分工基础上的管理结构和以功能分割为特征的管理方式，由于其多层管理、多头领导、政出多门等缺点，对市场变化的响应越来越迟缓与被动，难以适应电子商务发展的要求。

在电子商务环境下，企业需要探索适应电子商务发展的新的管理模式，这种管理模式要求在计算机技术和网络技术的支撑下，将技术、知识、管理和人员等多种资源整合为一体，使各生产要素紧密结合、协调运作，充分发挥各种资源的优势，使电子商务在缩短产品开发周期、保证产品质量、降低生产成本、提供及时服务、提高企业竞争力等方面起到应有的作用。

三、企业电子商务的柔性管理

柔性管理是针对知识经济和全球化经营提出的管理思维与管理方式，与传统的泰勒管理方式强调步调一致不同，它强调柔性管理，以管理的柔性化来激发人的主观能动性，以适应知识经济下竞争的需要。柔性管理从本质上说是一种对稳定和变化同时进行管理的新战略。它以人性化为标志，强调跳跃与变化、速度与反应、灵敏与弹性。柔性管理注重平等和尊重、创造和直觉、主动和企业精神、远见和价值控制，它依靠信息共享、虚拟整合、竞争性合作、差异性互补、虚拟团队等，实现知识由隐性到显性的转化，创造企业竞争优势。企业柔性管理包括柔性战略管理、柔性营销管理、柔性生产与组织管理、柔性人才及工作时间管理等。

柔性管理在企业价值观下的自我约束、自我改善，并不是抛开企业制度。柔性管理是以刚性管理的一些内容为前提和基础的，可以想象，没有规章制度约束的企业必然是无序的、混乱的，柔性管理也必然丧失其立足点。从某种意义上来说，柔性管理是刚性管理的“润滑剂”，是对刚性管理的升华。

柔性管理是在知识经济的市场竞争中应运而生的。这一管理富有成效地提高了企业经营管理的知识含量，使科技、知识、经营创新与企业管理结合得更加紧密，是创新知识管理的一个重要内容。在电子商务条件下，现代企业必须充分认识到全球化经营与企业柔性管理的重要性，改革企业组织与经营结构，突出“人本经营”的思想，创新企业管理模式，提倡柔性管理，使全球化经营登上一个新的台阶。

四、以柔性管理思想为指导的企业电子商务的特征

（一）市场导向特征

以柔性管理思想为指导的企业电子商务能够吸引和支持顾客参与企业的生产和营销活动，使得企业以顾客的需求为导向，及时抓住市场机遇，灵活快速地制造并提供使顾客满意、与市场需求合拍的产品和服务，从而赢得市场。

（二）管理特征

以柔性管理思想为指导的企业电子商务是根据组织理论把握领导关系、激励机制、合作支持和信任四个要素，随顾客需求的变化支持顾客参与，有及时信息支撑，具有分型特征（在各种细分或组合层次上保持基本特征不变）的自组织、自适应管理哲学、战略、制度和方法。以柔性管理为基本管理模式，有助于重视人的作用，充分发挥各级人员的积极性和创造性，从根本上改革管与被管相对立的传统管理模式。

（三）组织特征

以柔性管理思想为指导的企业电子商务以网络化的组织结构、多功能工作小组、任务团队为主要形式，优化各种生产要素；以创建供应链竞争优势为目的，以虚拟企业、协同商务的组织形式最大限度地利用企业的优势，从而保证顾客利益的最大化。

（四）技术特征

以柔性管理思想为指导的企业电子商务通过对当前各种先进、实用的管理系统进行有效集成，在其自动化、流程化的基础上，对其进行柔性化的适应性改造，通过对各种智能化技术的运用，以人性化作为技术上实现柔性化的根本，提供人性化的接口，支持充分授权和分布式决策。

（五）自我提高和完善的特征

通过对各种自学习、智能化技术的运用，尤其是通过人性化的管理和组织，企业能够不断自我提高和自我完善，这是以柔性管理思想为指导的企业电子商务成功的重要因素，因为一个实用的电子商务系统是不可能一蹴而就的。

五、以柔性管理思想为指导的企业电子商务的优势

（1）对市场的反应能力。以柔性管理思想为指导的电子商务使企业能够准确地判断和预见市场变化，并具有满足个性化需求的能力，增强企业在激烈的市场竞争中的生命力。

（2）竞争力。以柔性管理思想为指导的电子商务使企业获得更大的生产力、更高的效率和有效参与竞争所需的技能。

（3）柔性。以柔性管理思想为指导的电子商务使企业具有以同样的设备与人员生产不同产品或实现不同目标的能力。

（4）快速。以柔性管理思想为指导的电子商务使企业具有以最短的时间完成任务（如产品开发、制造、供货等）的能力。

□思考题

1. 电子商务对企业商务活动主要环节有哪些影响？企业为什么要开展电子商务？
2. 发展电子商务为什么要进行成本效益分析？
3. 发展电子商务的成本和效益分别包括哪些内容？
4. 如何选择发展电子商务活动所需的软硬件及网络设施？
5. 电子商务网站的主要功能有哪些？
6. 电子商务系统中应用模型的结构是怎样的？如何实现？
7. 如何维护企业的电子商务网站？
8. 网络营销有哪些职能？
9. 简述企业电子商务的柔性管理。

第 8 章

电子商务的发展策略

| 本章要点 |

随着社会的不断进步，尤其是信息技术的迅速发展，电子商务成为全球范围内企业商务模式的发展方向，并取得了可观的效益。尽管如此，电子商务的发展仍然存在许多问题，这些问题有宏观的、社会性的，也有微观的、个体性的。本章从宏观的角度探讨电子商务发展策略及政府在电子商务发展中的作用，从微观的角度探讨企业本身如何更好地适应和运用电子商务，并提出加快中国电子商务高质量发展的对策建议。

电子商务时代的到来给传统的企业管理理论、思想、方法和手段带来了革命性的变化，一场影响深远、波及面广泛的“e 化”战略正在全球范围内悄无声息地展开。学习、分析、研究和探讨电子商务的发展策略，对更好地把握电子商务给企业带来的不可多得的发展机遇有着十分重要的意义。

第 1 节　国外电子商务的发展策略

电子商务使人类的社会、政治和文化生活发生了深刻变化，许多国家与国际组织都很重视电子商务的发展，出台了一系列促进电子商务发展的政策文件。本节简要介绍在促进电子商务发展方面较为积极并有一定影响力的国家及国际组织的电子商务发展策略。

一、美国的电子商务发展策略

美国将发展电子商务作为 21 世纪前期战略性支柱产业的重点发展方向，并积极为企业开辟全球市场铺平道路。美国认为，21 世纪的贸易特征是数字世界，电子商务应纳入数字贸易范畴。美国国际贸易委员会将数字贸易定义为通过互联网完成的商业活动，既包括数字内容服务、社交网站、搜索引擎和其他数字服务，也涵盖通过电子商务平台进行的货物贸易。

美国致力于建立全球数字贸易框架，维护电子商务和数字化交付产品的全球自由贸易环境，在新一代区域贸易协定中将其国内规则向境外延伸，在国际规则谈判中不断推动高标准和高水平的知识产权保护、跨境数据流动和数据隐私保护等。

在跨境数据流动方面，美国正推动建立符合其国家特色的规则体系，以支持数据的自由跨境流动。这样做旨在确保美国企业能够顺利进入国际市场，并促进外国数据流向美国。同时，美国通过制定相应的政策限制外国数字企业进入美国市场，以控制国内数据的流出。此外，美国利用其在技术、经济和数据市场方面的优势，对全球数据进行广泛的影响和管控。2016 年，美欧之间的“隐私盾”协议生效，与废除的“安全港”协议相比，“隐私盾”协议以提升个人数据保护水平为前提，构建跨境数据流动规范体系。相比美欧而言，中国、印度、印度尼西亚和巴西等国家在数据限制、服务器本地化方面有着更加严格的要求。

在数字签名和数字认证方面，许多国家承认数字签名的法律效力，美国、加拿大、澳大利亚和新西兰等国家已广泛应用数字签名。但是，由于各国所采用的方法、技术和标准差别较大，系统间互不相容，尚不能设立统一的国际标准。有些国家因担心电子通信中的欺诈和篡改现象而建立了非常严格的管理制度，从而妨碍了电子签名的使用。

美国是电子商务发展最早且最成熟的国家，根据全球移动通信系统协会的数据，截至 2021 年，美国 5G 网络覆盖率为 36%。复杂的地理条件使美国消费者更容易接受线上购物。Statista 的数据分析显示：2021 年，美国电商用户数量达到 2.63 亿，预计到 2025 年将增至 2.91 亿。其中，年龄在 25 ～ 34 岁的消费者成为消费主力，占所有电商用户的 20.2%。美国的网购用户比例在 2022 年为近 80%，显示出持续且健康的增长趋势。

二、加拿大的电子商务发展策略

加拿大电信网络化的发展也很快，其信息高速公路的建设规模并不亚于美国，全国的计算机普及率相当高，这些都是加拿大开展电子商务的良好外部条件。加拿大还利用北美自由贸易区之便，与美国在电子商务实施过程中进行广泛合作。

加拿大政府非常重视电子商务的应用和推广，专门成立了电子商务委员会，该委员会是负责电子商务试点、法律框架搭建等事务的协调机构。①

加拿大在 20 世纪 90 年代初实施了“连接加拿大人”全国上网项目，启动了信息化的全面建设工程。为依法推进信息化建设，加拿大政府专门制定了全国性的电子商务战略，颁布了《统一电子商务法》，全面规范电子商务操作，继而又出台了《个人信息保护和电子文件法案》，保护个人信息的安全。加拿大工业部则重点加强了网络安全方面的工

① 加拿大致力于成为世界电子商务的领导者，为此，采取的主要措施包括：强化安全、隐私与消费者保护；构建支持电子商务发展的法律环境；尽快建立国内的电子商务秩序。

作，积极采取网络加密、网上认证、监督网络犯罪等措施，保障信息化和电子商务规范有序健康地推进。

2000 年，加拿大政府根据中小企业因缺少电子商务应用技术而不能开展网上交易的情况，专门拨款，由工业部组织开发了一套适合中小企业使用的电子商务工具，并放在工业部网站上供企业免费使用。2009 年，加拿大的国民上网普及率为 84.3%，世界排名第 12 位。

2010 年，加拿大经济行动计划（Canada’s Economic Action Plan）就改进边远地区的宽带上网拨款 2.25 亿加元。自 2010 年 5 月以来，该计划批准为边远地区建立宽带的项目约 85 个，惠及 22 万人。2021 年，加拿大的互联网渗透率为 94%，为电商进一步发展提供了良好的基础。2021 年，加拿大的电商总销售额达到了 441.2 亿美元，全球排名第 9 位。

三、欧洲的电子商务发展策略

（一）欧盟

20 世纪 90 年代，欧洲开始发展数字经济。21 世纪初，欧盟发现，它在信息和通信技术领域落后于美国、日本和韩国，决心赶上。2005 年，为了构建信息社会，欧盟启动了一项为期五年的“2010 年战略计划”，提出在 2010 年实现以下三个目标：一是，消除内部市场壁垒，创建统一的欧洲信息空间，统一机构协调运营整个欧盟的电信网络，建立多种信息渠道，支持企业创建在线内容，确保建设安全、高速网络；二是加大通信技术研发投入，鼓励企业利用通信技术提高劳动生产率，使通信技术成为经济增长的主要动力之一；三是消除数字文盲，确保欧洲公民拥有基本的信息沟通技巧，能获得更多的在线公共服务。

随着“2010 年战略计划”的完成，欧盟信息化水平显著提高。同时，欧盟信息化发展有力地促进了欧盟经济增长，并在欧洲社会结构、社会动态等方面发挥了重要作用。所有欧盟领导人都致力于提高信息化水平。特别是在全球金融危机之后，欧盟必须努力发展信息技术，寻求摆脱危机和振兴经济的有效途径。欧盟在 2009 年和 2010 年划出 60 亿欧元的预算，其中 50 亿欧元用于泛欧能源网络和宽带基础设施建设，10 亿欧元用于加快网络升级。

欧盟宣布的“欧洲数字计划”是实现稳定、持续和整体经济增长的“欧洲 2020 战略”的重要组成部分。与美国电子商务战略的声明不同，欧盟的声明包含更多实用的内容。欧盟的电子商务战略是大力发展竞争性信息产业，力争在移动通信领域超越美国。欧盟期待在电子商务法律、标准和技术方面获得主导地位。

跨境电子商务在欧洲呈现出强劲的增长势头，欧盟的新税收政策对跨境电商产生了影响，自 2021 年 7 月 1 日起，跨境应税行为的增值税将按照目的地国家的税率进行征收。政策变化给企业带来了额外的运营成本及合规成本，同时也允许更多跨境企业进入欧盟市场，提供更高水平的服务。

（二）英国

英国政府支持包括网络零售在内的电子商务活动。早在 1998 年，英国政府就提出“信息时代伙伴计划”（IAP），工作重点放在电子政府和电子商务方面，意在唤起中小企业的注意。2001 年 3 月，时任首相布莱尔（Blair）指出，电子商务对实现经济增长和提高国家竞争力非常重要，是未来知识经济成功的基础。英国政府在 2002 年进一步确定了把英国建设成为“在西方七国中具有最广阔的和最具竞争力的宽带市场”的目标。为此，英国政府提出了“电子使者”计划。

英国电子商务的飞速发展得益于相关法律的不断完善。2001 年 12 月，英国制定了“电子商务政策原则”，规定以后本国出台的新法律必须考虑互联网环境。2002 年 8 月，《电子商务法》正式生效，这意味着英国将执行欧盟的电子商务法，从而在整个欧盟范围内确立了电子交易合同的法律有效性。

2003 年 12 月，英国开始实施《隐私和电子通信条例》，要求商家必须先取得消费者同意才能发送营销类电子邮件。2006 年的《企业法》规定，传统商家和线上商家都必须向消费者披露企业相关信息。英国完备的司法体制给商家和消费者提供了法律保障，更吸引了不少来自海外的线上消费者。

英国的信息化和电子商务发展较快，在全球处于领先水平。根据国际电信联盟的数据，2021 年英国互联网普及率高达 96.7%，英国的互联网普及率高于欧洲平均水平（93.8%）和全球平均水平（87.8%）。

英国的网购用户渗透率也在上升。Statista 的数据显示，2023 年，英国互联网用户中 81.5% 是网购用户，比 2018 年的 74% 提高了 7.5 个百分点。过去几年中，2019 年和 2020 年的同比增幅最大。英国的网购用户渗透率同样高于欧洲平均水平（64.1%）和全球平均水平（49.2%）。2023 年，英国电商消费者人数超 6 000 万，占英国总人口近 9 成。

2023 年 3 月 24 日，世界贸易组织发布了英国提交的提案《贸易数字化：建立包容、透明和高效的立法和监管框架》（WT/GC/W/870）。该提案强调了新冠疫情期间数字贸易及其加速数字化转型的关键性。目前，边境成本对全球贸易构成显著障碍，而运用数字技术可以有效降低这些成本。提案指出，要加强贸易的数字化，必须持续消除法律和监管上的障碍，并确保贸易数字化的法律和监管框架具备包容性、透明度和效率。政府制定兼容的、透明的、包容的法律和监管框架对于释放全球贸易数字化的潜能至关重要。实行与全球最佳实践相符的法律和监管框架，如《贸易法委员会电子商务示范法》（1996 年）和《电子可转让记录示范法》（2017 年），将有助于建立一个协同的全球贸易数字化生态系统，并且对企业和消费者均有益处。

四、亚太地区部分国家的电子商务发展策略

（一）日本

日本自 20 世纪末就开始把电子商务作为国家经济发展的支柱。1996 年，日本成立了电子商务促进委员会，有 251 家公司或机构加入了该组织。该委员会决定投资 100 亿日元，联合 350 家企业、50 多万用户开展大规模的电子商务。

2001 年 1 月，日本成立了 IT 战略指挥部，同时发起了 e-Japan 战略，制定了到 2005 年的互联网发展战略和目标。2004 年发起了 u-Japan 战略，其目标是在五年内所有人都能在任意时间、任意地点通过互联网发送和接收信息。2009 年 7 月，日本政府推出 I-Japan 战略，计划到 2015 年前构建一个充满活力、以人为本的数字化社会，让数字信息技术如同水和空气一般融入每个角落，由此催生新的活力，改革整个经济社会。每隔几年推出的 X-Japan 战略表明了政府对信息技术和电子商务产业的高度期望和坚定决心，它为整个产业的发展进行了规划，极具前瞻性，为整个电子商务产业的发展提供了重要的指导方向。

2016 年 1 月，日本内阁会议在《第 5 期科技技术基本规划》中使用新词汇“社会 5.0”（Society 5.0），主要目的是最大限度地应用信息通信技术（ICT），通过网络空间与物理空间（现实空间）的融合建立“超智慧社会”。“社会 5.0”是日本向未来前进的道路标识，是被日本政府寄予厚望的巨大项目，也是官民互动、强力促进的方针，被视为日本经济的中流砥柱。超智慧社会，简单说就是精准服务，它通过整个社会子系统对地理、交通等大数据进行横向应用，从而建立一个充满活力与舒适度的社会，每个人都能获得高质量的服务。日本建设的超智慧社会的“社会 5.0”毫无疑问会大幅促进电子商务的发展。

2023 年 10 月 1 日起，针对日本消费税（Japanese consumption tax，JCT）的合规发票留存制度正式生效。此外，2023 年 10 月 1 日起，ACP（海关事务管理人）模式全面普及，清关责任主体转向跨境卖家。海关更加严格地追踪 FS 仓库（如 FBA）货物的实际进口卖家，日本进口政策收紧。

尽管日本电子商务行业起步较晚，但其发展速度并不慢。现如今除中国和美国外，日本是世界最大的跨境电商市场。在日本，83% 的人有过网购经历，互联网普及率更是高达 94%。Statista 预计，2025 年日本 B2C 电商总收入将达到 1 430 亿美元。尽管日本的电商发展十分快速，但线上零售所占的比重并不大。

（二）新加坡

2003 年，新加坡政府被世界经济论坛评为全球三大“电子政府”之一。新加坡政府不仅及时制定相关政策法规，引导企业进行信息化基础设施建设，还积极参与并推动电子商务的发展。为了保证电子商务活动有序开展，使线上交易有法可依，新加坡政府最早于 1996 年提出了“电子商务温床计划”，又先后于 1998 年和 1999 年制定并通过了《电子交易法》《新加坡电子交易规则》《新加坡认证机构安全方针》，消除了电子商务发展的障碍，并确保线上交易者获得全面、安全和高质量的服务。

同时，新加坡政府还出台了重要法规《参考互联建议》，规范了本国电信市场的价格水平和合作条款，要求拥有网络资源的运营商必须为其他公司提供网络接入服务。此外，新加坡还出台了《滥用电脑法案》，用以保护电脑、电脑程序以及电脑中存储的数据。健全的法律法规为电子商务的发展创造了有利的法律和政策环境，而覆盖了全国的高速宽带网络以及完全开放的电信市场，为新加坡电子商务的迅速发展提供了有力的技术保障。

为了使企业和消费者能放心安全地进行网上交易，新加坡政府还引导企业参与安全协议的制定和推广以及电子支付系统的建设。新加坡资讯通信媒体发展局召集新加坡金融管理局、新加坡电信公司、星展银行、NETS 星网电子付款有限公司等 19 家政府机构和企业组成公共核心基础设施论坛，共同制定公共核心基础设施安全协议，探讨如何提高网上交易的安全性。公共核心基础设施安全协议旨在验证网上交易各方的身份，保证数据在传输过程中不被更改，并防止任何一方否认曾经发出的信息，从而确保在电子环境下发送的高价值或敏感信息的安全性和私密性，并为电子交易提供法律保护。

在电子支付系统方面，新加坡资讯通信媒体发展局引进了微软、星展银行及大华银行等提供的多种先进的在线支付系统，并与新加坡金融管理局、NETS 星网电子付款有限公司等机构和企业合作，为银行借记卡和信用卡持有者提供方便快捷的电子支付服务。发卡行在电子银行系统中可以通过密码乃至生物特征等多种认证方式验证在线交易的持卡人身份。这不仅有助于增强商家对电子商务的信心，也保证了消费者在安全的环境下进行在线支付。

近年来，随着全球电子商务行业的迅猛发展，新加坡也积极布局电商领域，以抓住这一增长潜力。Statista 预计，2023 年新加坡电子商务市场收入将达到 58.4 亿美元，年增长率（2023—2027 年复合年增长率）为 11.68%，到 2027 年市场规模将达到 90.9 亿美元。2023 年市场规模为 13 190 亿美元，大部分收入来自中国。在电子商务市场，预计到 2027 年用户数量将达到 433 万，预计到 2027 年用户渗透率将达到 70.2%。

第 2 节　中国电子商务的发展战略

一、电子商务的国家总体战略方针

2000 年我国颁布了《中国电子商务发展战略纲要》，它成为我国企业今后利用国际网络进行电子商务活动的指导性文件。2000 年 10 月 11 日，在中国共产党第十五届中央委员会第五次全体会议通过的《中共中央关于制定国民经济和社会发展第十个五年计划的建议》中，首次在党的文件中用一章的内容专门论述了如何加快国民经济和社会信息化，并提出：政府行政管理、社会公共服务、企业生产经营要运用数字化、网络化技术，加快信息化步伐。面向消费者，提供多方位的信息产品和网络服务，积极创造条件，促进金融、财税、贸易等领域的信息化，加快发展电子商务。把信息化工作和电子商务提到党的经济工作议事日程上来。

2001 年 3 月 5 日，第九届全国人民代表大会第四次会议批准了《中华人民共和国国民经济和社会发展第十个五年计划纲要》，其中一部分专门谈到加速发展信息产业，大力推进信息化。该纲要明确提出：加快电子认证体系、现代支付系统和信用制度建设，大力发展电子商务。

2005 年初，国务院颁发的 2 号文件《国务院办公厅关于加快电子商务发展的若干意见》吹响了加快我国电子商务发展的号角，成为推进电子商务发展的理论武器，不仅为电子商务的发展提出了一个纲领性、政策性的方向指引，而且注重和《中华人民共和国电子签名法》等操作性文件的配套。2005 年 7 月 25 日，国务院信息化工作办公室发布了《2005 中国信息化发展报告》，全面介绍我国信息化政策，全面展示我国信息化建设成果，这是我国政府有关部门首次向全社会乃至国际社会发表的有关国家信息化发展状况的政府文告。

2006 年，中共中央办公厅、国务院办公厅印发的《2006—2020 年国家信息化发展战略》专门部署了电子商务行动计划。

2007 年 3 月，商务部发布《关于网上交易的指导意见（暂行）》。2007 年 6 月，国家发展和改革委员会、国务院信息化工作办公室联合发布了我国首部《电子商务发展“十一五”规划》。它确立了国家发展电子商务的战略意图，明确了“十一五”期间我国电子商务的发展原则、主要目标和任务、重大引导工程以及配套的保障措施。

2012 年 3 月 27 日，工业和信息化部发布《电子商务“十二五”发展规划》，规划中提出，电子商务“十二五”发展总体目标是：到 2015 年，电子商务进一步普及深化，对国民经济和社会发展的贡献显著提高。电子商务在现代服务业中的比重明显上升。电子商务制度体系基本健全，初步形成安全可信、规范有序的网络商务环境。

2013 年 10 月 31 日，公布的《商务部关于促进电子商务应用的实施意见》，提出未来两年我国电子商务的总体目标和发展方向。商务部明确表示将安排专项资金推动电子商务发展，未来地方政府的投资力度会更大，这将给电商企业带来利好。

2015 年 5 月 4 日公布的《国务院关于大力发展电子商务 加快培育经济新动力的意见》表明，我国已经把发展电子商务纳入国家经济发展战略。该文件指出，主要目标是，到 2020 年，统一开放、竞争有序、诚信守法、安全可靠的电子商务大市场基本建成。电子商务与其他产业深度融合，成为促进创业、稳定就业、改善民生服务的重要平台，对工业化、信息化、城镇化、农业现代化同步发展起到关键性作用。

2016 年 12 月，《中华人民共和国电子商务法（草案）》初次审议通过，这是我国第一部针对电子商务设立的法律，着重对第三方平台做出明确规定，对问题较多的电商“炒信”、有偿评价、恶意骚扰、信息泄露、快递丢件与损毁等做出明确规定。

2016 年 11 月，第十二届全国人民代表大会常务委员会第二十四次会议通过了《中华人民共和国网络安全法》，该法于 2017 年 6 月 1 日起正式施行。《中华人民共和国网络安全法》是我国第一部网络安全的综合性立法，从法律层面明确了网络运营者、网络产品和服务提供者的安全义务，规定网络运营者应当对其收集的用户信息严格保密，建立健全用户信息保护制度。

2016 年 12 月 24 日，商务部、中央网信办和发展改革委三部门印发《电子商务“十三五”发展规划》，根据“一带一路”“供给侧结构性改革”“脱贫攻坚”“大众创业、万众创新”等国家战略举措对电子商务提出的新任务，“十三五”期间，电子商务不仅在经济领域，还将在社会发展领域逐步发挥更大的作用。

2021 年 10 月 9 日，商务部、中央网信办、发展改革委印发《“十四五”电子商务发展规划》，根据《中华人民共和国国民经济和社会发展第十四个五年规划和 2035 年远景目标纲要》阐明了“十四五”时期我国电子商务发展方向和任务，并将其归纳为七项任务：一是深化创新驱动，塑造高质量电子商务产业。二是引领消费升级，培育高品质数字生活。三是推进商产融合，助力产业数字化转型。四是服务乡村振兴，带动下沉市场提质扩容。五是倡导开放共赢，开拓国际合作新局面。六是推动效率变革，优化要素资源配置。七是统筹发展安全，深化电子商务治理。

二、电子商务基础设施——电信业领域

为了规范电信市场秩序，维护电信用户和电信业务经营者的合法权益，保障电信网络和信息的安全，促进电信业的健康发展，2000 年 9 月 25 日，国务院第 291 号令颁布了《中华人民共和国电信条例》，标志着我国电信业的改革与发展结束了基本上无法可依的状态，进入一个新的历史阶段。

2008—2009 年，中国电信市场出现新的变动。首先是运营网络被拆分的中国联通。被拆分的 CDMA 网并入中国电信，而 GSM 网吸纳中国网通成立新联通。中国移动在原有的基础上与铁通合并，组成新的中国移动。中国电信为了在规模和技术上与上述两家重组后的电信企业相抗衡，联手中国卫通组成新电信。由此，重组后形成新电信、新联通、新移动电信全业务竞争格局。2013 年 12 月 26 日，工业和信息化部正式向 11 家民营企业发放虚拟运营商牌照。通过虚拟运营商，消费者将获得移动、电信、联通三大运营商以外的电信服务。2020 年后，中国电信在这一时期积极推动 5G（第五代）移动通信技术的商用化和部署。中国电信在全国范围内建设 5G 基站，并推出了一系列 5G 创新应用，包括工业互联网、智慧城市、远程医疗等领域。

三、“互联网 +”服务业领域

“互联网 +”是一种新的经济形态，通俗地讲，“互联网 +”就是“互联网 + 各个传统行业”，但它并不是简单的互联网与传统行业的相加，而是结合互联网平台以及通信等技术，使互联网与传统行业深度融合。它是互联网思维的进一步实践成果，代表一种先进的生产力。2015 年 3 月十二届全国人民代表大会第三次会议上，时任总理李克强在政府工作报告中首次提出了“互联网 +”计划：制定“互联网 +”行动计划，推动移动互联网、云计算、大数据、物联网等与现代制造业结合，促进电子商务、工业互联网和互联网金融健康发展，引导互联网企业拓展国际市场。“互联网 +”至此作为一项国家战略为各领域的发展指明了方向。

近年来随着“互联网 +”行动计划的深入实施，互联网逐渐在各行各业全面渗透，尤其是服务业，互联网已经成为该行业发展的新引擎。“互联网 +”在服务业的应用改变了传统服务业，促进了经济的转型与升级，给现代服务业的发展带来大量弯道超车的机会。从发展前景来看，“互联网 +”在现代服务业有着巨大的发展空间与潜力，并且具有社会意义。它不仅能够重塑我国的经济结构，打造经济发展的双引擎，为经济带来更多增量，同时也能够为政府解决就业问题，为服务业的发展提供更为便利的路径。

从宏观上来看，“互联网 +”与现代服务业的不断融合，有效推动了产业升级，促进了社会化分工。如今工业物联网的发展使得工业、农业以及服务业在部分领域的界限越来越模糊。互联网催生了大批新兴产业，在“互联网 +”的作用下，现代服务体系日趋

丰富。大数据、云计算、物联网等一些网络信息技术被用于服务业的各个环节，各种新兴的服务模式不断出现并快速发展，例如移动互联网第三方支付安全保障体系、智能移动社区 O2O 服务平台等。

随着“互联网 +”与现代服务业的不断融合，各种基于互联网的新兴服务模式不断发展壮大，同时也引发了服务业的一系列深度变革。例如，物流行业借助 GPS、EDI 等技术改进配送、运输等流程，全面提升了管理水平；借助手机移动支付、网络营销平台等技术，传统电子商务得到飞速发展。

“互联网 +”拓宽了服务业的业务范围，促进了服务业横向整合业务。例如，阿里巴巴以阿里云网络平台与大数据作为支撑，营造出集信息流、物流、资金流于一体的全流程产业生态，目前已经拓展到社交网络、金融等多个领域。

第 3 节　电子服务

一、电子服务概述

（一）电子服务的定义

在电子商务中，服务科学强调服务手段的科学化、智能化。电子服务是使用创新的交互模式为客户提供服务的方式，它利用信息技术对传统服务方式和内容进行改造和创新，以获得服务反应速度、效率和准确性等方面的实质性提升。电子服务是电子商务运用服务科学提供服务的手段，其特点主要表现为：

1. 随时随地提供服务

互联网、通信技术等的应用使电子服务突破了时间、空间的限制，可以做到让顾客随时随地获取服务。随时指每周 7 天、每天 24 小时；随地指不管顾客身在何处，只要能接入互联网，或具有一定的通信手段都可获取服务。对政府来说，要做到这一点，必须完善公共服务的基础设施。

2. 以顾客需求为导向

电子服务最大限度地从顾客的需要出发，以顾客利益为中心设计服务内容、提高效率、降低成本、改善质量，为顾客提供最大的服务效益。电子服务不仅仅是服务方式的改变，更是服务意识的提升和服务观念的创新。

3. 集成化、智能化

电子服务有很强的集成性，它把众多服务通过互联网集成在一起，让顾客享受一站式服务，从而节约了服务时间，提高了服务效率。集成化的电子服务要求企业建立快捷、顺畅的业务流程，让顾客获得高效、全面的服务。同时，电子服务使部门可以利用网络技术、计算机技术及现代通信技术为顾客提供高水平的智能化服务。智能化服务有效减少了服务过程中的人为干预，使服务更为规范、科学，对提高工作效率、节约服务成本有很大帮助。

4. 个性化、自助化

在传统的条件下，由于受人力、物力的限制，企业提供的服务只能是粗放型的，不可能按照个体的需求主动提供个性化的服务。电子服务下，企业的服务能力有了显著提高，使得面向顾客提供一对一的服务成为可能。此外，由于互联网使公众可以更加主动地获取服务，并充分按照个人意愿选择服务项目，因此可以提升顾客满意度。

（二）电子服务的层次

根据与顾客不同的交互状态，电子服务一般分为基本信息服务、信息交流和事务处理三个层次。

1. 基本信息服务

基本信息服务指单向的、常规的信息提供，即直接通过网站等向顾客提供单向的、非接触式的信息服务，如通过网站提供产品信息等。基本信息服务是电子服务最基础也是最容易实现的层次。

2. 信息交流

信息交流又称沟通服务，指与顾客的动态交流，即利用互联网的交互功能实现与顾客的双向交流，如顾客投诉，通过电子邮件获取服务请求并返回结果，通过网络收集顾客对某产品或服务的意见、建议等。

3. 事务处理

事务处理是电子服务的主要形式，指利用网络技术实现的传统的顾客服务，即企业作为服务的提供者或交易的直接参与人 / 监督方，提供相应的电子化服务，大致包括在线交易、在线查询、网上支付等。它是狭义的电子服务。

电子服务的三个层次如图 8-1 所示。

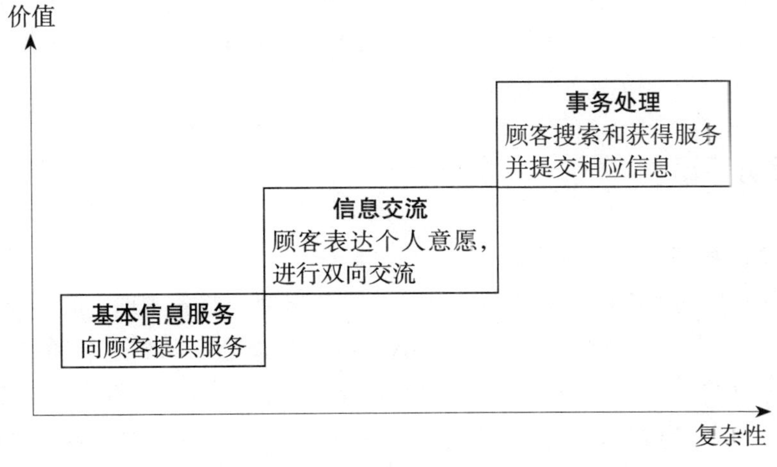

图 8-1 电子服务的三个层次

（三）电子服务的类型

电子服务具有三种主要类型：电子商务服务技术托管、电子市场和动态经纪。

1. 电子商务服务技术托管

许多企业开始向应用服务提供商（application service provider，ASP）外包其非核心的业务，这样，它们就可以将更多精力放在核心业务、客户关系及创建电子服务上。促使企业与 ASP 建立合作伙伴关系的因素有许多，包括捷足先登的优势、更低的成本、更好的服务以及共享收入、共担风险。

ASP 可以提供领先且经济、高效的技术，这对于不具备雄厚资金实力的中小企业来说是一个理想的选择。ASP 允许新兴公司利用高端技术，而无须进行巨额投资。此外，ASP 还可以帮助顾客发现市场中的盈利机会，树立在线品牌，设计、构建和集成技术基础设施，以端至端支持电子商务。

2. 电子市场

电子服务的核心是电子市场，即支持互联网上的贸易交换的虚拟交换环境。电子市场远远大于任何一家公司的规模，包含的内容极为广泛，不仅限于销售产品和服务。电子市场可以划分为纵向电子市场或横向电子市场。纵向电子市场能够满足整个行业的需求，而横向电子市场能够跨越行业满足具体的功能需求。例如，一个纵向油气行业电子市场将跨越整个供应链提供产品和服务，包括管线供应商与安装公司、零部件供应商和重型设备制造商。相反，横向电子市场将跨越若干行业提供非生产性产品和服务，从啤酒制造商到炼油厂，还可以在横向电子市场中销售诸如印刷、保管或旅行这样的电子服务。

3. 动态经纪

动态经纪是一个虚拟的搜索引擎，使顾客能够快速搜索电子市场和特殊的厂商，以寻找最佳交易。动态经纪的优势包括：足不出户，顾客的所有需求即可得到满足；卖方拥有一个为某些顾客精心设计的低成本销售渠道，以服务顾客并充分利用电子市场的价值；经纪人发现了有关顾客需求和偏好的大量信息，他们可以为顾客提供与其需求和偏好匹配的服务。一些互联网领先者相信动态经纪开创了一个具有无限商机的世界。动态经纪人在电子市场之间建立了链接，从而创建了跨越多个横向电子市场和纵向电子市场的多元市场以及一步到位的无缝电子市场。

二、电子服务质量

（一）电子服务质量的维度

电子服务质量的维度可以分为服务展示、服务传递、服务实现、服务交互。

（1）服务展示会影响顾客的反应和质量感知，顾客会在购买之前通过有形展示对服务进行预先评价并确定服务需求。在网络环境下，网站功能可以看作由多个子过程组成的复杂过程，这些子过程构成电子服务内容，是整个服务体系和虚拟场景的基本要素。顾客通过点击进入某个网站，就进入了虚拟的服务场景，电子服务商通过网站布局与功能的不同组合，搭建个性化的服务场景，让顾客产生兴趣。网页的美学风格，如色彩搭配、版面、文字、图片等会从视觉上对顾客产生刺激，成为虚拟场景的一个重要的组成部分。

（2）电子服务的传递必须依靠复杂的信息技术和信息流才能完成，顾客可以利用自我服务技术（self-service technology，SST）自行生产服务产品，不再需要服务商的直接介入或与其互动。然而技术存在两面性，即顾客在接触、评价以信息技术为特征的产品 / 服务时，技术可能带来正面效应，也有可能带来负面效应，这取决于顾客对新技术的信念和态度。技术只有易于理解和使用才能被顾客接受，一些技术特征，如易用性、有用性、数据交换速度、信息安全，会造成顾客接受程度和使用的差异，进而影响顾客对电子服务质量的判断。

（3）服务实现是顾客对接受服务后的综合判断。通常顾客可以忍受服务过程中出现的偏差，却不能忍受服务结果中的偏差。如果存在服务质量缺陷，比如无法正常完成交易、产品没有按时交付、顾客的电子邮件得不到答复、需要的信息无法获取等，就会对整体服务质量造成负面效应。

（4）服务交互是指顾客与电子服务商的相互接触，服务接触的形式可以是物理形式，如呼叫中心、电子邮件、BBS、反馈表单等，也可以是心理形式。在电子服务中，消费者面临的困扰是信息的安全性和对服务商的信任度，许多研究者认为，安全和隐私是衡量电子服务质量非常重要的标准。在电子环境下，顾客对安全控制和保护隐私的需求非常强烈，影响其对在线活动的控制感，进而影响其对电子服务质量的感知。特别是在线上购物、网络金融服务中，安全和防范风险意识对顾客的使用意向有强烈的影响。研究表明，由于顾客无法确信是否有隐私保护，不知道安全性如何，因此需要获取更为确定的信息，如品牌、公司声誉、隐私政策等，从而对网站的安全 / 隐私保护做出综合判断。无论采取何种接触形式，服务商都需要确保与顾客进行有效的交流，即了解顾客的真实想法并用顾客能够理解的语言进行答复。

（二）电子服务质量的决定因素

为衡量服务质量，美国学者帕拉苏拉曼（Parasuraman）等界定了服务质量的五个决定因素，即可感知性、可靠性、响应性、可信性和移情性，并指出可靠性是顾客评价服务质量最重要的因素，响应性次之，可感知性的重要程度最低。

1. 可感知性

可感知性原指有形的设施、设备、服务人员的行为举止，以及与所提供的产品或服务有关的各种文字材料等。在网络环境下，顾客看到的只是企业的网站，此时网站就代表了企业，因此可感知性表现为网站的人机界面，例如网页的整体设计、浏览性能、美学特征等，顾客通过界面设计是否友好可以感受到企业的技术水平和服务水平，即无形服务有形化。有的学者干脆以“人机界面”代替“可感知性”作为衡量电子服务质量的一个因素。

2. 可靠性

可靠性原指准确、有效地提供承诺的服务的能力。在网络环境下，可靠性表现为信息是否准确、产品或服务能否准时送达、服务提供是否一致、网站功能是否完善、网页链接是否有错误、系统运转是否正常等。要达到可靠性要求，企业必须在承诺的时间内，以准确的数量，把顾客所需要的产品或服务完好无损地送到顾客手中。

3. 响应性

响应性原指服务人员是否总是愿意帮助顾客和提供迅速及时的服务。在网络环境下，由于面对面的服务没有了，因而似乎难以直接判断服务人员的态度和表现，响应性此时表现为企业随时准备帮助顾客的意愿、对顾客咨询或抱怨的回应方式和回应速度、订单的确认以及配货、送货的速度等。尽管通过电子邮件及时与顾客进行沟通和反馈是一种非常简单的电子服务，但仍有很多企业忽视了这一点。

4. 可信性

可信性原指服务人员的礼貌、真诚、服务技能和获得顾客信任的能力。在网络环境下，可信性表现为网上交易的安全性，企业利用顾客个人信息的方式，网站和企业产品的知名度，利用文字、图片等多种形式为顾客提供详细的产品介绍和服务保证等。也就是说，可信性体现了顾客对企业的信任程度。在网络环境下，最重要的是信任，而非提供廉价产品，因此，赢得顾客的信任是确保顾客对服务满意的最重要的因素。

5. 移情性

移情性原指企业是否关心顾客、了解顾客的需求并为顾客着想。在网络环境下，移情性表现为为顾客提供个性化的服务，产品定制，多样化的交流和沟通方式，记录和分析顾客信息（例如顾客的个人信息、偏好、历史交易记录、消费习惯等）以便将来为顾客提供更好的服务。例如，世界上最大的网上书店亚马逊根据购书记录对顾客的阅读偏好进行分析，一旦有顾客喜欢的新书到货，就会及时通知顾客，这一举措取得了非常好的效果。

三、电子服务的发展

（一）智能化电子服务

1. 智慧医疗

信息化时代，如何让民众就医更便捷？智慧医疗借助物联网、云计算和大数据处理技术将解决这一难题。其应用服务体现在以下几个方面：（1）智能决策。医疗卫生部门通过对以前以及现有的各类医疗数据进行分析，可以实现对公共卫生和健康的科学决策，对一些传染病、流行病的监管、质控，对疾病的预先诊断治疗等。（2）云平台应用。通过构建云医疗健康信息平台、云医疗远程诊断及会诊系统、云医疗远程监护系统以及云医疗教育系统等，实现医疗资源共享、提高医疗水平、降低医疗开支、扩大医疗范围，最终提升医疗服务水平。（3）智能可穿戴设备。随着移动互联网、云计算、大数据分析等新一代信息技术的迅猛发展，可穿戴智能设备市场进入爆发期。具有实时监测老人健康状况功能的可穿戴设备，可以让医生及时了解老人的身体情况，一旦出现问题可以及时救治。

2. 智慧教育

以云计算、大数据为代表的新一代信息技术几乎渗透到各行各业，教育行业也不例外。云计算、大数据等新一代信息技术给教育带来的应用服务主要体现为教育云平台应用。通过构建大规模共享教育资源库、构建新型图书馆、打造教学科研“云”环境、创建网络学习平台、实现网络协作办公，实现区域教育资源共享、教育资源及时更新等目的。

3. 智慧交通

云计算、大数据等新一代信息技术在交通领域的应用，为人们日益提升的交通需求提供极大的支撑。人们通过上传数据、共享数据，共同完成数据收集的过程，分享数据处理结果，形成良性循环，解决交通相关问题。

4. 智慧环保

伴随着经济社会的快速发展，环境问题层出不穷，改革开放 40 多年来经济发展与环保的矛盾暴露无遗，民众对环境污染越来越敏感，这对承担公共服务功能的环保行业提出了更大的挑战。而云计算和大数据技术的出现推动了环境服务模式变革，使得使用新技术的成本逐渐降低，导致这些技术在环境服务领域有广泛应用的可能。

5. 智慧旅游

随着生产生活的发展，传统的旅游方式很难满足人们日益增长的旅游需求，如在线旅游、房车旅游、自驾车旅游等。物联网、云计算等新一代信息技术在旅游行业的不断应用，可以满足人们对现代旅游的需求。

（二）电子服务的发展趋势

全球经济开始从制造型经济向服务型经济转化，这种趋势性的变革直接推动着电子服务这种新的服务形式以更高效、更实用、更简单的方式为客户提供价值。电子服务的崛起意味着服务经济的第二次飞越。

电子服务提出全新的服务模式，它通过租用的形式提供软件及人工服务，克服了传统软件平台重技术、轻服务以及电子商务仅仅关注交易过程的弊端；通过支持包括手机、掌上电脑、上网本、电脑在内的多种终端接入，兼容不同品牌型号的手机、掌上电脑等终端设备，同时结合呼叫中心等的人工服务，在真正意义上实现了电子与人工的完美结合。

（三）电子服务的前景

当前，加快发展现代服务业是促进产业升级、构建现代产业体系的必然要求。信息化作为现代服务业的基本特征之一，是我国现代服务业建设的重点。而基于信息化技术的现代服务，是电子服务提升产业效益和产业现代化的重要组成部分。

电子服务的核心是技术、流程和商业模式的集成创新，它能够突破时空的界限，具有高渗透性、服务范围广泛等特点，代表了现代服务业发展的基本潮流。加快发展电子服务，有利于打破传统的信息障碍和流通壁垒，促进交易成本下降和营销效率全面提升，是推动信息化和服务业紧密结合的黏合剂和驱动力。

随着全球经济一体化步伐的加快，积极运用电子服务提升传统服务业的发展水平，促进商贸、物流等领域流通形态的创新和发展显得尤为紧迫。尤其是在金融危机背景下，更要倡导电子服务与各个领域的结合，以促进服务业向现代化迈进。

第 4 节　知识管理与电子商务

知识管理与电子商务是两大热门话题，它们都受到了以信息产业、咨询业、教育培训业等为代表的典型的知识型企业的青睐，被认为是企业未来竞争中成败的关键。主要提供知识产品 / 服务的咨询业从业者更是对这两个主题表现出相当大的兴趣，许多高级咨询专家专门著书，并逐渐发展出了与知识管理、电子商务相关的咨询业务。

一、知识管理概述

对企业而言，知识是一种重要的生产资源，可理解为“具有某种行动能力的潜能”。知识包括两个部分：专业知识和客户知识。在传统的企业生产过程中，知识这种生产资源作为劳动者的附加属性而不是一种独立的生产资源进入生产过程，成为产品价值的一部分。这种状况与知识经济时代的核心精神相对立。知识经济时代，在电子商务环境下，知识将成为社会价值构成中的主力，知识管理将成为企业管理的一项重要内容，是企业柔性管理的重要组成部分，因此，企业发展电子商务时必须注意对企业所拥有的知识进行管理，而电子商务为知识管理的有效性提供了保证。

知识管理是以知识为核心的管理，也就是对企业生产和经营所依赖的知识及其搜集、组织、创新、扩散、使用和开发等一系列过程的管理。对各种知识进行连续的动态管理，通过确认和利用已有的和获取的知识资产，以抓住现有的和未来的开拓市场的机会，是知识管理的根本目的。它的出发点是把知识作为企业最重要的资源来管理，以提高企业竞争力。

知识管理的目标表现在三个方面：第一，企业应具有较强的市场洞察力和适应能力，这种能力的取得必须依靠员工的知识积累；第二，企业应具有永不间断地获取各种新知识的能力，因为获取知识和应用知识的能力将决定企业竞争力的大小；第三，企业应具有高度集成性的特点，企业的整个生产经营活动，从市场调研、产品设计开发、生产制造、营销管理到售后服务构成一个不可分割的整体。

二、电子商务企业的知识管理要求

电子商务企业的经营活动建立在电子商务系统的交易平台之上，涉及电子商务技术、客户信息处理以及供应商之间的合作。与传统企业的知识管理不同，电子商务企业的知识管理不仅是以知识为对象的管理过程，还涉及建立适合电子商务特点的组织结构、形成自我激励的企业文化等。随着交易过程日益复杂及网络影响力的增强，电子商务企业的知识管理范围在扩大。

首先，在初期信息发布阶段，企业通过建立专门的网站向市场发布本企业的产品、服务、文化、优势等信息，这一阶段知识管理的重点包括两个部分。

（1）企业文化和企业品牌作为一种核心竞争力，需要向市场推广。这要求企业不仅定位明确，而且熟悉市场，从而能够突出本企业的特色和优势。

（2）企业建立自己的网站，向市场发布有关企业产品及服务的信息。企业需要掌握网站建设、服务器维护等技能，相关知识是保证网站稳定运行的基础。

其次，在网络交易阶段，企业开始通过网站接受顾客订单，网站成为企业运营的重要平台。顾客希望在电子商务网站看到产品具体的信息以及网上订货的整个流程。电子商务网站需要精确地记录顾客所提供的有效身份信息。电子商务企业与顾客之间的互动方式发生了明显变化，如何将顾客的身份信息融入知识管理体系，决定了企业能否取得客户信任、满足顾客个性需求以及与顾客建立良好的关系。

再次，在订单的执行阶段，电子商务企业需要将企业、顾客以及供应商三者联系起来，建立基于企业网络的“三位一体”的销售模式。顾客能否随时下单以及供应商能否及时将商品送达顾客，都涉及企业的知识管理系统能否及时获取并科学分析各种交易信息，从而提高对市场的应变能力。这一阶段，企业网站成为真正的电子商务平台，相关顾客信息的知识管理随之复杂化。

最后，电子商务企业通过网络交易平台与供应商、合作伙伴形成一个闭合的价值链和知识共享体系，在为顾客提供增值服务的过程中促使价值链获得价值回馈，从而实现企业自身的价值。因此，电子商务是一个交易集成的过程，制定正确的知识管理战略以及熟练运用各种知识管理工具，成为应对市场竞争以及满足顾客需求的基础，内容管理、数据挖掘及预测反应都建立在这种知识管理的基础上。

三、流程的知识管理

电子商务企业战略性知识管理的核心是把握工作流程，这些流程是确保企业服务顾客及管理与供应商的关系的关键。因此，企业在流程管理中应尽可能具体详细地指明流程中存在的依赖关系、每个流程中的核心活动及这些活动的功能。这种流程管理还应具有动态性，不仅着眼于现有的流程，还需考虑将来的流程变化。

对于现有的流程管理来说，重点是让员工对各种端到端的流程运作有非常清楚的认识，若员工仅熟悉部分流程，那么他们在遇到例外情况时往往会手足无措，因为他们不理解业务上游发生问题的原因和他们的行为对下游业务造成的影响。这个问题的严重性在互联网时代会加倍放大。因为网上交易速度快，流程渠道复杂，易发生许多意想不到的事情，所以员工若对企业薄弱的流程环节不清楚，在虚拟的业务交易中就会迷失方向，给企业造成难以挽回的损失。

考虑将来的流程变化主要是考虑实施电子商务的影响，确定流程的方向、业务政策及程序的调整。由于网上经营有它独特的性质，如产品选择的虚拟性、订单执行的快捷性、交易功能的集成性等，若企业未预料到它们对流程变化的影响，则会给业务发展造成巨大的障碍。

为建立持久竞争优势，企业不仅要考虑流程管理，而且要在这些流程上建立优先的顾客接触点。我们都知道，传统的顾客接触点的价值体现在商家给顾客提供的无形服务上。同样在线上交易中，选取恰当的接触点为顾客提供增值服务是企业建立竞争优势的关键，这些服务不仅体现在顾客能在公司网站上迅速购买商品，完成交易，还体现在以下几个方面。

（1）传统的商家有导购员，他们的任务是迎接顾客，将顾客当作贵客，让顾客觉得很体面。在网上，预先设计好的导购员将以顾客感兴趣的方式向顾客打招呼，询问他们喜欢的商品，引导他们立即购买。

（2）传统的销售员在顾客购买过程中，往往会提示顾客哪些商品可以折价购买，替他们省钱。网上的导购员在顾客结账时，会询问顾客是否有优惠券，是否加入了折扣俱乐部等。他们还会将顾客购买的商品与折扣清单商品进行比较，告知他们省了多少钱，并为顾客存储相关信息以供将来使用。导购员通过这种方式收集了众多信息，可以更好地服务顾客。

（3）传统的导购员会帮助不了解商品的顾客更好地做出决策。网上的智能导购员会经顾客允许追踪他们的购买信息。这样，当顾客再次访问时，导购员会列出购买记录，推荐其他与消费者有共同兴趣的顾客所喜欢的商品。在网上还有许多顾客接触点，每个公司都应具体分析交易流程，将它与即将实施的电子交易流程进行比较，以精确地确定顾客接触点。

四、根据电子商务战略实施知识管理

知识管理受到了极大的关注，但人们对知识管理的认识大都基于过去的商务模型，这会对电子商务产生负面影响。因此，有必要提出一个新的框架来更好地理解“知识管理是电子商务的推动器”。为此，必须重新分析知识管理的基本假设，调整相应战略以适应新型电子商务发展的需要。

（一）商务战略的转变

商务市场的发展变化要求从不同角度理解计算机系统输出的信息。与传统方式强调和依靠长期预测不同，在“新”世界开展商务要多用场景规划之类的技术以理解未来的变化。但这并不是说要完全消除组织的计划，而是利用场景模拟来发现备选方案的局限性。组织仍会制订计划，但不完全依赖这些计划。这种观点在一些新诞生的基于内部网的企业中更加明显，这些企业会经常审查其商业模式。敏锐地观察市场并积极响应是成功企业的共同特征，它们能更快地创造知识，发现商务理论与动态变化的环境的差异。

（二）技术使用模式的转变

随着信息化水平的提高，许多企业将一些日常办公流程纳入信息系统，这些流程一般采取“最佳实践”的形式。但用静态的计算机系统描述动态商务环境下的流程往往使业务处理不太灵活。随着商务环境出现非连续、跳跃式的变化，信息系统往往成为组织发展的障碍。企业必须设计能适应商务环境动态变化的信息系统。动态定价系统、比较购物代理就考虑了市场数据的动态发展和变化，但这样的系统仍需要按结构化方式表示市场数据。无论是外购还是自行研发，都要有效协调现有技术和新技术，跟上商务环境的快速变化和发展。

（三）高层管理角色的转变

管理学家和经理不再过多强调业务开展的惯例，因为命令－控制系统和惯例往往不能适应商务环境的剧烈变化。高层经理要从命令－控制的角色向感觉和响应的角色转变。如果说知识在信念和承诺方面区别于信息的话，组织应重点强调员工对组织愿景的承诺，而不是要求其适应规则和采取所谓的最佳实践。

高层经理应把组织看作员工社区，这种社区能产生不同的信息，还要让员工访问组织信息。这一点非常重要，因为商务环境在快速变化，高层经理的决策和底层实施是分开的。对信息存在多种不同理解可导致有多种方案响应业务环境的动态变化。

（四）组织知识过程的转变

利用信息技术采取最佳实践有利于应对可预料的环境，在信息系统的早期阶段就要开发最佳实践。商务环境的快速变化往往要求做正确的事情，但不一定保证所做的事情正确。在重新评价关键假设的基础上，要强调更新现有知识、创造新知识并在商务中应用，而不是像在旧经济中那样在知识库中存储知识，需要知识的人从知识库取出后再重新理解。

传统信息处理模型在给定一个问题后往往基于业务环境来寻求解决方案。相反，在新环境中要从当前已有知识中寻求解决方案，个人会从处理模型中得出不同结论，但组织的愿景规划确保了这些不同的结论在推动组织朝一个方向发展。

（五）组织资产的转移

知识对于个人、组织而言都是最宝贵的资产，传统的经济要素包括土地、劳动力和资金并没有消失，只是变成次要的了。很多组织在重新评估其资产。现实中一些网络企业的实际有形资产有限，但获得了数倍于传统企业的价值。传统的计量方法不能有效度量知识资产的价值，网络公司和其他信息技术企业的成功来源于回报增加。传统生产要素受规模和范围的限制呈现出边际收益递减的倾向，相反，信息资产和知识资产因遵循不同的经济规律而呈现出收益递增的倾向。这是知识“外化”的结果，随着网络用户成员的增加，企业提供了更多的服务，也创造了更多的价值。

（六）组织设计的转变

传统经济遵循控制结构，而新的商务环境则要求组织保持适当的“混乱”，这种组织有少量规则、一些信息和大量自由。在新的商务环境中，知识管理系统的设计者能进行自我设计，在分析问题的基础上提出解决方案，并重新评估和审视方案的产生过程。通过鼓励实验、重新思考，这个过程促进了行动反思和新知识的创造。通过这种方式质疑所有假设，而不是遵循传统的最佳实践，可以寻求更好、更适合动态环境的解决方案。

第 5 节　发展以新管理思想为指导的企业电子商务

以新管理思想为指导的企业电子商务是一种全新的企业商业战略，而不是单一的 IT 解决方案。在中国发展以新管理思想为指导的企业电子商务必须结合中国的实际情况，不能简单照搬西方的运营模式，要结合企业自身的条件和发展规划有计划地实施。

一、推行新的管理思想

（一）树立以人为本的管理思想

以人为本进行“自我改善”是柔性管理的核心内容。传统管理以“管人”为核心。所谓制度、纪律是通过对人的活动的限制达到管物的目的。在这种管理思想下，人是物的附庸。其弊端是：严格执行某项规章制度势必降低组织的灵活性，影响组织与外部环境的协调关系；使员工处于消极被动的状态，限制其积极性与创造性，员工缺乏主动参与管理、参与决策的意识；在组织僵化与工作量化的同时造成了员工的惰性，使员工只求完成分内的工作。而柔性管理的“自我改善”首先以满足员工的高层次需求为目标，能深层次地激发员工的工作动机，增强员工的责任感，使其不仅自觉提高工作标准，而且愿意挖掘潜能，发挥天赋，获得超常的工作成就。其次，它有利于组织内部形成集体主义协作精神，从而有利于知识在企业内部的传播和转化，这些对以“管理大脑”为核心的知识管理来说显得尤为重要。最后，在新的社会条件下，人们的消费观念、消费习惯和审美情趣处在不断变化之中，以人为本的柔性管理能适应消费者的变化。为满足消费者的个性化需求，更加需要生产柔性化和精细化。

（二）以满足顾客的需求和偏好为导向

企业不仅要为顾客提供产品，而且要为顾客提供更多的价值，使顾客在消费一种产品时能够获得更多超值感受。传统的批量生产型企业的观念是：供给创造需求，只要能生产，就会有顾客购买，企业的利润由生产能力决定。柔性管理则是将顾客的需求和偏好转化为产品或者服务，利润就是这种转化的一种自然结果。因此，柔性管理的关键在于丰富提供给顾客的价值，解决顾客所关注的问题，将顾客没有完全表达出来的愿望或需求转化为“这就是我想要的产品”。这种以顾客需求和偏好为导向的管理，是对企业管理能力的一种挑战。

（三）以促进学习、激发灵感和洞察未来作为管理的基本职能

在科学管理时代，管理的基本职能是决策，而网络时代管理的基本职能是寻求知识转化的途径与节点。网络时代不确定的市场变化把管理的核心作用转变为促进学习、激发灵感和洞察未来。柔性管理的理念和方法激励、综合、协调一线人员的努力与贡献，以更高的视角兼顾全局，并将一线人员的创新理念整合到企业发展的统一战略框架之中，从而使企业成为由发达的部件以最优化的方式组合而成的有机体。

二、重视组织柔性体系

以柔性管理思想为指导的企业电子商务的实现有赖于组织的不断创新。只有建立柔性化的组织体系，才能适应以人为本的柔性管理思想，才能充分发挥以柔性管理思想为指导的企业电子商务的优势。

（一）决策体系结构

以柔性管理思想为指导的电子商务下的企业发展主要是由顾客需求、市场机遇所驱动的，满足多变的市场需求要求企业具有高度的组织柔性，即决策组织单元间的耦合关

系及企业组织结构要保证以柔性管理思想为指导的电子商务企业及时、主动地适应市场变化。

这种组织柔性主要是指企业改变以前的集中式决策体系，进行扁平化管理，尽量减少中间决策环节，形成扁平状企业决策网络和分布式决策体系。扁平状企业决策网络和分布式决策体系的优点在于信息能最快地自上而下传达至底层生产单元，同时，下层意见也可快速反馈给决策层。应当本着人性化的初衷，在决策网络中合理分配决策权，也就是要进行适当的授权。

（二）任务团队

柔性化组织采用任务团队的形式。任务团队与以往企业中的开发小组有着本质的区别：（1）它是企业内部实现人、技术和组织集成的最小单位；（2）任务团队以人为中心；（3）体现面向任务过程（即经营过程中的某项模块化工作，如产品设计、产品报价等）的特点；（4）任务团队的耦合是多变的、快速有效的，根据市场机遇的不同所创建的任务团队具有可重组的动态特征。

作为企业组织网络的节点，任务团队的动态性和快速耦合性提高了整个系统的结构柔性和企业竞争力。在任务团队的运作中，由于各成员都是企业相关经营过程的技术专家，可进行并行的产品设计和提供优质服务，因此大大提高了企业对市场和顾客的响应速度。

网络结构组织的整体效能取决于三个基本要素，即组织单元质量、联结方式和结构形式。网络结构组织中的组织单元应是由若干技术多面手组成的工作团队，联结方式将组织单元集合为整体，结构形式则体现了组织单元之间如何相互联结和相互作用，使网络结构组织发挥整体效能。网络结构组织具有“以变化应对变化”的观念，即不一定非要统一组织形式，只要由可以快速重组的工作单元构成扁平式的组织结构，以自治的(充分授权的)、分布式的团队工作取代金字塔式的组织结构即可。为了具有组织上的柔性，这些团队可以采取多种形式，除了内部多功能形式，还可邀请供应商和用户加盟，甚至可与其他公司合作等。没有一成不变的具体形式，在保证提供必要的物质资源和组织资源的情况下，对组织形式的选择是灵活的、柔性化的。

（三）虚拟企业

未来的全球市场竞争日趋激烈，为了自身的生存和发展，许多厂家联合其他企业共同开发产品以期占领市场、共享利益、共担风险。这也正是近年来流行的虚拟企业的基本思想：竞争与合作并存。美国一些著名公司在这方面进行了有益的尝试并取得了可观的经济效益。

虚拟企业展示出对市场机遇的快速反应能力。它的创建与解散由市场机遇决定。虚拟企业注重对企业无形资源的有效集成，这种无形资源一般是各成员企业最擅长的技术优势，也是借此加入或组建虚拟企业的依据。没有独特技术优势的企业很难在未来的全球竞争中生存，仅仅具有某项拿手技术的企业也未必能长盛不衰。虚拟企业为这类企业提供了一种以合作谋求持久竞争优势的策略。

虚拟企业网络主要由合作伙伴组成，也可以包括顾客、供应商甚至以前的竞争对手，每个成员企业都是网络中的一个节点。网络中流动的信息应是共享和透明的，要做到这一点，就需要成员企业间建立完全信任的关系，采取诚实合作的态度，意识到各自对产品开发的责任。成员企业间的相互信任可以降低内部交易费用，加快产品上市。作为一种动态经济联盟，虚拟企业将原有企业的供应链管理向外扩展，充分体现了企业边界与组织结构的变动性和灵活性。

正如其建立是受市场利益的驱动，虚拟企业能否生存下去也取决于企业间的利润分配关系，如果处理不当，势必影响企业的态度与合作精神，延缓产品开发周期甚至导致产品完全失败。

三、建立供应链竞争优势

在当前的市场竞争环境下，大多数企业力求在某些方面确立自己独特的优势，培育自身的核心技术和核心能力，与其他企业共同形成一种强有力的竞争优势，采用双赢战略赢得市场和顾客。只有把经营过程中的有关各方如供应商、制造工厂、分销网络、顾客等纳入一个联系紧密的供应链，才能有效地安排企业的产、供、销活动，满足企业利用全社会一切市场资源快速高效地进行生产经营的需求，以期进一步提高效率和在市场上获得竞争优势。换句话说，现代企业的竞争不是单一企业与单一企业的竞争，而是一个企业供应链与另一个企业供应链之间的竞争。企业应当站在这一角度来思考企业的竞争优势，片面强调一个企业的盈利往往会影响整个供应链的盈利，只有最大化整个供应链的价值，才能最大化企业的价值。

电子商务在企业经营管理中发挥作用的关键在于供应链上的各个要素能否有效地进行融通，资源能否在供应链网络中合理地流动，企业的核心竞争力能否提高。要实现这几点，就必须在传统经营管理中引入信息化的管理工具，如 CRM 和 ERP 系统，作为供应链管理的核心工具，CRM 的根本思想是将顾客视为组织最重要的资产，通过互联网平台，利用信息技术实现企业与顾客的实时交互，为顾客提供人性化的产品和服务。ERP 突破了传统企业的边界，包含整个供应链上所有的元素。它协调各元素以市场为导向，实时响应市场需求，使整个供应链的物流、资金流、信息流实现一体化的管理。可以说，没有 CRM，企业就无法及时了解顾客的需求，无法提供个性化的服务；没有 ERP，企业就无法及时掌握原材料采购和产品库存情况。

四、不断进行企业流程再造

（一）企业流程再造概述

企业流程再造（business process reengineering，BPR）是企业管理领域的热点问题，是指“为了在平衡企业表现的关键因素，如成本、质量、服务和速度等方面获得巨大的改善，从根本上重新思考并安排企业的作业过程”。

BPR 的基本思想是以企业的关键作业流程为核心，摆脱传统组织分工理论的束缚，重新设计企业的组织结构、运作方式和行为准则；提倡顾客导向、组织变通、员工授权并强调企业内部的整体与协调；注重实用信息技术，重新设计更有效率的作业流程，取消不产生价值的作业，破除管理层次繁多、管理组织庞大的弊端，达到适应快速变化的环境的目的。在企业管理中引入 BPR 的思想，旨在探求更科学合理的新型管理模式。

传统的“以生产为中心”的企业管理和生产方式已经不能适应知识经济时代的发展，必须改变为“以市场需求为中心”的企业管理和工作流程。传统的金字塔形组织结构需要改造成扁平式、网络式组织结构，以提高对市场变化做出迅速反应的能力。传统企业“以生产为中心”的部门分工和工作流程，需要改造成“以顾客和市场服务为中心”的分工和工作流程，这是 BPR 的基本思想。

BPR 是基于信息网络技术对企业进行重组。互联网 / 内部网的发展和普及为 BPR 的实施创造了极为有利的条件。作为一种思维方式，BPR 力求打破组织边界，将多层次的纵向传递模式转化成一种层次较少的扁平式组织结构。现代信息技术则促进了 BPR“平面流程”模式的形成。信息技术带来了企业组织架构、工作流程的重组以及整个社会管理思想的变革，因此，要求运用 BPR 的方法对企业原来的管理方式进行变革。

（二）企业流程再造的特征

企业流程再造的特征归结起来有以下几点：工作单元的划分从以职能为基础变为以流程为基础；工作内容从单一变为丰富；人员角色从被控制变为有决策权；获得工作能力的方法是有计划的系统教育；绩效考评与奖励从观察单一活动（绩效为主）变为观察立体活动（绩效与技能兼顾）；价值观从为主管工作变成为顾客工作；生产线管理人员由监督者变为教练或者指导者；组织结构由层级式变为扁平式；高层主管由事后评判变为对员工主动引导。

（三）企业流程再造应注意的问题

BPR 的实施过程很复杂，涉及企业的方方面面，必须对其高度重视并要有高层领导的全程参与。BPR 实施失败的例子比比皆是，多数是由于认识不足和重视不够造成的。在实施过程中，应正确认识以柔性管理思想为指导的企业电子商务与 BPR 相互影响、相互制约的关系。一方面，将 BPR 作为流程改造的工具，设计并构造新的业务流程模型。利用各个管理子系统来简化流程，设计的流程要考虑软件系统实现的可能性。另一方面，要灵活选择各种路径或通过客户化来满足 BPR 设计方案的要求。

第 6 节　积极、稳妥地推进中国电子商务高质量发展

“十三五”时期，我国电子商务取得了显著成就：电子商务交易额从 2015 年的 21.8 万亿元增至 2020 年的 37.2 万亿元；全国网上零售额 2020 年达到 11.8 万亿元；2020 年实物商品网上零售额占社会消费品零售总额的比重接近四分之一，电子商务已经成为居民消费的主渠道之一；电子商务从业人员规模超过 6 000 万，电商新业态、新模式创造了大量新职业、新岗位，成为重要的“社会稳定器”。这些数据充分说明，电子商务已经全面融入我国生产生活各领域，成为提升人民生活品质和推动经济社会发展的重要力量。

一、电子商务的发展现状与面临的形势

（一）电子商务的发展现状

1. 规模、质量实现双提升

根据第 53 次《中国互联网络发展状况统计报告》，截至 2023 年 12 月，我国互联网普及率达到 77.5%，网民总数达 10.92 亿人，较 2022 年 12 月新增网民 2 480 万人。电子商务交易额保持迅速增长，中商产业研究院发布的《2024—2029 年中国电子商务行业发展研究与投资前景分析报告》显示，2023 年全国电子商务交易额达 46.83 万亿元，比上年增长 9.4%。网络购物已成为居民消费的重要途径，实物商品网上零售额对社会消费品零售总额的增长贡献率不断上升，促进了相关市场的快速发展。根据国家邮政局发布的数据，2023 年，我国快递业务量累计完成 1 320.7 亿件。国家电子商务示范基地和示范企业发挥了显著的引领作用。企业竞争力不断增强，在 2020 年全球电子商务企业市值排名前 5 名中，中国企业占据了 4 席。

2. 融合创新态势不断深化

新一代信息技术的快速发展催生了众多新型的电子商务业态和模式，例如社交电商、直播电商和生鲜电商的产业链日益完善。电子商务正加速实现线上线下、产业链各环节以及国内外市场的融合发展。传统零售企业的数字化转型正在加速进行，全国连锁百强企业的线上销售占比达到了 23.3%。服务业的数字化也在加速，如在线展会、远程办公和电子签约等变得越来越普及，同时在线餐饮、智慧家居和共享出行等服务大大便利了居民生活。农村电商的发展打通了工业品下乡和农产品进城的渠道，加速了农业的数字化进程。2020 年，全国农村网络零售额达到了 1.79 万亿元，是 2015 年的 5.1 倍。跨境电商也蓬勃发展，2020 年跨境电商零售进出口总额达到了 1.69 万亿元。电子商务正通过数据作为纽带，加速与制造业的融合创新，推动智能制造业的发展。

3. 服务民生，成效显著

电子商务已成为助力扶贫和农业发展的新途径，实现了对 832 个原国家级贫困县的全面覆盖。随着农村电子商务公共服务体系和物流配送体系的持续完善，农产品的“三品一标”认证培训和全国农产品产销对接公益服务平台等措施有效推动了特色农产品品牌的推广和产销帮扶的常态化，从而促进了地方产业的快速发展和农民收入的增加。此外，电子商务已成为提供便民服务的新方式，比如在线教育、在线医疗、在线缴费等民生服务日益普及。作为创新创业、灵活就业和普惠就业的新渠道，2018—2020 年，电商行业从业人员规模不断增长，从 2018 年的 3 300 万人增加到 2020 年的 6 015 万人，几乎实现了翻倍的增长。2024 年，商务部中国国际电子商务中心发布了《中国电子商务人才发展报告》。报告显示，当前我国电子商务从业人数已超 7000 万，提前完成了《“十四五”电子商务发展规划》中设定的 2025 年的任务指标。

4. 国际合作成果丰硕

“丝路电商”正在加速其全球布局，2021 年，我国已与 22 个国家建立了双边电子商务合作机制。通过政府与企业之间的对话、联合研究和能力建设等方式，推动了多层次的合作交流，并营造了一个良好的合作环境。电子商务企业正快速“出海”，推动物

流、移动支付等领域实现全球性发展。2023 年 11 月 23 日，第二届全球数字贸易博览会 2023“丝路电商”国际合作论坛举行，论坛上首次发布了《“丝路电商”合作发展报告》。报告显示，我国已与五大洲 30 个国家签署了双边电子商务合作备忘录，“丝路电商”朋友圈扩大至 30 国。

同时，中国积极参与世界贸易组织（WTO）、二十国集团（G20）、亚太经合组织（APEC）、金砖国家（BRICS）和上海合作组织（SCO）等多边和区域贸易机制下的电子商务议题磋商。在与自贸区伙伴的合作中，共同努力构建区域内高水平的数字经济规则。

在电子商务国际规则的构建方面已取得显著进展。区域全面经济伙伴关系协定（RCEP）中的电子商务章节被认为是目前覆盖区域最广、内容最全面、水平较高的电子商务国际规则之一。

5. 发展环境持续优化

电子商务法律政策体系不断完善，“放管服”改革深入推进，监管服务持续优化，有力激发市场活力。电子商务法治建设取得重大进展，《网络安全法》《电子商务法》颁布实施，《反不正当竞争法》《专利法》完成修订。电子商务标准体系不断健全，截至 2021 年 10 月累计制定并发布 120 余项国家标准、50 多项行业标准以及多项团体标准。试点、示范工作不断推动制度创新，跨境电商综试区达到 105 家，跨境电商零售进口试点扩大至 86 个城市及海南全岛，国家电子商务示范基地达到 127 家，商务部遴选 2 批共 393 家电子商务示范企业、确认数字商务企业 108 家，先行先试成效显著，形成一批成熟的经验做法。社会信用基石不断夯实，电子商务诚信工作不断推进，电子商务公共服务体系基本形成，数据共享、惠民惠企、人才培养等取得积极进展。

（二）电子商务面临的形势

在“十四五”期间，中国进入了新的发展阶段，电子商务面临国内外环境的深刻和复杂变化。

国际层面上，世界经济的数字化转型正在加速，新一轮科技革命和产业变革正在深入进行，由电子商务驱动的技术更新和融合应用持续深化。双边和区域经济合作势头上升，“丝路电商”合作圈不断扩大，对消除数字鸿沟和推动普惠发展的需求日益增强。同时，世界经济低迷，经济全球化面临逆风，单边主义、保护主义和霸权主义抬头，给电子商务企业“走出去”带来更多挑战；围绕隐私保护、数据流动的数字领域规则体系竞争加剧，中国在规则制定上的话语权亟须加强。

国内方面，中国已转向高质量发展阶段。新型基础设施建设加速，信息技术的自主创新能力持续增强，为电子商务的创新发展提供了强有力的支撑。新型工业化、信息化、城镇化和农业现代化快速推进，中等收入群体持续扩大，电子商务的提质扩容需求日益增长，与相关产业的融合创新空间更为广阔。然而，中国的宏观环境正面临复杂变化，电子商务发展仍存在不平衡、不充分的问题。城乡、区域、不同领域间电子商务发展水平不均衡，企业核心竞争力有待加强，技术创新能力尚未完全适应高质量发展的要求。数据产权、交易规则和服务体系尚未健全，数据要素的价值潜力有待进一步挖掘，与电子商务业态模式创新相适应的治理体系亟须完善。

综合来看，“十四五”时期，中国电子商务面临的发展机遇大于挑战。需要提高对机遇和风险的认识，准确理解矛盾和变化，把握发展规律，抓住机遇，应对挑战，在危机中寻找先机，在变局中开辟新局。

二、加快中国电子商务发展的对策建议

（一）深化创新驱动，打造高质量电子商务产业

推动电子商务产业创新，应加强技术应用创新，提高企业专利、标准、品牌、体系、专业水平，通过自主创新和原始创新提升核心竞争力，促进新一代信息技术在电子商务领域的集成创新。同时，鼓励电商平台企业拓展产学研用融合通道，推动数字技术的应用和创新。在业态方面，引导电商企业挖掘用户需求，推动新业态健康发展，如社交电商、直播电商、内容电商等，并支持数字化运营模式的发展。此外，加强数字货币研发，鼓励各类技术服务和知识产权交易平台的专业化建设。在协同创新方面，促进电商平台资源有序开放共享，加强创新链和产业链的有机结合，推动产业链上下游、大中小企业融通创新，促进区域协同发展。在绿色低碳方面，引导电商企业适应绿色低碳发展，建立绿色运营体系，推动节能环保技术设备的应用，协同推进快递包装绿色供应链管理，规范二手电子商务，促进资源循环利用，推动绿色生产生活方式的形成。

（二）引领消费升级，培育高品质数字生活

推动数字生活消费新场景，支持企业运用5G、人工智能、虚拟现实/增强现实等新技术，创造多样化的线上消费场景，培育高新业态，提升网络消费体验。促进智慧零售，支持传统零售数字化转型，强化商业基础设施智能化升级，推广实体门店数字科技。鼓励智慧街区、商圈发展，推动智慧体育场馆建设，促进新业态健康发展。在电子商务平台方面，打造智能化电商平台，优化运营，提高供需匹配程度。关于绿色发展，健全标准规范，推动示范基地绿色转型，包装减量化、标准化、循环化。鼓励商业模式创新、智能化升级，强调服务终端建设，丰富线下数字化消费场景。在线上生活服务方面，拓展文旅、医疗、教育、体育等线上服务，提供数字内容，推动电子商务深度应用，构建“互联网+养老”模式，创新家政服务业。推动无接触交易服务，支持交通出行服务在线化、智能化，优化末端配送，提升服务能力。

（三）推进商产融合，助力产业数字化转型

推动智能制造和产业链协同发展，鼓励电子商务平台与工业互联网平台互联互通，推动制造企业实现“上云用数赋智”，培育新型智能制造模式。支持网络智能定制和协同制造服务，促进中小制造企业数字化智能化发展。在产业链上，强调资源整合和数据共享，打通产业链协同的信息“堵点”，助力产业链、价值链、消费数字化发展。文旅消费促进行动，培育电子商务示范企业，拓展线上旅游销售和交易渠道，推进文化和旅游业线上线下深度融合。创新链联动发展，支持产业链上生产企业与电商平台的信息共享，实现生产企业精准营销，全面提升产销联动效率。这一系列措施旨在构建数字生活消费新场景，促使产业各方实现协同共赢，推动经济的数字化、智能化转型。

（四）服务乡村振兴，带动下沉市场提质扩容

推动农业农村产业新业态发展，强调电子商务与休闲农业、乡村旅游的深度融合，

挖掘农业农村的多功能和多价值，促进乡村共享经济等新业态发展。重视提升农产品标准化、多元化、品牌化、电商化水平，鼓励使用新媒体进行宣传，创新产销对接方式如网络众筹、预售、领养、定制。推动农村电商与数字乡村衔接，整合政府与社会资源，推进农村电商新基础设施建设，加速农业供给侧结构性改革，引入物联网、人工智能，完善农产品安全监管。在数字供应链建设方面，培育平台和服务商，进行试点示范，支持中小企业数字化降本增效，推动中小企业深度融入供应链。衔接农村普惠金融服务，促进互联网支付、移动支付和供应链金融的应用。发展县域电商服务业，引导企业在县域建立服务机构，创新销售机制和模式，提高农产品电商销售比例。支持农村居民从事电商创业，推动特色农产品电商发展。加强农村物流体系建设，建设农村电商快递协同示范区，创新物流以支持农村特色产业发展。这些举措旨在培育农业农村产业新业态，推动数字乡村建设。

（五）倡导开放共赢，开拓国际合作新局面

支持跨境电商高水平发展，鼓励电商平台全球化运营，优化全球电子商务基础设施，培育跨境电商服务企业，推动全球产业链数字化，推进综试区建设，加快海外仓布局，强化跨境物流。在国际合作方面，深化“一带一路”国家电子商务合作，促进全球贸易参与，推动经验分享与人才交流。推动构建全球电子商务发展格局，制定国际规则，推动多边和双边电子商务规则谈判，加强跨境交付、个人隐私、数据流动、消费者权益等领域国内国际规则衔接。支持行业组织、企业在国际规则体系建设中发挥作用，促进数字领域规则协同，探索全球电子商务市场新规则和最佳实践。

（六）推动效率变革，优化要素资源配置

促进数据要素高水平开发利用，加强数据共享机制，推动政务数据整合共享，提升公共数据开放水平，加速国家数据资源调查和标准体系建设。释放电子商务对商务领域数据价值的引领作用，引导合法合规的数据处理活动，培育数据服务产业，规范第三方数据服务，支持电子商务企业开发数据产品。在电子商务人才市场方面，完善培养体系，加大培训力度，引导创新创业，促进中西部及农村电子商务人才市场培育。优化电子商务载体资源，深化与快递物流的协同发展，提升示范基地的服务效能，引导电子商务园区升级。多维度加强电子商务金融服务，创新金融支持政策工具，鼓励金融机构整合电子商务数据资源，增加中小微电子商务企业的金融服务供给，强化农村金融机构服务电子商务的激励约束机制，完善多层次资本市场体系。

（七）统筹发展安全，深化电子商务治理

推动电子商务法规标准体系的完善，着力修订法律法规，尤其注重数据产权制度的建立，同时规范新技术应用、市场准入、反垄断和知识产权保护。强化监管水平，构建数字化监管机制，推动线上监管和跨部门联合执法，提升纠纷解决效率。推动多元共治格局的建设，加强平台自治与政府监管的协同，参与全球电子商务治理，推进全球治理体系的公正合理发展。促使电子商务行业组织建设，发挥第三方组织作用，构建国际一流的数字商业环境。

□思考题

1. 美国的电子商务发展策略有什么特点？
2. 中国的电子商务发展战略包含哪些内容？
3. 谈谈你身边的智能化电子服务。
4. 在电子商务中运用传统企业管理方式存在哪些问题？
5. 简述知识管理与电子商务的关系。
6. 谈谈你对中国政府在电子商务发展中应发挥的作用的认识。
7. 简述中国电子商务面临的形势。
8. 你对加快中国电子商务发展有何建议？

第 9 章

电子商务的法律保障

| 本章要点 |

电子商务的蓬勃发展给现行法律体系带来了新的挑战，而电子商务的立法是推动电子商务发展的前提和保障。本章主要讨论电子商务的特征，电子商务立法的必要性及原则；简要介绍国内外电子商务法律的现状，并介绍电子商务中的法律问题；重点介绍电子商务中的知识产权保护问题及电子商务交易安全的法律保护；最后对构筑具有中国特色的电子商务法律体系进行讨论。

电子商务带给世界的是全新的商务规则和方式，它给社会、经济、法律等各方面所带来的影响远远超过了以往任何一项新技术的应用，并对现行法律提出了挑战。电子商务的交易过程涉及商家、金融、电信、公证、网络服务提供商和消费者等许多方面，其中任何一个环节出现问题都可能引发纠纷，这就需要有相关的立法来规范。

第 1 节　电子商务呼唤新法律

电子商务的跨越式发展给现行国际法律体系带来了新的挑战。电子商务立法是推动电子商务发展的前提和保障，已成为人们关注的焦点，尽快在全球范围内营造良好的电子商务法律环境成为国际社会的共识。电子商务立法的目的是营造一个有利于电子商务发展的内外环境，并促进 21 世纪世界经济的健康发展。

一、电子商务的特征

电子商务的自身特征决定了它不仅为全球经济的发展营造了良好的氛围，同时对社会各个领域特别是立法提出了许多新的要求和挑战。

（一）无国界性

电子商务是通过互联网进行交易的，而互联网的一个重要特征就是全球连通。互联网使得远距离的交易不仅成为可能，而且可以经常发生。于是，电子商务主体面对的就不仅仅是一个地区的市场，而是全球的大市场。全球性的市场不仅一改封闭的交易形式，而且期待着高度一体化的商业和法律规则，这就使电子商务面临着各国社会制度、政治状况、经济发展程度、现行法律法规、文化传统等千差万别的实际情况，协调成了最大的难题。

（二）信息的数字化

由于计算机处理、存储的和互联网上传输的都是表示一定信息的电磁信号，于是以互联网为载体、计算机处理为表征的电子商务双方的谈判记录、使用的资金甚至标的本身都是数字化的。这种虚拟的信息资源对商家的商业信用提出了更高的要求，并且这种以数字形式存在的信息具有极大的流动性和无限可复制性，知识信息的传播从而有了前所未有的便捷性。但是，在知识得到广泛传播的同时，对包括版权、著作权、专利权、商标使用权、数据库等在内的知识产权的保护也成为互联网发展不可回避的问题。如何保护产权所有人的正当权益，成为当今电子商务立法工作所关注的一个焦点。同时，如何处理网络信息、共享软件、域名等随着互联网发展而出现的新生事物也是必须思考的问题。

（三）技术进步速度快

电子商务领域的技术进步速度已经大大超过了一个国家适时调整其法律框架的速度。即使试图对法律框架进行大的变革以适应电子商务的需求，也由于新的问题的不断出现和变革速度上的悬殊差距，使得适时的法律调整总跟不上电子商务高速发展的步伐。电子商务带来了一场在数字化市场中对法律框架的根本性反思。

二、电子商务立法的必要性

（一）电子商务的发展需要法律的保障

电子商务在虚拟的网络空间里进行，涉及电子资金划拨、网络知识产权、网上交易的产品质量等内容，电子商务独特的运作方式向现有的商务模式提出了技术、财务和交易安全等方面的重大挑战。从总体上说，与电子商务的迅猛发展相比，与之相关的法律法规显得滞后。不仅发展中国家如此，即使是发达国家也并未彻底解决这个问题。从目前中国的立法情况看，国内关于电子商务的法律有待进一步完善，在目前的技术和管理条件下，对政府而言，网络贸易已经成了税收“漏斗”。对消费者而言，网上购物的权益和安全性无法得到保障。由于网络金融的发展尚不完善，黑客随时可能出现，线上交易的安全性远远低于线下交易，尤其是个人隐私无法受到保护。对生产厂家而言，可能遇到欺诈。一系列侵犯网络安全和信息安全的恶性事件不断地给人们敲响警钟。

电子商务是网络技术在商务活动中应用的产物，是一个新生事物，由于其与传统交易形式有很大的差异，给社会各个领域带来了巨大的冲击，涌现出许多问题。作为调整社会关系的重要工具，法律必然受到电子商务的巨大冲击。比如，网络交易是否适用传统的税收法律？如不进行实物交易是否要征税？如何征税？是否需要另立新税种？电子合同的签字的证据效力是否等同于传统合同？电子签名、电子交易认证亟须通过立法加以保障。

（二）电子商务立法有利于促进电子商务发展

电子商务立法的目的是排除阻碍电子商务发展的法律障碍，消除现有法律的不适用性，保护合理的商业预期，保障交易安全，营造一个有利于电子商务发展的内外环境，并促进世界经济健康发展。

自“十一五”规划以来，中国已经制定了四个电子商务五年规划，这些规划在指导国内电子商务的发展方向和促进其快速健康发展方面发挥了关键作用。《“十四五”电子商务发展规划》为电子商务的发展提供了宏观、长期的基础性指导和保障，具有战略性、预见性和指导性。在这些规划的指导下，中国的电子商务产业实现了跨越式发展，基础设施持续得到完善，“新基建”进一步推动了产业结构的升级。

（三）电子商务领域还存在大量的法律问题需要解决

目前在世界范围内虽然有了联合国国际贸易法委员会制定的《电子商务示范法》及一系列国际规则，但均不构成直接有效的国际法律规范，只是起到参考的作用。各国法律制度具有差异性，在许多方面没有做出具体的规定，有的只提出一个总原则，留待各国具体细化。与此同时，尽管许多国家都对国内的原有立法进行了相应的调整，但仍限于局部与临时性的对策，专门的与基础性的立法很少。在电子商务实践中，仍多以当事人之间协议的方式来弥补法律的不足，具有很大的局限性。由此可见，电子商务的法律问题目前尚未解决，而这最终取决于各国立法的彻底调整以及国际统一规则的最终确立。

（四）中国电子商务的法制建设任重而道远

首先，中国尚处于社会主义建设初级阶段，市场经济条件下的法制建设远远落后于发达的工业化国家，加上中国现行涉及商务的法律法规基本都是针对传统的商务活动而制定的，很多不能适应电子商务的迅速发展。其次，发达国家和发展中国家在发展电子商务方面必然存在利益冲突，围绕如何制定规则和应当遵守什么样的规则等问题必然会进行一番较量。在国内，电子商务带来的变革必然会引发各方既得利益的重新分配，为此需要通过立法加以协调。最后，电子商务的全球性特点使得中国电子商务的法制建设既要考虑国内的环境，又要与全球电子商务的法制建设同步，如果国内有关使用现代信息技术的法规与国际上的规范有较大差异，就会限制中国企业积极参与国际竞争。

三、电子商务立法面临的困难

与日新月异的技术发展和电子商务模式的更新相比，由于法律固有的稳定性和立法者认识能力的限制，与电子商务相关的法律显得跟不上节奏。一方面，法律在电子商务的新领域呈现空白；另一方面，传统法律不适用于电子商务领域。这使商家无法预见自己行为的法律后果，使既得利益缺少安全保障，同时，那些不协调的法律可能直接阻碍电子商务的发展。

法律障碍主要通过法律手段解决，技术障碍和信用障碍的解决主要依靠技术和市场的完善，但是在技术和市场的完善不能即刻解决自身问题的时候，通过制定相关的法律加以规范与保障，亦可在一定程度上促进技术进步和弥补信用的不足，可见，立法保障无论从短期还是长远考虑都是非常必要的。电子商务立法面临特殊的困难。

（1）电子商务的无国界性越来越要求电子商务立法具有国际一致性，这就使协调成为最大的难题。

（2）电子信息技术突飞猛进、日新月异，更新换代的速度飞快，而立法相对较慢。

（3）与经济生活密切相关的主要法律，如《消费者权益保护法》《合同法》《公司法》等，都建立在传统的有形商业基础之上，对无形的网络经济不完全适用。

（4）从世界范围来看，电子商务在许多方面尚未完全成熟，技术的发展尚不足以控制网上的一切交易行为。电子商务处于不断发展变化之中，这也给立法带来了不小的困难。

四、电子商务立法的原则

在构建电子商务法律体系的过程中应当把握一些立法原则，即确定法律的基本出发点以及在制定过程中应当遵循的方向和准则。电子商务立法的基本原则贯穿整个电子商务立法过程，对各项电子商务制度起指导作用。

（一）世界各国电子商务立法的基本原则

1. 中立原则

要制定公平的电子商务交易规则，这是商法的交易安全原则在电子商务立法中的必然反映。参与电子商务的各主体出于不同的利益动机必然发生冲突，为达到各方利益的平衡，实现公平的目的，确立中立原则很必要。

2. 自治原则

允许当事人以协议方式订立交易规则是交易的基本属性。因而，在电子商务的立法与司法过程中，都要以自治原则为指导，为当事人全面表达与实现自己的意愿预留充分的空间，并提供确切的保障。

3. 平等原则

交易双方都必须拥有获知对方信息的权利，都可以通过公开的数据传输获得自己需要的信息，而且在这种传输过程中保证公正、公开、公平。同时，电子签名及其文件应当与书面签名及其文件有同等的法律地位。

4. 安全原则

保障电子商务安全进行，既是电子商务立法的重要任务，又是其基本原则之一。电子商务以其高效、快捷的特性，在各种商务交易形式中脱颖而出，具有强大的生命力。而这种高效、快捷的交易工具必须以安全为前提，它不仅需要技术上的安全措施，更离不开法律上的安全规范。比如，电子商务立法规定电子签名的标准，规定认证机构的资格及其职责等，都是为了在电子商务条件下创建一个较为安全的环境。

（二）中国电子商务立法应遵循的原则

我国的电子商务立法要借鉴国外的立法经验，注意和国际接轨。为不断完善中国电子商务发展的法律环境，电子商务立法应遵循如下原则。

1. 协调性原则

应充分借鉴国外先进的立法经验，使立法最大限度地与国际接轨，避免因过分强调立法的国情而阻碍电子商务的发展。这是因为电子商务是一种世界性的经济活动，它的法律框架不应局限在一国范围内，而应适用于国际经济往来，以得到各国的认可和遵守。

电子商务立法应与远程合同法、消费者权益保护法、跨境交易法等现行法律相互协调。应协调好发展电子商务过程中出现的各种新的利益关系，如版权保护与合理使用、商标权与域名权、国家对电子商务的管辖权等，尤其是要协调好商家与消费者之间的利益关系，没有消费者的广泛参与，就没有电子商务的健康发展，电子商务立法应使消费者获得不低于其他交易形式的保护水平。

2. 超前性原则

电子商务的进行离不开有关技术的支持，保障交易安全的电子认证、电子签名、电子支付等制度都是以密码技术、通信技术和其他相关技术为基础的。如果立法使电子签名、电子认证、电子支付等制度依附于某一特定的技术，相关技术的不断发展将使得建立在先前某一特定技术基础之上的电子商务法律制度不能适应新技术条件下电子商务对安全的需要。电子商务的技术性特征要求电子商务立法时必须采取超前性原则，以适应电子商务不断发展的客观需要，保持法律的连续性和稳定性。

3. 兼容性原则

兼容性原则指电子商务立法要与过去的、现在的和将来可能出现的技术手段、技术标准兼容。

在网络和信息时代，技术进步和社会发展日新月异，这就对以网络和信息技术为基础的电子商务立法提出了特殊的要求。电子商务立法要求所有涉及电子商务的有关范畴应遵循兼容性原则，而不能局限于某一特定的技术手段和技术标准，以适应技术和社会快速发展的要求。

4. 安全原则

所谓安全原则是指电子商务立法应充分考虑电子商务对交易安全的需要。安全原则要求与电子商务有关的交易信息在传输、存储、交换等过程中不会丢失、泄露，不会遭到窃听、拦截、改变等，要求网络和信息应保持可靠性、可用性、保密性、完整性、可控性和不可抵赖性。从国外立法的有关规定来看，都是通过规定电子签名、电子认证、电子支付等具体制度来保证信息和交易安全的，把交易安全作为立法的基本原则和重要使命。

5. 鼓励和促进原则

21 世纪是网络与电子商务的时代，电子商务将在经济发展中起到举足轻重的作用，但电子商务的发展还很不成熟。为此，需要通过法律加以鼓励和引导，从网络基础设施建设、与电子商务相关的技术发展和技术标准、税收、市场准入等方面着手鼓励和促进电子商务的发展，为电子商务的各类参与者提供一套在虚拟环境下进行交易的规则，创造一种比较可靠的法律环境，平等对待基于书面文件的用户和基于数据电文的用户，充分发挥高科技手段在商务活动中的作用，鼓励利用现代信息技术进行交易活动，使电子商务的应用成为可能或为此创造条件，从而促进经济增长并提高国内外贸易效率。

6. 引导原则

目前国内电子商务的发展水平和社会公众对电子商务的认同程度较低，因此，政府应担负起引导职责，从政策、法律上为电子商务营造良好、宽松的经营环境，努力引导企业和社会公众积极参与电子商务活动。

7. 灵活性原则

灵活性原则要求从本国的实际情况出发，在与国际接轨的同时保留鲜明的民族特性，把鼓励和发展电子商务作为立法的前提，适度规范，并留有一定的发展空间。

第2节 国际组织和各国政府加强电子商务法律建设

电子商务的立法问题得到了有关国际性、地区性组织和许多国家政府的高度重视，尽快在全球范围内营造良好的电子商务法律环境已成为国际社会的共识。国际社会普遍认为，营造一个适应电子商务发展的法律环境，正视政府部门在电子商务发展中所应发挥的主导作用，及时制定并出台相应的法律法规，鼓励、引导电子商务沿着正确的轨道发展，成为当前世界各国立法工作的一项重要任务。许多国家纷纷出台推动本国电子商务发展的政策、行动纲要和规范性文件，旨在抓住机遇获取新的竞争优势，提高国际竞争力，同时，减少各国在立法上的冲突，为电子商务在全球范围内的发展清除障碍。

一、国际组织推动电子商务立法的行动

（一）联合国国际贸易法委员会

联合国国际贸易法委员会是联合国负责国际贸易法律协调和统一的组织，在电子商务立法领域做了大量工作。

1996年6月，联合国国际贸易法委员会制定了《电子商务示范法》。该法确认了在电子商务中国际合同的商业用途，规定了约束电子合同履行的标准，同时支持在法庭上和仲裁过程中可使用计算机证据，从而为世界范围内电子商务的发展奠定了基础。

2000年9月，联合国国际贸易法委员会电子商务工作组制定了《电子签名统一规则（草案）》，并于2001年通过了《电子签名示范法》。

2005年11月，联合国国际贸易法委员会召开大会通过了《联合国国际合同使用电子通信公约》，其宗旨是在对国际合同使用电子通信的情形中增强法律确定性和商业可预见性。公约处理的问题包括如何确定一方当事人在电子环境中的所在地；电子通信的收发时间和地点；使用自动信息系统订立合同等。

《电子商务示范法》和《电子签名示范法》是为协调各个国家的法律而制定的文件，而公约是各个国家为“统一”法律而接受的国际文书。公约是联合国国际贸易法委员会根据《电子商务示范法》和《电子签名示范法》的基本原则制定的，是迄今为止在联合国框架内制定的第一个电子商务全球性国际公约，也是世界范围内最为重要的一份电子

商务法律文件。

（二）经济合作与发展组织

经济合作与发展组织（OECD）非常关注电子商务对经济及社会发展的影响。由于OECD成员大多在电子商务领域处于比较领先的地位，因此，OECD在电子商务领域制定的政策与法律对世界范围内电子商务政策、法律和法规的制定产生了重大影响。

1998年10月7—9日，OECD成员、非OECD成员、消费者和社会利益团体的代表集聚加拿大渥太华，召开电子商务专题讨论会。会议推出了《全球电子商务行动计划》，在实现全球电子商务的共同行动方面迈出了重要的一步，推动了在全球范围内深刻认识电子商务的进程，明确了政府在电子商务推进中的作用，从而使各经济体均能充分利用新的电子平台所提供的机遇。

与会的OECD各成员部长最终通过了三个具体的实施宣言和一个实施报告。

（1）通过了《在全球网络上保护个人隐私宣言》。该宣言再次确认了在全球网络上有效保护个人隐私的承诺，表达了采取必要措施达到此目的的决心，认识到了与工商界合作的必要性。根据该宣言的条款，OECD应当为实施有关保护个人隐私的指导方针提供指导。

（2）通过了《关于在电子商务条件下保护消费者的宣言》。该宣言认为各国政府、工商界、消费者及其代表必须继续共同合作以确保消费者获得透明而有效的保护。该宣言督促OECD在1999年内完成当时正在起草的《在电子商务条件下保护消费者指导方针》。

（3）通过了《关于电子商务身份认证的宣言》。该宣言确认了身份认证对电子商务的重要性，并概述了一系列促进开发和使用身份认证技术及机制的行动，其中包括与工商界和用户代表一起继续开展工作。

（4）通过了题为《电子商务：税务政策框架条件》的报告。该报告确定了应用于电子商务的税务原则，概述了一个税务政策框架公认的条件，并支持进一步推进报告中所述工作。

（三）世界贸易组织

1997年，世界贸易组织（WTO）先后达成了三大协议。

（1）《全球基础电信协议》，该协议于1997年2月15日达成，主要内容是要求各成员向外国公司开放其电信市场并结束垄断行为。

（2）《信息技术协议》，该协议于1997年3月26日达成，协议要求所有参与方自1997年7月1日起至2000年1月1日将主要的信息技术产品的关税降为零。

（3）《开放全球金融服务市场协议》，该协议于1997年12月31日达成，协议要求成员对外开放银行、保险、证券和金融信息市场。在WTO的历史上，一年内制定三项重要协议是史无前例的，这三项协议为电子商务和信息技术的稳步有序发展奠定了新的法律基础。

1998年，世界贸易组织第二次部长级会议通过了《全球电子商务宣言》，规定至少1年内免征互联网上所有贸易活动的关税。

1998年，世界贸易组织总理事会通过了给电子商务的规章制度带来极大影响的《电子商务工作计划》。

（四）国际商会

国际商会（ICC）积极参与国际电子商务的政策制定和立法工作。近年来，国际商会抓紧制定有关电子商务的交易规则，以促进国际贸易安全进行。国际商会正式制定的规则有1997年11月通过的《国际数字保证商务通则》，该通则试图平衡不同法律体系的原则，为电子商务提供指导性政策，并统一有关术语。国际商会还制定了《电子贸易和结算规则》等交易规则。OECD推出的《全球电子商务行动计划》第二版，国际商会是主要支持组织之一。

二、美国的电子商务立法

美国在电子商务立法方面处于领先地位，发展很快。

1995年，美国的犹他州颁布了《数字签名法》，这是美国乃至全世界范围内的第一部全面确立电子商务运行规范的法律文件。

1997年7月1日，美国政府发表了《全球电子商务纲要》白皮书，将建立规范的电子商务法律体系提上议事日程。

美国众议院商业委员会于1998年5月14日投票表决批准了一项法案，三年内禁止州政府和地区政府对国际互联网征收税费。该法案还要求政府向其他国家提出对国际互联网免税的要求。1998年10月，美国国会通过《互联网免税法案》。该法案以3年为期，2001年和2004年分别延长一次。直到现在，电子商务的税率比起美国其他行业是偏低的，这对美国电子商务的发展起到很大的促进作用。

1999年，美国众议院司法委员会通过了《统一电子交易处理法案》（UETA），承认合同的电子签名与手写签名同样有效。

2000年6月，时任美国总统克林顿签署了《全球及全国商务电子签名法案》，解决了一些原则性和协调性问题。

此外，美国还出台了一系列与电子商务相关的法律和政策，包括《电子信息自由法》《全球电子商务框架》《禁止垃圾邮件法》《个人数据隐私与安全法》等。

三、欧盟的电子商务立法

从全球电子商务立法的角度看，欧盟的电子商务立法无论在立法思想、立法内容，还是在立法技术上都是很先进的。其立法进程虽然比美国稍慢，但是立法实施的速度与美国相当，甚至稍快于美国。

欧盟于1997年发布了《欧洲电子商务行动方案》，就电子商务问题阐明了欧盟的观点。欧盟强调，为了保证欧洲企业有效进入全球市场，欧洲必须在基础设施、技术及服务方面做好充分准备；欧洲必须重视与电子商务有关的法律问题，并且应当在欧盟范围内建立一个适用于电子商务的法律和管理框架；管制应当涉及电子商务活动的每一个环节，包括数据安全、隐私、知识产权保护及税收环境；欧盟应当积极与国际组织及其他国家的政府加强对话，确保形成一个全球一致的法律环境，共同打击国际网络犯罪。

欧洲议会于 1999 年 12 月通过了《电子签名指令》，于 2000 年 5 月通过了《电子商务指令》。这两部法律文件构成了欧盟国家电子商务立法的核心和基础。

四、亚太地区的电子商务立法

1999 年 3 月，以“亚洲电子商务”为主要议题的世界经济学家第二次圆桌会议在新加坡召开，会议呼吁亚洲各国政府、商家充分运用电子商务手段促进贸易发展，缓解金融危机。会议还认真研讨了电子商务的法律、税务、安全、隐私问题以及传统 EDI 所受到的巨大冲击，对符合亚洲经济模式和现状的电子商务发展模式进行了探讨。会议提出，亚洲作为世界最大的产品生产、出口基地，在经历了金融危机后，普遍面临着压力，美国的电子商务模式未必适合亚洲，亚洲应结合自身的特点发展自己的电子商务模式。APEC 等国际组织也在积极讨论亚洲电子商务的发展模式。

（一）新加坡

新加坡是开展电子商务立法研究与立法起草工作较早的国家。1998 年 6 月 29 日，新加坡国会通过了《电子交易法》。该法案包括 12 个部分：前言，电子记录与签字概述，网络服务提供者的义务，电子合同，安全电子记录与签字，电子签字的效力，与电子签字有关的一般责任，证明机构的责任，签署者的责任，证明机构的管理，政府对电子记录与签字的应用及其他。1999 年制定了《新加坡电子交易（认证机构）规则》和《新加坡认证机构安全方针》。

（二）日本

2000 年 5 月，日本法务省为迎接电子商务时代的到来，通过了《电子签名及认证业务的法律》，并于 2001 年 4 月开始实施。

（三）澳大利亚

澳大利亚联邦政府和州政府通过排除有碍行业发展的法律障碍来加快电子商务的发展。联邦政府发表了一份电子商务专家组报告，此报告对排除电子商务在法律上的障碍提出了建议。澳大利亚联邦政府相信电子商务是一个国家范围内的问题，必须在全国制定统一的法律，并于 1999 年初颁布《电子交易法》，2000 年 3 月 15 日正式实施，这标志着澳大利亚在电子商务立法方面取得了重大进展。

（四）印度

印度电子商务发展迅速，这与印度政府为促进电子商务的发展所实施的一系列政策、法规是分不开的。2000 年 5 月，印度议会通过了《电子商务支持法》。

五、国际电子商务立法之评析

第一，立法的速度快、周期短。从 1995 年俄罗斯的《联邦信息法》、美国犹他州的《数字签名法》开始，短短十几年间就有 100 多个国家和地区制定了综合的或单项的电子商务法。电子商务的迅速发展、仍未成熟的客观实际和将来道路中的风险因素，本应构成电子商务立法的障碍，但在现实中这些障碍轻易被克服，立法过程中体现了罕见的高效，这在世界立法史上实属奇迹。

第二，受国际组织电子商务立法的影响十分明显。国际组织在国际层面率先制定的电子商务法，成为发达国家修订电子商务法律法规、欠发达国家制定本国电子商务法律的重要参考。

第三，立法各具特色，注重与传统法律的衔接。各国大多从本国的实际情况出发，根据电子商务在本国的运用现状以及本国的立法传统进行立法。

第四，制定新法与修改旧法并重。电子商务中，有些问题需要制定新的法律，有些问题则需要修改现行立法，以使其适用于电子商务。

六、中国的电子商务立法

自 1994 年以来，我国制定了一系列调整电子商务的法律、法规及规范性文件。目前我国的电子商务立法是某一个方面的立法，我国缺乏完整、规范的体系。只有重视电子商务立法体系的构建，才能制定出有利于我国电子商务健康有序发展的法律规范。

（一）适应信息技术和电子商务发展的立法

我国的电子商务立法主要是关于互联网的管理、安全和经营方面的。国务院颁布了一系列的行政法规与规章，包括：《中华人民共和国计算机信息系统安全保护条例》（1994 年 2 月 18 日颁布并实施）；《中华人民共和国计算机信息网络国际联网管理暂行规定》（1997 年 5 月 20 日颁布并实施）；《中华人民共和国计算机信息网络国际联网管理暂行规定实施办法》（1998 年 3 月 6 日颁布并实施）；《中国互联网络域名注册暂行管理办法》和《中国互联网络信息中心域名注册实施细则》。公安部颁布了《计算机信息网络国际联网安全保护管理办法》和《计算机信息系统国际联网保密管理规定》等。

此外，1991 年颁布的《中华人民共和国民事诉讼法》规定了电子数据可以作为证据使用，具有证据效力，但需两个以上无利害关系人证明。自 1997 年 10 月 1 日起，中国实行的新刑法第一次增加了计算机犯罪的罪名，包括非法侵入计算机信息系统罪、破坏计算机信息系统罪。在 1999 年 3 月 15 日颁布的《中华人民共和国合同法》（以下简称《合同法》）中，在合同形式条款中加入了“数据电文”这一新的电子交易方式。《中华人民共和国专利法实施细则》为了适应国际趋势，规定可以电子通信方式提出专利申请。

2001 年 8 月 12 日，《中华人民共和国电子商务法》（示范法）第一稿面向全国专家学者征求意见。这份初稿借鉴了欧美等发达国家的电子商务立法，从而减少了中国与国外电子商务立法的冲突，有利于跨国电子商务的运行。其主要内容包括总则（一般规则）、电子信息（电子记录）、电子证据（电子数据的法律确认或法律障碍的排除）、电子签名、电子认证、电子信息交易、电子支付（电子资金划拨）、管辖权与法律适用（跨国电子商务争议的解决）。2018 年 8 月 31 日，《中华人民共和国电子商务法》通过。2019 年 1 月 1 日起施行。

国家版权局于 2002 年 2 月 20 日发布 1 号令，宣布《计算机软件著作权登记办法》于当日开始施行。此次新修订的《计算机软件著作权登记办法》强化了鼓励登记，以促进中国信息产业发展为目的，并明确了软件登记的范围包括软件著作权登记、软件著作权专有许可合同和转让合同登记。

2002 年 3 月 26 日，《中国互联网行业自律公约》正式出台，共四章三十一条，对互联网运行服务、应用服务、信息服务、网络产品和网络信息资源的开发、生产以及其他与互联网有关的科研、教育、服务等领域的自律事项作了规定。

2004 年 8 月 28 日，《中华人民共和国电子签名法》(以下简称《电子签名法》) 由全国人大常委会审议通过，并自 2005 年 4 月 1 日开始施行。《电子签名法》的颁布实施标志着中国信息化以及电子商务将告别过去无法可依的历史。该法实施后，电子签名将与传统手写签名和盖章具有同等的法律效力。《电子签名法》是我国电子商务进程中一部从局部入手的法律，它的颁布预示着我国在电子商务领域探索法治管理的良好开端。

2013 年 12 月 27 日，全国人大财经委召开电子商务法起草组成立暨第一次全体会议，正式启动电子商务立法工作。2014 年开展了 16 项电子商务立法专题研究，2015 年经历了从四个版本到两个草案再整合成唯一的送审版本，2016 年公开征求社会意见后，《电子商务法（草案)》在第十二届全国人大常委会第二十五次会议上正式被提请审议。2018 年 8 月 31 日，第十三届全国人民代表大会常务委员会第五次会议表决通过《中华人民共和国电子商务法》，自 2019 年 1 月 1 日起施行。

（二）对过去法律法规的修订解释

1999 年 3 月 15 日，第九届全国人民代表大会第二次会议通过了修订的《中华人民共和国合同法》。其中规定合同的书面形式是指合同书、信件和数据电文（包括电报、电传、传真、电子数据交换和电子邮件）等可以有形地表现所载内容的形式，这为电子商务中订立合同奠定了法律基础。但是，《合同法》没有对数字签名问题做出规定，并未考虑电子签名的诸多特殊问题，只能留待未来的相关法律法规解决。

为正确审理涉及计算机网络的著作权纠纷案件，根据《中华人民共和国民法通则》《中华人民共和国著作权法》《中华人民共和国民事诉讼法》等法律的规定，最高法院审判委员会于 2000 年 11 月 22 日通过了《中国人民法院关于审理涉及计算机网络著作权纠纷案件适用法律若干问题的解释》，并于 2000 年 12 月 21 日起施行，自此涉及计算机网络的著作权纠纷案件有了适用的法律依据。

这些法规和部门规章的陆续出台，标志着我国政府为创造一个公平竞争的法律环境正在做出积极的努力，政策的制定和立法工作还处在不断推进和完善之中。总而言之，我国电子商务的相关法律法规和政策还在不断完善之中。通过补充完善原有法规、根据需求制定新法规，我国的电子商务一定能在健康的法律环境下发展起来。

（三）电子商务立法存在的问题[①]

第一，立法所涵盖的范围过于狭窄。从立法涉及的范围来看，我国电子商务立法大多只涉及电子商务发展中的一些边缘问题。除电子签名外，对于电子商务运行中最为核心的问题，如电子交易、电子合同、消费者权益保护等，基本没有涉及或者涉及较少。这样的立法状况无法满足我国电子商务发展的现实需要。

第二，立法层次较低。当前我国电子商务立法属于法律层次的非常少，大多数属于

① http://www.legaldaily.com.cn/Lawyer/content/2024-01/05/content_8947353.html.

立法层次较低的行政法规、部门规章，这就使电子商务法律规范的效力不足，难以产生强有力的监管效果。

第三，缺乏统一的电子商务立法。我国并未出台统一的电子商务基本法，当前的电子商务立法属于查漏补缺型的立法，即电子商务中的某个环节或者某种行为需要由法规进行规范时，相关部门就出台法规予以规定。受技术创新的驱动，电子商务发展变化的速度远远超过其他领域，目前的这种立法模式始终滞后于电子商务的发展，无法起到法律应有的指引和规范作用。

第3节　电子商务中的法律问题

网络欺诈、电商价格战、虚假促销、售后服务不当、个人信息泄露，以及电子商务引发的合同问题、知识产权问题、信息安全问题、纳税问题，以及围绕互联网支付、理财产生的互联网金融问题，伴随中国电子商务的高速发展，变得越来越突出。

一、电子商务交易的安全性

阻碍电子商务广泛应用的首要也是最大的问题就是安全问题。一项对美国563家企业、大学及政府机关的调查表明，85%的被调查机构都遭遇过不同程度的欺骗与盗窃以及病毒攻击，总损失达数亿美元。安全问题在很大程度上阻碍了电子商务的发展。从全球看，网络安全几乎成了世界性难题。

互联网的诞生并不是出于商业目的，而是为了能方便地共享计算机资源。企业在互联网上进行安全性要求高的商业活动时存在一定的风险。为此，业内人士早在倡导电子商务伊始便致力于对认证等技术的研究，以保证数据的保密性、完整性和不可抵赖性。比较有效的方式是政府参与管理，制定维护协调运作的管理规则，使得每个电子商务企业和消费者如果不遵守规则就难以达到自己的商业目的。如果信息本身具有防拦截的功能，将会弥补互联网的不足。

二、电子商务中的知识产权

知识产权也称为知识所属权，指权利人对其智力劳动所创作的成果享有的财产权利，一般只在有限时间内有效。各种智力创造，比如发明、文学和艺术作品，以及在商业中使用的标志、名称、图像以及外观设计，都可认为是某个人或组织所拥有的知识产权。知识产权法律制度主要由著作权法、专利法、商标法、反不正当竞争法等若干法律、行政法规或规章、司法解释、相关国际条约构成。电子商务的核心问题是数据信息的保护，知识产权法律制度应当成为电子商务法律问题研究中的重要课题。尽管信息保护的技术手段如加密技术等能够对知识产权的保护提供帮助，但足够和有效的知识产权法律制度对于界定知识产权人的权利范围、预防侵犯知识产权的行为等仍然是非常必要的。

鉴于互联网的开放性和广泛性，与电子商务相关的知识产权法律冲突呈现出复杂性，有些问题在现有的法律制度中还难以找到解决的方法。目前，在各国都出现了大量涉及网络的知识产权纠纷，这充分证明在电子商务中知识产权保护是不容忽视的法律问题，需要政府尽快制定和实施相关的法律。

三、数据电文法律制度

《联合国国际贸易法委员会电子商务示范法》的第二条对数据电文（data message）下了定义，“数据电文，是指以电子手段、光学手段或类似手段生成、发送、接收或存储的信息，这些手段包括但不限于电子数据交换、电子邮件、电报、电传或传真”。数据电文最大特点是取代了一系列的纸质文件，实现了无纸化交易。因此，如何使传统立法中的书面形式要求与数据电文作为工具所进行的交易的无纸化特征相协调，便是数据电文应用中必须首先解决的法律问题。其次是数据电文的效力问题：与书面文件相比，数据电文是否被法律承认且享有同等的待遇；订立合同过程中是否可以以数据电文的方式进行要约与承诺，达成后如何确定合同订立的时间与地点。此外，数据电文的证据效力是在有关电子商务的法律实务中亟须解决的问题之一，还需进行大量的探索。由于自身的特殊性，数据电文的发送和接收及其时间、地点很难确定，发送方身份是否合法也很难确定。数据电文发送和接收的时间确定极其重要，影响发送人和接收人的权利义务和法律责任。数据电文发送和接收的地点直接影响法律实践中纠纷的管辖地。在世界经济日益一体化的趋势下，人们通过网络完成各种交易，数据电文的这些问题需要在国际范围内予以解决。

四、电子合同

（一）电子合同与传统合同的区别

在电子商务中，合同的意义和作用没有发生改变，但其形式发生了极大的变化。首先，订立合同的双方或多方大多互不见面。所有的买方和卖方都在虚拟市场上运作，信用依靠密码的辨认或认证机构的认证。其次，传统合同的口头形式在贸易中常常表现为店堂交易，并将商家所开具的发票作为合同的依据。而在电子商务中，标的额较小、关系简单的交易没有具体的合同形式，表现为直接通过网络订购、付款，例如利用网络直接购买软件。再次，表示合同生效的传统签字盖章方式被数字签名所代替。最后，传统合同的生效地点一般为合同成立的地点。而采用数据电文形式订立的合同，收件人的主营业地为合同成立的地点；没有主营业地的，其经常居住地为合同成立的地点。

（二）电子合同法律效力问题的重要性

电子合同形式的变化给世界各国带来了一系列法律新问题。电子商务作为一种新的贸易形式，与现存的《合同法》发生矛盾是可以理解的，因此需要研究怎样修改并发展《合同法》以适应新的贸易形式。

电子合同是电子商务中的一个主要法律问题。电子商务活动的顺利进行离不开电子合同。怎样使电子合同与传统合同具有同等的法律效力，如何对当事人的权利和义务进行保护和监督，也是一个突出的问题。虽然《合同法》首次明确了电子合同的合法地位，但有关电子合同的描述还只是粗线条的，缺乏具体内容，实际操作起来比较困难。

无论电子商务交易是国内的还是国际的，它们都要求电子市场中的跨边境交易具有统一性及法律上的确定性。在电子商务运作空间中，传统的国界和管辖边界不再适用，这就需要制定通用的法律原则来解决类似的合同问题并明确相关的法律责任。

五、电子签名与电子证据的认定

电子签名是电子商务立法必须解决的问题，否则，网上交易的安全性和交易的信用都无法保障。电子签名需借助一定的加密技术，并需要认证体系的支持。不论是电子签名的效力还是与电子签名配套的认证机制，都需要以法律的形式明确下来。在电子签名技术上，各国一般采用技术中立原则，并不强行规定某种技术标准，同时对公钥技术做出较具体的规定，以促进电子商务的发展。

信息具有不稳定性或易变性，发生信息网络侵权行为时，获取侵权证据的难度极大，给解决侵权纠纷造成比较大的障碍。保证网络环境下信息的稳定性、真实性和有效性，是有效解决电子商务中的侵权纠纷、确保电子商务健康发展的关键。

六、电子商务的隐私权保护

网络隐私权是指公民在网上享有的私人生活与私人信息依法受到保护，不被他人非法侵犯、知悉、搜集、复制、利用和公开的一种人格权；也指禁止在网上泄露某些与个人相关的敏感信息，包括事实、图像以及毁谤的意见等。

随着电子商务的迅猛发展，消费者出于网络交易和接受服务的需要，必须在网络上向各类经营者提供个人资料，消费者在网络上的行踪（个人所访问的网站、消费习惯、阅读习惯甚至信用记录等）常常在不知不觉的情况下被记录下来。这些个人资料可能被收集者转售给其他商业组织。所以隐私权保护涉及三方面的问题：个人资料的保护，如特定的个人信息（姓名、性别、出生日期、身份证号）、敏感信息（宗教信仰、婚姻状况、家庭、职业、收入、经历）、E-mail、IP 地址、登录信息；通信秘密和通信自由的保护，如防止电子邮件被偷窥或披露；私人生活的保护，通常我们的邮箱中会不请自来大量商业性电子邮件，这已构成对个人生活的干扰。对于这种垃圾邮件，除了要求行业自律，也需要运用法律手段进行限制。

美国对网络隐私权的保护主要采取的是行业自律模式。为了更好地促进互联网的发展，美国政府提出应当避免对网上商业活动做出过多的硬性规定，而应采取一种建设性的指引方式来促进电子商务的发展。立法规制模式是以欧盟为代表的地区或国家所主导的模式。对个人数据信息的保护是欧盟保护网络隐私权的重点，其主要保护方式是制定一系列原则、准则、指令，欧盟要求在成员国中建立保护网络隐私权的统一的法律体系。

在我国，2012 年 12 月 28 日，全国人民代表大会常务委员会通过了《关于加强网络信息保护的决定》，该法对公民个人数据信息的保护做出规定。该法第一条规定，国家保护能够识别公民个人身份和涉及公民个人隐私的电子信息。任何组织和个人不得窃取或者以其他非法方式获取公民个人电子信息，不得出售或者非法向他人提供公民个人电子信息。该决定的相关规定有利于保护公民的网络隐私权，促进互联网的健康发展。2014 年 3 月 15 日，第二次修正后的《消费者权益保护法》施行。该法通过对商家相关销售行为的规定，规范了其对销售中所收集到的消费者个人信息的使用，对隐私权进行了保护。2016 年 11 月 7 日，第十二届全国人民代表大会常务委员会第二十四次会议通过《中华人民共和国网络安全法》，自 2017 年 6 月 1 日起施行。2022 年 9 月 12 日，国家互联网信息办公室发布关于公开征求《关于修改〈中华人民共和国网络安全法〉的决定（征求意见稿)》意见的通知。该法律的制定与修订保障了网络安全，是化解网络风险的法律重器。

一方面，我国在保护网络隐私权方面的立法比较分散，没有形成一个系统的体系。涉及网络隐私权的相关法律的位阶不高，法律效力不够。另一方面，我国保护网络隐私权的立法给予的直接保护较少，大多是间接保护。目前隐私权保护领域遇到的三大问题是：个人数据过度收集、个人数据二次开发利用和个人数据交易。应该制定相应的规则保护个人隐私权并使其规范化，从而在个人隐私权得到有效保障的前提下推动电子商务的发展。

七、电子商务税收征管

鉴于电子商务交易方式的特点，各国对税收管辖权的确定一直都有争议。跨境交易的税收问题主要包括是否缴税、税收管辖、双重征税以及税收流失等。由于在经济全球化的大环境下，发达国家和发展中国家在发展电子商务方面必然存在着利益冲突，如果全球网上贸易实行零关税，那么发展中国家的关税壁垒将不攻自破。

目前少数国家主要是美国基本上确定了对电子商务暂不征税的政策。1998 年初，时任美国总统克林顿向 WTO 提出建议，敦促该组织各成员对有关互联网的产品、服务和贸易实行免税，同年美国颁布了《互联网免税法案》。然而，2013 年 5 月 6 日，美国国会参议院通过了《市场公平法案》，允许美国各州政府在简化各自纳税法规的前提下，对网络电商企业征收地方销售税。纳税路径为：网络电商企业向消费者征收消费税，然后电商企业所在州的州政府向电商企业征收销售税。该法案授权相关的州对所有每年在美国远程销售（跨州销售商品或服务）总收入超过 100 万美元的卖家征税。

我国在电子商务税收问题上基本上主张不对电子商务征收新的税种。克林顿政府提出的电子商务免税方案只是代表了少数发达国家的利益，使得其软件和网络业务可以自由进出各国，占领发展中国家的信息产业市场，从而挤垮发展中国家较为幼稚的同类产业，摧毁其他各国的关税壁垒，造成他国税收大量流失。而严厉的“比特税”方案不仅对网上商业交易征税，而且对所有数字信息征税，不利于保护和促进电子商务这一贸易形式在我国的发展。

目前我国电子商务平台交易模式主要为 B2B、B2C 和 C2C，有研究发现，B2B 和

B2C 并未对税收征管产生较大的影响，相关政府机构未雨绸缪，已按季度对相关企业进行营业额的统计。反之，C2C 涉及的交易双方为个体，相关法律法规尚未出台，政府对 C2C 提供了较为宽松的发展环境，对于 C2C 电子商务是否征税态度尚不明晰。

第 4 节　电子商务中的知识产权保护问题

从某种意义上讲，知识产权是一种无形资产，由于其具有专有性、排他性、地域性、时间性等特点，所以显得特别重要。电子商务这种全新的交易形式当然也涉及知识产权保护问题。在电子商务平台发展过程中，侵权产品大量存在是一大问题，这不仅损害了消费者和权利人的利益，也扰乱了公平竞争的市场秩序。电子商务所依赖的通信手段以及交易方式具有很大的特殊性，致使电子商务领域的知识产权保护问题面临许多新的挑战。

虽然我国电子商务和电子商务平台不断发展，取得了巨大的成就，但电子商务平台（尤其是第三方经营平台和综合性平台）销售假冒伪劣产品和侵犯他人知识产权的问题仍然存在。

一、域名引发的法律问题

（一）域名的概念

域名是企业、组织在互联网上的一个标记，域名可以通过字符串的形式表示主机地址，便于人们记忆。一个企业或组织的域名是其在互联网上的“门牌号”。随着互联网的发展，大量的企业或组织通过建立自己的站点来宣传自己的产品和服务。域名和企业、产品有了越来越密切的关系，成为企业迈入信息化社会、适应市场竞争的重要工具，成为一种类似商标的无形资产。域名的商业价值越来越大，也越来越受到人们的重视。

（二）域名的法律特征

1. 标识性

从根本上说，域名就是用来区分互联网上不同计算机用户的。不同的网站通过域名来区别。

2. 唯一性

互联网是一个在全球范围内开放的、统一的网络系统，为了保证域名标识作用的发挥，要求域名具有唯一性，即每个域名在全球范围内都是独一无二的。

3. 排他性

域名的唯一性决定了它的排他性，即在全球范围内不可能出现两个完全相同的域名。在互联网上，域名遵循“先申请先注册”原则。

（三）与域名相关的法律问题

域名的唯一性和先申请先注册的原则决定了域名注册人一旦获得注册权，就排除了其他人再以同一域名注册的可能性。因此在电子商务中，域名不仅是企业快速获得商业信息的有效途径，还是企业在网上的唯一标识，有人称之为“企业的网上商标”，可见域名的商业价值很高。同时，随着域名价值的提高，相关的法律冲突也时有发生。域名引发的法律问题主要有以下几个方面。

1. 域名与名称权的法律冲突

域名在电子商务中的价值蕴藏在其知名度中，为了及时抓住网上商机提高网站声誉，将知名组织的名称和知名人士的姓名作为自己的域名申请注册而引发的法律纠纷屡见不鲜。例如，国际奥委会曾将美国 1 800 多个网站告上法庭，理由是，这些网站注册了奥林匹克（Olympic）、奥林匹亚德（Olympiad）或其他与奥林匹克相关的域名。此外，悉尼奥运会期间，在中国某选手为代表团夺得第一块金牌的当天，国内就有人用她的姓名注册了域名，这引起了媒体和司法界的关注。

2. 域名与厂商名称权和商标权的法律冲突

域名是企业在网上的“门牌号”，也是企业产品在网上的“永恒广告”，是企业无形资产的重要组成部分。由于域名注册而侵犯厂商名称权和商标权的纠纷时有发生。比如，中国广东科龙（容声）集团曾起诉永安制衣厂在网上注册域名时擅自使用“kelon”，侵犯其厂商名称权。在处理此类纠纷时，司法机关不难发现作为新兴事物的域名与现实社会中关于厂商名称和商标的法律制度存在诸多冲突。

（四）域名的法律保护

1. 民法的保护

域名作为无形财产或智力成果理所当然受到民法的保护。《中华人民共和国民法通则》第五条规定，公民、法人的合法的民事权益受法律保护，任何组织和个人不得侵犯。这就是说，域名只要是合法取得的且未侵犯他人的在先权利即受法律保护。具体地说，域名所有权人对其拥有的域名可依法持有、建立并经营相关网站或网页、获取经济利益，或采取放弃、闲置、捐赠、转让、许可、合作等活动。任何非法干预都应承担相应的民事责任，权利人有权获得行政、司法救济。

2. 知识产权法的保护

域名作为一类新兴的知识产权，适用知识产权法的一般原则。域名是一种专有权，权利人垄断这种权利并受法律保护；权利人以外的第三人不得侵犯这种权利，未经权利人同意，不得享有或使用该项权利；权利人可以自己行使这种权利，也可转让给他人行使，并从中收取报酬；域名权在法定期限内发挥效力，它以注册而产生，以续展（按期办理继续注册的手续，并缴纳相关费用）而延续，以不续展而消灭（任何其他个人或组织均可依“先到先有”原则享有）。

需特别说明的是，域名不具有一般知识产权的严格地域性，而具有全球性，一般可依属地原则或属人原则解决相关法律争议。

3. 对在先权利人的法律保护

在先权利人是指在某一个域名注册生效日前对该域名中间的识别部分享有法定权利的自然人、法人或其他组织。域名与商标因其共同的识别性而引发了大量的法律冲突，涉及众多著名厂商及其驰名商标。

在司法实践中，法官往往依据《民法》《商标法》《反不正当竞争法》及相关专门法而将天平倾向于在先权利人。同时，在先权利人往往具有强大的优势，对有关域名政策与法律的制定具有巨大的游说力量。在中国，现行域名规范性文件主要是工业和信息化部发布的《互联网域名管理办法》。2012 年 5 月 29 日起，《中国互联网络信息中心域名注册实施细则》开始施行。中国国际经济贸易仲裁委员会和中国香港国际仲裁中心作为首批获得 CNNIC 认证的域名争议解决机构，于同日开始受理 CN 域名和中文域名的争议投诉。有关文件在简化域名注册程序的同时，加强了对域名注册的规范管理，显示了中国在域名注册管理方面取得的成就。

4. 域名交易的商法保护

域名交易主要受《合同法》的规范，尽管《合同法》的分则部分未具体规定域名交易，但其总则部分的内容仍适用，同时，还可参照《商标法》中有关商标转让和使用许可的内容。域名交易的主要形式有转让、许可、合作等。

依《合同法》的规定，域名交易合同可分为口头形式、书面形式和其他形式。其中，书面形式是指合同书、信件和数据电文（包括电报、电传、传真、电子数据交换和电子邮件）等可以有形地表现所载内容的形式。也就是说，网络环境下通过电子邮件生成的合同同样具有法律效力。

二、电子商务的版权问题

所谓版权，是文学、艺术、科学作品的作者对其作品享有的权利。在电子商务领域，由于复制、传播手段和技术的发展与应用，版权保护的主体、客体以及主要权利的保障都有了不同程度的变化。电子商务版权保护成为新的法律热点。

（一）电子商务信息服务的版权冲突

在电子商务中，信息服务是非常重要的环节。在电子商务发展的初期，各网站为了吸引访问者，利用网络的开放性提供诸如音乐、电影、图书、电视转播等免费的信息服务，这一度使网络具有超越其他媒体的独特吸引力。然而，众多电影公司、唱片公司，甚至作家协会认为这种形式侵犯了它们的版权，纷纷诉诸法律，要求赔偿。面对网络这一新的媒体，传统的版权框架已经显得力不从心，由此引发了一系列难以解决的法律纠纷。

（1）网络音乐与版权。互联网上音乐资料丰富，可以很方便地下载到计算机硬盘上。另外，流行的 MP3 播放器可用于专门播放从网络上下载的音乐。这与从市场上购买 CD 相比，不失为一种快速廉价的方法。同时，各网站通过为访问者提供可以免费收听、免费下载的音乐提高了自己的点击率，广告收入与日俱增，由此引发了法律纠纷。Grooveshark 是美国的数字音乐服务提供商，它的百万首歌曲是免费的，但它也是因为侵犯版权而被起诉的四大音乐公司之一。

（2）网络电影与版权。随着计算机技术的发展，各种视频压缩技术日渐成熟。特别是随着宽带技术的发展，在线观看电影成为一种新的时尚。然而，由于数字化信息极易复制，网络又具有虚拟性，众多电影作品在网络上的版权很难得到保障，由此引发了许多法律纠纷。

（3）网上书店与版权。一方面，有许多网站给访问者提供各种文字作品，有的是一些爱好者专门为网上传播而创作的数字化作品，有些则是作家在传统出版物上发表的作品，这些作品的复制传播很容易引发版权纠纷。另一方面，各种“电子书”“速成书”的出现给传统出版模式下的版权制度带来了新的挑战。

（二）数字化作品和网络作品也应受到著作权的保护与制约

根据《中华人民共和国著作权法实施条例》第二条的规定，作品是指文学、艺术和科学领域内具有独创性并能以某种有形形式复制的智力成果。根据这一定义，只要具备独创性和可复制性这两个实质要件，就可成为《中华人民共和国著作权法》(以下简称《著作权法》）保护的客体。随着计算机技术的发展，作品的形式和载体不光为文字和纸面的，作品的文字输入计算机被数字化，纸面变成了 U 盘、硬盘、CD-ROM 等多种载体形式。事实上，数字化作品与传统作品的区别仅在于作品存在形式和载体不同，作品的表现形式不会因数字化而有丝毫改变，也不会因数字化而丧失独创性和可复制性。因此，以数字化形式存在于磁盘等介质上的网络信息，如具备作品实质要件，应当构成作品，受《著作权法》保护，同时，与该数字化作品著作权有关的邻接权也是《著作权法》保护的客体。对于《著作权法》第三条列举的具体形式的作品，应当理解为涵盖了其数字化形式，既包括已有的被数字化的作品，也包括直接以数字化形式创作的作品。

同时，《著作权法》规定了包括发表权、署名权、修改权、保护作品完整权等著作权各项权利内容。既然作品数字化后不产生新作品，那么《著作权法》关于一般作品著作权归属和各项权利的规定同样适用于数字化作品。原作品被直接数字化后，改变的只是作品的存在形式，数字化过程本身并不具有独创性，不产生新的作品，因此，该数字化作品的著作权仍由原作品的著作权人享有。直接以数字化形式创作的作品的著作权归属，同传统作品一样，应当依据《著作权法》的有关规定。不言而喻，一般作品著作权的权利内容数字化、网络作品著作权的权利内容都应当由法律法规予以规范。事实表明，网络作品的版权应该受到法律保护，利用网络侵犯他人的版权要受到法律的制裁。

三、“互联网 +”背景下电商企业知识产权的保护

（一）法律制定专业化，法律执行专门化

法律的制定一般落后于实践，互联网的知识产权保护一般都落后于互联网技术的发展。目前我国关于互联网的立法比较混乱，相关部门各自立法，缺乏合作，法条互补性弱，应对现有互联网的法规条例进行梳理整合，通过人大常委会完善相关立法，提高法律位阶。另外，要加强对互联网催生的新型知识产权的保护，立法要体现互联网化的特点，填补目前知识产权制度的空白，实现法律制定专业化。在执法方面相关部门应加强合作，共同监管，并成立专门机构负责实施，实现执法专门化。

（二）发展网络技术，搭建公共服务平台

电子商务中的知识产权保护不仅需要法律，还需要网络技术给予补充。由于电子商务知识产权的侵权行为具有多样性、复杂性、隐蔽性、虚拟性、成本低等特点，易造成侵权认定中的取证难、确权难等问题，要解决这些问题还需依赖互联网技术的发展。另

外，一些保护互联网知识产权的网络技术相继出现，例如水印技术、防火墙、加密技术、追踪报警技术等，它们在保护互联网知识产权的过程中发挥着重要作用。

由于通过研发网络技术保护互联网知识产权对于单一电商企业而言成本太高，因此可以建立网络技术公共服务平台，促使各个利益集团合作开发，电商企业共同利用，充分发挥网络技术公共服务平台保护网络知识产权“大本营”的作用。

（三）电商企业要综合运用知识产权战略，提高防范意识

由于创业门槛低，电子商务已成为“大众创业、万众创新”的热门领域。电商企业对科技与创新的要求高，科技与知识成为电商企业发展的原动力，而知识产权制度恰恰保护了电商企业的创新成果，是电商企业健康持续发展的有力保障。在“互联网＋”背景下，电商企业的竞争会更加激烈，要想在激烈的竞争中取得主动，就必须大力创新，重视知识产权的规划与保护，在企业内部成立知识产权部门专门进行知识产权的开发与保护。

此外，电商企业还要具备基本的知识产权相关知识，学会运用知识产权战略，变事后赔偿性维权为预防性维权。例如，在商标域名方面要及时注册，采取主副商标战略，同时还要加强商标管理，密切关注市场，监督侵犯自身合法权益的行为。专利方面，在及时注册的同时还要注意申请专利的时间与国别，这与申请人的优先权息息相关。电商企业还要关注市场动态，避免专利冲突，以免重复研究造成资源浪费。电商企业还需要加强对专利的管理，建立知识产权管理系统，将专利纳入企业日常经营管理范围之中。

第5节　电子商务交易安全的法律保护

网络和电子商务的开放性、虚拟性和技术性使得网络和电子商务过程中的信息和信息系统极易受到攻击，交易安全是交易主体决定选择网络进行电子商务活动的最重要因素。交易安全是电子商务的“命脉”，没有交易安全，就没有电子商务的存在与发展。

一、电子商务交易安全的具体要求

（一）有效性

电子商务以电子形式取代了纸张，因此保证信息的有效性就成为开展电子商务的前提。要对网络故障、操作错误、应用程序错误、硬件故障、系统软件错误及计算机病毒所产生的潜在威胁加以控制和预防，以保证贸易数据在确定的时间、确定的地点是有效的。

（二）真实性

在传统交易过程中，买卖双方是面对面的，比较容易保证交易信息和交易主体的真实性。而在电子商务过程中，买卖双方通过网络联系，真实性难以保证。因此，电子商务的开展要求对信息和交易主体的真实性进行鉴别。

（三）机密性

电子商务作为一种贸易手段，涉及个人、企业或国家的商业机密。传统的贸易都是通过邮寄封装的信件或通过可靠的通信渠道发送商业报文来达到保守机密的目的，而电子商务建立在开放的网络环境中，因此，必须预防非法的信息存取和信息在传输过程中被非法窃取。

（四）完整性

电子商务简化了贸易过程，减少了人为干预，但同时也带来了维护交易各方商业信息的完整性、统一性的问题。数据输入时的意外差错或欺诈行为，可能导致交易各方的信息差异。此外，数据传输过程中信息丢失、信息重复或信息传输次序的差异也会导致交易各方信息的不同。因此，要预防信息的随意生成、修改和删除，同时，还要防止数据传输过程中信息的丢失和重复，并保证信息传输次序的统一。

（五）防抵赖性

在交易中会出现交易抵赖的现象，如信息发送方在发送操作完成后否认曾经发送过该信息，或与之相反，接收方收到信息后并不承认收到过该条消息，因此如何确定交易中的任何一方在交易过程中所收到的交易信息正是自己的合作对象发出的，是电子商务活动顺利进行的保证。

二、我国对电子商务交易安全的法律保护

电子商务的法律保护问题涉及两个基本方面：第一，电子商务首先是一种商品交易，其安全问题应当通过民商法加以保护；第二，电子商务交易是通过计算机及网络实现的，其安全与否依赖于计算机及网络自身的安全程度。我国目前虽然已经有了《电子签名法》，但涉及上述两个方面的法律制度尚不完善，因而面对迅速发展的电子商务这种与计算机网络技术结合的新的交易方式，难以出台较为完善的规范性条文。

（一）我国现行涉及交易安全的法律法规分类

我国现行的涉及交易安全的法律法规主要有四类：

（1）综合性法律。主要是《民法通则》《刑法》。

（2）规范交易主体的有关法律。如《公司法》《合伙企业法》《外资企业法》等。

（3）规范交易行为的有关法律。如《产品质量法》《保险法》《价格法》《消费者权益保护法》《广告法》《反不正当竞争法》等。

（4）监督交易行为的有关法律。如《会计法》《审计法》《票据法》《商业银行法》等。

（二）涉及网络安全的行政法规和规章

国务院颁布的《中华人民共和国计算机信息网络国际联网管理暂行规定》和公安部颁发的《计算机信息网络国际联网安全保护管理办法》是对电子商务具有重大影响的重要行政法规和规章。它们确立了安全管理新思路，具体包括以下几个方面：（1）体现促进经济发展的原则；（2）体现保障安全的原则；（3）体现严格管理的原则；（4）体现与国家现行法律体系的一致性原则。行政法规和规章在加强对互联网出入信道的管理、确定市场准入制度、规定安全管理制度与安全责任及行为处罚等方面提出了明确的要求，

在保障网络安全方面做出了一定的贡献。

三、保障电子商务交易安全的若干重要法律问题

（一）电子交易合同的形式与效力

电子交易通常是买卖双方在虚拟市场上通过订立网上合同来达成的，网上合同是看得见、摸不着的无纸化合同。而《中华人民共和国经济合同法》第三条规定，经济合同，除即时清结者外，应当采用书面形式；同时，《中华人民共和国涉外经济合同法》第七条规定，经济合同，除即时清结者外，应当采用书面形式。显然，传统的有关合同成立的法律规定已经不能适应信息革命、技术创新所带来的商务和金融电子化的需要。《合同法》第十一条规定，书面形式是指合同书、信件和数据电文（包括电报、电传、传真、电子数据交换和电子邮件）等可以有形地表现所载内容的形式。第三十三条规定，当事人采用信件、数据电文等形式订立合同的，可以在合同成立之前要求签订确认书。签订确认书时合同成立。除了传统书面形式，合同还可以以电子数据交换和电子邮件作为其表现形式。虽然《合同法》在网络合同方面的规定还很不够，但已经明确了网络合同得以生效的法律地位。

（二）交易方身份的确认

电子商务交易各方绝大部分是未曾谋面的，交易又是即时发生的，因此，如何使彼此的要约、承诺具有可信赖性，又如何使违约方承担起应负的法律责任，就涉及交易方的身份确认问题。目前，按照信息发达国家的做法，在网络上可以通过数字签名的方式来确认交易方的身份。

1. 数字签名的有效性

从实质上说，数字签名仅是一种电磁记录。这种电磁记录是否有效，是否符合法律所规定的“书面形式”，现行法律似乎尚未明确，因而可能造成经数字签名的电子文件因不符合法律所规定的形式要件而使由此产生的法律行为无效。虽然《合同法》规定，当事人采用信件、数据电文等形式订立合同的，可以在合同成立之前要求签订确认书，签订确认书时合同成立，但这是在有关法律不尽完善的情况下所采取的一种折中方案。因为这种传统的签订方式与网络化时代跨地域、跨时空的无纸交易方式是格格不入的，所以，制定单独的《电子数字签名法》以适应我国网络交易的发展需要，是网络交易中支付和结算顺利进行的根本保证。

2. 数字签名的认定

在数字签名制度下，可以通过CA中心核发公钥与私钥的方式解决身份确认问题。作为独立于交易各方的权威机构，如果交易双方或第三方对当事人身份或交易内容有所质疑，CA中心即可作为鉴定人提供有关身份确认的资料与证据。这样交易双方或第三方均不得任意否认交易的发生及其内容，从而使当事人在网络这一虚拟环境下所发出的要约和承诺与现实世界的要约和承诺同样具有法律约束力。目前，中国商务部、工业和信息化部、公安部等部门都在建立自己的CA中心，如果标准不统一，交叉认证的产生将会增加交易的成本，不利于电子商务的发展。因此，有必要通过立法设立一个统一的权

威的 CA 中心，以解决电子商务交易各方的身份确认问题。

（三）电子支付问题

在网络交易过程中，金融电子化使完成交易的各方通过无纸化的电子票据来进行支付和结算，而《中华人民共和国票据法》(以下简称《票据法》) 第四条规定，票据出票人制作票据，应当按照法定条件在票据上签章，并按照所记载的事项承担票据责任。持票人行使票据权利，应当按照法定程序在票据上签章，并出示票据。其他票据债务人在票据上签章的，按照票据所记载的事项承担票据责任。该法第七条规定，票据上的签章，为签名、盖章或者签名加盖章。法人和其他使用票据的单位在票据上的签章，为该法人或者该单位的盖章加其法定代表人或者其授权的代理人的签章。在票据上的签名，应当为该当事人的本名。由此可见，现行的《票据法》并不承认经过数字签章认证的非纸质电子票据的支付和结算方式。如何修改我国的《票据法》或参照联合国国际贸易法委员会制定的《电子资金划拨示范法》制定与之接轨的电子资金划拨法，以适应我国电子商务发展的需要，是电子商务中支付和结算顺利进行的根本保证。

我国目前尚无有关电子支付的专门立法，仅有中国人民银行出台的《电子支付指引(第一号)》。为了适应电子支付发展的需要，需要用法律的形式详细规定电子支付命令的签发与接收、接收银行对发送方支付命令的执行、电子支付的当事人的权利和义务，以及责任的承担等。

（四）网络交易的税收问题

随着我国信息化水平的提高，网络交易量迅速增加。我国目前在互联网上无形商品交易的税收征管法律方面仍是一片空白，我国税制在设计上尚未对网上交易做出明确规定。1997 年，WTO 132 个成员在日内瓦达成协议，在互联网上交易使用软件和货物的免税期限至少延长到 2000 年（通过互联网订购，然后采用普通贸易方式越过有形边界交付货物的交易仍需征收关税）。当时，中国不是 WTO 成员，该协议对中国不具有法律效力，与中国进行交易的 WTO 成员也不受该协议的约束。如今作为 WTO 成员，为保护中国的关税自主权，应针对互联网上的无形商品（如电子出版物、软件、网上服务等）征税或免税条件做出规定。对有形商品的网上交易，则按现有法律规定办理，并根据形势发展的需要逐步完善。为推动中国网络交易的发展，或者更长远地讲，为扶植、保护我们的民族工业，使其更好地应对世界范围内的竞争，有必要对从事电子交易的企业实施某些优惠政策。另外，在网络这个独特的环境下，交易方式采用无纸化，所有买卖双方的合同、作为销售凭证的各种票据都以电子形式存在，交易实体是无形的，交易与匿名支付系统连接，其过程和结果不会留下痕迹以作为审计线索。如果不制定相关的税收制度，以明确纳税对象或交易数字，很难保证网上征税正常进行。因此，制定《电子商务税收法》是互联网发展的必然要求。

（五）关于网上仲裁

不同国家的法律框架都允许网上仲裁，比较著名的仲裁机构有 EResolution.ca、Cybersettle.com 等。它们从世界各地选取了一批独立公正的仲裁员，这些仲裁员都是在商标、知识产权和 IT 领域知名的国际专家，目标是在 60 日内解决纠纷。

随着网上仲裁的发展，各国制定了相关的国内仲裁法。影响较深远的《承认和执行外国仲裁裁决的公约》(1958年签订于纽约）对网上仲裁的形式要件做出了规定。此外，在采用自治原则决定仲裁的问题中，对于通过互联网进行仲裁的仲裁所在地的确定没有出台较为合理的解决方案，从而使最终仲裁裁决能否执行悬而未决。因此，网上仲裁制度还有待进一步完善。

由于互联网具有不受地域限制的特点，如果网络交易发生纠纷，首先会涉及管辖权问题。就涉外民事纠纷而言，若交易双方并无管辖法院和仲裁地之约定，在中国原告可依《中华人民共和国民事诉讼法》相关规定向有管辖权的法院提起民事诉讼。至于跨国网络犯罪，若其行为或结果有一个在中国境内，中国法院即有审判权和管辖权。

在互联网上没有法律意义上的国界的概念，大多数互联网上的活动都是跨越国界的，这就使得与网络交易相关的程序法的基本取向应该包括国际协商与相互认同，否则根据本国法律做出的判决只在本国生效，一旦进入执行程序势必劳民伤财，执行费用有可能大幅增加，从而使得跨国的判决执行无实际意义可言。随着网络交易的大幅增加，本国法院的涉外诉讼和判决的数量也会直线上升。如果不对目前程序法中关于涉外程序的规定做出修订，那么本国当事人的权益和法律的尊严都将难以得到有效保证。

第6节　构筑具有中国特色的电子商务法律体系

电子商务不仅涉及商务和技术领域，而且作用于法律和公共政策、社会、经济等方面，需要考虑知识产权保护、隐私权保护、关税和贸易管理、出口管制、电子合同合法性等一系列法律法规问题。电子商务涉及面广，内容复杂，关系到国内法、国际法、民法甚至刑法。因此，一方面，要完善立法，制定新的法规；另一方面，要考虑到电子商务中出现的新问题，对传统立法做必要的调整，构筑具有中国特色的电子商务法律体系，以促进电子商务的健康发展。

一、构筑具有中国特色的电子商务法律体系的必要性

2005年1月8日，我国第一个专门指导电子商务发展的政策性文件——《国务院办公厅关于加快电子商务发展的若干意见》(以下简称《若干意见》）颁布，内容分为八个部分，共计25条。这一文件的颁布在我国电子商务发展史上具有重要意义，是继《电子签名法》出台后，我国在构建电子商务政策法律环境方面的又一重大事件。《若干意见》第一次从政策、法律法规、财税、投融资、信用、认证、标准、支付、物流、企业信息化、技术与服务体系、宣传教育培训、国际交流与合作等多个层面明确了国家推动电子商务发展的具体措施。与电子商务实践的需求和世界发达国家相比，我国电子商务立法的进展还相对滞后，这将严重影响中国这样一个大国在全球电子商务发展过程中应有的地位，可能使中国在21世纪全球经济和社会发展中的地位得不到应有的保障。

我国发展电子商务不能照搬发达国家发展电子商务的模式和策略。我国开展电子商

务应当立足本国国情，建立符合我国电子商务发展要求的制度，为电子商务的有序发展提供相应的法律保障。因此，有必要在理论和实践上对构筑具有中国特色的电子商务法律体系问题进行深入的探索。

二、构筑具有中国特色的电子商务法律体系的途径

构筑电子商务的法律体系并不是脱离传统的法律思想另起炉灶，而是继承传统法律的合理内核，尤其是基本价值判断，并与传统法律保持密切关系。这是因为：电子商务虽然在今后的经济生活中占据很大的份额，但是传统的商务形式仍将与电子商务协同发展，并且产生密切联系，对电子商务和传统商务适用两套完全不同的法律规范不利于两种经济形式的交流。此外，电子商务首先是一种商务形式，它的发展本身就带有传统商务的烙印，在发展理念和法律需求上也有共通的一面。

基于以上考虑，在构筑电子商务法律体系的过程中，首先应当考虑原有法律对电子商务行为是否适用，原有法律不能适应电子商务发展的，应从以下途径着手改造。

（一）制定新的法律规范

对于传统法律没有规定的，即由电子商务行为带来的新的人际关系，应尽快制定法律规范。电子商务一方面减少了交易环节，另一方面在商务活动中带来了一系列新的当事人，比如认证中心、技术平台提供者（ITP）、ISP 等，它们在一定程度上介入电子商务活动，但它们在电子商务中的法律地位在传统法律中没有得到确认。由于我国的电子商务尚不发达，对这些新事物的立法具有一定的超前性，但这种超前往往是必要的，因为只有用法律手段予以规范，才能促进电子商务的发展，并防范它产生的负面影响。

（二）修改或解释既定的法律规范

由于我国传统立法固有的宽泛性，对于许多新兴的电子商务行为主要通过修改或解释既定法律的方式加以规范。这样做的好处是：在法律反映电子商务特殊性的同时，保持法律的稳定性，不至于过多地影响商家的交易习惯和经济安排，有助于降低电子商务的法律风险。

（三）创建有利于电子商务发展的配套法律体系

这个配套法律体系必须有针对性地帮助克服电子商务发展的障碍。我国亟须加快电子商务立法进程，以规范当前快速增长的电子商务市场，保护消费者、企业以及国家的正当权益。

（1）制定符合中国国情的综合性电子商务法。从全球范围来看，制定电子商务法可以选择的模式主要有两种：一是制定电子商务单行法，二是制定综合性的电子商务法。单行立法主要是针对电子商务领域较为迫切的一些问题，以解决现实问题为主要目的。综合性立法则从宏观着手，统分结合，更适合电子商务实践。综合性立法是目前世界各国电子商务立法的主要模式，我们应充分借鉴国际电子商务立法的先进经验，构建具有中国特色的综合性电子商务法律体系，同时注重与国际电子商务法律的兼容和统一，使其能够准确反映并服务于我国电子商务的快速发展。

（2）规范虚拟交易环境，进一步加强电子商务消费者权益保护。电子商务交易的一

个特点是交易环境的虚拟化。我国电子商务的配套法律相对滞后，虚拟的交易环境成为侵害消费者权益的温床。广大消费者维权意识的淡薄也阻碍了电子商务市场的发展。因此，要从法律上明确消费过程中的赔偿责任，制定隐私保护政策与措施，切实保障消费者的知情权、隐私权以及公平交易权等权益。

（3）规范电商竞争行为，营造健康有序的电子商务发展环境。当前，我国电子商务的爆发式增长与市场成熟度之间存在一定的差距，市场运行机制和竞争规则尚不完善，差异化体验和特色服务还不明显，由此导致各个电商都把价格战作为竞争的主要手段。实际上，参与价格战的电商是“十电九亏”，真正盈利的寥寥无几，这给整个产业未来的可持续发展埋下了隐患。因此，通过立法打造一个健康的电商生态体系迫在眉睫，要从根本上结束电商之间的混战局面，优化电子商务市场竞争环境，促进我国电子商务市场健康可持续发展。

□思考题

1. 为什么必须加强电子商务立法？
2. 简述世界各国电子商务立法的基本原则。
3. 为什么要构筑具有中国特色的电子商务法律体系？
4. 什么是数据电文和网络隐私权？
5. 为什么必须明确电子交易认证机构的法律地位？
6. 结合本章内容，谈谈你对加强我国电子商务立法的建议。
7. 为什么说电子合同法律效力问题是电子商务的一个主要法律问题？
8. 试述你对加强我国电子商务交易安全的法律保护的重要性的认识。
9.《中华人民共和国电子签名法》重点解决了哪几个方面的问题？

第 10 章

移动电子商务及其应用

| 本章要点 |

近年来，移动电子商务以其灵活、简单、方便等特点，在国内外得到了迅速的发展。本章主要介绍移动电子商务的定义、特点、应用及实现技术等基础知识；然后介绍移动电子商务的现状与发展，讨论如何构建成功的移动电子商务；最后分析移动电子商务的具体应用，包括移动支付和移动银行、移动娱乐与移动学习。

互联网的出现改变了人们传统的生活、工作模式，打破了时间、地域的限制，给人们提供了更多的信息。随着互联网与无线通信技术的发展，人们不再满足于在固定地点与互联网的连接，而是希望随时随地获取和处理需要的信息。无线互联的出现实现了人们随时随地与任何人通信的愿望。

第 1 节　移动电子商务概述

互联网、移动通信技术和其他技术的完美结合创造了移动电子商务，移动电子商务以其灵活、简单、方便等特点受到消费者的欢迎。

一、移动电子商务的定义

移动电子商务是由手机、掌上电脑、笔记本电脑等移动通信设备与无线上网技术结合作为主干通信技术的电子商务体系。移动通信技术已经成熟，全球拥有移动通信设备的人越来越多，人们可以随时随地上网、查询信息、购买产品、预订服务，既方便快捷，又省时省力。

移动电子商务以其灵活、简单、方便的特点，增强了用户能力。移动设备提供了一种简单、易操作的界面，使用户能轻松进入全球数字化经济。通过移动电子商务，用户可随时随地获取所需的服务、应用、信息和娱乐。他们可以在自己方便的时候，使用智能电话或掌上电脑、笔记本电脑等通信终端查找、选择及购买商品和服务。采购可以即时完成，商业决策也可实施。付费可通过多种方式进行以满足不同的需求。通过个人移动设备进行可靠的电子交易的能力被视为移动互联网业务最重要的方面。

同传统电子商务一样，在发展移动电子商务时，首先需要考虑的是用户的需求。有些需求是有线和无线功能都能实现的，有些是所谓的移动电子商务的“杀手级应用”（killer application）。后一种应用只有采用无线技术才能显示出它的优势，只有基于这种应用建立的移动商务模型才是真正具有生命力的。典型的移动电子商务应反映出无线技术的几个特点：移动无处不在，可以在任何时间、任何地点接入；较高的数据传输速度；跟踪定位，无论何时何地都能即时知道方位；个性化；容易与基础设施连接，不需要物理连接；使用者可以实现远程控制；等等。

移动电子商务不仅能提供互联网购物，还是一种全新的销售与促销渠道。它全面支持移动互联网业务，可实现电信、信息、媒体和娱乐服务的电子支付。不仅如此，移动电子商务不同于目前的销售方式，它能完全根据消费者的个性化需求和喜好定制，用户随时随地都可使用这些服务。设备的选择以及提供服务与信息的方式完全由用户自己控制。互联网与移动技术的结合为服务提供商创造了新的机会，使之能够根据客户的位置和个性提供服务，从而建立和加强与客户的联系。

二、移动电子商务的特点

（一）安全性

鉴于移动通信的本质，安全性对于移动电子商务是非常重要的。任何人通过无线网络传输信息，理论上其他人都可以截获信息。虽然移动通信运营商已经对信息加密，但是移动电子商务和银行系统需要更高级的安全保障。例如，运营商必须提供对端到端信息传输的加密，这些是移动网络运营商在其现有的数字移动系统中无法提供的。

（二）便捷性

移动终端既是一个移动通信工具，又是一个移动 POS 机。用户可以在任何时间、任何地点进行电子商务交易。

移动电子商务是电子商务从有线通信到无线通信、从固定地点的商务形式到随时随地的商务形式的延伸，其最大优势是移动用户可随时随地获取所需的服务、应用、信息和娱乐。用户可以在自己方便的时候，使用智能手机或平板电脑查找、选择及购买商品或服务。

（三）潜在用户规模大

2023 年，我国移动电话用户总数 17.27 亿户。显然，从普及程度来看，移动电话远远超过了电脑。从消费用户群体来看，手机用户基本包含了消费能力强的中高端用户，而传统的上网用户以缺乏支付能力的年轻人为主。由此不难看出，以移动电话为载体的移动电子商务不论在用户规模上还是在用户消费能力上，都优于传统的电子商务。

（四）易于推广使用

移动通信具有的灵活、便捷的特点，决定了移动电子商务更适合大众化的个人消费领域，比如自动支付系统，包括自动售货机、停车场计时器等；半自动支付系统，包括商店的收银机、出租车计费器等；日常费用收缴系统，包括水、电、煤气等费用的收缴等；移动互联网接入支付系统，包括登录商家的 WAP 站点购物等。

三、移动电子商务的应用

移动电子商务让人们的生活更加方便：和朋友到达餐厅的时候，早已用手机在网上预订了座位，不必花时间等候；到了电影院，不用排队，直接去取在网上已订好的票；随时随地收发 E-mail；随时查询股票行情，进行线上交易等。

当然，对移动电子商务持怀疑态度的也大有人在，他们指出无线上网与有线上网相比存在很多技术上和客观上的不利条件。首先，手机、掌上电脑的屏幕总是很小，许多颜色和图案无法显示，一些商店无法在网上展示其色彩鲜艳的商品。其次，由于技术上的原因，无线上网的速度总是慢于有线上网的速度。

持乐观看法的分析家坚持认为，尽管无线上网存在缺点，但移动电子商务并非要覆盖所有传统电子商务领域，而是在一些占有明显优势的领域大行其道，包括图书、音像制品、软件和各类门票的销售，以及旅游服务和网上证券交易等领域。

一般来说，移动电子商务的应用主要有：基于位置的服务、移动交易服务、移动信息服务、多媒体信息服务等。

（一）基于位置的服务

基于位置的服务采用 E-OTD 技术，符合 3GPP 标准，在精确性和质量上都处于行业领先地位，包括位置识别信息和社区服务，实现交通和天气预报，餐厅、剧院或者电影院的预订。紧急服务将成为定位数据最重要的用武之地，使服务与移动用户紧密相关。

（二）移动交易服务

移动交易服务包括移动金融（支付、提款）、移动购物（票务、预订）和移动娱乐（游戏、音乐、录像）。移动商务是指一切在移动网络上进行的有货币价值的交易，从而使移动终端成为“电子钱包”。

（三）移动信息服务

移动信息服务提供新闻、财经和体育等信息，用户可以根据需要和兴趣订阅。如果提供给用户的信息能不断更新，这些服务将具有更大的价值。例如，用户可以了解最新的球赛比分，观看进球画面。

（四）多媒体信息服务

多媒体信息服务通过各种掌上终端和设备展示丰富的多媒体内容，包括图像、音频、视频、数据和文本。

四、移动电子商务的解决方案

移动电子商务在各国如火如荼地发展，各公司纷纷推出了自己的移动电子商务解决方案，试图在这一新兴领域提前占领市场制高点，这些方案的推出极大地促进了移动电子商务在全球的发展和应用。

（一）阿里巴巴

根据阿里巴巴公布的2014财年（2013年4月1日至2014年3月31日）移动业务数据，阿里巴巴2014财年移动商品成交总额（Mobile GMV）达到3 190亿元，较上年度的810亿元增长294%。2014年第一季度移动端月活跃用户数上涨至1.63亿，增幅达19.9%。相关数据证实，无论以总交易额还是用户数计算，阿里巴巴都已经成为全球最大的移动电商公司。

阿里巴巴在移动端的布局不仅满足网民从PC转向移动的需求，更因为手机的便利性和随身性为平台带来新的增量用户和交易。如果把移动爆发前的2012年第三、四季度的PC增幅和2013年第三、四季度的PC增幅比较，可以看到后者增速超过前者，而移动端单季交易额则在这一期间增长了5倍。考虑到移动网民的发展潜力，显然会在PC之外成为阿里巴巴下一个“现金牛”。不仅如此，无线收入受到季节性和节假日因素影响较小，第一季度交易额高于第四季度，收入相差无几，预示着移动业务将成为阿里巴巴稳定的新收入来源。

尽管淘宝和天猫的业绩依然可观，但随着电子商务行业增长速度的减缓和线上流量红利的逐渐减少，纯线上电商的收入开始遇到增长瓶颈，同时线上获取客户的成本也在显著上升。为了寻找新的盈利增长点，转向线下并实现线上线下的全渠道整合变得必要。2016年，阿里巴巴提出“新零售”概念。2017年，作为新零售发展元年，阿里巴巴加快了在零售领域的布局。它投资了线下零售企业如三江购物、联华超市和新华都，并推广了盒马鲜生、零售通等新业务，以加强线上线下的融合。

在2022年第4季度，尽管新冠疫情影响尚未完全消退，阿里巴巴在整体上表现稳健，实现了2%的收入同比稳健增长和16%的EBITA（息税折旧摊销前利润）同比增长，这超出了市场预期。公司在菜鸟、国际零售和自营等业务板块的能力建设取得了进步，其中国际零售业务的收入同比增长了26%。同时，阿里巴巴在降本增效方面也取得了持续进展，淘特、淘菜菜、饿了么和盒马等业务的经营效率得到了持续改善。

阿里巴巴集团2023财年第三季度（即2022年自然年第四季度）的财务报告显示，该季度的收入同比增长了2%，达到2 477.56亿元，调整后的EBITA同比增长16%，而按照非美国公认会计准则计算的净利润同比增长了12%。

阿里巴巴旗下的天猫和淘宝，利用大数据、云计算、联合营销、物流及售后服务，为消费者提供全方位服务，以增强用户黏性。天猫平台“双十一”购物节的热度继续提升，为阿里巴巴GMV（商品成交总额）增长做出了突出贡献。

（二）微信电商

微信凭借其独占的社交关系和领先的用户时长，就此繁衍出媒体、出行、支付、理财等业务。不过，就电商而言，微信电商业务一直是野蛮生长，市场和体验都十分碎片化。此前，微信上的电商玩家主要有如下几个角色。

（1）微商。个人卖家即微商将直销模式搬到微信上，虽然备受质疑，但在微信上是一个不容忽视的“蚂蚁雄兵”。

（2）小程序。微信小程序是微信于 2017 年推出的一种全新的应用形态，旨在践行“用完即走”的理念，不需要下载安装，在微信内即可打开使用。这种形式解决了手机内存不足，以及用户不愿意下载和安装过多应用的问题。微信小程序以其轻便、便捷的特点，迅速赢得了用户和企业的青睐，广泛应用于各行业，满足了用户的多元化需求，获得了蓬勃的发展。微信商城是一种基于微信生态的电子商务平台，它利用微信庞大的用户基础和社交网络，为商家提供了一个全新的销售渠道、更多的营销手段和用户互动方式。

（3）视频号。为了迎合用户对短视频内容日益增长的需求，腾讯推出了微信视频号，这是一个基于微信平台的全新短视频服务。微信视频号的目标是为用户提供一个简便易用、高效的平台，用于创作和分享短视频内容。如今，微信视频号也成了商家推广产品的重要渠道。

微信用于与世界不同地区的其他用户进行交流。它最初用于消息传递，最终成为一个包罗万象的社交媒体平台和移动支付应用程序。如今已成为最受欢迎的社交消息应用程序之一。据统计，2022 年中国微信用户数已达到 12.9 亿，同比增长 1.57%。庞大的用户量为微信电商发展提供了基础。2022 年微信小程序用户渗透率（小程序平台去重用户规模 / 月活跃用户数）为 89.2%。微信小程序去重用户规模为 BAT 中最高。正因为如此，微信开始在其应用中搭载第三方小程序，丰富向用户提供服务的形式和内容。而微信小程序本身自带流量渠道，使用频率高，能够帮助大型电商平台扩充数据，提升更多用户时长，同时也能帮助普通商家提供流量入口。2019 年，移动购物行业在月活跃用户数超 100 万的微信小程序中占比为 7.2%，位列第五位，小程序电商成为继传统电商、社交电商、直播电商之后的线上零售新业态。

自 2023 年第三季度起，微信视频号一直在低调地打造电商的基础设施，并在“双十一”期间进行了上线试验。虽然电商并非腾讯的主要领域，但依托其庞大的流量和支付系统所构建的商业生态是其核心利益之一。无论是游戏、金融服务，还是微信和 QQ 等产品，流量的价值一直是腾讯产品生态的关键支撑。

短视频的兴起极大地改变了流量的价值。短视频和电商直播的结合，不仅提升了短视频流量的重要性，还催生了一个全新的“超级经济系统”。然而，这种变化也使得曾经备受关注的“超级 App”开始显现影响力下滑的迹象。尽管从传统的文字图片模式转向短视频的过程很短，但要从“超级 App”转型为“超级商业系统”还需经历一段较长时间的探索和发展。

2018 年 3 月 5 日，微信电商平台“微选”正式上线。“微选”以“好店微选”小程序为载体，运营主体为杭州京美俊禾网络有限公司，后者是京东与美丽联合集团成立的合资公司旗下的电商服务平台，专注微信社交电商新生态，目前平台正面向各行各业、线上线下的商家进行招募。

虽然“微选”还没有在线直接交易的功能，不过，在商家主页中，有三个渠道可以让用户直接联系商家，和商家沟通。第一是商家发布的产品照片，点击产品照片下方的“聊一聊”按钮可进入聊天界面；第二是店铺介绍区域展示的二维码，扫码也可进入聊天界面；第三是商家主页底部的“聊一聊”。如商家有“微选码”，可以在用户进入聊天界面时自动展示，用户能够添加商家个人微信私聊，进行进一步咨询、交易。微选平台此前公布的“去中心化”“商家自主经营私域流量”，通过这些方式可以初步实现。

第2节　移动电子商务的技术基础

移动电子商务正在形成一个庞大的市场。从技术方面来讲，将移动通信工具与互联网连接起来的无线上网技术，以及互联网服务商所提供的无线上网服务都已经具备，因此移动电子商务不再存在技术障碍。

一、移动电子商务的实现技术

移动电子商务的实现技术有以下几种。

（一）无线应用协议

无线应用协议（WAP）是开展移动电子商务的核心技术之一。通过WAP，手机可以随时随地、方便快捷地接入互联网，真正实现不受时间和地域约束的移动电子商务。WAP是一种通信协议，它的提出和发展是基于在移动中接入互联网的需要。WAP提供了一个开放、统一的技术平台，用户使用移动设备很容易访问和获取以统一的内容格式表示的信息和各种服务。它定义了一套软硬件的接口，可以使人们像使用PC机一样使用移动电话收发电子邮件以及浏览互联网。同时，WAP提供了一种应用开发和运行环境，能够支持当前最流行的嵌入式操作系统。WAP只要求移动电话和WAP代理服务器的支持，而不要求对现有的移动通信网络协议做任何改动，因而可以广泛地用于GSM、CDMA、TDMA、3G等网络。目前，许多电信公司推出了多种WAP产品，包括WAP网关、应用开发工具和WAP手机，向用户提供网上资讯、机票订购、网上银行、游戏、购物等服务。

（二）移动IP

移动IP通过在网络层改变IP协议，从而实现移动设备在互联网中的无缝漫游。移动IP技术使得节点在从一条链路切换到另一条链路上时无须改变它的IP地址，也不必中断正在进行的通信。移动IP技术在一定程度上能够很好地支持移动电子商务的应用。移动IP现在有两个版本，分别为Mobile IPv4（RFC 3344，取代了RFC 3220和RFC 2002）和Mobile IPv6（RFC 3775）。

（三）蓝牙

蓝牙是一种支持设备短距离通信（一般10米内）的无线电技术，能在移动电话、掌上电脑、无线耳机、笔记本电脑、相关外设等众多设备之间进行无线信息交换。利用蓝牙技术，能够有效地简化移动通信终端设备之间的通信，也能够成功地简化设备与互联网之间的通信，从而使数据传输变得更加迅速高效，为无线通信拓宽道路。蓝牙支持点对点和点对多点的通信方式，非对称连接时，主设备到从设备的传输速率为 721Kbps，从设备到主设备的传输速率为 57.6Kbps。对称连接时，主从设备之间的传输速率各为 432.6Kbps。蓝牙技术的出现，为各种移动设备和外围设备之间低功耗、低成本、短距离的无线连接提供了有效的途径。

（四）移动定位系统

定位技术有两种，一种是基于 GPS 的定位，一种是基于移动运营网的基站的定位。前者是利用手机上的 GPS 定位模块将自己的位置信号发送到定位后台来实现移动定位的，定位精度较高。后者则是利用基站对距离的测算来确定手机位置的，它不需要手机具有 GPS 定位功能，其精度在很大程度上依赖于基站的分布及覆盖范围的大小，有时误差会超过 1 千米。此外还有利用 Wi-Fi 在小范围内定位的方式。

移动电子商务的主要应用领域之一就是基于位置的服务，如它能够向旅游者和外出办公的公司员工提供当地新闻、天气及酒店等信息。这项技术将会为本地旅游业、零售业、娱乐业和餐饮业的发展带来巨大商机。

（五）通用分组无线业务

通用分组无线业务（General Packet Radio Service，GPRS）是欧洲电信标准化协会（ETSI）在 GSM 系统的基础上制定的一套移动数据通信技术标准。它是基于“包交换”（packet-switched）的概念发展出的一种无线传输方式。GPRS 是 2.5 代移动通信系统，具有数据传输率高、永远在线、仅按数据流量计费等特点。它利用 GSM 网络中未使用的 TDMA 信道，提供中速的数据传输。GPRS 突破了 GSM 只能提供电路交换的思维方式，通过增加相应的功能实体和对现有的基站系统进行部分改造来实现分组交换，这种改造的投入相对来说并不大，得到的用户数据速率却相当可观。

（六）移动通信技术

第一代移动通信系统（1G）是在 20 世纪 80 年代初提出的，如 NMT 和 AMPS，NMT 于 1981 年投入运营。1G 的特点是业务量小、质量差、安全性差、没有加密、速度低。1G 主要基于蜂窝结构组网，直接使用模拟语音调制技术，传输速率约 2.4kbit/s。不同国家采用不同的工作系统。

第二代移动通信系统（2G）起源于 20 世纪 90 年代初期。欧洲电信标准化协会在 1996 年提出了 GSM Phase 2+，目的在于扩展和改进 GSM Phase 1 及 Phase 2 中原定的业务和性能。在 GSM Phase 2+ 阶段，采用更密集的频率复用技术，引入智能天线、双频段等技术，有效地克服了业务量剧增所引发的 GSM 系统容量不足的缺陷；自适应语音编码（AMR）技术的应用极大地提高了系统通话质量；GPRS/EDGE 技术的引入，使 GSM 与计算机通信、互联网有机结合，数据传送速率可达 115 ～ 384kbit/s，从而使 GSM 的功能不断增强，初步具备了支持多媒体业务的能力。

经过 2.5G 发展到 3G 之后，无线通信产品为人们提供速率高达 2Mbps 的宽带多媒体业务，支持高质量的语音、分组数据、多媒体业务和多用户通信，这彻底改变了人们的通信和生活方式。3G 移动通信系统将手机变为集语音、图像、数据传输等诸多应用于一体的通信终端，进一步促进全方位的移动电子商务得以实现和广泛开展，如实时视频播放。

4G 集 3G 与 WLAN 技术于一体，能够传输高质量视频图像，它的图像传输质量与高清电视不相上下。4G 移动通信系统能够以 100Mbps 的速度下载，比拨号上网快 2 000 倍，上传的速度能达到 20Mbps，可以满足几乎所有用户对无线服务的要求。4G 的价格与固定宽带网络不相上下，计费方式更加灵活，用户可以根据自身的需求确定所需的服务。2014 年 1 月 28 日，我国在 4G 移动通信方面的研发成果首次在上海亮相，普通的笔记本电脑通过无线与移动网络连接以后，可以同时观看两部高清格式的电影，还可以同步高速下载两部电影。

第五代移动通信技术（5th Generation Mobile Communication Technology，简称 5G）是一种具有高速率、低时延和大连接特点的新一代宽带移动通信技术，5G 通信设施是实现人机物互联的网络基础设施。5G 作为一种新型移动通信网络，不仅要解决人与人通信，为用户提供增强现实、虚拟现实、超高清（3D）视频等更加身临其境的极致业务体验，更要解决人与物、物与物通信问题，满足移动医疗、车联网、智能家居、工业控制、环境监测等物联网应用需求。最终，5G 将渗透到经济社会的各行业各领域，成为支撑经济社会数字化、网络化、智能化转型的关键新型基础设施。

（七）近场通信

NFC 是由飞利浦和索尼等世界著名公司共同开发的一种非接触式识别和互联技术，可以在移动设备、消费类电子产品、PC 和智能控件工具间进行近距离无线通信。它将非接触读卡器、非接触卡和点对点（peer-to-peer）功能整合进一块单芯片，能在短距离内与兼容设备进行识别和数据交换。NFC 具有双向连接和识别的特点，在 13.56 MHz 频率范围内工作，作用距离 10 厘米左右。将 NFC 芯片装在手机上，手机就可以实现小额电子支付和读取其他 NFC 设备或标签的信息的功能。NFC 的短距离交互大大简化了整个认证识别过程，使电子设备间的互相访问更直接、更安全和更清楚，这项技术最初只是 RFID 技术和网络技术的简单合并，现在已经演变成一种短距离无线通信技术并且发展迅速。

（八）无线局域宽带技术

无线局域宽带技术主要提供局域范围内的无线连接服务，最主要的代表技术是 Wi-Fi 和 Wi-Max。Wi-Fi 的英文全称为 Wireless Fidelity，在无线局域网的范畴内指“无线相容性认定”，实质上是一种商业认定，同时也是一种无线联网技术。随着技术的发展以及 IEEE802.11a 及 IEEE802.11g 等标准的出现，IEEE802.11 这个标准统称为 Wi-Fi。

Wi-Max 也叫 IEEE802.16，是一项新兴的宽带无线接入技术。Wi-Max 将 IP 宽带和无线接入两种技术融合，可以支持基于 IP 的固定、漫游、便携等综合业务的接入。其基站无线信号传输可达 50 千米，网络覆盖面积是 3G 发射塔的 10 倍，能够提供高达 100Mbps 的数据传输速率，支持的业务从语音到多媒体，包括实时的流媒体业务，而且数据传输速率可以根据业务所需速率的不同动态调整，能够满足几乎所有用户对无线服务的要求。

（九）无线应用公钥基础设施技术

无线应用公钥基础设施（WPKI）技术采用公钥加密体制，通过公钥和私钥的配合使用，满足人们对移动电子商务安全的要求，即保密性、完整性、真实性、不可抵赖性，可以降低用户在交易中面临的风险。

二、推动移动电子商务发展的因素

移动电子商务与传统电子商务最主要的区别是移动通信技术的应用。移动电子商务迅猛发展，将成为电子商务最重要的形式之一，总结起来在技术上有以下几大因素支撑。

（一）无线协议的逐步推出

随着互联网的迅速发展，移动互联能力的逐步提高，新的无线协议标准正在走向统一。正如 TCP/IP 协议和通用浏览器推动了互联网的发展一样，无线标准的逐步统一将促进异构无线装置的互联和通信，例如最初的 WAP 标准。但是，WAP 也有其局限性，如服务费居高不下，现有的 WAP 网站内容贫乏，且多数服务内容大同小异。另外，WAP 可持续服务跟不上，缺少进一步的投资去对 WAP 服务进行开发和维护，在这种情况下，一种新型的 W3C 协议出现了，该标准使得无线装置能够完全接入 Web 及其信息库。这种协议中包括语义更加丰富的信息应用可扩展标记语言（XML）、应用改进型层叠样式表和扩展样式表语言，它们克服了 WAP 的缺点，并开发了新的应用。

（二）移动设备增长迅猛

QuestMobile 数据显示，截至 2023 年 9 月，移动互联网月活用户规模达到 12.24 亿，近一年增速稳定在 2% ～ 2.7% 之间，同时，用户网络黏性也趋于稳定，12 时至 18 时用户活跃度同比提升 2.5%，这背后，00 后、60 后占比同比分别提升了 0.3%、1.1%，其中，00 后月人均使用时长达到 173.9 小时（远高于全网平均的 157.9 小时），60 后月人均使用时长虽然只有 126.1 小时，但是同比提升了 5.5%。

移动设备不需要引导程序，人们只要会开机就能使用，在快速点击方面也颇具优势。庞大的用户群或潜在用户群在规模上具有明显的优势，市场启动将会非常迅速。IT 业界面对这一发展趋势，清楚地看到移动电子商务的巨大能量，将不失时机地制定对策，使自己在市场竞争中领先一步。

（三）接入技术日趋成熟

旧有的接入技术，包括时分多址（TDMA）、码分多址（CDMA）和全球移动通信系统（GSM）在内，传输速率只有 9.6 ～ 19.2Kbps，比台式 PC 的拨号速度慢许多。但是，随着 3G 无线技术的兴起，不仅传输速率方面的弱点得以克服，而且可支持多媒体传输。语音、数据、单向 / 双向视频的综合传输有可能使移动电子商务在任何移动装置上运行。

（四）接入费用逐渐走低

与其他通信技术相比，移动互联技术相对来说对投入的要求比较低，因此，服务费用必然大幅下降，从而可以降低门槛，吸引更多的用户，进而推动移动电子商务的发展。中国移动的降费行动计划中提到 2014—2016 年手机上网流量平均单价累计降幅达 63.5%；而 2017 年国家“提速降费”计划又要求年内流量资费下降 30%。以此计算，从 2009 年初 3G 商用开始至今，手机上网流量资费累计下降幅度超过 98%，为这几年来中国快速发展的移动互联网做出了一定的贡献。

在以上诸多因素的推动下，移动电子商务市场已经颇具规模。

第 3 节　移动电子商务的现状与发展

随着移动互联网的不断渗透和发展，移动设备给各行业带来了巨大变革，移动电子商务在全球范围内得到了发展。移动设备使得传统漏斗模型的“认知—熟悉—考虑—行动—忠诚”这一购物路径发生改变：移动和地理位置特性使得考虑阶段前移，并和品牌认知阶段整合，增加了品牌对用户的曝光范围和吸引力，直接带动了购买，缩短了用户的考虑时间，减少了用户流失；社交性使得考虑成为零售商和消费者建立关系和进行互动的主要环节，并使得忠诚及购买分享带来更大的品牌影响力。

一、国外移动电子商务的发展现状

（一）日本

日本的电商化进程较为迅速。其互联网人口比例高达 94%，相比传统实体店，日本消费者更倾向于网购。据 Global Data 预测，日本电商在新冠疫情期间能够保持正增长，未来四年也将保持约 5.2% 的年复合增长率，到 2026 年将达到 27.4 万亿日元（2 378 亿美元）。日本最大的电子商务平台“乐天市场”的销售额中有 65% 来自移动端，其他主要电商平台如 Yahoo、千趣会等来自移动端的销售份额均为 50% 左右。目前，乐天还根据当地消费者的购物偏好，不断推出“安心购”“购物马拉松”“乐天 Super Sale”“乐天超级积分系统”等服务。在众多服务之中，“乐天超级积分系统”使乐天用户具有极强的黏性。基于当地消费者热衷攒积分的偏好，乐天还对乐天积分的总数以及获得次数进行分级，实施相应的各种积分优惠活动，以进一步刺激消费者的购买欲。

（二）美国

世界银行数据显示，美国拥有 3.347 亿人口，其中 90% 的居民使用互联网，74% 的居民进行线上购物。美国零售电商销售额在 2022 年首次超过 1 万亿美元。消费者支出正在向网上转移。美国的线上消费能力较强。Statista 数据显示，2022—2025 年，每个网购买家的平均支出将以 11.6% 的复合年增长率增长，接近 7 000 美元，而其总数的复合年增长率为 1.9%。

（三）英国

2021 年国际通信联盟的数据显示，英国 96.7% 的人口为互联网用户，这一数字自 2018 年以来稳步上升，2020 年的互联网用户人数提升最为显著，增长率为 2.3%，线上用户比例达到 94.8%。此外，英国的互联网用户比例也领先于欧洲平均水平（2022 年为 93.8%）和全球平均水平（87.8%）。在支付方式上，长期以来人们对信用卡支付的偏好正在缓慢减弱，其中 43.7% 的人表示这是他们 2022 年的首选支付方式，这一比例低于 2018 年的 47.3%。电子钱包的人气在不断上升，2018 年选择电子钱包付款的人群比例为 17.1%。近年来，选择银行转账（7.45%）和现金交付（3.7%）作为付款方式的人群比例均稳步下降。

二、我国移动电子商务的发展现状

在国外发展移动电子商务的同时，我国的移动电子商务发展也呈现出可喜的局面。

2009 年 1 月 7 日下午，工业和信息化部向中国移动、中国电信和中国联通发放了三张第三代移动通信（3G）牌照，标志着我国正式进入第三代移动通信时代。2009 年 3 月 30 日，由中国电子商务协会主办，与中国商业联合会合作的十大行业共推的“移动电子商务行业应用工程”在北京正式启动，在一定程度上标志着我国移动电子商务进入应用期。

2019 年 6 月 6 日，工信部正式向中国电信、中国移动、中国联通、中国广电发放了 5G 商用牌照。这也意味着中国 5G 正式进入商用元年。各大运营商随后也加快了 5G 网络的建设速度，至 2020 年 10 月，这三家运营商正式公布了 5G 套餐，并于 11 月 1 日正式上线 5G 套餐。

2021 年 10 月，商务部、中央网信办、发展改革委联合发布《“十四五”电子商务发展规划》(以下简称《规划》),《规划》设定了“十四五”时期我国电子商务发展战略框架：在促进形成强大国内市场方面，以电子商务引领消费升级、推进商产融合、服务乡村振兴，推动服务业、制造业、农业等产业数字化；从深化创新驱动、优化要素配置、统筹发展安全入手，深度挖掘数据要素价值，推动 5G、大数据、区块链、物联网等先进技术的集成创新和融合应用，实现电子商务高质量发展。在推动更高水平对外开放方面，更好地统筹两个市场两种资源，依托“丝路电商”，深化数字经济国际合作，积极推动跨境电商发展，加强数字产业链全球布局；推进跨境交付、个人隐私保护、跨境数据流动等数字领域国际规则构建，倡导开放共赢的国际合作新局面。

截至 2022 年 12 月，中国网上购物用户规模达到 8.45 亿人，占网民总数的 79.2%；与此同时，中国移动购物用户规模达到 8.1 亿人，占网上购物用户总数的 95.9%。这些数据表明，中国互联网电子商务行业已经进入了移动化时代。

我国目前的移动电子商务市场分为两个部分：一是虚拟商品市场。主要是各运营商旗下的服务提供商所提供的收费图铃、游戏下载或其他资讯类业务。中国工商银行、中国建设银行等多家银行和支付宝开通了通过手机交水电费、话费等业务。二是实体商品市场。目前国内有淘宝网、京东商城、1 号店等，它们将移动电子商务融入人们的生活，给人们的生活带来更多便利。可见移动电子商务已成为主要的消费模式。

从国内的发展状况看，我国移动电子商务具有如下特点。

（1）内容侧重点的转变。传统的 PC 端，内容容量很大，能够将众多商品信息有条不紊地进行展示，但对于移动端来说，没有足够的空间进行展示，因此，移动端的引导性和选择性显得尤为重要，如何根据用户浏览习惯和购物兴趣进行相应的排列组合，提升整体用户体验显得至关重要。以移动电商应用“手机淘宝”为例，主界面顶部各类划分属于“标签式商品分类导航”，往下翻页会出现各种“猜你喜欢”，属于对消费者的精准营销。

（2）社交趋向化。就整个移动端应用的未来发展而言，社交趋向化成为大势。支付、阅读、出行等领域开始和社交拉近关系。支付宝选择在 2016 年春节期间和央视合作，以

“集福字”为名引导用户添加好友，体现了它想弥补社交领域的短板的目的。越来越多的电商平台认识到社交的重要性，期待未来电商和社交有机结合带来不一样的体验。

（3）移动电子商务的应用不断创新。移动电子商务在当今社会被越来越多的人熟知并使用。3G 的普及和 4G 的发展，运营商手机上网包月套餐的推出，手机终端功能的提升，以及相关政府部门的高度重视，促使这一产业高速发展。移动电子商务的业务范围逐渐扩大，涵盖了金融、信息、娱乐、旅游和个人信息管理等领域，主要应用领域包括网上银行、网上订票、网络购物、娱乐服务、网络比价、信息推送与分享等。终端的普及和上网应用的创新是移动电子商务新一轮增长的重要因素。随着智能手机市场份额的逐步提升，智能手机性能的不断增强，移动上网应用出现创新的热潮，同时手机价格不断走低，降低了移动智能终端的使用门槛，促使普通手机用户向手机上网用户转化。目前，消费者基本养成了通过移动智能终端上网的习惯，为移动电子商务的进一步发展奠定了良好的基础。支付的创新将会进一步推动和加速移动购物 O2O 业态的成熟。移动互联网的支付由于有了线下线上的结合，让整个体验更加人性化和便利。

（4）整合信息化优势发展乡村经济。2023 年，中国政府在扶持农村电商方面出台了一系列支持政策，包括加大对农村电商平台的扶持力度、推动农产品上行下行、加强电商物流基础设施建设等。这些政策的实施为农村电商行业的健康发展提供了有力支持。与此同时，农村电商平台的竞争也日趋激烈。2023 年，各大农村电商平台纷纷加大对农村市场的布局力度，通过农村淘宝村、直播带货等形式积极开拓农村客户，推动销售额的稳步增长。在农村电商平台之间展开激烈的竞争的同时，也为消费者带来了更多的选择和实惠。

当然，我国移动电子商务的发展也受到一些因素的制约。第一，移动电子商务的模式有待扩大。目前我国内容提供商和手机提供商的实力较弱，内容提供商仅限于几家门户网站或运营商自身的业务开发部门，广大中小企业没有参与其中。第二，我国在电子商务特别是网络支付、安全认证方面的立法有待完善。第三，我国移动电子商务人才较为紧缺。

三、移动电子商务的发展趋势

（一）“社会化”电子商务

电子商务自诞生之日起便具有社会化的特征，这种社会化的特征在社交网络、微博等社交媒体的驱动下显得更为突出。社会化电子商务的切入点在于通过在线人际互动来进行商务活动，除了常见的直接人际互动（如社交网络）之外，基于信息（如兴趣）、位置等的间接人际互动也格外重要。

（1）基于电子商务平台形成的社会化商务。电子商务运营商在其电子商务平台上增加诸如“分享”“喜欢”“粉丝”等社交媒体元素来增加用户间的互动，以此提升电子商务平台的销售量。

（2）基于社交媒体平台形成的社会化商务。它在社交媒体中融入商务元素来深层次发掘用户价值，以达到变现之目的。这种模式也是社交媒体的主要盈利模式之一，社交网络巨头 Facebook 已经开始尝试。

（3）独立社会化电子商务平台。独立社会化电子商务平台的着力点在于扮演导购的角色，将用户引至商家平台进行消费，以获得销售佣金。

（二）精准化营销和个性化服务

随着移动互联网的不断发展，市场不断变化，服务精细化和个性化程度加深，电子商务渗透进整个商务过程。从产品生产、品牌营销到售后服务等都需要运用互联网思维进行精细化操作。需要改变传统销售时主要比较商品价格、质量的营销模式和企业只注重产品质量把关和成本控制的经营模式。在互联网时代，商品的销售不仅仅是商品本身的售卖。企业改变从单个商品中获取利润的方式，更加注重利用对消费者的精准营销和其他附加业务来获取利润。

（三）垂直化与平台化并进

通过一些电子商务企业的案例不难发现，大型电子商务平台大多经历了从垂直化向平台化演进的过程，如亚马逊等从单一的图书音像平台发展成为销售各种类别商品的电子商务巨头。与此同时，大型电子商务平台也在对市场进行细分，推出垂直型平台。从现有情况来看，平台型电子商务占据了较大的市场销售份额，但这并不意味着垂直型电子商务没有机会。垂直型电子商务平台由于对某一特定行业、某一特定消费人群等进行深耕细作，具有专业性等优势，更容易为用户提供高质量的服务，从而获得用户的认可。此外，垂直型电子商务能够避免与平台型电子商务的正面冲突。未来电子商务的发展趋势仍然是垂直化与平台化并存，“分久必合、合久必分”将继续上演。

（四）独立的移动电子商务

如今，新一代无线通信技术以及二维码、LBS（基于位置的服务）、社交媒体等应用的出现为移动电子商务的发展注入新动力。移动电子商务不再仅仅是传统电子商务的一种补充形式，而是逐渐发展成为一种与传统电子商务相对独立的在线商务模式。除传统电子商务运营商布局移动商务，纷纷推出安卓、iOS 等移动客户端之外，相对独立的移动电子商务平台开始走进人们的生活。围绕 LBS、社交媒体、手机支付、搜索、娱乐（游戏、视频等）以及企业级应用的商务模式是未来移动电子商务值得关注的领域。

（五）使用更安全

移动电子商务的使用要求用户必须具备移动电子设备和移动互联网。移动设备小巧便捷，但是也十分容易丢失，一旦丢失，用户的信息、财产安全就会受到严重威胁，移动互联网本身的安全问题也给用户的信息安全造成巨大的隐患。由于电子商务无法对信息进行直接保护，移动电子商务研发者应充分意识到消费者在移动终端使用这一环节的安全问题。随着移动电子商务的进一步发展，相信相关部门会尽快出台维护消费者权益的法律法规，以保护消费者信息、财产的安全。

第4节　构建成功的移动电子商务

在过去几年间，人们认识到互联网是一个平台——一个商务平台、一个科技平台、一个管理者平台。研究显示，由于移动电子商务公司能够利用过去的经验，无线网将比互联网发展得更快。我们看到，无线互联网的成功将取决于它的移动性和正确的引导方法，移动电子商务领域的企业家不会舍弃这些经验。另外，全球的标准正在出现，无线存取速度将快速提高，这将大大促进移动电子商务的发展。

一、成功建立移动电子商务平台需要解决的三个问题

移动电子商务是电子商务在移动信息化时代的新形式，它更加深入用户群，受众面更广，在未来会被越来越多的企业消费者所接受，并与互联网电子商务平台相互补充、相互融合，最终整合成一个更为广泛的电子商务平台。但是，移动电子商务平台绝不是网络电子商务平台在移动互联网上的复制，一个成功的移动电子商务平台需要解决以下三个问题：用户的需求是什么，如何满足用户的需求，如何盈利。在回答这三个问题时一定要结合移动互联网的特性及移动互联网用户的特点来考虑。

（一）明确用户需求

移动电子商务平台的用户分为买方和卖方两类，根据买方和卖方的性质不同又分为B2B、B2C、C2C等多种模式，不同模式下用户需求有很大差异。例如，作为卖方的企业主要将商务平台作为一个宣传窗口，以影响更多潜在用户，此时就需要对公司形象、业务范围等进行介绍，并利用各种广告手段吸引买方；而个人作为买方时，其目的就是实施购买行为，因此对具体商品信息发布以及网上交易的需求尤为强烈。同时，移动互联网用户不同于互联网用户的自然特征和行为特征决定了他们对电子商务平台的需求存在差异。平台的构建者需要根据目标用户的具体情况确定其需求，并根据需求的紧迫性、重要性、普遍性等特点确定投入资源的比例以及满足需求的先后顺序。

（二）满足用户需求

满足用户同一需求往往存在不同方式。例如，买卖双方都希望可以相互交流，而交流的方式有很多种：邮件、短信、语音、聊天工具、网上留言等。不同交流方式的沟通效率、沟通效果差异很大，有可能对商家的业务开展产生很大的影响。移动通信的一个优势就是实时性，实时性可以提高买卖双方的沟通效率。例如，买方只须点击页面上的链接就可拨通卖方电话，进行语音交流甚至是视频交流。此外，移动通信的身份易识别性可以更好地辅助卖方进行各种精准营销活动。总之，移动电子商务平台的构建者应该充分发挥移动通信的种种优势，满足用户在互联网电子商务平台上不易被满足或未得到很好满足的需求，提高用户对移动电子商务平台的感知和评价。

（三）搭建盈利性平台

搭建移动电子商务平台的根本目的是盈利，而按效果付费的方式也将被移动电子商务平台用户所接受。许多在互联网电子商务平台中得到普遍应用的成熟盈利模式，如竞

价排名、按点击付费等都可以运用到移动电子商务平台中。此外，平台的提供者还应根据移动电子商务平台的特点提出更有针对性的盈利模式，例如，当买方通过平台向卖方发送短信、拨打卖方电话、下载卖方折扣券时向卖方收取费用等。需要指出的是，平台的盈利效果与其满足用户需求的情况以及用户在使用中的感知情况密切相关。因此，在平台的运行初期，如何更好地满足用户需求是各个移动电子商务平台的竞争重点，只有将这一点做好，才能吸引大量的用户，尽早突破临界点，产生积极的网络外部性效应，最终实现盈利。

二、推动构建成功的移动电子商务的三大力量

今天的移动电子商务与十年前的互联网电子商务非常相像，处于厚积薄发的状态。新冠疫情引爆了宅经济和网络购物，全球金融危机促使传统企业朝低成本的网络营销模式转变，同样的道理，移动电子商务的成功构建也离不开外部的推动力量。

（一）4G 和 5G 手机的普及

实际上，移动电子商务最核心的内容是商务，移动和电子只是媒介，意思是生意可以搬到移动互联网上来做，而 4G 和 5G 手机则是最核心的承载物。从电脑连接互联网到移动上网本的火爆说明了一个重要的趋势，即商务活动正在朝即时性、移动性、简单性和私人性方向发展。实现以上种种商务模式的最大前提就是 4G 和 5G 手机的普及。只有这个前提成立，才能最大化地促进整个移动互联网产业链的发展，否则一切无从谈起。

截至 2023 年上半年，我国累计建成开通 293.7 万个 5G 基站，5G 移动电话用户数已达 6.76 亿，移动物联网终端用户数超过 21.2 亿。从我国的 5G 移动电话用户数上来看，国内已有 6.76 亿户升级了 5G。5G 网络覆盖的广度和深度不断扩大，进一步推动了移动电子商务的发展。

（二）产业链合作模式的创新

2022 年日本的 4G 网络达到 96% 的人口覆盖率，诞生了诸如乐天市场这样的网络商城。通过利用成熟的手机支付技术，麦当劳被推上日本餐饮业销售冠军的宝座。这些例子说明移动电子商务的发展并不是由运营商或电子商务网站独立完成的，需要产业链内外各方紧密合作才能实现。

实际上，谁都有可能在移动电子商务中挖到金子，但前提是和整个产业链的各方进行合作，因为移动电子商务是以互动沟通为基础、以传播为桥梁、以移动互联网为平台的全新商务模式，这必定需要购物网站、即时通信软件、社交论坛、搜索引擎、手机微博高度结合。随着二维码、移动定位、移动支付等技术的不断成熟，各种服务类公司、银行、金融机构甚至是生产厂家、超市都将迅速加入这个产业链的阵营。

物联网的迅速走红就印证了这一点。简言之，物联网就是通过 RFID、电子标签等技术，让所有的传统物品如家电、货物、生活工具等都能在一个网络中联系起来，使用户可以轻松地实现对各种物品的远程监控和管理。这是云计算概念开始融入生活各个领域的象征。物联网的普及将极大地推动移动电子商务的发展，比如在猪肉上印上二维码，顾客便可在超市挑选的时候用手机扫描二维码，浏览猪从饲养、屠宰到变成猪肉上市的

整个过程。再如出差在外，可以通过孩子佩戴的联网手表，随时知道他在哪里、身体状况如何。

（三）传统企业营销模式的变革

移动互联网意味着更低成本、更精准、更个性化、更注重沟通的营销模式，这是企业残酷竞争条件下的必然产物。对于基数庞大的中小企业群体而言更是如此，在大企业、大品牌的挤压下，中小企业必须找到一个投入产出比更高的营销模式，而在未来，移动电子商务绝对是一个有效的路径。

宝洁、李宁、白家粉丝等传统企业对于电子商务的热衷说明了这一点，网购市场的迅猛发展引发了企业营销渠道的变革，而什么时候让其移动起来，现在看来只是时间问题。一旦大量传统商家使用移动电子商务进行营销，那么移动电子商务将不再是一个行业，而是一种习惯。随着移动互联网和物联网的不断成熟，有理由相信在未来的生活工作中，移动电子商务将给人们的生活带来更多便利。

三、制约移动电子商务发展的因素

作为一种新的商业模式，移动电子商务不会自动向前发展。如果没有业界的努力来消除技术和消费者方面的制约因素，移动电子商务就不会顺利发展。可能对移动电子商务的发展形成约束的因素包括信用、技术、标准、安全、政策和物流。

（一）信用

随着移动电子商务的发展，交易主体之间的信任危机已经成为当今移动电子商务面临的巨大难题。一方面，电子商务的交易主体通过互联网平台进行虚拟化交流，失去或者减少了面对面直接沟通的机会，这使得移动电子商务较之传统贸易面临更大的信用风险；另一方面，始终处于弱势的消费者有充分理由怀疑商家会借助信息不对称牟利，从而增加交易成本，甚至导致交易无法顺利完成。为了保证交易的达成，交易双方往往需要付出高昂的信用成本。从目前情况看，电子商务网站普遍存在刷信用等虚假行为，而一些讲究诚信的新商户要快速获得用户的认可非常困难，赔钱打广告促销几乎是唯一的手段。

（二）技术

技术因素对移动电子商务的制约目前主要体现在两个方面：一是无线信道资源短缺、质量较差。与有线相比，对无线频谱和功率的限制导致其带宽较小，带宽成本较高，同时，分组交换的发展使得信道变为共享，延时较长，连接可靠性较低，超出覆盖区域时，服务则拒绝接入。因此，服务提供商应优化网络带宽的使用，同时增加网络容量，以提供更加可靠的服务。二是终端的设计有待改进。为了能够吸引更多的人从事移动电子商务活动，必须提供方便可靠和具备多种功能的移动设备。例如，基于 WAP 的应用必须比 PC 易于操作。移动电子商务作为一种新型电子商务方式，利用了移动无线网络的诸多优点，相对于传统电子商务有着明显的优势，是对传统电子商务的有益补充。尽管目前移动电子商务的开展还存在很多问题，但随着它的发展和普及，很可能成为未来电子商务的主战场。

（三）标准

就标准来说，技术上的互操作是关键。目前 WAP、GPRS 和蓝牙等标准已被采用和实施。除了这些标准以外，还需要对公钥基础设施达成共识。另外，与“杀手应用软件”有关的标准还没有达成共识。当工业界建立一个无线友好的数据验证系统时，同时必须考虑互操作的问题。为了使移动电子商务继续向前发展，标准兼容问题必须得到解决。

（四）安全

安全性是移动电子商务发展中最为关键的问题。相对于传统的电子商务模式，移动电子商务的安全性更差。如何保护用户的合法信息（账户、密码等）不受侵犯，是一个迫切需要解决的问题。除此之外，目前还应解决电子支付系统、商品配送系统中的安全问题。可以采取的方法是借鉴传统电子商务的安全防范措施，并根据移动电子商务的特点开发高效的安全协议，如面向应用层的加密（如电子签名）和简化的 IPSec 协议等。

（五）政策

尽管各国、各地方政府均对移动电子商务的发展给予一定的政策倾斜，但从整体上来讲，仍然缺乏协调配套的财政、金融以及产业政策，移动电子商务在很大程度上缺少有效的政策扶持，针对中小企业的扶持政策更是缺乏，难以适应当前形势发展的需要。

（六）物流

物流配送是电子商务产业链中不可或缺的环节，是电子商务落地的重要保证。物流配送的及时性、安全性和性价比都直接制约着电子商务的发展。目前，我国物流业普遍存在企业组织管理水平较低，时效性较差，物流收费高，配送区域小，鲜活、易碎或者外形庞大的商品的物流困难等问题。用户选择电子商务往往需要额外付出高昂的物流成本。

第 5 节 移动支付和移动银行

移动支付（M-payment）服务系统（俗称手机钱包）利用现有的移动电话网络提供消费支付、自助缴费、银行转账、账务查询等业务，是移动通信网络上的一项电子商务服务，具有使用方便、安全、快捷、不受时间地域限制等特点。如果与移动运营商合作，该系统还可以提供短信、广告等信息服务。

一、移动支付的模式

根据距离远近，移动支付可分为近场移动支付、远场移动支付以及连接线上与线下的 O2O 移动支付。近场移动支付主要用于交通支付、超市购物等，远场移动支付主要有网上购物支付、各种缴费等。而 O2O 移动支付则是介于近场移动支付与远场移动支付之间的一种移动支付模式，既包括近场移动支付（如自动售货机购物），也包括远场移动支付（如网上团购），主要目的在于通过支付实现线上与线下的闭环，典型代表如扫描支付。

此外，根据移动支付的提供主体，移动支付可以分为银行主导的移动支付（如M-Pesa、翼支付）和第三方支付公司主导的移动支付，如支付宝、微信支付等。这里重点讨论按距离远近分类的移动支付模式。

（一）近场移动支付

近场移动支付是指消费者在购买商品或服务时，即时通过手机向商家进行支付，支付的处理在现场即线下进行，不需要使用移动网络，而是使用NFC、红外、蓝牙等通道，实现与自动售货机以及POS机的本地通信。

近场移动支付领域存在银联主导的13.56MHz、中国移动力推的2.4GHz两大标准。具体的技术解决方案更是多种多样，有手机银行、手机贴片卡、双界面卡、RF-SIM、SD卡等多种方式。

NFC是近场移动支付的主流技术，是一种短距离的高频无线通信技术，允许电子设备之间进行非接触式点对点数据传输。该技术由RFID射频识别演变而来，并兼容RFID技术，最早由飞利浦、诺基亚、索尼主推，主要用于手机等手持设备中。

手机近场移动支付具有便携性，但由于一部手机中集成了多张银行卡、公交卡、购物卡，一旦手机被盗，所绑定的账户即有被盗刷的风险，必须在安全性上把好关。只有把手机近场移动支付做得像金融IC卡一样安全，才会真正赢得用户的信任。

（二）远场移动支付

目前大多数移动支付表现为远场移动支付，典型代表如微信支付、手机银行支付、短信支付、语音支付、支付宝支付，它们主要通过移动互联网技术来实现。远场移动支付可以通过以下几种模式来实现：一是客户端模式，二是内嵌插件支付模式，三是手机刷卡器模式。

（三）O2O移动支付

O2O移动支付是连接线上与线下进行的支付，典型代表如扫描支付、基于LBS技术的移动支付。看见心仪的商品，扫一扫二维码，用手机完成支付后即可取走商品，这就是扫描支付，完全自主化。二维码扫描支付既可以实现近场移动支付，也可以实现远场移动支付，目前二维码扫描是连接线上与线下的主要纽带。

O2O移动支付也可以通过手机刷卡器来完成，手机刷卡器是与手机连接的移动配件（能够识别不同的IC卡）。这种终端不仅可以实现远场刷卡，也可以完成近场移动支付。

此外，Facebook推出的Autofill具有移动支付信息自动输入功能，使线上与线下的“互动”变得更加便捷。其运作原理如下：如果用户在Facebook上用信用卡购物，那么用户的信用卡信息将会被记录，用户在使用Facebook账户购物时，会自动导入其信用卡信息，使购物更加方便快捷。

最后需要说明的是：上述三种分类方法没有严格的界限，有些移动支付模式既可以是近场移动支付，也可以是远场移动支付，还可以是O2O移动支付。将上述三种移动支付模式组合起来可以实现近场近付、近场远付、O2O移动远付。

目前移动支付的主要问题是标准不统一。比如，国内三大运营商建立了各自的移动支付可信服务管理（trusted service manager，TSM）平台，提供不同行业的支付应用（例如金融、公交）；中国银联与部分商业银行也建设了TSM，向合作的运营商提供金融支付应用。2013 年底我国建成的移动金融安全可信公共服务平台（MTPS）可以在一定程度上解决这一难题。目前中国建设银行、中信银行、中国光大银行、中国银联、中国移动等 7 家机构的企业 TSM 已试运行。MTPS 的建成可以实现商业银行、移动通信运营商、第三方支付公司的互联互通。公共服务平台是一个顶层架构，是移动支付行业的标准，在此顶层架构下可建立多个企业 TSM 并存的移动金融健康生态环境。

二、移动 POS 系统

移动 POS 系统的主要特点是以手机作为信息载体，通过手机的短信功能为广大手机用户提供支付、缴费、金融信息查询等各项增值服务，同时也为具有流动性的商户提供移动 POS 支付服务。此外，该系统将不断升级，开发出更多基于此平台的应用，成为移动支付的门户，为用户提供不受“线”制的金融服务。

移动 POS 系统具有以下功能：（1）设置账户，可一次性地在手机内设置三个银行卡账户；（2）账户管理，帮助用户同时管理已设置的银行卡账户；（3）账务查询，查询已设置的银行卡账户余额；（4）手机支付，与 POS 机配合使用，可提供各类商品的订购服务，商场、餐饮、娱乐业的支付服务，以及出租车和旅游等行业的支付服务；（5）自助缴费，可直接利用手机进行话费查询以及缴纳手机费和固定电话费；（6）购卡，可实现直接在手机上购买各种电话卡；（7）阅读信息，根据用户需求，以短消息方式定时发送银行信息、各地天气预报、交通信息、国内外新闻等。

移动 POS 系统的模块化设计及开放特性使得各种满足不同客户需求的移动金融增值服务可以非常容易地集成到该系统中。利用手机短消息（SMS）的特性，将手机看成一个手持信息终端，可以开发出很多新的应用，包括订购货物、送货上门、移动证券、移动信息定制、移动预订服务、移动通知服务和移动安全服务等。同时，随着接入银行的不断增加，用户可以选择使用更多的银行卡；随着特约商户的不断增加，用户可以通过手机缴纳更多类型的费用，如公用事业缴费（包括水、电、燃气、有线电视费）、行政收费（交通罚款、医疗及养老保险），购买手机储值卡、上网卡，给电话卡、公交 IC 卡充值，订购飞机票和火车票等。

三、移动银行

移动银行（M-bank）又称手机银行，是利用移动电话办理银行有关业务的简称。它是移动通信网络上的一项电子商务。手机银行业务的开通大大提高了移动通信公司和银行的竞争实力。移动银行业务主要有以下几类：银行账户操作、支付账单、信用卡账户操作、股票买卖、联机外汇、信息通知、移动商务和第三方身份验证。

手机银行通过网络将客户手机连接至银行，实现利用手机界面直接完成各种金融理财业务，主要功能涉及账务查询（即通过手机查询用户的银行存折、信用卡账户余额）、自助缴费（可直接在手机上查询及缴纳手机话费和其他费用）、银行转账（通过手机可进行信用卡、存折之间的资金转账）。另外，进入短消息平台后，可查询股市行情、外汇牌价、航班信息、天气预报等。它具有使用方便、安全保密、快捷可靠等特点。

这种结合了货币电子化与移动通信的崭新服务丰富了银行服务的内涵，移动银行意味着人们不仅可以在固定场所享受银行服务，更可以在旅游、出差途中高效便利地处理各种金融理财业务。通过移动银行服务，消费者能够在任何时间、任何地点，通过移动电话以安全的方式访问银行，而无须亲自光临或给银行打电话。现有的可选服务从查询账户余额、审核最新交易情况，到在账户间进行转账、支付账单，甚至可以通过“双卡”手机重新加载电子钱包。订购者使用特定的密码及用户友好选单界面就能够完成所有操作。

在现有的移动银行架构中，运营商需要在短消息中心与银行应用系统、数据库之间增设短信接口。该接口可用来过滤及分发从手机STK卡向应用系统发送的指令和数据；同时，也可在向手机和STK卡发送信息之前，转译或过滤从银行服务口接收的信息。

STK卡不是通常使用的SIM卡，而是基于Java语言平台的Simera 32k STK卡片。由于存储量的扩大，在SIM卡上可以存储手机银行的相关应用和信息，具体是向手机用户提供选单界面，接收广泛的应用信息（如股票价格、民航信息等），在运营商想改进其业务特征或允许用户定制其手机特征时，SIM卡可以现场升级。STK卡之所以能够支持移动增值业务，是通过SIM卡内置工具包STK实现的。STK是一种小型的编程语言，它允许SIM卡运行自己的应用软件。客户只要打开手机点击中文菜单，将有关账户、卡号、密码、交易金额等信息输入手机，即可完成各项交易。

四、移动银行的优缺点

移动银行刚刚推出不久，各家银行对此项业务的认知不同，加上没有经验可借鉴，在充分看到其优点的同时，也必须清楚地认识到它存在的不足。

（一）优点

1. 功能丰富

目前，中国银行、中国工商银行和招商银行的手机银行服务接近成熟。比如，各家银行所提供的服务都涵盖丰富的功能，用户通过手机不但可以查询账户记录和汇率等金融信息，还可以完成转账、委托买卖证券、个人实盘外汇买卖等个人理财业务。中国银行更是提出了“跨时间地域理财”的概念，为手机用户提供异地漫游理财服务。

2. 覆盖区域广

GSM网覆盖广泛。手机银行在GSM网覆盖的地方可以提供服务。

3. 安全性好

移动银行利用SIM卡中的程序可以对发的信息进行加密，即使从空中拦截信息，也无法获得用户的关键数据。只有银行才可对数据进行解密，即使电信运营商也无法解密。利用移动银行可靠的加密属性，银行可以放心地提供资金划转业务。目前银行推出的该项服务的安全性都是有保障的，不仅银行对发出的信息加密，而且手机的STK卡上发出的信息也是加密的。有专家指出，手机银行的加密功能高于现有的电话银行，因此其可信赖程度仅次于ATM机。

4. 收费低

移动银行是银行的电子渠道，由于降低了人工成本，网上银行与现场办理相比具备较大的价格优势。比如，目前中国建设银行柜台进行异地同行转账，手续费是 0.1%，最低 2 元，而对客户通过手机银行办理的境内人民币转账汇款免收手续费。

5. 可以进行二次交易

利用移动银行可以实现一些在电话银行中无法实现的功能，如简易单据的发送等。利用移动银行，用户可以选择由银行邮寄单据或由银行利用短信发送简易单据，或用户确认后不发送单据。移动银行利用短信的方式，即使用户关机，再次开机后同样可以收到银行发送的请求，在任何时间可以对消费进行确认，从而实现二次交易。这种方式才是真正方便的代收代付服务方式。随着代收代付业务比例在银行业务中的扩大，手机银行的这种服务显得更为重要。

（二）缺点

1. 手机私密性保管不当带来风险

使用手机银行的用户，手机上会存有用户登录的相关信息，甚至有些用户直接将手机银行与手机捆绑。假如用户的手机私密性保管不当或者手机丢失，很可能给用户本人带来损失。

2. 移动网络安全性存在隐患

钓鱼网站和钓鱼软件大量存在于移动网络上，用户可能因安全意识不足或不小心登录“山寨”版购物网站、银行网页或手机被木马病毒侵入而导致购物款被骗、银行账户信息被盗。

3. 网速限制

手机银行提供的服务大多属于个人日常基础性小额业务，融资、贷款等金额较大，手续相对复杂的业务很难通过手机银行办理。

五、第三方支付平台“支付宝”

支付宝（中国）网络技术有限公司是国内领先的平台，致力于提供简单、安全、快速的支付解决方案。支付宝从 2004 年建立开始，始终以‘信任’作为产品和服务的核心。2013 年底，支付宝成为全球最大的移动支付平台。

支付宝是以个人为中心，拥有超 4.5 亿实名用户的生活服务平台。它已发展成为融合支付、生活服务、政务服务、社交、理财、保险、公益等多个场景与行业的开放性平台。除提供便捷的支付、转账、收款等基础功能外，支付宝还提供信用卡还款、话费充值、缴水电煤气费等服务。用户通过支付宝不仅能享受消费打折，跟好友建群互动，还能轻松理财，累积信用。

（一）快捷支付

快捷支付是支付机构与银行合作形成的一个高效、安全、专用（消费）的支付方式。在推出快捷支付之前，大部分网络支付借由网络银行完成。但网络银行存在支付成功率低、安全性低等问题。此外，除了大银行，国内有些小银行或信用社未提供网银服务。

快捷支付解决了上述问题，支付成功率达到95%以上，高于网银的65%左右。快捷支付的用户资金由支付宝及合作保险公司承保，若出现损失可获得赔偿。2010年12月，中国银行与支付宝推出信用卡快捷支付服务。随后，多家银行开通快捷支付服务。支付宝推出该业务之后，财付通、银联等第三方支付机构也推出了快捷支付。

（二）手机支付

自2008年开始，支付宝开始介入手机支付业务，2009年推出首个独立移动支付客户端，2013年初更名为“支付宝钱包”，并于2013年10月成为与“支付宝”并行的独立品牌。用户下载安装支付宝钱包，使用支付宝账号登录就能使用。

（三）二维码支付

2010年10月，支付宝首先在国内推出二维码支付技术，帮助电商从线上向线下延伸发展空间。用户在支付宝钱包内点击“扫一扫”，扫描二维码按照提示就能完成支付。

2011年7月，支付宝在广州发布条码支付（barcode pay），该技术适合在便利店等场景使用。这是国内第一个基于条形码的支付方案，尚无同类支付技术。使用时，用户在支付宝钱包内点击“付钱”，收银员使用条码枪扫描该条码即可完成付款。

（四）指纹支付

2014年7月16日，移动支付平台支付宝钱包宣布试水指纹支付服务。这是国内首次在智能手机上开展的指纹支付尝试，此举不仅给用户带来更安全、更便捷的支付体验，也意味着国内移动支付产业从数字密码时代进入生物识别时代。

第6节　移动娱乐与移动学习

以移动游戏为代表的移动娱乐业务能够为运营商、服务提供商和内容提供商带来附加业务收入。移动娱乐有机会成为移动产业最大的收入来源，同时也是鼓励移动用户消耗剩余预付费通话时间的最佳手段。移动娱乐业务的种类有移动游戏、移动视频、移动音乐、移动社区等。移动娱乐业务前景广阔，它既是运营商可提供的又一项具有特色的移动增值业务，也是防止客户流失的有力武器。

一、移动娱乐

（一）移动游戏

随着智能手机和4G网络的普及，移动互联网迎来爆发式增长。业界普遍认为，移动互联网是一个比互联网大数倍的万亿级产业，手机将作为未来人类线上生活娱乐的最主要载体而存在。在此大背景下，手机游戏普遍被业界看好，盛大、腾讯、阿里巴巴等业界巨头已经高调进入手机游戏行业。

根据伽马数据最新发布的《2023年全球移动游戏市场竞争力报告》，2023年全球移动游戏市场总规模达到了6 062.7亿元，实现了2%的年增长率。国内及海外市场的收益共同占据了全球移动游戏市场收入的一半以上。该报告还指出，虽然中国游戏在多个国家的市场排名中有所上升，其营收比例却呈下降趋势。在美国和日本市场，来自中国的自主研发游戏的收入比重已超过 50%。在全球移动游戏收入排名前 100 的企业中，超过一半是中国企业。同时，全球有 9 个企业的移动游戏年营收超过了百亿元人民币。

中国大多数游戏企业都实现了移动互联网化。大多数客户端游戏企业与网页游戏企业布局游戏领域或推出移动游戏产品；部分游戏企业基于同一 IP 推出客户端游戏、网页游戏以及移动游戏；个别原来专注客户端游戏和网页游戏的企业全面转型至移动游戏。相对于客户端游戏和网页游戏来说，以下几个要素导致移动游戏的进入门槛降低：第一，较少的启动资金；第二，较少的开发人才需求；第三，技术门槛较低；第四，开发时间相对缩短；第五，平台（如苹果商店）的助力意味着用较少的推广成本可能获得更大的收益；第六，各种大众化的创意有实现的可能。

平台对移动游戏和网页游戏的发展产生了极大的影响。一方面，平台将互联网用户资源与游戏研发资源整合为一体。以腾讯、百度、360 为代表的互联网用户平台与网页游戏、移动游戏开发商联合运营，通过对自有用户群体的数据监测与游戏开发，深入挖掘用户需求，实时提供用户反馈数据供开发商优化产品，快速拓展游戏的受众范围。另一方面，平台扮演了资源整合者的角色，以完美世界、腾讯、盛大为代表的大型游戏企业通过对上下游产业链相关企业、国内外游戏企业的投资、并购，实现全球研发与运营资源的整合，以及客户端、网页、移动游戏不同类别的用户资源的整合，提高游戏产业的集中度。

平台让游戏的全球化程度加深，更多中国游戏企业放眼全球市场。借助全球平台，中国游戏企业在海外拓展时将会面临更多的商业机会。全球平台降低的门槛包括：第一，资金成本；第二，时间成本；第三，沟通成本。借助苹果商店等全球平台，企业不仅易于将产品输出到全球市场，同时也有可能在开发产品时即定位全球市场。

（二）移动视频

移动视频包括移动视频与移动电视两大部分。对移动视频的欣赏通过移动终端（主要是手机）来实现。4G 技术的成熟使得以往用户所反映的播放延迟、图像质量差等问题有了较大改善。伴随着用户消费体验的改善、技术的成熟与终端的大规模推广，加上运营商有力的营销措施，4G 用户迎来较大幅度的增长，移动视频的市场空间得到极大拓展，可视电话、手机电视成为个人用户市场上视频类业务的主要应用。无论是电信运营商、传统视频网站还是电视台等内容提供商，都对手机视频给予了极大的关注。

从整个视频行业的投资走向来看，行业横向的资源整合基本完成。未来视频网站会不断加强对产业链上下游的渗透，从上游的制作发行到下游的硬件终端都会涉及，从而形成“内容 + 输出平台 + 终端”的完整产业链。目前，移动视频用户增量主要来自 PC 端用户的迁移，用户移动端视频观看习惯的培育将推动移动视频应用用户规模的平稳扩大。短视频新场景、新业态不断涌现，不仅丰富了人们的生活，也深刻改变着文化的生产、传播和消费方式。2023 年 6 月，在中国移动咪咕与上海国际电影节联合发起的“短视频单元特别活动”上，中国移动发布了“短视频生态合作计划”，宣布携手行业合作伙伴，基于内容、平台和技术三部分的合作，共同撬动短视频内容价值空间，进一步赋能行业数智化高质量发展。中国移动通过咪咕视频、视频彩铃和移动高清构建的5G视频核心框架，促成了互联网、通信网络和广播电视网络三大生态系统的互联互通。此外，实现了移动端与大屏端之间的多屏共享以及视频彩铃与主流短视频平台的应用整合。截至2023年5月，中国移动短视频服务的用户数量已突破6亿，年度视频播放量达到2 100亿次以上，视频内容总量超过5 000万条，内容创作者人数超过10万，产业年产值达到100亿元以上，为行业开辟了新的内容和流量入口。

（三）移动音乐

移动音乐是依托手机、平板电脑等移动终端设备，通过移动通信网络或互联网进行传输的音乐，以App为载体的移动音乐涵盖音乐播放器、音乐电台、音乐铃声、音乐娱乐、音乐学习等层面以及游戏、秀场等领域。随着移动音乐市场的井喷式发展，版权商、运营商、手机厂商都觊觎这一庞大的市场，诸多唱片公司也看好移动音乐的发展前景，纷纷投入其中。中国移动、中国联通和中国电信都建立了自己的移动音乐基地。移动音乐的巨大市场空间更是吸引了众多的硬件厂商追随者。

尽管目前来看，移动音乐的用户增长迅猛，数字音乐的发展势头不可阻挡，但移动音乐的市场规模相较于整个数字音乐市场还比较低。尚普咨询集团数据显示，截至2021年底，我国网络音乐用户规模达到7.29亿，同比增长11%，占网民总数的70.7%。随着移动互联网的普及和5G网络的推广，更多用户可以方便地通过移动设备享受在线音乐服务。此外，如今对版权的保护力度逐渐加大，更多独家内容的出现，以及用户对音乐付费意识的增强，移动音乐市场的盈利模式会逐渐清晰，市场发展会加速。

（四）其他移动娱乐业务

随着移动互联网的出现，网络社区被自然而然地移植到移动网络上，成为人们关注的一个热点，因为它满足了人们对交流方式更方便、更具即时性的要求。目前中国移动SNS（社交网络服务）市场正处于快速增长阶段，用户数量快速增加。各种新的专注于手机服务的交友应用和工具相应而生。新兴的微信、微博等移动社交媒体发展迅猛，传统社交媒体有人人网、豆瓣、猫扑等。移动社交媒体成功的关键在于准确迅速地把用户需要转化为产品。

二、移动学习

随着移动计算技术与移动通信技术的快速发展，利用手机等移动设备进行随时随地交互式数字化学习的方式“移动学习”（mobile learning，M-learning）得以兴起。移动学习是在数字化学习的基础上发展起来的，与数字化学习相比，移动学习不仅具备数字化、多媒体化、网络化、智能化的特征，而且具备独特的优势：学习者不再受基于桌面电脑的固定场地所限，可以“随时、随地、随身”，“短、平、快”地进行学习。移动学习得以实现的技术基础是移动计算技术和互联网技术，即移动互联技术，实现的工具是小型化的移动计算设备。随着手机软硬件支持能力的增强，手机的计算处理能力与数据存储能力越来越强，再加上良好的GPRS数据通信方式，手机用户可以获得更丰富的应用。如现在已经广泛使用的智能手机，就能为用户提供视频播放、文档编辑与处理、阅读电子图书、网络游戏等强大功能。

在我国，移动学习还处于市场发展的初级阶段，随着在线教育竞争的加剧，会有创新型企业在移动设备上创造出新的模式（如拍照答疑、推送答案等），使得移动学习具有PC平台不可能具有的特性。对移动学习业务应有充分的认识，不能局限在移动学习仅仅是Web学习的延伸这一观念上。

我国在未来的20年中，移动学习的发展将经历三个阶段：基础环境建设阶段，知识体系化建设阶段和学习服务建设阶段，每个阶段的过渡是一个迭代循环的过程。

（1）基础环境建设阶段。随着无线网络和资源的发展，逐步形成适应移动学习的基础环境，以及国家、地区和组织三个层次的网络环境和学习环境。这个阶段将持续4～8年，主要推动力来自移动服务商和厂商。

（2）知识体系化建设阶段。在已有的移动环境基础上构建大规模的知识体系，完成学习内容的关联和已有资源的共享兼容，针对不同的学习主题和需求进行分类和定制化应用构建。这个阶段将持续5～10年，主要推动力来自教育机构和企业。

（3）学习服务建设阶段。这个阶段将是我国全面教育社会化发展进程的新起点，环境的交互成为隐性的移动学习过程，国家级的移动学习服务中心成为社会基础设施，移动学习成为社会化的教育形式，相关资源将得到系统化的兼并和整合。这个阶段将持续5～10年，主要推动力来自政府。

□思考题

1. 什么是移动电子商务？
2. 移动电子商务有哪些特点？
3. 简述推动移动电子商务发展的因素。
4. 简述制约移动电子商务发展的因素。
5. 简述什么是移动支付及其模式。
6. 简述什么是移动银行。
7. 简述一个第三方支付平台的案例。
8. 简述移动娱乐业务高速发展的原因。
9. 根据本章内容，谈谈你如何充分利用移动设备。

第 11 章

电子商务典型应用

| 本章要点 |

互联网正在改变商业行为，使公司能够接触新市场，提高效率，并以前所未有的程度与消费者相互影响。受互联网影响最大的行业首先是通信、金融和零售业。未来，所有的传统行业都将使用互联网并加入电子商务的行列。本章将列举电子商务的一些典型应用，如网上商店、网络银行、旅游电子商务、电子政务等。

电子商务作为经济全球化和信息网络化的产物，正在成为全球经济最具活力的增长点。国际上一些在电子商务发展方面领先的国家推广各种电子商务应用并取得了良好的效果。经过几年的政策指导和市场培育，我国电子商务市场逐步形成。目前，我国电子商务基础设施建设初步完成，各省（市、区）、各行业的电子商务应用的开发和推广取得了一定的成绩。

第 1 节　网上商店

一、网络零售业的兴起

1994—1995 年，互联网上只有大约 27 000 个商业域名（.com）注册，网上销售商也寥寥无几。把互联网看作一个大市场，在上面销售有形的零售商品，这在当时无疑是一个十分大胆的想法。从 IBM、MCI 和时代华纳公司最早建立的网上商场中得到启发的亚马逊、CD Now、Auto-by-Tel 等公司，看到了成为网上第一家专业销售商的机会，艰难地迈出了一小步。随后，这些公司均投入了大量资金，争夺网上市场份额，树立企业形象。与此同时，传统销售商巨头如沃尔玛、巴诺书店（Barnes & Noble）、Gap 等没有及时对自己的站点进行改造以适应网上销售的要求，从而使亚马逊等新生的网上销售商获得了最为宝贵的生存时间和空间。如今亚马逊成为大型零售店类别中的第一品牌。

为获得消费者认同，网上销售商在网上商店的布置上往往煞费苦心。网上商品不是摆在货架上，而是做成电子目录，里面有商品的图片、详细说明书、尺寸和价格信息等。所谓“第三方”的购买指南还不时帮助消费者在众多的商品品牌之间做出选择。消费者对选中的商品只要用鼠标轻轻一点，再把它放到“购物车”里就可以了。在付款时消费者需要输入自己的姓名、家庭住址以及信用卡号码，点击“确定”，一次网上购物就算完成了。为了消除消费者的不信任感，大多数网上销售商还提供免费电话咨询服务。

二、中国 B2C 网上零售商店的发展

（一）中国 B2C 电子商务的发展概况

2012 年，全球电子商务销售额首次突破 1 万亿美元，亚太地区电子商务销售额增长势头尤为强劲，中国市场则是亚太地区的重要推动力。由于网上交易信用体制的逐步完善，网上安全支付系统的逐步普及和线下物流配送网络的逐步扩大，加之消费者的网络购买习惯逐渐形成，中国 B2C 网站无论在数量上还是规模上都进入了高速发展期。中国电子商务研究中心的监测数据显示，2016 年上半年中国电子商务交易规模达 10.5 万亿元，同比增长 37.6%。其中，B2B 市场交易规模达 7.9 万亿元，同比增长 36.2%。网络零售市场交易规模 2.3 万亿元，同比增长 43.4%。2016 年上半年中国网络零售市场交易规模占社会消费品零售总额的 14.8%，较 2015 年上半年的 11.4% 提高了 3.4 个百分点。2016 年上半年中国 B2C 网络零售市场（包括开放平台式与自营销售式，不含品牌电商）中，天猫排名第 1，占 53.2%；京东名列第 2，占 24.8%；唯品会位列第 3，占 3.8%；位列第 4～10 名的电商依次为：苏宁易购（3.3%）、国美在线（2.2%）、亚马逊中国（1.6%）、1 号店（1.5%）、当当（1.4%）、聚美优品（0.8%）、易迅网（0.3%）。市场快速增长的原因一方面来源于网民和网购用户的快速增长；另一方面来源于 3C 产品细分市场逐步成熟，推动市场规模快速扩大。另外，淘宝商城等 B2C 平台的模式出现也带动了整体 B2C 市场销售规模的快速提升。这是对中国 B2C 电子商务市场前景最简单和最直接的表述。国家统计局数据显示，2023 年 1—9 月，全国网上零售额 10.8 万亿元，同比增长 11.6%。其中，实物商品网上零售额 9.04 万亿元，同比增长 8.9%，实物网零对社零增长贡献率达 33.9%。前三个季度 B2C 网络零售额同比增长 13.7%，网络零售平台店铺数量同比增加 1.8%。

如今，中国跨境电商实现快速增长，海关数据显示，2023 年前三个季度，我国跨境电商进出口 1.7 万亿元，同比增长 14.4%。商务大数据显示，从原产地看，原产自日本、美国和澳大利亚的商品跨境进口额位居前三位，占整体跨境网络零售进口额的 39.6%；从进口品类看，化妆品、粮油食品和服装鞋帽针纺织品跨境进口额位居前三位，占整体跨境网络零售进口额的 69.7%。此外，农村网络零售稳步增长，分品类看，服装鞋帽针纺织品、日用品、粮油食品网络零售额位居前三，占比分别为 25%、19.3% 和 8.8%。其中，烟酒、金银珠宝、建筑及装潢材料同比分别增长 40.6%、24.9% 和 15.6%。分地区

看，东、中、西部和东北地区农村网络零售额占全国农村网络零售额比重分别为 75.2%、15.9%、6.8% 和 2.1%，同比分别增长 8.8%、25.4%，26.8% 和 7.6%。

目前中国网上零售市场逐步成熟，形成综合网上零售网站和垂直网上零售网站互补的局面。在品类选择方面，综合网上零售商应力争实现主流品类的主流产品齐全，即满足大部分消费者的大部分需求；垂直网上零售商应力争体现专业性，实现垂直品类的全品种，并追求长尾的价值。随着零售企业和电子商务的融合，各种业态的零售企业正在发挥各自的优势，为 B2C 电子商务带来形式多样的零售业态，从而为 B2C 电子商务带来更多的创新和革命，将各种业态的特点和优势发挥出来。

（二）中国 B2C 电子商务取得的进步

1. 网民参与网上购物的比例逐年升高

随着中国整体网络购物环境的改善，网络购物市场的增长趋势明显。第 53 次《中国互联网络发展状况统计报告》显示，截至 2023 年 12 月，我国网民规模达 10.92 亿人，较 2022 年 12 月增长 2 480 万人，互联网普及率达 77.5%。随着移动互联网的普及和智能手机的广泛应用，移动端购物逐渐成为主流。越来越多的消费者通过手机 App 进行购物，这推动了在线购物行业的快速发展。

2. 配送环节有了很大改善

2000 年初，大多数公司还只是承诺订单确认后 3 ～ 7 天发货，加上确认程序的烦琐，一般消费者真正收到商品要在一周左右。而现在，90% 以上的公司承诺在订单确认后 24 小时内发货，某些电子商务网站甚至提供“当日达”“次日达”服务。比如，京东为客户提供多种形式的配送服务：211 限时达、极速达、精准达和夜间配。所谓 211 限时达，是指上午 11 点前提交的现货订单（部分城市为上午 10 点前），当日送达；当日 23 点前提交的现货订单，次日 15 点前送达。若消费者选择夜间配，商家会尽量在当日的 19—22 点完成配送服务。又例如 2023 年天猫“双十一”购物狂欢节，第一个快递在狂欢节开场后 15 分钟内即送到客户手中。显而易见，配送环节的改善有力地促进了 B2C 的发展。随着 B2C 市场竞争的加剧，送货快慢成为衡量网站服务的一个重要因素，因此送货时间还有继续缩短的趋势。

3. 在线支付技术日趋完善

金融系统参与电子商务的热情很高，各种网络银行的出现使在线支付技术日趋完善。2000 年初，在线支付还只是一个概念和构想，很少有公司能够提供在线支付方式。经过三年左右的时间，就已经有 62.58% 的 B2C 网站能接受消费者的在线支付，这使得网上购物更加接近真正意义上的电子商务，电子商务方便、快捷的特性也更加凸显出来。不仅如此，电子商务在线支付平台更加丰富。目前常见的第三方支付平台包括支付宝支付和微信支付。第三方支付平台不仅极大地保证了电子商务支付的安全性，而且实现了与消费者银行账户的无缝连接，实现了所谓的“快捷支付”，极大地方便了消费者进行在线支付。某些第三方支付平台提供类似于信用卡的“先消费，后付款”的服务，例如支付宝的“蚂蚁花呗”以及京东的“白条支付”。

4. B2C 电子商务售后服务系统更加健全

80% 以上的公司对售后服务做出承诺，如根据不同情况可以为客户办理退换货，开通服务热线接受客户咨询，建立呼叫中心负责处理客户投诉等。但建立全面的服务系统只是提高服务水平的基础，关键在于服务的结果。目前在售后服务中存在的问题主要是：办理退换货手续复杂，时间太长；对客户投诉反应慢，处理不及时等。

5. 网上商品打折销售成为商家最主要的营销方式

打折浪潮极大地刺激了网民的购物欲望，同时也使网站的销售额大幅提高。业绩的增长使商家真正地感受到打折行之有效，因此，尽管打折会影响网站的盈利，但预计在未来几年中，网上商品打折销售手段不会改变，相反，打折方式会越来越多，打折幅度会越来越大。

2018 年至今，国内网络零售市场不断“升温”，但相较于行业早前的增长速度，已经有了放缓的趋势。各电商企业的发展模式相融、共存。随着电商模式的丰富多样，电商品类被不断细分。跨境、母婴、金融、农村电商成为各大平台的发力点。中国零售电商市场呈现如下特征：互联网品牌纷纷上市；生鲜电商进退两难，盈利成为痛点；农村电商成为各大巨头抢占的市场；“新零售”引爆线上线下融合发展；“直播 + 网红”掀起新浪潮，成为电商新玩法；新技术推动电商服务不断升级。

三、中国零售电商新趋势之一：生鲜电商

随着中国进入高质量发展阶段，消费者对健康、安全、高品质的产品的购买欲望越来越强烈。2017 年生鲜电商市场增长强劲，可以称为一片“红海”，即使是资本寒冬也阻挡不了投资者的热情。

生鲜电商行业仍处于高度竞争阶段。第一类阵营是以天猫、京东为代表的大电商平台生鲜频道。生鲜战略已成为京东农村电商三大战略之一。京东不仅组建全球买手团队，更不断丰富自己的生鲜产品供应链，与加拿大、丹麦等多个国家合作。冷链物流作为生鲜电商的痛点之一，是导致生鲜产品出现化冻、腐烂、漏液等问题的关键因素，但冷链物流恰好是京东的优势。京东生鲜凭借其自建的冷链物流体系，可以实现生鲜产品在产地运输、干线运输、仓储、终端配送四大环节全程冷链无缝衔接。同时，京东还拥有专属冷藏车、专业冷链保温箱、食品级环保降解专用袋，用以护航最后一公里。京东生鲜通过自营买手、自建冷链、产地包销等方式，成为生鲜电商行业有力的竞争者。第二类阵营是以本来生活、易果生鲜、我买网、天天果园、食得鲜、鲜摇派、云之鲜生、冻品在线、双安智农、链农网、小鸡啄米等为代表的垂直生鲜电商平台。第三类阵营是传统超市 O2O 生鲜电商，例如永辉超市。

BAT（百度、阿里巴巴、腾讯）等互联网巨头开始在生鲜电商领域布局。如阿里巴巴投资了易果生鲜，腾讯投资了每日优鲜，京东投资了天天果园，百度投资了我买网。

生鲜电商行业损耗大，对物流与供应链要求高，导致运营和仓库配送的成本很高。易果生鲜旗下的安鲜达物流，配送覆盖 200 多个城市及地区，特别是华东地区多地实现次日达、次晨达，实现了用户购买生鲜产品一站式配送上门服务，形成了标准化的仓储运作模式。而在生鲜供应链方面，易果生鲜正在布局上游农业，以全面打通整个供应链体系。生鲜食品的关键在于冷链物流的建设，这恰恰是整个“新零售”供应链系统中最

困难的一个环节。因此在阿里巴巴与百联合作的“新零售”领域，易果生鲜扮演的角色更多是在后端供应链、物流等方面。这也是阿里巴巴将生鲜市场作为“新零售”的突破口的原因。

国内生鲜电商主要有七种模式。

模式一：综合电商平台。国内的天猫、京东、苏宁易购、1 号店、亚马逊中国等综合电商平台都已经涉足生鲜电商。相比其他生鲜电商而言，综合电商平台具有明显的优势。

模式二：物流电商。农业是电子商务中唯一一个没有完全电商化的行业，顺丰选择从快递跨界到了生鲜电商。

模式三：食品供应商。中粮我买网和光明菜管家是传统食品企业进军生鲜电商的两个典型代表，食品企业直接做生鲜电商，自然有着不小的优势。

模式四：垂直电商。代表有我买网、本来生活网、顺丰优选、每日优鲜、拼好货（已与拼多多合并）、都市菜园、天天果园和易果网等。

模式五：农场直销。代表有多利农庄、沱沱公社，它们依托自己的农场打造生鲜电商。

模式六：线下超市。虽然在商品的近距离配送、仓储、供应链管理等方面都有着较为明显的优势，但线下超市涉足生鲜电商并非易事。

模式七：社区 O2O。无论是淘宝、京东，还是顺丰优选等，都在涉足社区生鲜 O2O，最具代表的是微商，通过借助微信公众号，大量创业者做起了社区生鲜配送。

第 2 节　网络银行

网络银行也称在线银行，是指利用 Internet/Intranet 及相关技术处理传统的银行业务及支持电子商务网上支付的新型银行。它依托传统银行业务并为其带来根本性的变革，同时拓展了传统的电子银行业务功能，开创了一种全新的银行服务渠道。

特别是在电子商务应用中，伴随网络银行出现的电子货币和网上支付功能为电子支付的实现提供了强有力的支持。作为电子支付和结算的最终执行者，网络银行起着连接买卖双方的作用。网络银行所提供的电子支付服务是电子商务中的关键要素之一。

网络银行服务最初主要针对企业客户，这主要是由于企业有主动获得网络银行高质、快速、准确、方便的服务的积极性。随着网络银行的发展和完善，企业开始向金融零售领域发展，目前全世界的网络银行服务的发展极为迅速。网络银行在我国起步较早，近年来的发展逐步加快，用户的网络银行使用意识和习惯逐步培养起来，社会认知和接受度提高。网络银行以其便捷、优惠、功能的丰富等特性吸引越来越多的用户。随着 B2B 电子商务的发展，大量中小企业对电子商务越来越重视，企业网银由此迎来快速发展。

中国金融认证中心 2022 年 12 月 10 日发布的《2020 中国电子银行发展报告》显示，2020 年个人网上银行用户比例达 59%，同比增长 3 个百分点，增速持续放缓。与之相比，个人手机银行用户比例依然保持着较高的增速，2020 年增幅达到 8%，用户比例达到 71%，同比增长 12%，意味着手机银行已成为零售电子银行发展的关键核心。此外，个人微信银行用户比例继续稳步增长，用户渗透率攀升至 45%。监测数据显示，2019 年 9 月至 2020 年 8 月，手机银行 App 单机月均有效使用时间为 26.3 分钟，增长 18.4%，增长率与去年相比基本一致。而网上银行单机月均有效使用时间为 31 分钟，较上年下降 5%，目前已经进入瓶颈期。手机银行及微信银行的使用频率较高且较为接近，均有 50% 以上的用户每周使用 2 次以上。以手机银行为代表的电子银行作为银行业务与科技融合的服务业态，是传统银行转型升级的重要体现。

一、网络银行的特点

关于未来的银行到底是什么形态，人们争论了许久，认为主要有电子化银行、自动化银行、自助银行、无纸化银行、无现金银行、电话银行、家庭银行、机器人银行、电子货币银行等。各种各样的现代化银行不断出现。但近几年，随着网络银行的迅速发展，人们得到一个统一的答案：网络银行才是人类社会未来银行的最终归宿。

网络银行首先要求一切交易、银行的各种业务和办公完全实现无纸化、电子化和自动化，它是各种现代化银行如电话银行、家庭银行、自助银行、机器人银行、电子货币银行、自动化银行的深入发展。网络银行具有如下特点。

（一）全球化、无分支机构

传统银行通过开设分支机构来发展金融业务和开拓国际市场，客户往往局限于固定的地域，而网络银行是利用互联网来开展业务的，因此，可以将金融业务和市场延伸到全球每个角落。打破了业务地域范围局限的网络银行，不仅可吸纳本地区和本国的客户，还可吸纳国外客户，为其提供服务。正如 SFNB 公司①总裁詹姆斯·马汉（James Mahan）所言："任何人只要有一台电脑，都是我的潜在客户。"

（二）开放性与虚拟化

传统银行所提供的业务是在银行的封闭系统中运作的，而网络银行的 Web 服务器代替了传统银行的建筑物，网址取代了地址，其分行是终端机和互联网这个虚拟的电子空间。因此有人称网络银行为"虚拟银行"，但它又是实实在在的银行，利用网络技术把自己与客户连接起来，在有关安全设施的保护下，随时通过不同的计算机终端为客户办理所需的金融业务。

（三）智能化

传统银行主要借助于物质资本，通过众多员工辛勤的劳动为客户提供服务。而网络银行主要借助智能资本，靠少数脑力劳动者的劳动（如 SFNB 公司只有 15 名员工）提供比传统银行更多、更快、更好、更方便的业务，如提供多元且交互的信息，客户除了转账、查询账户余额，还可享受网上支付、贷款申请、国内外金融信息查询、投资理财咨询等服务。网络银行的功能和优势远远超出电话银行和传统的自助银行。网络银行是一

① SFNB 即美国第一安全网络银行。

种能在任何时间（anytime）、任何地方（anywhere），以任何方式（anyhow）为客户提供超越时空的智能化服务的银行，因此可称为“三A银行”。

（四）创新化

网络银行是创新的银行。在个性化消费需求日益凸显及技术日新月异的信息化时代，网络银行提供的金融产品的生命周期越来越短，淘汰率越来越高。在这种情况下，只有不断采用新技术、推出新产品、持续创新才不至于被淘汰。以SFNB为例，它是一家真正意义上的网络银行，脱离传统具有物理介质的实体银行模式，完全依赖互联网进行运营。它对基本支票账户不收取手续费，没有最低余额限制，在美国银行界首开先河。客户不受物理空间及时间限制，只要能登录其网站并拥有网络账号，便能享受其便捷、高质量的服务。

（五）运营成本低

网络银行大大降低了银行经营成本，提高了银行盈利能力。开办网络银行业务，主要利用公共网络资源，不需设置物理的分支机构或营业网点，减少了人员占用，提高了银行后台系统的效率。近年来，以智能客服、大数据、云计算、人工智能等为代表的金融科技大幅降低了运营成本，提高了服务效率，成为银行转型升级的加速器，正在重塑商业银行形态。在移动互联网技术的推动下，商业银行的客户争夺阵地从线下网点转移到掌上空间。商业银行纷纷推出手机银行、直销银行、微信银行等产品，使用户随时随地体验银行服务成为可能。

（六）亲和力增强

增加与客户的沟通和交流是企业获取必要信息、提升企业形象、贴近客户、寻找潜在客户的主要途径。在这方面，网络银行具有传统银行无法比拟的优势。网络银行可通过统计客户对不同网上金融产品的浏览次数和点击率，以及各种在线调查方式了解客户的喜好与需求，设计出有针对性的金融产品，这不仅方便了客户，银行也因此增强了对客户的亲和力，提高了竞争力。

二、网络银行的实现环境和条件

（1）电子化服务工具快速发展。随着各种电子化、自动化银行大量涌现，面向广大客户的电子化和自动化银行服务工具在不断改进、更新和发展。网络银行的电子化服务工具主要有电子货币、电子钱包、电子信用卡、电子零钱等。

（2）银行设备不断更新和发展。目前，自动柜员机已经联网，使用越来越普遍。销售点终端与银行的计算机相连并得到普及。各种各样的自动点钞机、自动出纳机也得到广泛应用。

（3）各种现代化银行金融支付工具和清算系统得到广泛应用。大额在线实时支付系统、小额批量支付系统、电子联行系统、自动化对公业务系统、银行储蓄通存通兑系统、电子支付系统和安全电子交易系统等得到广泛应用。

（4）金融在线服务发展迅速。金融在线服务就是通过PC、调制解调器、数据通信线路或电话线路向用户（客户）提供金融信息服务，包括电子邮件、电子公告、在线信息检索、在线金融信息传递、实时联机交流金融信息等。金融在线服务的特点是具有交互功能，用户能够主动接受或选取金融信息，也可以主动发布金融信息。

（5）现代金融计算机系统发展很快且得到广泛应用。随着计算机网络技术的飞速发展，金融计算机系统普及很快，大量现代化的金融管理信息系统、决策支持系统、决策信息系统、办公自动化系统、战略决策支持系统等，使银行业的经营管理全面实现系统化、科学化和现代化，使整个银行业朝数字化、网络化和信息化方向发展。

（6）银行业全能化和国际化发展迅速。随着国际贸易的繁荣与发展、跨国投资迅速增加，银行的国际业务迅猛发展，银行之间的竞争加剧，各银行都在朝全能化、国际化、集约化和多样化方向发展，并且十分重视技术进步。现代高新技术的快速发展，尤其是计算机科学和信息科学的进步为银行的变革创造了有利条件。网络信息的发展和应用、网络银行的出现与发展，统一了人们的思想，为银行的发展指明了方向。

同时，WWW、浏览器的出现使互联网成为人类共享财富和创造幸福生活的技术手段，虚拟现实标记语言（VRML）的诞生和发展使创建各种三维网络世界（三维 Web）成为可能。

三、典型的网络银行

1995 年 10 月，美国三家银行联合在互联网上成立全球第一家无任何分支机构的纯网络银行，即 SFNB。SFNB 是得到美国联邦银行管理机构批准，在互联网上提供银行金融服务的第一家银行，也是在互联网上提供大范围和多种银行服务的第一家银行。

网络银行服务可归纳为三类：第一类：介绍公司的历史、新闻等；第二类：介绍公司网上提供的具体服务及使用方法；第三类：通过互联网为个人用户和企业集团用户提供查询、转账、网上购物或电子贸易等功能。

网络银行的运行机制有两种模式：一种是完全依托于互联网发展起来的全新的网络银行，特点是银行的所有业务都是通过互联网进行的，美国的 SFNB（www.sfnb.com）就是有史以来第一个没有实体组织的虚拟银行；另一种是传统银行在互联网上建立的网站，如美国的花旗银行，我国的招商银行、中国银行等。

下面列举几家典型的网络银行。

（一）中国银行

中国银行是我国国际化和多元化程度最高的银行，在中国及 53 个国家和地区为客户提供全面的金融服务。2017 年 2 月，Brand Finance 发布 2017 年度全球 500 强品牌榜单，中国银行排名第 29。中行网上银行业务是指中国银行借助个人电脑或其他智能设备，通过互联网技术或其他公用信息网，为客户提供的多种金融服务。中行网上银行业务又分为个人网上银行业务和企业网上银行业务。

个人网上银行主要提供以下服务：（1）账户服务：为客户提供从信息查询到个人账户转账等全面的账户服务，让客户时刻掌握最新的财务状况。包括账户信息查询、个人账户转账、代缴费和个人账户管理。（2）投资服务：为客户提供外汇宝、银证转账、银券通、开放式基金等多种自助投资服务，帮助客户实现财富保值增值的目的。（3）信用卡服务：为客户提供信用卡相关的一揽子服务。包括查询服务、信用卡还款、信用卡挂失和网上支付。（4）资讯服务：向客户提供银行服务信息、最新市场行情以及金融资讯。包括利率资讯、外汇资讯、市场行情、网点机构布局等。

企业网上银行主要提供以下服务：（1）账户查询：可以随时随地查询、下载其在境内、海外中国银行分支机构的本外币账户实时余额、当日交易、历史余额、历史交易、网银汇款等信息，及时掌握公司财务状况和资金流向。（2）汇划即时通：为用户提供批量委托、授权模式定制、全程跟踪转账交易状态、到账时间查询、实时 E-mail 付款通知、预约付款、定向支付、交易数据下载等服务。（3）定向账户支付：在为用户提供授权模式定制、操作权限严格控制、全程跟踪转账交易状态、到账时间查询等服务的基础上，用户可自主对收款人信息进行严格的管理和限定，以严格控制资金流向。（4）集团理财：集团总公司或其财务公司可通过理财服务，轻松实现集团内部账户信息查询及汇总、主动归集下属公司资金、统一对外支付款项。为集团客户提供全面、快捷、安全、高效的网上现金管理增值服务。

（二）花旗银行

花旗银行是美国最大的金融服务组织，为全世界 150 多个国家和地区提供服务。针对私人安全提供的具体服务有花旗银行的全球用户隐私承诺：最大限度地保护客户信息；最大限度地限制收集和使用客户信息来为客户提供高质量服务，包括向客户推荐产品、服务和其他机会；只有经过授权的职员，经训练才能存取信息，违反隐私承诺的职员将受到纪律处分；绝不向任何组织泄露客户信息，除非已事先书面通知客户，经客户授权，或依照法律要求；始终全权控制客户信息，并以客户倡导者身份为其他大公司提供相关服务（除非客户对其产品和服务特别感兴趣，否则这些大公司不允许保留任何客户信息）；每年至少一次以简明语言告知客户如何认清市场，客户可在任何时间与银行联系以解除市场困惑。

（三）互联行

互联行是由资深互联网人士、深圳九九加一实业公司董事长林立人于 2007 年发起成立的，是中国首个互联网银行平台，目前已上线的业务主要是 PB（Private Bank，私人银行）。PB 是由互联行首创的互联网银行平台项目之一。PB 包括平台方、资金方和借贷方。平台将金融产品和金融服务有机整合，向企业和个人提供具有众多特色的金融产品与增值服务，让客户实现自我财富管理。PB 的宗旨是让人人拥有自己的私人银行，实现财富自由。PB 的目标是打造“大金融”平台，在这里人人都是金融家，可以轻松管理财富。

第 3 节　旅游电子商务

近几年兴起的旅游电子商务是旅游经济的一个新态势。旅游电子商务具有三个特性，即聚合性、有形性、服务性。旅游电子商务给中国旅游市场带来了革命性的冲击，新的市场关注点正在涌现，比如，为西部旅游的发展发挥桥梁纽带作用。

一、旅游电子商务的概念

世界旅游组织在其出版物 *E-Business for Tourism* 中指出："旅游电子商务就是通过先进的信息技术手段提高旅游机构内部和对外的连通性，即改进旅游企业之间、旅游企业与上游供应商之间、旅游企业与旅游者之间的交流和交易，完善旅游企业内部业务流程，促进知识共享。"

从技术基础来看，旅游电子商务采用数字化电子方式进行旅游信息数据交换和开展旅游商务活动。如果将"现代信息技术"看成一个集合，"旅游商务活动"看成另一个集合，"旅游电子商务"无疑是这两个集合的交集，是现代信息技术与旅游商务过程的结合，是旅游商务流程的信息化和电子化。旅游电子商务始于互联网诞生之前的 EDI 时代，随着互联网的普及而飞速发展。近年来，移动网络、多媒体终端、语音电子商务等新技术的发展不断丰富和扩展了旅游电子商务的形式和应用领域。

从应用层次来看，旅游电子商务可分为三个层次。

一是面向市场，以市场活动为中心，包括促成旅游交易实现的各种商业行为（网上发布旅游信息、网上公关促销、旅游市场调研）和实现旅游交易的电子贸易活动（网上旅游企业洽谈、售前咨询、网上旅游交易、网上支付、售后服务等）。

二是利用网络重组和整合旅游企业内部的经营管理活动，实现旅游企业内部电子商务，包括旅游企业建设内联网，利用饭店客户管理系统、旅行社业务管理系统、客户关系管理系统和财务管理系统等实现旅游企业内部管理信息化。

三是旅游经济活动能基于互联网开展还需要有环境的支持，包括旅游电子商务的通行规范，旅游行业管理机构对旅游电子商务活动的引导、协调和管理，旅游电子商务的支付与安全环境等。第三个层次是第一个层次和第二个层次的支撑环境。只有三个层次的电子商务协同发展，才可能实现旅游电子商务发展的良性循环。发展到成熟阶段的旅游电子商务是旅游企业外部和内部电子商务的无缝对接，它将极大地提高旅游业的运作效率。

二、旅游电子商务的发展

随着现代科技和信息产业的发展，互联网的兴起给旅游业带来了新的契机，网络的交互性、实时性、丰富性和便捷性等优势促使传统旅游业迅速融入网络旅游的浪潮。通过网络查询信息，预订酒店、机票和购买旅游产品在国外早已成为一种时尚。如美国，早在 1998 年，就有将近半数的旅行者在网上订票，有 51% 的长期旅行者通过互联网获得旅行目的地的信息。相关数据显示，2007 年全球电子商务额已突破 10 000 亿美元，其中旅游电子商务销售额突破 1 200 亿美元，全球有 30 余万家企业在网上开展旅游服务，全球享受旅游电子商务的人数每年超过 3 亿。2010 年中国旅游电子商务（基于互联网平台的在线旅游业交易）市场规模达到 2 000 亿元人民币，占整体旅游收入近 15%。

此外，在移动互联网的影响下，旅行预订业务被深刻改造，企业不断强化自身在无线旅游领域的服务，提升无线旅游的用户体验。由于旅行预订服务与移动互联网具有天然融合的特性，无线旅游与 LBS、团购消费、移动支付等应用紧密结合，将在未来开拓更广泛的应用场景，带动在线旅游整体行业加速渗透和快速成熟。

三、我国旅游电子商务的运行状况

我国旅游网站的建设最早可以追溯到 1996 年。2001 年我国全面启动了“三网一库”的金旅工程，使得旅游电子商务用户规模和市场规模迅速扩大，涌现出携程旅游网、华夏旅游网、青旅在线等一批知名旅游网站，提供旅游电子商务服务的公司数目也急剧增加。部分旅游网站还建立了内外部信息管理系统、实时预订系统，提供电话、网络、短消息、代理店等服务，建立了包括客户关系管理系统、后台服务在内的完整的服务链。

（一）我国旅游电子商务网站的分类

从旅游电子商务交易的方式来看，旅游电子商务的类型有：（1）B2B 交易模式，如旅游地接社批量订购当地旅游饭店客房、景区门票，旅行社代订机票与酒店客房，旅游代理商代售旅游批发商组织的旅游线路产品。（2）B2E 交易模式，E 指的是旅游企业与之有频繁业务联系，或为之提供商务旅行管理服务的非旅游类企业、机构、机关。B2E 模式是指旅游企业与其他非旅游类的机构、机关或企业通过线上旅游平台进行的专业合作。例如，大型企业与专业旅行社合作，开展商务旅行全程代理，包括公务出差、会议展览、奖励旅游事务等。（3）B2C 交易模式，也就是电子旅游零售。如旅游者通过旅游电子商务网站订房、订票，这是当今应用最为广泛的电子商务形式之一。（4）C2B 交易模式，即旅游者提出需求，企业通过竞争满足旅游者的需求，或者旅游者通过网络结成群体与旅游企业讨价还价。比如，去哪儿网通过打包机票的方式向游客提供旅游产品，并提出如果没有任何消费或有一部分没有消费，均可退费。这种做法极大地提高了消费者的安全感，是人性化服务的体现。

从电子商务信息终端来看，旅游电子商务的类型有：网站电子商务（W-Commerce）、语音电子商务（V-Commerce）、移动电子商务（Mobile-Commerce）和多媒体电子商务（Multimedia-Commerce）。我国正在部署智慧旅游，将物联网、互联网充分运用到旅游业的发展中，争取实现知识密集的、信息化的现代旅游业。手机移动终端作为一个重要的平台，成为电商发展的一个重要端口。淘宝、携程、去哪儿、艺龙等电商都推出手机 App，因此，移动电子商务在未来是不可忽视的。

（二）我国旅游电子商务的新动向

随着旅游网站的涌现和功能的不断完善，旅游电子商务将给一直以来由行政条块分割所导致的我国旅游市场固有的市场壁垒带来冲击。新的市场关注点将不断涌现。

1. 在线旅行社挑战传统旅行社

广州旅游局下属的广州岭南旅行社成为中国第一家电子旅行社。它通过互联网，实现旅游线路信息实时报送和更新、后台线路订单查询、订单跟踪、支付结算、监控等业务流程操作。在线旅行社这种“无店铺”的经营方式，具有快速、便利、低成本、实时提供服务的特点，对传统的旅行社经营模式提出了挑战。然而，传统旅行社拥有丰富的经验和旅游专业知识，加之在线旅行社不能很好地解决团队旅游服务的问题，所以这是新的竞争对手短时间内无法超越的优势。另外，传统旅行社也意识到旅游电子商务的优势和发展潜力，纷纷建立网站，开展网上业务，向旅游电子商务转型。

2. 增值服务成为制胜关键

由于在网络世界中人们具有更多的选择权，所以网上的竞争日益激烈，旅游网站向网民推出的服务项目越来越多。比如，中国旅游资讯网推出'网上课堂'，把网络与旅游、时尚紧密联系起来，将娱乐性和知识性融为一体。由此可见，网站只具有技术和信息优势，仍无法保证在网络旅游市场中成为最后的赢家，提供更多的增值服务才是制胜关键。

3. 旅游电子商务"西进"

伴随着国家西部大开发的号令，西部地区越来越多的旅行社、旅游公司及宾馆饭店开始在网上寻觅商机。如 2013 年 6 月，西藏开通了"旅游目的地营销信息服务平台"，首次实现旅游业务的网上交易。相比同类旅游信息服务或电子商务网站，这一平台研究开发了汉、英、日三种语言，集吃、住、行、游、购、娱为一体。西藏将继续加大力度发展旅游综合信息服务工程。面对旅游旺季的"一票难求""一床难求"等现象，到 2015 年底，西藏建立了旅游电子商务平台，实现门票、酒店等旅游产品的网上查询、预订及交易。在西部开发浪潮中，旅游网站将借助其特殊的窗口形象，为西部旅游业的发展提供更多的信息、人才及管理方面的资料，为西部旅游资源开发和旅游企业的发展发挥桥梁和纽带作用。

四、发展我国旅游电子商务

随着旅游网站的发展、成熟和网络旅游的推广，旅游电子商务已经成为电子商务中一道亮丽的风景。但是由于我国整体电子商务尚处在起步阶段，缺乏电子商务的大环境，包括缺乏相关的法律法规、网上安全保障措施等，互联网质量有待提高，一些非技术、非经济的困扰仍然存在并制约着网络质量的提高。

（一）我国旅游电子商务本身存在的问题

1. 交易安全性较低，缺乏信用保障

交易的安全性是影响旅游电子商务发展的主要因素。在开放的网络上进行交易，如何保证传输数据的安全成为旅游电子商务能否普及的最重要的因素之一。调查公司曾对旅游电子商务的应用前景进行在线调查，当问到为什么不愿意在线购物时，绝大多数人的答案是担心信用卡信息被黑客窃取。因此，交易安全成为旅游电子商务发展中最大的障碍。此外，我国目前还没有建立完善的信用制度，这使得电子支付成为制约网上交易的瓶颈。

2. 旅游网站内容简单不完整，缺乏个性化服务

部分国内旅游网站存在内容陈旧、没有明显的旅游标识、景点介绍单调、缺乏图片和动态演示等问题。旅游信息管理系统不完善，存在地域不完整、内容不完整等问题。商务旅行和私人旅行对交通工具、住宿餐饮、旅途活动的需求不尽相同，在旅行时间方面更是差异很大。而目前国内大部分网站所提供的服务都是针对私人旅行的，如机票、酒店的预订。由于服务方式和价格体系相似，缺乏个性化的服务，所以旅游网站对客户

的吸引力不大，利润也非常有限。

3. 经营模式雷同

旅游网站主营的电子商务业务有机票、酒店、旅行团预订三大项。当网站把自己看成旅行社时，会发现所提供的这些服务跟传统旅行社、酒店预订中心、机票销售公司相比没有太大的优势。因此，旅游网站必须提供更好的服务、更好的产品，或者寻求新的立足点与发展契机，或使销售额迅速扩大，才有可能盈利。在没有明确的更好的发展模式时，旅游网站可能会迷失方向。

4. 网站市场细分不明确

市场细分不明确是目前国内旅游网站普遍存在的一个问题。通过观察可以发现，大多数旅游网站所发布的旅游产品“老少皆宜”。不同访问者的兴趣爱好、文化背景、经济能力、职业和年龄不一样，访问者的旅游需求也就不一样。如果不进行有针对性的市场细分，将很难激发访问者的旅游欲望，旅游网站的供给与消费者的个性化需求便难以有效满足。

（二）我国旅游电子商务的未来

1. 旅游电子商务大众化

旅游电子商务时代真正到来的首要条件是民众意识的激发。目前网络旅游服务定位于中高收入群体，参加自助旅游的人多是时间较少、收入或知识水平比较高的人。旅游网站应提供与旅游产业有关的全方位、多层次的服务，提供个性化的自主型旅游散客消费模式，给旅游者的食、住、行、游、购、娱等带来便利，再通过多种媒介宣传，突出其个性化的特性，多角度激发民众的旅游意识。随着互联网的普及、社会富裕程度的提高和人们闲暇时间的增多，网络降低技术门槛，使操作简便化，网络旅游将成为人们日常生活中的一种习惯。

2. 旅游与网络的良好接轨

涉及旅游的网站除了选择优质的旅游产品供应商，协助和督促旅游目的地诸如交通、住宿等硬件设施以及“软件”服务的不断完善，还需要使它们与网络有良好的接轨。如新浪网在春节期间曾经推出700多元预订北京贵宾楼饭店房间的服务，但是贵宾楼的预订部门在接到客人的询问电话时，居然对此项活动一无所知。可见旅游产品—中介—网络的环环相扣是旅游电子商务流畅运作的必要条件。

3. 旅游电子商务网站本身的成熟

专业旅游网站发展电子商务需要有强大的专业产业资源做后盾，同时品牌建设、资本投入和支付方式等问题的彻底解决需要一个渐进的过程。在网站设计风格、网络报价、预订处理、网络客源分析、网络客人接待、客人资料保存整理等方面，尚有大量工作要做。因此，国内旅游网站需要从以往大而全的模式转变成专业细分的行业商务门户，将增值内容和商务平台紧密结合，充分发挥互联网在信息服务方面的优势，使旅游电子商务真正进入以用户需求为中心的阶段。同时，网络工作者还应该拓宽视野，针对中国的客源国情况提供不同版本的网上资料，如英文版、日文版、法文版等，积极接纳全球的访问者。

4. 移动端时代

随着智能手机的迅速普及与旅游产业的发展，我国电子商务产业迎来了又一次产业革新，那便是移动互联网终端的升级。比起网络预订，App 最大的优势在于可实现随时预订，并且与位置相关，“当即决策”既是用户需求，也渐成用户习惯。在一次有关智能手机和其他移动设备的用户调查中，超过半数的人在预订时已经离开家，正在前往目的地的路上。这是统计数据反映出来的趋势。未来几年，旅游电子商务发展首先是在移动端。去哪儿网等旅游网站已经在 App 运营中取得了不错的成绩。

5. 平台模式同中存异是发展的关键

旅游电子商务的服务品类逐渐丰富，有景点门票、机票、火车票、酒店等预订，也有景点 + 住宿、景点 + 车票等套餐，众多产品趋于同质化，具有特色和个性的服务越来越少。在交易模式不断重合的环境下，突破自己的瓶颈，寻求创新发展，才是旅游电子商务发展之路。已经有一些旅游电商做出了探索，如壹游酷旅游的定制服务新颖，个性突出，最适合年轻人和一些旅游爱好者。

第 4 节　网上证券交易

一直以来，上网人数、网民的商业价值以及物流系统的效率等问题被认为是制约我国电子商务快速发展的重要因素。对这一问题，人们更多还是从一般商品的电子商务角度来考虑，却忽视了重要的一点，即金融产品的电子交易天生具有独特的优势，或者说它们受到以上这些因素的影响比较小，尤其是在物流方面。

以网上证券交易这一在国内开展较早的电子商务为例，因为证券市场具备知识、资本相对集中的优势，加之投资群体中大部分人是容易接受网络新经济的年轻群体，所以网民的数量和质量都是最高的，而交易标的物——股票、债券、基金等——的流通不存在实物交收、储运和保管的问题，因此基本不受流通瓶颈的制约。所有这些因素与网上交易成本低的优势一起，决定了网上证券交易的发展方向和无穷潜力。

一、证券交易与互联网联姻

中国证券业这几年的电子化进程可以用“日新月异”来形容。国内最早的证券交易所 1989 年 12 月于深沪同时开通，即通过交易厅工作站实现电脑自动匹配的个人股集中交易。1993 年以后，两个交易所的计算机网络从初期依赖于 IPX/SPX 的 Novell 网络扩充到 IPX/SPX 与 TCP/ICP 共存的结构，网络规模从最初的 LAN 扩充到依赖于有线网络和无线网络的广域网络。目前，许多大型证券公司开始在开放的 UNIX 平台上使用 TCP/IP 作为网络基本传输协议，利用大型关系数据库如 Sybase、Oracle 作为数据管理的基本手段。相应地，计算机硬件也得到了充分的使用，作为了解行情、完成操作的工具，台式电脑成为股民唯一的选择，笔记本电脑以其优异的便携性为人们所看好。

高效、快捷成为当今时代IT产业和证券业的共同特征。尤其是在证券业，传统的证券交易要求股民在托管公司开户，在证券公司缴纳保证金，委托券商下单。为了使订单能够尽快参与撮合匹配，及时得到成交回报和清算交割，没有大户实力的股民也憧憬着自己能够享受大户的服务，于是，把交易所搬回家成为一种理想。在追求最大收益这一目标的驱使下，券商当然希望有更多客户参与，最多交易发生。

炒股是一种取之有道而又行之有效的增值方式，而互联网这种建立在信息传递、意见共享基础上的交流机制无疑为这种投资方式的实现提供了其他工具无可比拟的优势。于是，网上炒股迅速崛起。

1998年7月1日“康熙胜券”交易软件在北京开通，可利用计算机和电话线拨号服务网，实时接收不间断的沪深股市行情，查看每只股票的价位明细和实时的技术分析曲线。只需在系统里点击“交易”按钮，2秒钟内，交易指令即可进入指定的一家或多家营业部的委托库中，实现实时买卖、查询，比电话委托更方便、直观、快捷。

股民足不出户，便可通过快捷、便利、自由、个性化的互联网在线炒股，通过网络与全世界相连。

随着时间的推移，网上证券用户数和网上证券交易量不断增长，网上交易从最初“搭平台”的热潮向更高的服务层次转化，个性化服务的理念和移动证券迅速普及，我国网上证券交易步入快速发展的阶段。

二、网上证券交易的特征

（一）费用低

传统的证券交易需要大量的纸质合同、票据、信函等纸质材料，还需要电话等通信工具，成本较高。而网上证券交易可谓成本低，只要有一台能够上网的电脑就能将所需的证券信息、技术分析结果显示在网页上，与传统的证券交易相比，成本低很多。

（二）快捷、量大

互联网技术在传输信息和发送指令方面速度快，信息覆盖面广。因此，网上证券交易具有信息量大、种类丰富、速度快等优点。由于互联网的特点，证券能在24小时内全天候无限制进行交易，这实际上延长了证券交易的时间，无形中扩充了证券市场的容量。

（三）虚拟性

和传统的证券交易相比，网上证券交易具有虚拟性的特点。首先，从主体方面看，网上证券交易的主体不再是现实的人，而是虚拟的存在，主体的身份以数码为识别标志。其次，从客体方面看，证券本身是一种虚拟资本，只是实体资本价值的代表，本身没有任何价值。它有自身的价格形成机制，可以单独进行交易。最后，从营业场所看，网上证券交易的营业场所与传统的证券交易所不同，是利用互联网技术在网上构建的一个虚拟的交易平台。

（四）国际性

互联网已遍及世界各地，因此，网上证券交易不再像传统证券交易那样受国界、地域的限制，投资者只要有互联网，无论身处何处，无论何时，都可以进行证券投资。但不同国家的证券交易规则不同，因此，跨国网上证券交易并未完全实现。随着世界上几家大型证券交易所的合并，加上证券市场全球化的发展，相信不久的将来，全球统一的证券市场必将实现，届时网上证券交易的国际性将充分凸显。

三、网络炒股的方法

远程股市交易各环节的可行方案如下：（1）即时行情解决方案：互联网、电视图文、声讯服务；（2）买卖股票解决方案：互联网、电话委托；（3）股评信息解决方案：互联网、图文传真、声讯服务；（4）资金划转解决方案：互联网、银行转账。也就是说，接入互联网即可完成股票交易的所有过程。

下面结合国内现有的一些网站实况，对网上股票交易的方法做简单的分析。

（一）实时股市行情接收

股市行情按照显示方式可分为文字行情和图形行情两种，文字行情顾名思义是采用文字刷新来显示股票价格的变动，而图形行情则将价格变动用图显示出来。两种方式由于数据形式不同，对网络数据传输速率高低的要求不同，但都是由客户端先发出请求，由主机提取最新数据后返回客户端显示。如果忽略数据传输在网络中的“塞车”现象，即使主机再快，若大量用户同时访问行情主机，也很难及时响应众多的数据请求。目前网络技术并不能很好地解决该问题，而这恰恰是行情实时与否的关键。

目前国内网络可提供“及时”行情查阅的网站较多，一般为文字行情，而且大都算不上“及时”——数据延时较长。有的网站通过 Java 图形编程展示股票走势，个别网站基于 Winsock 定制一个客户端软件，用以实现更强大的功能。只是这类客户端软件和专用的证券分析系统的功能相差甚远，因此建议专业证券分析软件转向 Windows 平台开发，或者为 Winsock 支持下的互联网数据接收定制驱动程序。

（二）实时网上交易

与实时行情密切相关的是实时交易，通过互联网还是比较容易实现的。通过个人的资金账号、股票账户以及交易密码录入，确保股票买卖的准确性；投资者可以方便及时地查询自己的股票成交情况；另外，投资者的资金和股票变动可直接通过电子邮件进行通知。

网上交易的安全性和资金划转相比，要求低得多，因为每位投资者股票的买卖金额不会超出自身资金和股票账户的范围。

（三）盘后行情数据接收

大部分投资者只是业余投资股票，其操作周期比较长，没有必要跟踪即时行情，一般通过看报、听广播、看电视等来了解股票情况。这些方式的弊端是：仅能了解价格情况，无法从技术分析的角度对股票投资进行理性化操作。于是目前国内互联网和 BBS 站点上流行所谓每日静态分析数据文件，该类数据文件有别于那些罗列股票价格等资料的文本文件，是针对股票分析软件做盘后静态技术分析而提供的二进制数据文件。此类数据文件通常需要追加转换程序进行数据处理后方能使用，由于各种股票分析软件使用数据的格式不同，追加程序也不尽相同。

（四）网上电子信息和报刊

信息和报刊上网的优势非常明显，可最大限度地降低印刷和发行费用，缩短信息传输环节所耗的时间。人们获取网上信息的方式通常可以分为主动性阅读（浏览）和被动性接收（电子邮件接收）。

对于刚刚入市的投资者来说，缺乏必要的风险防范意识和证券基础知识，在未能通过投资基金以规避股市风险的初级阶段，更需要各种专业指导。这些问题都容易解决，“大”到证券法律法规，“小”到专业术语解释，“难”到如何短线搏杀，“易”到如何长线投资等，都可以通过互联网查阅。

（五）股票自由讨论

网络上各种先进的交流方式同样也可以应用到股市沙龙中，可以让更大范围内的投资者进行多种形式的交流。常见方式有：邮件交流、网上聊天室、新闻讨论组、互联网可视电话等。

四、我国网上证券交易分析

网上证券用户使用网上证券服务的原因主要是网上证券交易的方便性，体现在能够节约时间，方便用户在家中使用证券服务；有利于证券市场行情的操作；用户可以更好地控制自己的证券交易。

移动证券作为全新的商务应用业务，将面向全国的移动数据用户和证券行业用户，提供全新模式的证券应用服务，让用户体验和享受类似于可移动上网的个人电脑服务。

在未来，网民希望网上证券服务在安全方面提供更好的保障，操作更加方便，网上证券服务费用下降，数据下载更快，网上证券交易行为能够同步更新；获得个人多账户管理功能，取得更为全面、详尽、及时的业务介绍。

五、我国网上证券交易的前景

互联网金融的出现改变了传统金融行业的经营理念。近年来，证券行业积极推进“互联网＋”战略，一方面，多项支持政策出台为互联网证券营造了良好的发展环境；另一方面，证券公司继续推进传统业务的互联网改造，通过线上投资顾问、账户体系、组织架构、跨界合作等多维创新加快了互联网证券尤其是移动证券的发展步伐。同时，其他互联网机构也在加紧发展证券业务链，互联网发展进入深度融合阶段。

近年来，中国证监会鼓励证券公司大力发展互联网证券业务，鼓励证券公司结合自身状况和发展战略与互联网企业、信息技术系统开发商等第三方机构开展业务合作，同时也高度重视证券公司在利用互联网探索业务创新过程中出现的合规及信息安全问题。中国证券业协会在2015年3月修订发布的《证券公司网上证券信息系统技术指引》有助于规范证券公司与第三方机构的业务合作行为，建立良好的市场秩序，有效保护投资者的合法权益，更好地促进互联网证券业务的健康发展。

第 5 节 智慧医疗

电子商务是一种基于互联网及其他信息技术的商务应用。电子商务的发展离不开互联网与信息技术的发展。反之，电子商务以及各种新兴业态的发展也会促进互联网及相关信息技术的发展。最近几年刚刚兴起的智慧医疗正是新需求和新技术催生的新业态。

从本质上而言，智慧医疗是一种广义的电子商务模式。智慧医疗不仅是一般意义上的电子商务，而且是一种基于电子商务、物联网和可穿戴设备的医疗服务模式。智慧医疗的最大优势不仅体现在突破时间和空间的限制上，更体现在与物联网和人工智能的结合上，是一种高效的辅助疾病诊断和管理的重要模式。

一、智慧医疗的发展现状

当前，智慧医疗正保持高速增长的态势。近年来，国家发布了一系列医疗健康政策，尤其是《“健康中国 2030”规划纲要》把医疗健康提升到了国家战略层面，之后一系列围绕此战略目标的政策密集发布，远程医疗、区域协同、分级诊疗、互联网 + 医疗健康的概念初步成型。《“十四五”全民医疗保障规划》《“十四五”优质高效医疗卫生服务体系建设实施方案》《关于推动公立医院高质量发展的意见》《国家卫生健康委办公厅关于进一步完善预约诊疗制度加强智慧医院建设的通知》等政策促进医院信息化、远程医疗等智慧医疗发展。智慧医疗是提高医疗品质、效率与效益的新型医疗模式，已经成为推动我国数字经济飞速发展的“新动能”。数据显示，2022 年我国智慧医疗应用规模约为 780.5 亿元，2023 年国内智慧医疗应用规模达到了 936.6 亿元，预计未来行业将继续高速发展。

二、智慧医疗的优势

（一）实时和高效的数据采集

智慧医疗最大的优势在于患者数据和信息的采集。在传统的医疗服务模式中，为了采集患者数据，往往需要患者到医院来，这极大地增加了患者的成本。另外，当需要实时采集患者的数据时，往往需要患者在医院停留较长的时间，这给患者的工作和生活带来了很大的不便。智慧医疗的优势之一在于构筑了基于互联网和物联网的数据采集渠道，实现数据的实时和远程采集。在智慧医疗模式中，数据采集主要依赖于各种各样的可穿戴设备，例如智能手环、智能眼镜、智能内衣、智能头盔和智能运动鞋等。可穿戴设备的核心部件是各种各样的传感器，通过传感器采集数据，基于互联网将数据实时高效地传输到服务器中。由此可见，智慧医疗的数据模式突破了时间和空间的限制，方便了患者，提升了数据传输的实时性和有效性，降低了相关医疗成本。

（二）智能化的数据分析

智慧医疗的另一大优势在于智能化的数据分析。在传统的医疗模式中，患者的数据被采集后，往往由医生进行人工分析。人工分析数据的优势在于，可以充分结合医生的临床经验，激发医生的能动性。然而这种数据分析模式的最大缺点在于，难以挖掘各种类型的数据之间的关系，忽视患者的整体性。在智慧医疗中，患者的生理数据和疾病史等数据存储在数据仓库中，患者的实时数据通过可穿戴设备采集后也存储在数据仓库中。利用数据仓库技术进行数据挖掘，例如关联规则分析、因果关系分析等，分析研究这些数据之间可能存在的关系，有助于提升医疗服务质量。

（三）个性化的医疗信息推送服务

智慧医疗第三个明显的优势在于个性化的医疗信息推送服务。在传统医疗服务模式中，由于数据采集与分析的局限性，个性化的医疗保健服务往往需要付出更大的代价，这使得个性化的医疗服务难以推广和普及。在智慧医疗模式中，由于引入了数据挖掘技术和人工智能技术，系统可以在后台进行数据的实时分析和采集，随着大数据技术的发展，智慧医疗会变得更加“智慧”。个性化的医疗服务将不再是一种操作难度大、成本高昂的医疗模式。

三、智慧医疗的组成部分

智慧医疗是一个基于互联网、物联网和数据分析技术的复杂应用系统，主要由三个部分组成，分别是智慧医院系统、区域卫生系统以及家庭健康系统。

（一）智慧医院系统

智慧医院系统由数字医院和提升应用两部分组成。数字医院包括：医院信息系统、实验室信息管理系统、医学影像信息的存储和传输系统，以及以采集、存储、传输、处理和利用病人健康状况和医疗信息为核心的医生工作站。医生工作站是包括接诊、检查、诊断、治疗、开处方、病程记录、会诊、转院、手术、出院、病案生成等全部医疗过程的平台。提升应用包括：远程图像传输、海量数据计算处理等技术在数字医院建设过程中的应用，实现医疗服务水平提升；远程探视避免探访者与患者的直接接触，杜绝疾病蔓延，缩短恢复进程；远程会诊支持优势资源共享和跨地域优化配置；自动报警对患者的生命体征数据进行监控，降低重症监护成本；临床决策系统协助医生分析详尽的病历，为制订准确有效的治疗方案提供基础和辅助；智慧处方分析患者的过敏史和用药史，反映药品产地、批次等信息，有效记录和分析处方变更信息，为慢性病治疗和保健提供参考。

（二）区域卫生系统

区域卫生系统由区域卫生平台和公共卫生系统两部分组成。区域卫生平台包括：收集、处理及传输社区、医院、医疗科研机构、卫生监督部门记录的所有信息的区域卫生信息平台；旨在运用尖端的科学和计算机技术，帮助医疗单位以及其他相关组织开展疾病危险度的评估，制订以个人为基础的危险因素干预计划，减少医疗费用支出，以及预防和控制疾病的发生和发展的电子健康档案；提供一般疾病基本治疗、慢性病社区护理、大病向上转诊和接收恢复转诊服务的医疗社区服务系统；对医学院、药品研究所、中医研究院等医疗卫生科研机构的病理研究、药品与设备开发、临床试验等信息进行综合管理的科研机构管理系统。公共卫生系统由卫生监督管理系统和疫情发布控制系统组成。

（三）家庭健康系统

家庭健康系统是最贴近居民的健康保障系统，包括针对行动不便无法送往医院进行救治的患者的视讯医疗，对慢性病患者以及老年病患的远程照护，对智障、残疾等特殊人群的健康监测，还包括自动提示用药时间、服用禁忌、剩余药量等的智能服药系统。

四、智慧医疗的应用

近年来，智能手机、移动医疗创造了很多新的创业机会、应用场景，各类企业争相涌入，主要分为面向医院、医生的 B2B 模式和直接面向用户的 B2C 模式。前者以为专业人士提供医学知识为主，后者则是“自查＋问诊”类远程医疗健康咨询应用。智慧医疗应用的问世对大众来说，不仅能简化就医流程，降低费用，更能引起医生的重视；对医生来说，不仅能减少劳动时间，还能提高对患者的管理质量和诊断水平，在不断学习中得到患者的认可；对医院来说，能更直接地了解患者需求，为患者服务，同时提高服务满意度，构建和谐的医患关系。一般而言，智慧医疗的应用主要包括如下几点。

（一）一站式就诊服务

国内兴起的智慧医院项目总体来说已具备以下功能：智能分诊、手机挂号、门诊叫号查询、取报告单、化验单解读、在线医生咨询、医院医生查询、医院周边商户查询、医院地理位置导航、院内科室导航、疾病查询、药物使用、急救流程指导、健康资讯播报等，实现了从身体不适到完成治疗的一站式信息服务。智慧医疗的应用需要真正落实到具体医院、具体科室、具体医生，将患者与医生点对点地对接起来，但绝不等于在网络平台上跳过医院这个单位，直接将患者与医生对接起来。

（二）个人健康档案管理服务

患者如果想知道自己的就医记录，除了翻阅一本又一本纸质病历外，根本无从下手。在哪家医院住了几天，用过什么药，上一次是怎么治疗的，每到复查或者犯病时，总是需要翻箱倒柜地去找病历，时间久了还可能记不起来或者记错。移动医疗的出现让每一个患者都可以通过手机应用查看自己在医院的就诊记录，包括门诊 / 住院病历、用药历史、治疗情况、相关费用、检查单 / 检验单图文报告、在线问诊记录等，不仅可以及时自查健康状况，还可 24 小时向在线医生咨询，在一定程度上形成“身体不适自查，小病先问诊，大病去医院”的就医态度。

（三）移动的医学图书馆

医学文献不像小说、杂志那样能轻松在书店买到或是在网上搜索到，很多时候医生需要在相关网站注册付费才能阅读。智能手机和平板电脑的不断发展让阅读不仅变得便捷，而且更为有效。出自权威医学字典的药物库、疾病库、症状库查询，临床病例分析，甚至包括医学期刊的在线阅读和下载等，都为医务工作者带来了极大的便利。

（四）安防技术融入智慧医疗

随着医院信息化的建设，安防视频监控系统更多地融入医院的业务管理。

1. 远程探视

医院有一些特殊的病房，一方面患者因病情严重易受外部感染，另一方面因患者本身的疾病带有极强的传染性，不能与外界直接接触。典型的如重症监护室（ICU），这是一个集中救治危重患者的特殊场所，这里收治的患者均为手术后病人和危重病人，他们抵抗力最低，最容易产生并发症和严重感染。但是，这一类患者往往又最需要家人的陪护和安慰。

为了解决这个问题，可以通过网络化视频监控系统实现远程探视，这样既可以保护患者免遭外部感染或交叉传染，又可以实现患者与家人的“面对面”交流。远程探视要求在特殊病房内配备视频编码器以及摄像机、麦克风、音箱、电视机，同时在隔离区外设立远程探视室，配备视频编码器、摄像机以及 PC、耳麦，这些设施通过医院局域网接入监控中心管理平台。家属或朋友在室外的探视点即可实时看到室内患者的情况，并与患者进行沟通交流，患者也可以看到外面的家属情况。如果将管理平台接入互联网，亲属或朋友即使在家里或外地，也可通过 PC 远程登录，与患者交流对话，既方便又快捷。

2. 手术示教

临床教学是医院的一项重要任务，担负着培养后备医护人员的重任，以往的教学方式通常是现场观摩。一方面，由于现场条件或手术设备的限制，现场观摩的空间狭小，参加人员有限；另一方面，由于手术室是洁净度要求很高的地方，为了减少交叉感染，一般不允许外部人员及非手术医护人员随便出入，同时众多人员流动会给病人的正常治疗带来不必要的麻烦。因此，现场教学、交流活动受到很大限制，效果很不理想。

通过视频监控构建一个可视化的远程示教系统可以很好地解决这个问题。在手术室配备视频编码器、摄像机以及拾音器，接入监控中心管理平台，这样，外部观摩和学习人员在医院观摩室、示教厅即可通过 PC 登录监控系统观摩手术全过程，他们可以看到实时图像，听到实时声音，甚至可以通过设备与手术室人员交流。手术全过程也可通过管理平台进行录像，供以后网上点播学习。观摩和学习人员即使身在外地，也可通过互联网远程观摩学习。

3. 远程医疗会诊

由于国内医疗水平发展不平衡，三级医院基本分布在大中城市，高、精、尖的医疗设备主要分布在大城市。由于边远地区的医疗条件比较落后，那里的危重病人往往要被送到上级医院进行专家会诊。借助于视频监控系统，可以将各级医疗机构组成一个有效的远程医疗网络，实现医学资料和远程视频、音频信息的传输、存储、查询、比较、显示及共享，使边远地区的患者能方便地共享优秀的医疗资源。

在医院设立远程医疗点或远程会诊点，配备视频编码器、摄像机、麦克风以及音箱，接入监控中心管理平台，外部合作医院、外地专家通过 PC 远程登录该医院管理平台，即可对患者进行远程诊断，既解决了一些医院专家不足的问题，又节约了患者到处寻医的费用和时间。

随着高清视频监控技术的发展，高清晰的医疗影像资料可以利用网络进行传输，因此，远程医疗会诊将会得到越来越广泛的部署和应用。

4. 远程医护

加强人性化以及智能化管理，随时了解每一位病人的具体情况，减轻病人心理和身体上的负担，让家属更加放心将病人交到医生的手中，是医院提升服务理念和服务水平的关键。

利用网络视频监控实现可视化远程护理，可以有效改善传统人工服务效率低、混乱和无序的问题，完善医院服务环境，提高医护人员的工作条件，使其能够在便捷的环境中为病人提供良好的服务，从而加快医院的现代化管理进程。

将视频编码器与病房内相关医疗设施结合，可以提供更为智能和人性化的服务。比如与输液报警器连接，患者输液完毕时系统自动向护士站报警，与血压仪、心电图机、床边监护仪等仪器连接，实现自动报警以及数据参数与监控图像的叠加显示，在发生异常时及时通知护士站医护人员。

由此可见，医院安防视频监控不再仅仅局限于传统的安防，而是越来越多地与医院本身的业务相结合，远程手术示教、远程探视、远程护理、远程医疗会诊都是非常典型的应用。随着 4G 与监控的融合，在移动中传输清晰流畅的监控视频成为可能，医院安防视频监控将获得更为广阔的应用空间。

五、智慧医疗的未来发展

高效、高质量和可负担的智慧医疗不但可以有效提高医疗质量，还可以有效阻止医疗费用的攀升。智慧医疗使从业医生能够搜索、分析和引用大量科学证据来支持他们的诊断，还可以使医生、医疗研究人员、药物供应商、保险公司等整个医疗生态圈的每一个群体受益。通过在不同医疗机构间建立医疗信息整合平台，将医院之间的业务流程进行整合，医疗信息和资源可以实现共享和交换，跨医疗机构可以进行在线预约和双向转诊，这使得“小病在社区，大病进医院，康复回社区”的居民就诊就医模式成为现实，从而实现医疗资源的合理分配，真正做到以病人为中心。

医疗信息整合平台和电子健康档案 / 电子病历、移动医疗设备、个人医疗信息门户、远程医疗服务和虚拟医疗团队等，都将有力推动智慧医疗的建设，也将助力中国建设覆盖城乡居民的基本医疗卫生制度，为群众提供安全、有效、方便、价廉的医疗卫生服务。在未来，将智慧元素融入整个行业，医疗信息系统必将以前所未有的速度发展，并对医疗卫生行业乃至全人类的健康产生重大影响。

物联网技术在医疗领域的应用潜力巨大，能够帮助医院实现对人的智能化医疗和对物的智能化管理，支持医院内部医疗信息、设备信息、药品信息、人员信息、管理信息的数字化采集、处理、存储、传输、共享等，实现物资管理可视化、医疗信息数字化、医疗过程数字化、医疗流程科学化、服务沟通人性化。还能够满足医疗健康信息、医疗设备与用品、公共卫生安全的智能化管理与监控等方面的需求，从而解决医疗平台支撑薄弱、医疗服务水平整体较低、医疗安全生产可能存在隐患等问题。

利用物联网技术构建电子医疗服务体系，可以为医疗服务领域带来四大便利：一是使现有的医疗监护设备无线化，进而大幅降低公众的医疗负担；二是通过信息化手段实现远程医疗和自助医疗，有利于缓解医疗资源紧缺的压力；三是信息在医疗卫生领域各参与主体间互通，有利于医疗信息充分共享；四是有利于我国医疗服务的现代化，有利于提升医疗服务水平。

第 6 节　电子政务

自 1954 年政府中的第一台计算机出现在美国的工资管理系统中以来，办公自动化、无纸办公、远程政务处理便成了各国政府追求的目标，然而真正的电子政务远不止于此。

政府和市场是推动社会发展的两大力量。作为庞大信息资源的拥有者，政府自身的信息化建设和服务成为世人关注的目标。为了适应快速发展的信息化时代，各国政府已经着手或者正在积极考虑电子政务的建设。电子政务的建成，将有利于政府树立形象、精简人员与机构、提高办事效率、进行迅速的科学决策等，对于国家的经济繁荣和社会进步具有深远的意义。建设电子政务是一个长期的过程，我国“政府上网工程”的启动便是朝电子政务迈出的重要一步。

“政府上网工程”是由电信总局和相关部委信息主管部门策划、发动、统一规划、部署，各省、自治区、直辖市电信管理局作为支持落实单位，联合信息产业界中 ISP/ICP、软硬件厂商等各方力量，共同推动各级政府部门在互联网上建立正式站点并提供信息共享和便民服务的应用项目，目的是构建中国的电子政务。

一、电子政务的定义及内涵

在北美、欧洲、日本等 IT 业非常发达的国家和地区，将通过网络进行的政务活动称为电子政府，即 e-Government，或者 Government Online，而不是称为电子政务。发达国家在定义电子政府的时候，涵盖了政府这个角色该做的所有事情。e-Government 直译为“电子政府”，但在美国，它至少有两层含义：其一为减少“橡皮图章”，加速政府对国民需要的回应，让美国人能更快捷、更方便地了解政府，并能一站式提供公民向政府申请贷款、竞标合同、网上纳税等服务；其二为重塑美国的政府系统，使之更有效率，运作成本更低，并彻底消除美国政府的官僚作风。该部分内容显然既包括提高政府工作的效率，也包括运用网络技术改变政府部门内部、政府部门之间的工作模式。确切地说，后者为前者的根基，离开一个高效的、电子化运作的政府本身，也就无从向民众提供高效的电子化服务。

“政务”在《现代汉语词典》中的解释为“关于政治方面的事务，也指国家的管理工作”。因此电子政务意指借助电子信息技术来开展国家的管理工作。e-Government 虽然直译应为“电子政府”，但它与国人所引申的“电子政务”在内容上完全契合。这里被直译的“电子政府”虽被引申为“电子政务”，但两者在此处应为内容完全重合的同义词。

由于电子政务是电子信息技术与政务活动的交集，所以它的内涵和外延在很大程度上取决于我们给电子信息技术和政务活动所下的定义。政务有广义和狭义之分。广义的政务泛指各类行政管理活动，而狭义的政务则专指政府部门的管理和服务活动。所以，电子信息技术在公共管理中的应用实际上要远远超出政府系统的范围。为了方便分析，我们将采用狭义的政务概念，即政务专门指政府部门的管理和服务活动。

对于电子政务这一时刻处于发展变化之中的全新事物来说，要想明确其内涵和外延并不是一件易事。电子政务不是相对固定的单一事物，而是一个包罗万象的范畴，其内涵和外延还在不断地发生变化。今后，随着电子信息技术的不断发展，以及政府部门的电子政务意识的提高，新的电子政务应用形式将被不断创造出来。

在"十五"科技攻关计划中，对电子政务的定义包括两方面：一是内部办公，实现内部信息共享、内部资源整合、内部决策支持；二是对外提供公众服务，只要是当前政府应该做的事情，电子政务都应该涵盖，像网上工商、网上税务、网上社保等。概括起来，网上办公的模式应包括 G2B、G2C 和 G2G。

电子政务最重要的内涵是运用信息及通信技术，构建一个电子化的虚拟政府机构，在政府、企业和民众三者之间迅速有效地交换各种信息，即推进政府部门办公自动化、网络化、电子化，实现信息全面共享、交流和处理。电子政务的建设可以改进政府组织、重组公共管理，最终实现办公自动化和信息资源的共享，对树立政府形象、提高政府效率、促进政府的廉洁和进行科学决策起到直接作用，从而推动国家和社会迅速发展。

在我国电子政务建设过程中，以提供一站式服务为目的是一种常见的态度。一站式服务固然有不少好处，在信息化建设比较落后的地区也非常必要，但其设计理念在很大程度上是针对政府自身工作流程的，是站在政府角度来实施的，而非针对普通老百姓，因此在实际应用中存在一些障碍。电子政务建设是一个大项目，不但需要有前瞻性的分步实施，还应当有一个比较现实的起点，应当从群众的实际应用出发，而非强迫用户来适应自己的系统。

对于百姓而言，政府更像是一个迷宫，其结构和工作流程都相当复杂，他们既不知道自己该与什么人打交道，也无法了解自己所关心的事务处理到了什么程度。如果电子政务建设者完全按照自己的意愿进行建设，其与百姓需求间的分歧和差距将越来越大，这样的电子政务无疑是失败的。建设电子政务的核心应当是在更大程度上吸引民众参与对政务的监督与管理。

二、电子政务的典型应用

（一）一般应用

电子政务的应用可以分为两个方面：一般应用和高级应用。这里的一般应用指的是政府通过网络渠道树立政府形象，为企业和民众提供信息资源等服务。政府上网工程属于电子政务的一般应用范围。一般应用包括以下几个方面。

（1）树立政府形象和对外宣传。通过互联网这一快捷、低成本、生动形象的通信手段，政府可以让大众迅速了解政府机构的组成、职能、办事章程和各项政策法规，提高政府的透明度。

（2）提供各种信息。政府部门拥有各种资料、档案和数据库，是信息资源的最大拥有者，通过互联网，政府可以将企业和民众关心的各种政治、经济和社会信息迅速提供给他们。另外，还可以设立网络学院和网络医院，提供远程教育和医疗服务。

（3）进行信息交流。政府可以通过网络与企业和民众进行信息交流，如设立公众电子留言信箱、公众电子举报信箱，听取企业和民众对政府的政策与措施的意见和建议，接受公众的监督和举报，以促进政府廉政建设和科学决策。

（二）高级应用

随着政府网络化、自动化、信息化和电子化程度的加深，应用从一般应用跨越到高级应用。电子政务的高级应用指直接涉及国家、政府、企业和个人的直接利益的应用。具体的高级应用包括以下几个方面。

（1）电子金融。国家经济实现电子化和网络化，政府、企业和个人三者之间的商业行为都可在网络上进行，典型的应用如电子银行、电子货币等，以及采用电子货币进行电子支付和电子转账等。

（2）电子办公。政府的办公实现网络自动化，如推行电子公文，公文起草、公文传输、公文批示等均通过网络来完成，完全实现无纸办公。另外，还可在网络上召开视频会议。

（3）电子财政。政府的财政实现电子化和网络化，如电子税收、电子招标、电子福利等，结合电子金融在网络上完成国家的财政职能。电子财政对政府财政的运作将起到积极的促进作用。

整个电子政务的典型应用是分层次的，是一个从低级到高级的过程。

三、建设电子政务面临的问题

（一）一体化问题

电子政务一体化即业务关联性较强的政府信息化系统之间的一体化，如银行、税收、财务管理系统的一体化。标准不统一、管理流程不畅通等是企业电子商务建设中的老问题，如今在电子政务建设中依然存在。目前我国政府机构复杂，彼此间缺乏沟通，给电子政务的建设带来不小的困难。各地在没有统一规划、统一标准的情况下一哄而上地建设电子政务将造成巨大损失，并将对未来全国电子政务网络的建设构成极大障碍。

（二）数字鸿沟问题

随着政府电子化水平的提高，电子政务反而可能进一步强化社会不均，因为最需要政府提供服务的人往往是那些无法上网、无法应用高科技手段的弱势群体。若数字鸿沟的问题不能得到很好的解决，将有可能加大贫富分化，导致“强者愈强、弱者愈弱”的局面。尽管中国已经拥有几亿上网人口，但数字鸿沟仍是一个较为严重的问题。为此，中国政府应借鉴其他国家的经验，如意大利的波哥纳向所有居民提供免费上网和电子邮件服务；牙买加和印度等国家利用公共场所建立低收费上网场所；加拿大和新加坡向低收入家庭提供 IT 补助或赠送二手电脑等。

（三）电子政务项目成功率问题

作为一个近年来兴起的项目，电子政务还处于发展时期，电子政务的相关概念也在发展之中。联合国有关机构的研究结果显示，世界各国电子政务项目的成功率仅为 53%，发展中国家不足 40%。大部分项目只能称为部分成功，并不能完全达到目的。如何提高电子政务项目的成功率是现阶段我国电子政务建设亟待解决的难题。

四、电子政务安全建设

随着“十三五”的到来，我国电子政务发展进入“互联网 +”和大数据融合与互动新阶段。与此同时，数据开放与共享将给电子政务的安全保障带来新的挑战。目前，我国的政府部门在政务处理过程中逐渐采用电子信息技术。为了确保相关信息的安全，有关部门开始构建电子政务信息安全体系。关于该体系的构建，需要从下述四个方面采取措施。

（一）加强对电子政务信息的安全管理

事实上，信息安全主要包括保密性、真实性、完整性、未授权拷贝以及所寄生系统的安全性这五个方面。在信息保密的过程中，需要相关人员强化综合信息保密措施。目前，我国的电子政务信息主要面临破坏信息的完整性、信息泄露、非授权访问、拒绝服务、业务流分析、窃听、旁路控制、假冒以及计算机病毒等多方面的安全隐患。相关技术人员应以上述安全漏洞为基础，采取相关措施，保障信息安全。

（二）强化对数据应用过程的安全控制

要对电子政务中相关数据进行保护，需要相关技术人员打造良好的、可靠的硬件环境。事实上，我国政府部门在构建电子政务体系的过程中，主要借助互联网技术，因而该体系的构建往往包含软件以及硬件结构。对此，在进行数据应用安全评价的过程中，需要相关人员把握以下几个方面的指标：（1）相关产品必须具有有关部门核发的计算机信息系统安全专用产品销售许可证或者是产品的检测报告；（2）产品必须具有国家密码管理局对产品加密算法出示的批文；（3）在安全产品的选择上，需使用含有先进技术的产品；（4）需要相关部门及人员严格检查权威机构对安全产品的检测报告，看看各项安全功能是否达到要求。

（三）加大网络安全管理力度

所谓的网络安全指的是在构建电子政务体系的过程中，为人们提供更加方便、快捷、透明的政务信息。在对电子政务信息安全体系进行构建以及评价的过程中，需要相关人员把握下述几个方面：（1）敦促各业务部门以及行业在统一的网络平台上实现受控互访以及隔离的目标；（2）实现认证、管理合法用户的目标；（3）全面落实全网的统一管理；（4）实现网络平台的平滑过渡，并逐渐增加业务；（5）推动移动办公业务的实现。

（四）创新电子政务运行管理体制

现阶段，我国政府在构建电子政务体系的过程中，因为信息安全漏洞导致一系列问题发生。鉴于此，需要相关人员加强有效管理。目前有效管理在这一过程中主要针对的是工作人员擅离岗位、机房重地随意出入以及本地磁盘临时存放敏感信息等问题。需要建立强有力的国家电子政务统筹协调机制，制定电子政务管理办法，建立涵盖规划、建设、应用、管理、评价的全流程闭环管理机制；大力推进政府采购服务，试点推广政府和社会资本合作模式，鼓励社会力量参与电子政务建设；鼓励应用云计算技术，整合改造已建应用系统。事实上，有效管理作为影响我国政府实现电子政务信息安全最为重要的因素之一，核心是政府工作人员的安全策略。鉴于此，需要相关人员在管理过程中针对制度、人员以及机构等方面规范管理操作，从而确保电子政务信息安全。

电子政务安全建设要求保障网络中信息存放、传输的安全，提高网络防护、检测、响应恢复和对抗攻击的能力，保证网络的保密性、鉴别性、完整性、可用性和可控性。其核心是保证系统数据的安全性和系统的可用性，网络安全是基础环节。在安全设计时，要求技术、管理、法制、教育并举，有机综合多种安全技术，构建整体安全保障体系。电子政务基础平台安全建设主要从以下四方面考虑。

（1）网络安全结构规划。按照《计算机信息系统安全保护等级划分准则》(GB 17985—1999）的要求，对电子政务按照不同的安全级别划分安全域。内部网络进行虚拟子网络隔离，边界接入网络分别采用物理隔离或隔离技术实现。

（2）网络实体安全建设。网络实体安全建设包括电子政务关键主机物理安全保障、机房安全建设和信息存储介质安全保证等内容，保证网络实体运行环境的安全。

（3）网络操作平台的安全建设。网络操作平台的安全建设主要考虑办公网络中各主机、工作站采用的操作系统、数据库系统、通用软件系统的安全问题，建立一个可信的安全操作环境。美国的《可信计算机系统评估准则》(TCSEC)、欧洲的《信息技术安全评估准则》(ITSEC)、我国的《计算机信息系统安全保护等级划分准则》(GB 17985—1999）都提出了信息系统安全保护等级的要求，如 TCSEC 划分了 D/C1/C2/B1/B2/B3/A1 等级制，电子政务一般要求采用 B1 级系统。在实际建设中，有两种实现模式：一种是选用相当级别的系统；另一种是对现有系统采取安全整固措施。安全整固可以保护现有投资，要求在对现有系统进行安全评估、漏洞修补、补丁升级的基础上，提供更高的标识鉴别、可信通道访问控制和安全审计能力。

（4）网络安全防护措施。网络安全建设主要基于网络协议与服务的安全配置、网络安全防护、网络实时监控等措施来实现。首先，要求对网络中采用的协议与提供的服务进行安全评估并重新配置，减少协议与服务本身存在的风险；其次，可以采用安全网关或防火墙系统实现网络隔离与安全防护，重要网络间可采用基于密码设备的防护措施(如 IP 密码机、VPN 网关系统)。对于关键网络或网络边界，可以采用网络实时监测与预警系统，监控网络流量并进行综合分析，根据安全规则对攻击行为、非正常或可疑行为做出告警、阻断等响应。办公网络通过网络防病毒系统保护系统不被病毒侵入。

电子政务应用系统的安全建设是另一项极其重要的工作。《可信计算机系统评估准则》将“信息安全”定义为：通过系统的安全特性，实现授权主体对客体的安全访问。电子政务应用系统提供电子政务的多应用支持平台。由于多应用涉及异构系统的互联与互操作问题，除应用本身考虑 XML 等跨平台设计外，安全设计要求考虑通用安全服务机制。技术发展趋势包括 Intel CDSA、Microsoft CryptoAPI、Sun JCA/JCE 等规范。电子政务的通用安全服务可以通过建设应用安全服务平台来实现，通过安全服务平台向各应用提供统一的安全服务，如信息加密 / 解密、数字签名 / 验证、数据完整性校验、密钥管理等。安全服务平台可以基于统一的身份鉴别（如认证中心）和统一的授权管理（如访问控制中心）来实现。应用系统的安全建设还要求考虑系统关键信息的安全备份与恢复机制。

安全服务平台采用安全层次体系和模块化设计，并通过标准通用接口向电子政务系统提供信息安全服务。通过安全服务平台实现：对电子政务主体（如各级人员）的身份标识与鉴别；对办公网络中客体（如应用资源）的安全属性定义和级别划分；主体对客体的访问控制与授权管理。同时，通过应用安全服务平台提供系统安全审计和统一管理的能力。

身份标识、鉴别与授权是电子政务安全建设的重要内容。身份标识与鉴别解决“你是谁”的问题，授权解决“你能做什么”的问题。电子政务系统的身份可以是系统中的网络节点、终端设备、操作用户等，并不局限于人员。可以采用 PKI 体系中标识证书（identification certificate）与 PMI 体系中属性证书（attribute certificate）相结合的模式对系统中各种身份进行鉴别和服务授权管理。

电子政务是一项复杂的系统工程，其安全建设要求统一考虑、长远规划，保证技术的先进性和可扩展性。在技术上要求适应网络动态变化，建立自适应的安全保障体系。同时要求有相关法律保障，加强安全管理。关键是提高人的安全意识，要求从国家安全、社会稳定的高度认识电子政务的重要性，这样才能适应政府信息化的发展。

□思考题

1. 网络银行有哪些特点？
2. 网络银行的实现环境与条件包括哪些内容？
3. 结合现状分析我国旅游电子商务本身存在的问题。
4. 智慧医疗有哪些优势？
5. 举例说明还有哪些行业可在互联网上应用电子商务。
6. 试分析电子商务模式在不同行业间应用的异同点。
7. 简述电子政务的定义与建设电子政务面临的问题。

第 12 章

电子商务应用案例

| 本章要点 |

在经济全球化的大环境下，随着互联网和电子商务的快速发展，出现越来越多成功的电子商务案例，这些案例带给人们很多启示。本章主要介绍一些成功的电子商务案例，包括采用 B2C 模式的京东商城、以 C2C 模式见长的淘宝网、O2O 电子商务模式的初创者携程网、采用社区电子商务模式的小红书，以及跨界电商顺丰等。

当今的商务世界正在经历一场重大的变革，电子商务是未来发展的方向。它使人们重新认识商务、改造工业模式，打破时间和空间的限制。这场变革带给人们的机遇是无穷的，其发展潜力也是巨大的。在这样一个大环境下，世界各国都非常重视在信息技术领域内的投入以推动电子商务的发展，出现了许多成功的电子商务案例。

第 1 节　B2C 案例：京东商城

一、京东商城简介

京东是中国最大的综合网络零售商，是中国最受消费者欢迎、最有影响力的电子商务网站之一，在线销售家电、数码通信、电脑、家居百货、服饰、母婴用品、图书、食品、在线旅游等 12 大类数万个品牌的百万种优质商品。京东在 2012 年的中国自营 B2C 市场占据 49% 的份额，随后凭借供应链的优势继续扩大在中国电子商务市场的领先优势。京东已经建立了华北、华东、华南、西南、华中、东北六大物流中心，同时在全国超过 360 座城市建立了核心城市配送站。2012 年 8 月 14 日，京东与苏宁开打“史上最惨烈价格战”。京东于 2013 年 3 月 30 日 19 点整正式切换了域名，并更换了标识。

京东以产品、价格、服务为核心，致力于为消费者提供质优的商品、优惠的价格，同时领先行业推出“211 限时达”“售后 100 分”“全国上门取件”“先行赔付”等多项专业服务。2016 年，京东针对家电品类上线了以旧换新服务。京东以旧换新服务已覆盖超 200 个细分品类，覆盖全国 95% 以上城市 / 乡镇等地区。据京东相关数据显示，2023 年京东通过以旧换新回收的家电超过 1 500 万台。京东通过不断优化的服务引领网络零售市场，率先为中国电子商务行业树立了诚信经营的标杆。

二、京东的物流配送服务

京东将信息部门、物流部门和销售部门垂直整合，在物流配送方面，能够使用自营快递的，则使用自营快递。京东的自营快递已经覆盖中国大多数地区。在京东自营物流无法抵达的地区，则转发第三方快递。中国电商行业进入存量竞争，京东以一体化供应链高筑护城河，领跑中国零售及互联网行业。京东凭借自建物流，向消费者提供具有保障的全链路服务。截至 2023 年 6 月 30 日，京东拥有超过 30 万自有配送人员，1.9 万个配送站及网点，运营超过 1 600 个仓库，管理仓储总面积超 3 200 万平方米。京东专业的配送队伍能够为消费者提供一系列专业服务。京东的配送服务包括以下几种。

（1）211 限时达。当日 11 点前提交的现货订单（部分城市为上午 10 点前），以订单出库完成拣货时间点开始计算，当日送达；23 点前提交的现货订单（以订单出库完成拣货时间点开始计算），次日 15 点前送达。截至 2023 年，211 限时达已覆盖全国 300 多个城市。

（2）次日达服务。在一定时间点之前提交的现货订单（以订单出库完成拣货时间点开始计算）于次日送达。京东次日达服务覆盖全国 248 个城市。

（3）极速达。极速达配送服务是为消费者提供的一项个性化付费增值服务，如果消费者选择极速达配送服务，京东会在最迟 3 小时内将商品配送给消费者。极速达业务包括非生鲜中小件极速达、大件极速达、前置仓极速达，覆盖北京、上海、广州等城市。

（4）京准达。京准达是京东提供的一项可以选择精确收货时间段的增值服务。如果选择京准达配送服务，每张订单加收京准达运费。

（5）夜间配。夜间配是为用户提供的一项更快速、更便利的增值服务，如果用户需要晚间送货上门，京东会尽可能安排配送员在用户选定的当日 19—22 点送货上门。京东在北京、上海、成都、广州、武汉等城市提供夜间配。

（6）自提柜。京东自提柜可以提供全天不间断的自提服务，消费者只需在下单时选择自提配送方式，所购商品就会第一时间送至自提柜，随后京东的系统自动发送短信提示消费者取货。

三、京东的核心能力、价值主张分析

核心能力是企业后续生存发展潜力的直接体现，是企业产品价值增值、市场竞争力提高的重要途径。京东商城的核心能力主要体现在以下几个方面。

（1）产品定价的合理性。价格往往是企业制胜的法宝，也是广大消费者购买产品、服务首要考虑的因素。京东商城产品的定价通常比市场水平要低，这是吸引广大消费者眼球和激发其购买欲望的有效手段，也为京东迅速占据市场提供了有利条件。

（2）在线服务及产品配送的先进性。价格保护、延保服务等举措的推出，体现了京东以消费者为中心的经营理念。京东商城建立了庞大而健全的物流体系，拥有自己的快递公司，随时为消费者提供物流配送、货到付款、移动刷卡、上门取件等服务，以最大限度地消除消费者的后顾之忧，让消费者享受迅捷而高质量的服务。这些使京东商城树立了良好的企业形象和口碑。

（3）售后服务的周全性。售后服务的质量能从一个侧面体现企业对其服务理念的贯彻和落实情况，只有更为贴心、周全的服务才能长期赢得消费者的心。随着市场进一步发展，保修、保送等传统售后服务已经不能构成商品流通企业吸引消费者购买的服务特色，这就对所有想长期占据市场份额的企业的售后服务战略提出了挑战。京东为此引入了家电以旧换新、积分兑换、上门服务等服务项目，并在全国做出“售后 100 分”服务承诺，这些都能很好地满足不同消费者不同层次的需求。

企业价值主张存在于其产品及服务中，秉持“做中国最大、全球前五强电子商务公司”的企业目标和“让购物变得简单、快乐”的使命，京东形成了“以更低廉的价格为消费者提供更优质的产品和服务”的价值主张，不仅赢得了消费者的心，而且获得了更高的市场占有率。

四、京东的产销链分析

保证产品产销链完整，给产品及服务提供附加值，并让消费者乐于购买这些增值的产品及服务是企业创收盈利的主要途径，这就涉及京东对产品与消费者之间的渠道通路的处理。

在产品方面，京东积极建立并稳固与其产供销链上的长期合作伙伴之间的合作关系，精心编织由产品生产和流通过程中所涉及的原材料供应商、生产商、分销商、零售商组成的结构网。具体做法是：通过正规渠道从货源稳定、有着长期友好合作意愿的供应商处进货，依靠其 B2C 网站进行销售，为消费者购买产品提供多样化的支付方式、快捷方便的配送方式和特有的优质服务，从而实现产品增值并促进销售。

在消费者方面，京东针对目标消费者和市场需求进行了准确的定位，主要面对的是 20 ～ 35 岁，热衷于计算机、通信、电子、服饰等产品消费，包括公司白领、公务人员、在校大学生在内的消费者。京东贯彻“以人为本”的服务理念，开展“211 限时达”“售后 100 分”等服务，努力发展并改善与消费者的关系，逐步建立起信任机制。

五、京东的收入来源、成本结构分析

收入与成本的差额直接形成企业的收益，如何扩大这个差额是企业拓展利润空间的关键。增收减支相比单方面的只顾增收不管支出、只顾减支不管收入取得的成效更大、更快。京东从传统的实体店脱离出来，搭建产品网上销售平台，相对于线下连锁店，网上零售没有店面租金、水电费，也不需要庞大的销售人员。京东关掉线下连锁店后，节省了各种费用，经营成本的降低是京东商城做大的原因之一。

同时，京东积极拓展收入来源，目前主要形成了三类收入来源：（1）直接销售收入。这是京东的主营收入。京东在线销售的产品品类超过 3 万种，产品价格比线下零售店便宜 10% ～ 20%，库存周转率为 12 天，与供货商现货现结，毛利率维持在 10% 左右，这些使京东可以向产业链上的供货商、终端消费者提供更多价值，实现“低应力、大规模”的商业模式。（2）资金沉淀收入。京东利用收到消费者货款和向供应商支付货款的时间差产生的资金沉淀进行再投资，从而获得盈利。京东商城上的第三方支付平台有财付通、快钱和支付宝。（3）商业广告费收入。目前，网络广告逐步被人们所接受。对于一些大型媒体网站而言，网络广告已经成为其重要的经营收入来源之一。

京东商城的成功有目共睹，它的成功绝非偶然，先进的商业模式和经营管理模式是促使其不断发展的主要动力。京东的电子商务模式是亚马逊模式在中国市场的创新运用，成为其他同行企业争相借鉴的典范。

第 2 节　C2C 案例：淘宝网

一、淘宝网简介

淘宝网是我国深受欢迎的网购零售平台，截至 2023 年 8 月底，淘宝天猫新开店铺累积超过 241 万个。同时，相比于 3 月，参与粉丝会员老客等私域人群运营的活跃商家规模，增长了 56%。消费者在店铺的复购规模，也在 2023 年 8 月达到了历史最好水平。2023 年第二季度，淘宝 App 的月活总数更是逼近 8.77 亿。随着淘宝网规模的扩大和用户数量的增加，淘宝从单一的 C2C 网络集市变成包括 C2C、分销、拍卖、直供、众筹、定制等多种电子商务模式在内的综合性零售商圈。

二、淘宝网的营销策略分析

（一）体验营销策略：免费就是硬道理

从当前消费者体验的情况来看，淘宝网的免费策略似乎十分符合消费者的实际需求。为了提高对消费者的吸引力，淘宝网模仿了互联网兴起之时免费邮箱的策略，到如今，邮箱收费形成稳定的趋势，消费者也已经接受。淘宝网通过消费者不断体验和感知，培养了消费者对淘宝的感情和使用习惯，并使其认可和信赖自己的服务，目的是为以后的收费项目打好基础。淘宝网从 2003 年 7 月成功推出之时，就以 3 年“免费”牌迅速打开中国 C2C 市场，免费政策使其竞争对手的客户流失严重，导致对手措手不及。直到今天，淘宝网仍然免费，但逐步推出了一系列付费的增值服务。

（二）特色沟通方式

淘宝的旺旺类似于QQ等即时通信工具，集成了即时的文字、语音、视频沟通，以及交易提醒、快捷通道、淘宝名片、最新商讯等特色功能，是网上交易的必备工具。但是，它的行业特性非常明显，主要为交易双方提供一个实时的交流平台，大幅提高了商品成交量。

淘宝助理是一个功能强大的客户端工具软件，可以帮助商家编辑商品信息，快捷批量上传商品，并提供了方便的管理界面。

（三）个性化营销创新

1. 广告监测系统的利用

淘宝网在广告营销系统中建立了广告监测系统，以实现对数据、信息的实时分析。通过监测系统可以观察前一天所投放的网络广告的数据信息，包括消费者点击量、路径等。淘宝网通过对广告投放数据信息的实时分析，能够清楚地了解哪个网站的受众对淘宝网更感兴趣，从而有针对性地投放广告。比如，一些消费者对手机感兴趣，经常在淘宝网购买手机，浏览与手机有关的商品，淘宝网通过对此类消费者进行分析，能够准确地了解到此类消费者最常浏览的网站名称，如此一来就能有针对性地投放广告，提高广告投放的精准性和有效性。

2. 网站设计个性化

首先，消费者成功登录网站之后，可以在“我的淘宝”页面中根据自己的需要自定义应用，这些应用表面上是为消费者服务的，实质上是服务于市场营销的。所有的应用都以模块化的方式提供给消费者，消费者可以根据自己的需要制定属于自己的个性化应用模块。其次，由于淘宝网的商家层次不一，数量庞大，淘宝网设置了“收藏栏”项目，消费者可以将自己喜欢的商家或者商品临时收藏起来，方便之后浏览同类商品时货比三家。收藏店铺或者商品之后，系统会提示“你可能还喜欢”，这为消费者提供了更多的选择，让消费者更好地选择适合自己需要的商家与商品。最后，淘宝网的个性化营销创新策略表现在它采用了极具保障的个性化支付方式——支付宝来保障交易安全，极大地遏制了同类网站上出现的买家付款、卖家不发货现象的发生，在有效保障交易安全的同时，极大地提高了淘宝网站的信誉度。

三、淘宝网的盈利模式分析

目前淘宝网的主要盈利模式有通过支付宝盈利、通过网络广告收入盈利、通过收取增值服务费盈利等。未来淘宝网的发展趋势包括支付宝发展前景的转变、与传统媒体的“混搭”、加快淘宝商城和团购业务的发展等。

（一）通过支付宝盈利

淘宝网成功的原因之一在于支付宝。支付宝最初是为了解决淘宝网网络交易安全问题所设计的一个功能，该功能使用的是第三方担保交易模式，即买家将货款打到支付宝账户上，由支付宝通知卖家发货，买家收到商品并确认后指示支付宝将货款打给卖家，至此一笔网络交易完成。

淘宝网最核心的盈利模式不是收费，而是依靠支付宝的巨额预收款和淘宝的信用体系开展的放贷业务。由于向银行申请小额贷款手续烦琐，周期过长，淘宝网能够根据不同商家的信用设置放贷标准，而无需其他担保，深受商家和企业的欢迎。2011 年 5 月，为了尽快获得监管部门的牌照，阿里巴巴对支付宝进行了重组。支付宝成为阿里巴巴的全资子公司，这更有利于支付宝在中国市场上开展业务。支付牌照颁发后，市场格局进一步明朗。

（二）通过网络广告收入盈利

网络广告，即利用文本链接、多媒体等工具在互联网上刊登或发布的广告。从形式上看，主要有 E-mail 广告和 Web 广告，后者包括横幅广告、按钮广告、弹出广告、全屏广告、浮动广告、游戏广告、声音广告及编辑式广告等。与传统的四大传播媒体（报纸、杂志、电视、广播）广告及近来备受青睐的户外广告相比，网络广告具有得天独厚的优势。C2C 网站在网络中的地位就像大型超市在人们生活中的地位，是网民经常光顾的地方，频繁的点击率和数量庞大的会员为网站带来的广告收入是网站利润的主要来源之一。网络广告服务是淘宝官方正式宣布的首个盈利模式，主要指开拓网络营销渠道，包括品牌旗舰店建设、代理商招募等，帮助广告客户提升品牌形象，促进销售等。艾瑞咨询的数据显示，2016 年中国网络广告市场规模达到 2 902.7 亿元，同比增长 32.9%，较 2015 年增速有所放缓，但仍保持高位。其中，BAT 三家广告营收占整体网络广告市场营收的比重超过 60%。

（三）通过收取增值服务费盈利

C2C 网站为买卖双方交易提供了互联网平台，卖家可以在网站上发布其想出售产品的信息，买家可以从中选择并购买自己需要的产品。与有形产品不同，C2C 网站提供电子商务服务这种无形产品，既不直接参与交易活动，也不提供物流配送、售后服务等，而是通过频繁的交易收取提成和增值服务费来实现高额利润。

考虑到网民的本土化特征，淘宝绕开了备受关注的常规性费用，例如用户交易费、开店费、商品登录费和店铺月租费等，另辟蹊径，如通过提供有偿橱窗推荐位、店铺装饰工具、网店管理服务、付费广告等来实现盈利。虽然效果不是很明显，但容易被广大网民所接受。增值服务费是淘宝盈利的一个新的增长点。

四、淘宝网的核心竞争力分析

（一）信息流、资金流、商品流一体化

由于支付宝等第三方信用支付手段的采用，C2C 网站在信息流和资金流上的一体化基本形成，商品流却成为 C2C 电子商务的瓶颈。解决这一问题需要 C2C 网站设法切入物流构造物流联盟。当然，让 C2C 切入物流并不是件容易的事情。不过，C2C 网站如果把这一块工作做好了，形成一个完整的产业循环链，获取超额利润、挑战传统商业将只是时间问题。

（二）加强第三方监管

实际上，尽管支付宝公司与中国工商银行、中国建设银行、中国农业银行、招商银

行等签订了战略合作协议，但其协议内容只是停留在企业经营层面上的托管而非监管。买家通过支付宝向卖家付款，由于买家还没收到货，或还没做出评价，这部分钱暂由支付宝保管，而不付给卖家，所以应该加强第三方监管，要求淘宝必须支付一定的预付款准备金。

（三）强化在线支付的安全保证

由于网络消费具有跨地域性，所以必须使用在线支付方式。尽管国内网上支付业务呈现快速发展势头，但由于其尚属新兴支付服务，在目前的环境下面临很多困难与问题。为了使在线支付得到更有力的保障，推动网络消费的发展，必须强化在线支付的安全保证。

第3节　O2O案例：携程网

一、携程网简介

携程网作为中国领先的综合性旅行服务公司，成功整合了高科技产业与传统旅游业，向会员提供包括酒店预订、机票预订、旅游度假、商旅管理、特约商户及旅游资讯在内的全方位旅行服务，被誉为互联网和传统旅游无缝结合的典范。

凭借稳定的业务发展和优异的盈利能力，携程网于2003年12月在美国纳斯达克成功上市。2023年第三季度，携程集团净营业收入为137亿元，同比增长99%。作为中国领先的综合性旅行服务公司，携程成功整合了高科技产业与传统旅行业，向超过2.5亿会员提供集无线应用、酒店预订、机票预订、旅游度假、商旅管理及旅游资讯在内的全方位旅游服务，被誉为互联网和传统旅游无缝结合的典范。

二、携程网的盈利模式分析

在线旅游网站的盈利模式分为流量模式和会员模式。流量模式就是不区分客户群，依托庞大的点击率获得广告收入。会员模式则必须区分客户群，依靠足够数量的会员获取会员服务费，或者成为会员与商户的中介，赚取商户的中介费。携程网的盈利模式可归为会员模式，因为它为了获得足够的会员不计成本地发行会员卡，然后赚取旅游中介的费用。携程网的盈利主要来自网站、上游旅游企业（目的地酒店、航空票务代理商、合作旅行社）和网民市场。

携程网的目标市场以商旅客户为主，观光和度假游客为辅。酒店和机票预订是其主营业务，同时将其整合成自助游和商务游产品。针对商旅客户，携程网还提供差旅费用管理咨询等服务。携程网还与其他旅行社合作推出组团线路，多以出境游为主且数量有限。此外，携程网还建立了目的地指南频道和社区频道。有效的信息沟通和良好的环境营造成为盈利流程中不可或缺的辅助因素。就现实情况而言，携程网的盈利模式体现出以下核心竞争力。

（一）利用发卡会员制开发中高端商务会员

对携程网而言，广泛发卡和提供积分会员制是因为单个会员的使用频率对它的利润贡献更重要。因为一个会员使用十次就相当于十个会员只使用一次，如果发行十张卡的话，只要有一个人成为会员就可以保证盈利。虽然积分也有一定的成本，但重复使用会增加利润，同时降低单卡的发行成本。携程网广泛发卡只是为了首先从人群中区分出目标客户，这些人有较强的消费能力和消费需求，使用频率非常高，因而发卡成本相当于广告成本。同时，扩大会员规模是为了能够从商户那里得到更低的折扣，所以携程网的发卡成本完全可以降下来，发卡成为一种有效的营销渠道。

当携程网的会员发展到一定规模的时候，它的会员卡将不再毫无价值，相反，能够给会员带来额外的好处而对非会员形成门槛。也就是说，它把中介平台做得足够大了以后，就占据较为强势的地位，这也是后来携程网不再免费发卡的原因。携程网的本质是个中介机构，只不过借助互联网作为工具，而作为中介机构最大的风险在于，业务双方直接交流而绕开中介机构。

（二）携程网通过多渠道挖掘利润来源

目前，携程网特有的会员制盈利模式可从以下五个渠道获取在线旅游市场的利润。

（1）酒店预订代理费。基本上是从目的地酒店的盈利折扣返还中获取的。

（2）机票预订代理费。是从客户的订票费中获取的，等于客户订票费与航空公司出票价格的差价。

（3）自助游的酒店、机票预订代理费以及保险代理费。采用了盈利折扣返还和差价两种方式。

（4）在线广告。由于客户完全可以通过携程网和酒店取得联系后双方再直接交易，重新分配携程所应得的中介差价，此种情况导致携程网也提供在线广告以获取利润。

（5）自助度假业务。有些航空公司开通了自己的网上订票业务，避免损失机票预订费中中介所分得的那一部分利润。基于这些原因，携程网开始利用它所掌握的旅游资源提供更多具有更高附加值的服务，比如，它的自助度假业务就将机票和酒店业务整合在一起，以获取更高的利润。

三、携程网的核心竞争力分析

携程网作为业内知名度极高的在线旅游品牌，拥有不可复制的核心竞争力，主要表现在以下几个方面。

（一）利用网站技术提高客户响应速度

携程网基于浏览器 / 服务器模式（B/S）的网上订房系统数据库可以与上游酒店内部的客房管理系统数据库实现前向集成，在不改变酒店数据库所有权的前提下实现资源共享，及时掌握上游酒店的数据，消除牛鞭效应。

同时，携程网实现业务流程重组（BPR），进行客户关系管理，为客户提供更具时效、更经济、更有特色的服务。

携程网的访问量大幅提高，使得更多的酒店愿意与其合作。随着后备客房资源越来越丰富，消费者的选择余地也越来越广泛，旅游网站的吸引力也就更大，访问量得以不断攀升，形成一种良性循环。

（二）产品和服务优势

携程网的旅游产品最大的特点在于具有专业性、覆盖面广。传统旅游业和互联网资源经技术创新融合后，传统的旅游运作方式得到极大的改善，并创造出新的产品价值。

携程网充分利用网络资源的优势，整合各地旅游资源，使其不受时空限制，还利用电子商务模式使交易操作更简便，交易环节压缩，交易成本大幅降低，交易效果非常显著。

此外，携程网拥有亚洲首屈一指的呼叫中心，其座席数有 1.2 万个。携程网拥有国内外 60 余万家会员酒店，其机票预订网络覆盖国际、国内绝大多数航线，送票网络覆盖国内主要城市。规模化的运营不仅可以为会员提供更多优质的旅行选择，还保障了服务的标准化，进而确保服务质量并降低运营成本。

（三）利用搜索引擎增加访问量

搜索比价式网站的蓬勃发展对携程网造成了一定的压力，为此，2006—2008 年，携程网先后对去哪儿和酷讯屏蔽了其业务数据。由于竞争对手非常强势，携程网呼叫中心的业务量出现了下滑。

为了应对这一情况，2007 年 10 月，携程网携手全球最大的中文搜索引擎公司百度开展酒店搜索方面的全方位合作。出行的客人可以通过百度地图频道查询携程网会员酒店的地理位置和介绍信息，并且可以直接预订。携程网将旅游信息和搜索引擎结合起来：一方面，搜索引擎具有便捷和快速的优点，与专业的旅游信息提供网站合作后，可以做到优势互补，更好地推动旅游信息推广和在线旅游业的发展。另一方面，此次合作不仅为百度旅游资讯搜索提供了完善的内容支持，也使携程网的预订量有所增长，实现了双赢。

（四）通过差异化战略打造携程品牌

国内市场上，大部分在线旅游网站都采用携程模式或艺龙模式，即基本上都包括酒店预订、机票预订、旅游度假产品、公司差旅管理等在线旅游业务，使得在线旅游产品高度同质化，缺乏创新，进而导致恶性价格竞争，阻碍了行业的健康有序发展。尤其是各个服务商为了争夺客源竞相压价，将利润损失转嫁给各酒店和航空公司，造成后者的不满，加剧整个产业链的紧张关系。

为此新进入者纷纷采取差异化的竞争策略，探索采用新的盈利模式或深耕某一细分市场。携程网则将创新后的产品系统化并细分市场，在保证现有业务领先的基础上，进行新业务的多元化延展，深度挖掘网上消费市场的潜力，形成完善的自主研发体系和技术创新体系。

此外，携程网通过整合线上线下渠道、协同运作来经营自有品牌，加强网站的品牌优势和核心竞争力，充分提高盈利能力。同时，携程网作为优秀的在线旅游品牌为公司提供了竞争优势：（1）凭借其高水平的品牌知名度和顾客忠诚度，公司降低了营销成本；（2）由于顾客希望分销商与零售商经营这一品牌，这加强了公司的讨价还价能力；

（3）由于该品牌有更高的品质，公司可比竞争者索取更高的价格；（4）由于该品牌有更高的信誉，公司更容易进行品牌拓展；（5）在激烈的价格竞争中，品牌给公司提供了某种保护。

第 4 节　移动电子商务案例：小红书

一、小红书简介

随着生活质量和消费水平的提高，越来越多的人有购买海外商品的需求，而且喜欢把购买的好东西分享给大家。小红书自 2013 年成立以来快速发展，成为拥有超 7 000 万用户的新一代社区电商，它将海外购物分享社区与跨境电商相结合，在 90 后逐渐成为消费主力军的情况下，小红书成为极具影响力的全球购物分享社区。2017 年 12 月 24 日，小红书旗下的社区电商平台——“小红书商城”荣获《人民日报》2017 年度代表中国消费科技产业的“中国品牌奖”。截至 2022 年年底，小红书注册用户数超过 2.6 亿，月活跃用户数超过 6 900 万，其中 70% 的用户是 90 后。

维持社区的活跃度是小红书的原点，更是它的根基。有趣的是，在内容化和社交化这两股潮流席卷互联网世界之前，小红书从成立第一天起就具有这两大特性。这家成立不久的初创公司一直在做的就是放大这些特性，并补齐电商的新技能。在小红书上用户可以发布笔记或视频进行分享，不管是买了什么好东西、吃了什么好食物、住了什么好酒店，或者体验了怎样的个性化生活方式，这些优质的用户笔记帮助全球用户做出消费决策。

小红书的独特性在于：

第一，口碑营销。没有什么方法比真实的用户口碑更能提高转化率，就如用户在淘宝上买东西前一定会看用户评论。小红书有一个真实用户口碑分享的社区，整个社区就是一个巨大的用户口碑库。

第二，结构化数据下的选品。小红书的社区中积累了大量的消费类口碑。此外，用户的浏览、点赞和收藏等行为会产生大量底层数据。通过这些数据，小红书可以精准地分析用户需求，保证采购的商品深受用户青睐。

小红书启动电商模式的最初 5 个月内，销售额就达到了 2 亿多元。截至 2017 年 5 月，小红书的营收近 100 亿元。

下面从小红书的物流配送、数据处理和营销策略三个方面具体说明小红书的竞争优势。

二、小红书的物流配送

小红书在 29 个国家和地区建立了专业的海外仓库，郑州和深圳的保税仓库面积超过

5万平方米。它还在仓库中设立了产品检测实验室。用户如有任何疑问，小红书会直接将产品送往第三方科研机构进行光谱检测，从源头上将潜在风险降到最低。

2017年，小红书建成了REDelivery国际物流系统，确保国际物流的每一步都可以被追溯：用户可以在物流信息里找到商品是通过哪一列航班运到中国的。

小红书设立保税仓库备货主要出于三方面的考虑：首先，它缩短了用户与产品之间的距离。如果通过海外直邮等模式，用户动辄要等一个月才能收到货，而在小红书，用户下单后大概两三天就能收到。其次，从保税仓库发货可以打消用户对产品质量的顾虑。在这里，中国海关会对所有进口商品进行清点、检验、报关，在缴税后才放行。最后，大批量同时运货能节约跨境运费、摊薄成本，从而降低产品价格。在剔除中间价和跨境运费之后，小红书基本能做到所售产品价格与其来源地保持一致，甚至有时还会因为出口退税等原因低于当地价格。

小红书从诞生伊始就根植于用户信任，缔造用户信任、创造良好的用户体验是它一贯坚持的战略。

三、小红书的数据处理

AWS云平台提供的Amazon EMR、Amazon Kinesis、Amazon RedShift等服务帮助小红书从社区到电商逐步构建完善的数据处理基础架构。AWS云平台提供了丰富的数据处理功能，很好地满足了小红书的数据处理需求。许多海外初创公司使用AWS云服务的成功案例让小红书坚定地选择AWS，以小团队的规模解决大数据问题。Amazon EMR简化了大数据处理，它所提供的托管Hadoop框架让小红书轻松、快速、经济、高效地跨越各个动态可扩展的Amazon EC2实例分发和处理海量数据。Amazon Kinesis用于对大型分布式数据流进行实时数据处理，它每小时可连续捕获和存储来自成千上万个数据源中的数据，这些来源包括网站点击流、财务交易、社交媒体源、IT日志和定位追踪事件。而Amazon RedShift是一种快速、完全托管的PB级数据仓库解决方案，它使得用现有商业智能工具对数据进行高效分析变得十分简单且成本低廉。

这些服务的组合充分满足了小红书的业务需求，用Amazon EMR对海量的日志数据进行清洗和处理，用Amazon Kinesis对流式数据进行实时处理，最后不同来源的数据全部汇入Amazon RedShift进行后续的分析、使用。借助这些服务，小红书的数据处理效率大大提高了，过去几个小时的工作量现在几分钟即可完成。同时，小红书的团队也发生了很大的改变——成为一个数据驱动的团队，无论是电商、社区，还是市场团队，如今都在数据的指导下开展业务。

四、小红书的营销策略

在如今口碑为王的营销时代，作为最大的全球购物社区，小红书利用自身天然的优势，将购物分享社区和跨境电商板块完美结合，为用户开启了全新C2B消费模式。

邀请明星入驻是小红书在营销上的大动作。2023年，某演艺人员入驻小红书，一个月内发布笔记 14 篇，获得了 2.9 万个点赞，粉丝量突破百万。另一演艺人员在小红书上分享护肤心得和美妆技巧，成功俘获了年轻女性用户的心，她发布的笔记总点赞数达到了 696.2 万，总收藏数也达到了 241.4 万，她甚至被打上了“被演戏耽误了的美妆博主”的标签。明星入驻直接带动了社区的活跃。2023 年，小红书的月活跃用户数已达 2.6 亿，人均单日使用时长从 2018 年的 26.49 分钟上升至 2022 年的 55.31 分钟。其中 60% 的日活跃用户每天都会在小红书主动搜索，日均搜索查询量接近 3 亿次。月活跃创作者数和日均发布笔记数分别突破 2 000 万和 300 万。此外，小红书还尝试了赞助综艺节目的娱乐营销。2018 年第一季度，它连续成为网络综艺节目《偶像练习生》和《创造 101》的次席赞助商。

2024 年，小红书正式成为中央广播电视总台《2024 年春节联欢晚会》笔记与直播分享平台。2024 年除夕夜，央视春晚与小红书共同准备了一场陪伴式直播《大家的春晚》。

小红书的策略选择一定程度上来自电商的增长压力。一方面，流量和规模越来越向巨头集中；另一方面，小红书商城的 SKU（库存量单位）远远低于用户笔记中提到的产品，这本身就影响了社区用户向电商用户的转化率。

第 5 节　跨界电子商务案例：顺丰

一、顺丰简介

顺丰速运（集团）有限公司成立于 1993 年（以下简称“顺丰”），总部设在深圳，主要经营国内、国际快递及相关业务。多年来，顺丰专注于不断拓宽服务区域以满足市场需求，已在国内（包括港、澳、台地区）建立了庞大的信息采集、市场开发、物流配送、快件收派等业务机构。逐步搭建起立足华南，连接华东、华北，拓展华中的战略网络格局，为广大客户提供快速、安全、优质的专业快递物流服务。

顺丰以高科技发展为基础，积极研发和引进先进信息技术和设备，先后与 IBM、Oracle 等国际知名企业合作，逐步提升作业设备的自动化水平，建立起具备行业领先水平的信息系统，实现了对快件流转全过程、全环节的信息监控、跟踪、查询及资源调度，促进了快递网络的不断优化，确保了服务质量的稳步提升，奠定了在业内的领先地位。作为具有高度社会责任感的企业公民，顺丰致力于承担更多的社会责任。

近年来，在电子商务这块巨大的“蛋糕”面前，快递企业频频加快“触网”步伐。以快递巨头顺丰为例，2010 年 8 月，顺丰“ E 商圈”开始运营，几乎同时在深圳布局便利店业务，尝试 O2O 模式。2012 年 6 月，“顺丰优选”正式上线，主营母婴食品、营养保健品、粮油副食、酒水饮料等。2014 年 5 月 18 日，顺丰正式在全国铺开名为“嘿客”的便利店，首批共 518 家，从而进入国内火热的 O2O 市场，这一模式对国内电商格局产生较大影响。除了提供快递物流业务、虚拟购物外，嘿客还提供 ATM、冷链物流、团购预售、试衣间、洗衣、家电维修等多项业务。顺丰嘿客店内的海报、二维码墙放置虚拟商品，可以通过手机扫码、店内下单购买，其模式与英国最大的O2O电商Argos十分相似。2015年1月，顺丰旗下唯一自营跨境进口电商平台丰趣海淘上线。目前拥有500万以上用户、450多家海外供应商，在全球11个国家或地区建立了直邮线路，90%以上的商品来自海外当地厂商，订单达到规定时效的比例上升到95%。2016年4月25日，顺丰生鲜B2B平台“大物图”从2B的方向切入生鲜电商领域，开始网站上仅有一个商家、数个商品，销量非常低。但在业内人士看来，2B业务订单量较大，订货相对稳定，对供应商的数量要求不高，相对而言更适合顺丰的发展。顺丰发展生鲜电商虽然不太会遇到物流上的问题，但是供应链的管理、电商平台的运营是顺丰的短板所在。随着市场规模不断扩大，入局者开始增多，同时各种利好政策也不断出现，医药O2O市场变局加速。2023年，快递行业龙头顺丰正式进入医药O2O市场。顺丰同城推出“互联网+医疗健康”一体化医药配送综合物流解决方案，全面覆盖医药新零售和互联网医院两大核心医疗消费场景，力求通过多平台、全链路覆盖模式，助力多方提质增效。即时配送作为医药行业O2O的重要模式，是药店布局新零售的重点对象。中康CMH数据显示，2023年1—8月医药O2O市场增速32%，销售规模达80亿元。美团、饿了么、京东占据半壁江山，老百姓大药房、益丰大药房、一心堂药业等各大上市连锁药店也在持续加码，完善线上渠道。

二、顺丰在跨界经营中的优势

顺丰优选是快递业冷链环节中的佼佼者，在冷链配送要求极高的食品生鲜配送方面具有很大的优势。

顺丰优选的配送签收环节很有新意，它的配送工具全部为汽车，每一次配送均由一位驾驶员和一位客户经理共同完成。车厢具有冷藏、冷冻和零度保鲜三种功能。到达小区门口，客户经理将商品放入保温包，再步行将商品送至客户手中。每一位客户经理都配备一台iPad，用户验货后可在iPad上进行确认并发送服务体验反馈。

顺丰优选在扩展商品内容的同时，开始筹备实体店。顺丰优选特色馆由顺丰优选、顺丰速运、地方政府联合打造。特色馆中上线的均为产地直采商品，即用户在顺丰优选网站下单后，商品从产地直接运到用户手中。这项服务将让用户可以品尝到更加地道的地方美食。顺丰优选整合了顺丰速运及地方政府资源：地方政府提供商品品牌背书，负责推荐当地安全优质的食品供应商；顺丰速运的地方工作人员帮助进行商品甄选和供应商审核，并通过顺丰的快速物流进行商品配送；顺丰优选提供商品销售和推广平台。这种产地直采模式，可以通过缩短供应链、取消中间环节来严格把控商品品质、降低商品价格。产地直采型地方特色馆的上线，依托的是能够对商品进行快速配送的顺丰物流。它汇集了各地的优质美食，不同时间上架不同的时令商品，通过顺丰集团的快速物流实现24～48小时从产地直达用户的配送，确保商品的新鲜度，这一优势对用户的吸引力非常明显。

顺丰优选网站上产地直采的商品已经建立了全程可追溯体系，用户只需扫描包装上的二维码即可了解商品从生产、加工、包装、储存、运输直至到手的每一个环节的细节。

如今，全球各大快递公司均把亚太地区视为最重要的市场之一。在亚太地区，中国的快递业务增长最快，而中国市场正是顺丰的优势所在。虽然 DHL、UPS 等近年来在中国中西部地区新设了分公司，并增开了国际航线，但在幅员辽阔、情况复杂的中国市场，已深耕 30 多年的顺丰有着更全面的网络和更优的国内包机航线。除此之外，顺丰的低成本运营也是其开展国际业务的一大优势。顺丰在中国的业务规模大，运输车满载率高、组织灵活性大、人员成本较低，这些因素使其能够较好地控制成本。国际快递公司在中国市场运用封闭的机动车作为运输工具，加上快件量不大，使得其成本高企，最终拉高了商品价格。因此，只要是做中国对其他国家的专线快递，顺丰就拥有网络和性价比的优势。但是要想在全球市场上与国际四大快递公司全面竞争，顺丰还有不小的差距。除了硬件上的差距之外，顺丰在服务质量上需要向四大快递看齐。DHL、UPS 等国际快递在为用户提供服务时更加关注细节。比如说，DHL 的收件员在进门时会换上自己携带的鞋套；UPS 的收件员在接到电话半小时之内就可以上门取件。

三、快递企业跨界发展中的困难

提起电商跨界进入物流领域，首屈一指的有京东、苏宁乃至阿里菜鸟；但谈及快递业进军电商，令人印象深刻的似乎寥寥无几，颇不符合快递业跨界电商这股新热潮，甚至可以说是不尽如人意。其实，电商市场的竞争非常激烈，电商不仅仅是将商品拍下来摆上网那么简单，而是要面临很多方面的挑战。在实际操作过程中，快递企业跨界经营面临不少困难。

首先，电商的前期工作非常繁杂，包括商品采购、平台建设、营销、用户群维护等，这些不仅需要投入大量的资金和精力，还必须由专业的团队来操作。而传统的快递行业如果只是运用自己在物流企业方面的管理方法、技术和服务，则跟不上网络购物的发展需要，也很难满足用户的不同需求。

其次是成本控制。众所周知，电商的净盈利水平处于低位，没有成本优势的快递企业期望通过介入电商获得新的利润源，其难度极大。电商经过十多年的发展，与主要供应商形成了相对稳定的供应链合作关系，成为利益共同体，这种荣辱与共的合作关系是新进入者不易突破的。

另外，电商在后期工作中还需要投入更多资金，不断采取各种营销手段以及先进的技术、系统等，这些都会使物流企业在财务上的风险不断加大。加上电子商务行业的竞争十分激烈，大型购物网站动辄以数亿甚至数十亿元资金进行促销，可见其竞争的白热化程度。

快递企业作为电商行业新加入者，有必要做到对该领域进行全局的架构革新，一方面大量引入具有互联网思维的高管以激活创新，另一方面则要提升业务协同能力，打通自身“经络”，实现内部协调，明确功能定位，从而发挥自身优势，提高竞争力。

□思考题

1. 京东商城的核心能力体现在哪些方面?
2. 淘宝网的盈利模式有哪些?
3. 分析携程网的盈利模式。
4. 简述社区电商小红书的商业模式。
5. 简述快递企业跨界发展中的困难。
6. 调研、解析一个生产型企业的电子商务案例。

图书在版编目（CIP）数据

电子商务概论 / 张润彤，朱晓敏编著. -- 4 版.
北京：中国人民大学出版社，2024. 8. --（高等学校
经济管理类主干课程教材）. -- ISBN 978-7-300-32991
-8

Ⅰ. F713.36
中国国家版本馆 CIP 数据核字第 2024VV0530 号

国家精品课程配套教材
国家级精品资源共享课配套教材
高等学校经济管理类主干课程教材·电子商务系列
电子商务概论（第 4 版）
张润彤　朱晓敏　编著
Dianzi Shangwu Gailun

出版发行	中国人民大学出版社		
社　　址	北京中关村大街 31 号	**邮政编码**	100080
电　　话	010-62511242（总编室）		010-62511770（质管部）
	010-82501766（邮购部）		010-62514148（门市部）
	010-62515195（发行公司）		010-62515275（盗版举报）
网　　址	http://www.crup.com.cn		
经　　销	新华书店		
印　　刷	北京密兴印刷有限公司	**版　　次**	2010 年 7 月第 1 版
开　　本	787mm × 1092mm　1/16		2024 年 8 月第 4 版
印　　张	20.5 插页 1	**印　　次**	2024 年 8 月第 1 次印刷
字　　数	471 000	**定　　价**	52.00 元

中国人民大学出版社 管理分社

教师教学服务说明

中国人民大学出版社管理分社以出版工商管理和公共管理类精品图书为宗旨。为更好地服务一线教师，我们着力建设了一批数字化、立体化的网络教学资源。教师可以通过以下方式获得免费下载教学资源的权限：

★ 在中国人民大学出版社网站 www.crup.com.cn 进行注册，注册后进入“会员中心”，在左侧点击“我的教师认证”，填写相关信息，提交后等待审核。我们将在一个工作日内为您开通相关资源的下载权限。

★ 如您急需教学资源或需要其他帮助，请加入教师 QQ 群或在工作时间与我们联络。

中国人民大学出版社 管理分社

教师 QQ 群： 648333426(工商管理) 114970332(财会) 648117133(公共管理)
教师群仅限教师加入，入群请备注(学校+姓名)

联系电话： 010-62515735，62515987，62515782，82501048，62514760

电子邮箱： glcbfs@crup.com.cn

通讯地址： 北京市海淀区中关村大街甲 59 号文化大厦 1501 室（100872）

管理书社

人大社财会

公共管理与政治学悦读坊